高等学校经济管理类专业实验实践课程系列教材
财政部“十三五”规划教材

获得福建师范大学教材出版立项资助

个人理财规划

黎元生 ◎ 主编
俞　姗　林姗姗 ◎ 副主编

中国财经出版传媒集团
经济科学出版社
Economic Science Press

图书在版编目（CIP）数据

个人理财规划/黎元生主编．—北京：经济科学出版社，2018.12（2022.1重印）
高等学校经济管理类专业实验实践课程系列教材
财政部“十三五”规划教材
ISBN 978－7－5218－0011－1

Ⅰ.①个… Ⅱ.①黎… Ⅲ.①私人投资－高等学校－教材 Ⅳ.①F830.59

中国版本图书馆CIP数据核字（2018）第268363号

责任编辑：孙丽丽　何　宁
责任校对：杨　海
责任印制：李　鹏

个人理财规划
黎元生　主　编
俞　姗　林姗姗　副主编
经济科学出版社出版、发行　新华书店经销
社址：北京市海淀区阜成路甲28号　邮编：100142
总编部电话：010－88191217　发行部电话：010－88191522
网址：www.esp.com.cn
电子邮件：esp@esp.com.cn
天猫网店：经济科学出版社旗舰店
网址：http://jjkxcbs.tmall.com
北京密兴印刷有限公司印装
787×1092　16开　17.75印张　440000字
2018年12月第1版　2022年1月第2次印刷
ISBN 978－7－5218－0011－1　定价：46.00元
（图书出现印装问题，本社负责调换。电话：010－88191510）

前　　言

随着我国国民经济的发展和城乡居民财富的增长，如何合理安排子女教育、住房、社会医疗、金融投资和退休保障等开支结构，加强个人理财规划和风险管理，成为普遍家庭需要认真面对的现实问题。当前我国金融市场国际化、金融产品多样化、理财业务综合化和投资决策复杂化的特点不断加强，个人投资理财专业化程度日益提高，实务操作难度越来越大，迫切需要加强金融理财知识的普及。

近年来，发达国家金融理财业获得快速发展并引起了教育界的关注，金融理财已经成为一门新兴的学科发展领域。美国已有不少高校开始培养金融理财研究生，甚至包括理财博士学位。目前，在国内高校金融学科建设和人才培养实践中，金融理财的研究和教学相对比较薄弱，尚处于起步阶段。2004 年 9 月，中国金融教育发展基金会金融理财标准委员会成立，作为国际金融理财标准委员会（FPSB）成员，获得授权在中国大陆独家开展国际金融理财师的资格认证工作，专注于为国内私人银行、财富管理、金融理财、零售银行等方面的专业人士进行金融培训。然而，当前我国熟悉各类金融理财产品风险收益特性与金融理财产品研发技术、掌握客户风险收益偏好识别和理财综合解决方案设计技能、懂得理财规划与综合报告编制技巧、能够开展理财工具与产品风险收益特征分析及金融投资理财决策的专业理财人员仍然严重紧缺，已经成为影响金融理财市场专业化发展的主要制约因素。因此，如何培养适应市场需求的专业理财人员，已经成为高校金融学专业人才培养的重要课题，由此迫切需要符合金融学专业人才培养方案要求的个人理财规划教程。

多年来，我们围绕应用型金融创新人才培养的目标导向，积极借鉴国际先进理念，组织教学一线教师集体备课，开展教学研讨，编写了《个人理财规划》教材，旨在拓展大学生金融理财的专业知识和实务操作能力。

本教材在参考和借鉴现有教材的基础上，力求在内容和体系上有所创新。在内容上，我们以马克思主义经济学为指导，借鉴西方发达国家金融理财的理论和方法，准确阐释基本的金融理财理论知识，把握国内理财实践发展方向。在体例上，教材的知识结构和内容体系思路清晰，体例既注重规范，又强调有所突破，例如，我们在每章开头选取了一些理财名句，增加可读性，引发学生的兴趣。总体而言，本教材具有以下三个特点：

第一，在内容体系上，努力拓展和延伸理财规划的基础理论知识边界。我们力图使本书成为一本适合我国国情、知识体系比较完整的理财规划教材，使读者既能了解我国金融市场的主要理财工具以及产品特性和价值评价方法，能够进行独立理性的投资决策，又能像理财规划师那样可以针对风险收益偏好不同的客户，依据理财规划相应步骤和方法，提供不同金融理财产品与资产配置组合。

第二，在章节关系上，努力保持实践操作的层次性和逻辑性。注重金融理财工具与产品从易到难、从短期理财到长期投资、从各类理财工具与产品过渡至个人与家庭理财，力争在章节内容安排和布局上反映、展示理财知识内生的梯度层次与逻辑联系的紧密性。并通过导入案例、知识块链接、案例剖析等方式，浅显易懂地解析教学重点和难点，既有利于读者系统掌握理财规划的知识，也可为初学者提供通俗的理财实务操作读本，为未来理财实践打下知识基础。

第三，在应用实践上，密切跟踪宏观政策变化和市场演化趋势。教材既系统介绍我国现有的主要金融工具与产品，又注意最新的学术研究动态和金融法规调整，力图运用市场数据反映理财市场的发展动态，以增强知识的前瞻性和先进性，使学生尽可能在学习基本理论知识的基础上，了解金融市场发展与理论研究的前沿动态。充分体现了金融学应用型本科专业人才培养的特色，将基础知识、专业理论和理财实践融为一体，培养学生的专业技能和综合素质。

本教材是高等院校金融学专业本科生教材，也可以作为金融理财规划职业的从业人员、干部培训、金融理财爱好者自学的参考读物。教材编写是由福建师范大学经济学院金融学教学团队成员协力协作完成的，具体分工是：第一章，王盛副教授、俞姗副教授；第二章，鄢琳讲师、俞姗副教授；第三章，陈美华讲师；第四章，黄云讲师；第五章，谢八妹副教授；第六章，黎元生教授、谢八妹副教授；第七章，张业圳副教授；第八章，林姗姗讲师、黎元生教授；第九章，俞俏萍副教授；第十章，郑晓玲讲师；第十一章，林姗姗讲师，最后由黎元生教授、俞姗副教授、林姗姗讲师统稿。本教材是福建省高校服务产业特色专业（金融学）建设的阶段性成果，并获得福建师范大学教材建设基金资助出版，在编写过程中，深圳私享基金公司、中宏保险福建分公司等有关机构给予诸多帮助和金融理财业务知识的指导，在此一并表示感谢。

编者

2018 年 10 月

目　录

第一章　个人理财概述

有恒产者有恒心

——《孟子·滕文公上》

凡事预则立，不预则废

——《礼记·中庸》

学习目的和要求

通过本章学习，了解个人理财的概念、服务机构及分类，理解个人理财对于实现幸福生活的重要意义；了解个人理财的发展沿革及理财规划师资格认证，熟悉个人理财机构的基本构成与业务内容；了解个人理财规划的五个步骤，养成按规划进行理财的习惯；了解个人理财服务机构与产品，熟悉不同理财机构的差异与优势。

本章预习

20多岁的小李顺利地从学校毕业了。即将踏上工作岗位的他，面对着众多的机会和无限的可能，小李对未来充满着憧憬。事业的起步总是艰难的，虽然刚入职时小李的工资不高，各种支出消费几乎消耗了所有的工资，但他并不畏惧，因为他有人生最宝贵的资本——年龄，年轻就是本钱。

30余岁的李先生经过10年的打拼积累了一定的社会经验，事业开始快速发展。同时家庭的组建、小宝宝的诞生、房屋贷款的支出以及交通工具的需求使他的消费支出逐渐增大。事业的发展和消费支出的增大进一步加大了对钱的需求。在人生最精华的10年黄金成长期，虽然要面对这些问题，但他认为开源第一，发展才是硬道理。

40多岁的李先生开始踏入"财富积累"期，人到中年，从前的投资、工作的晋升，事业上的成就为他带来了可观的收入进账，但同时作为家庭支柱的他上有老下有小，事业迈上巅峰的同时，压力也不断加大。压力使得李先生有时会萌生退意，要有多少财富才能使得自己及早退休享受人生呢？要有多少钱才能使自己生活有保障，让自己过得既幸福而又有尊严呢？

50余岁的老李已经面临退休了，经过几十年的奋斗，老李达到人生收入最高时期。看着大半辈子积攒下来的钱，老李有时不禁想，这么多钱应该要干些什么吧？可是邻居张老先生股市的"悲惨损失"又困扰着他。现在又听说国家在调控住房，房产投资有风险，究竟这些钱做什么好呢？

60 岁的老李退休了。虽然自己攒了一些钱，但物价一天比一天贵，年纪大了，从不上医院的老李偶尔也会上医院了。收入减少了，但支出一点也没少。本来计划退休后要经常出去旅游的，看样子因为钱的原因只好减少或取消了。钱到用时方恨少，这时老李才深深体会到这一点。

在我们中间有很大一部分人曾经有李先生上述的一些行为或想法，而最后结果就是“钱到用时方恨少”。仅仅依靠主动性收入去实现小康生活是很难的一件事情，理财不是件可有可无的事情，而是个人生活的必需品。

第一节　个人理财基础知识

一、个人理财的含义及分类

财产是人们赖以生存和发展的物质基础和保障。人们一般将财产的一般等价物通俗表示为金钱。每个人的一生，从生到死都要与钱打交道。无论是人的衣、食、住、行等基本需求，还是结婚成家、生育养育、购房买车、税费缴纳、子女结婚、退休养老等人生大事，都需要不断的财务支出。虽然每个人对于幸福生活的理解不同，但是每个人的幸福生活都必须建立在必备的财务条件之上。没有一定的运营和筹划安排，一旦在某个阶段丧失了财务基础，个人和家庭的生活工作都将受到严重的影响，生活将会成为一场噩运。因此，我们必须认识理财的重要性，制订一套适合自己的理财计划，来达成自己的生活目标。要达到个人所设想的幸福生活目标，对自己的财产进行规划是一个基础的、重要的手段。

自从私有制产生，个人开始拥有私有财产，理财的思想就已经开始萌芽了。经济学的起源就来自于古代奴隶主对自己财产的管理，如古希腊色诺芬的《经济论》、亚里士多德的《经济学》等著作都探讨了奴隶主如何管理家庭农庄，如何使具有使用价值的财富得以增加。但是在农业文明时代，生产效率低，大部分人的贫穷是常态，财产的积累非常缓慢，很容易在各种天灾、战争、疾病等事件中损失殆尽，所以个人财产的管理在古代社会只处于萌芽阶段。随着工业革命的发展，人类进入工业文明时代，生产效率的大幅提高，个人财富的积累迅速增加，各种投资方式和机会随处可见，个人理财逐渐受到人们的关注。

现代意义的个人理财概念产生于 20 世纪 30 年代的美国保险公司，当时的保险公司开始为个人提供理财服务。个人理财的大发展在第二次世界大战以后，从 20 世纪 60 年代末到 90 年代，在发达国家特别是美国，个人理财发展为一个全新的金融服务业。而从 20 世纪 90 年代末期开始，个人理财业务在我国出现萌芽，直到 21 世纪初才正式兴起，并成为今天的热点话题。

个人理财的概念有多种表述，如家庭理财、理财规划、个人财务规划、个人财富管理、家庭财务规划、个人金融管理等，含义大致相似。

(一) 个人理财的概念

美国理财师资格鉴定委员会将个人理财定义为:“如何匹配财务资源,来制定适宜的财务规划或方案,以实现个人整个人生阶段目标的一种程序。个人理财的重点是从个人(家庭)的实际财务状况及风险承受度出发,最终以实现个人(家庭)的需求及目标,实质是为了帮助个人(家庭)在整个生命阶段能拥有坚实的经济物质保障,以减少个人对未来财务状况不确定性的风险与不安。”

中国金融理财标准委员会将个人理财服务称为金融理财,认为个人理财是一种综合金融服务,是指理财专业人士通过收集客户家庭状况、财务状况和生涯目标等资料,与客户共同界定其理财目标及优先顺序,明确客户的风险属性,分析和评估客户的财务状况,为客户量身制订合适的理财方案并及时执行、监控和调整,最终满足客户人生不同阶段的财务需求的综合金融服务。个人理财涉及的内容之多、范围之广,基本上包括了居民生活及财务需求的方方面面,并同居民的生命周期和财务状况息息相关。

从中美两国对于个人理财的定义可以看出,个人理财是通过收集整理和分析个人(家庭)收入、消费、资产、负债等数据,根据个人目标、风险承受能力、心理偏好等情况,对个人(家庭)财务资源和理财目标进行评估,制订和实施根据个人目标、风险承受能力、心理偏好等情况编制的各种规划,设计个人(家庭)整体的财务方案以实现人生(家庭)目标的综合过程。

个人理财并不局限于金融理财机构或第三方理财机构对客户提供种种理财服务,而应首先表现为个人家庭的一种自觉主动性行为。个人理财的意义在于帮助人们促成拥有资源的合理优化配置,实现平衡收支,维系个人或家庭的正常运转,进而实现收入和财富的最大化,保证有效消费,满足对生活的各种期望,确保个人及家庭财产安全,为退休积累财富并帮助财产有序传承的实现。

(二) 个人理财服务机构及专业人员

由于知识结构、专业能力等原因,以及各个行业的专业化程度日益加深,个人理财规划需要大量的专业知识,对于一般人来说,通常要借助金融保险机构提供的专业服务才能制订科学、合理的规划,这也是个人理财业务首先由银行、保险等金融机构开展的主要原因。基于以上原因,个人理财规划与金融保险机构密切相关。金融保险机构可以为个人或家庭客户提供专业的理财服务,为个人理财提供储蓄、信贷、证券、保险、信托、基金、期货、租赁等金融工具与产品平台,为个人理财提供资产组合、资源配置、会计核算、金融工程、保险精算等理财方法。

金融保险机构运用各种金融工具和技术方法,通过专业理财规划师收集整理顾客的收入、支出、资产、负债等数据,听取顾客的希望、要求,明确客户理财目标和风险属性,在专业理财规划师的协助下,为顾客进行储蓄规划、投资规划、保险规划、税收规划、财产事业继承规划等合适的理财方案,并及时根据客户情况执行、监控和调整,最终满足客户人生不同阶段的财务需求。

理财机构为客户提供全面理财规划的专业人士一般称为理财规划师。按照 2003 年中华人民共和国劳动和社会保障部制定的《理财规划师国家职业标准》,理财规划师是指运用理财规划的原理、技术和方法，针对个人、家庭以及中小企业、机构的理财目标，提供综合性理财咨询服务的人员。理财规划要求提供全方位的服务，因此要求理财规划师要全面掌握各种金融工具及相关法律法规，为客户提供量身订制的、切实可行的理财方案，同时在对方案的不断修正中，满足客户长期的、不断变化的财务需求。

（三）个人理财的分类

现代意义的个人理财不同于单纯的储蓄、投资或者消费，它不仅包括财富的积累，还包括财富的保障和安排。通常个人理财分为生活理财与投资理财。生活理财包括职业选择、教育、购房、保险、医疗、养老、遗产、事业继承以及各种税收等。投资理财指对股票、债券、金融衍生工具、黄金、外汇、不动产、艺术及收藏品等的投资，追求最优回报，加速个人或家庭资产的增长。

个人理财可分为生活理财与投资理财两部分。

1. 生活理财

生活理财指的是帮助个人设计一个将整个生命周期考虑在内的终生生活及财务计划，将未来的职业选择、子女及自身的教育、购房、保险、医疗和养老、遗产及事业继承以及生活中个人所面对各方面的事宜进行妥善安排，使个人在不断提高生活品质的同时，即使到年老体弱以及收入锐减的时候，也能保持自己所设定的生活水平，最终达到终生的财务安全、自主、自由和自在。生活理财的核心在于根据个人的消费性资源状况和消费偏好来实现个人的人生目标。

生活理财分为自发生活理财和专业生活理财两个层次。自发生活理财活动贯穿于人们的衣食住行、生老病死等全过程，从简单的省吃俭用到量入为出，再到提升生活质量，有计划地平衡收入与支出，避免收不抵支。例如，为购买家电等大件商品、供孩子完成学业、改善住房和生活条件、夫妻养老、防老而存钱。专业生活理财主要是通过帮助客户设计一个将其生命周期考虑在内的终生生活及财务计划，将客户未来的职业选择，子女及自身的教育、购房、保险、医疗、企业年金和养老、遗产及事业继承以及生活中个人所需面对的各种税收等各方面事宜进行妥善安排。

2. 投资理财

投资理财指的是在个人基本生活目标得到满足的基础上，将资金投资于各种投资工具，在保证安全性和流动性的前提下，追求投资的最优回报，加速个人或家庭资产的成长，提高生活水平和质量。投资理财的核心在于根据个人的投资性资源状况和风险偏好来实现个人的人生目标。常见的投资工具包括股票、债券、金融衍生工具、黄金、外汇、不动产、艺术收藏品等。

专栏 1－1

理财就是投资吗？

理财和投资的关系是：理财活动包括投资行为，投资是理财的一个组成部分。理财的内容要广泛得多。在理财规划中，不仅要考虑财富的积累，还要考虑财富的保障，即对风险的管理和控制。在人生的旅途上要面临各种各样的风险和意外，在我们的经济生活中也存在各种系统性风险。

根据经济学上的定义，投资是指牺牲或放弃现在可用于消费的价值以获取未来更大价值的一种经济活动。投资活动主体与范畴非常广泛，但一般意义上所描述的投资主要是家庭投资，或叫个人投资。我们举例来解释此句话：若你现有手上有1 000元闲钱，你可在周末带全家出游后到饭店吃上一顿大餐，大家可以过个愉快的周末。你也可以存入银行，1年后可获得利息收入；或者买入股票或基金，等待分红或价格上涨；或者从古玩市场买入字画，等待增值；或者参股朋友所开的小店，分得利润。前面一种情况就是花掉金钱（价值），获得消费与全家的享受。后面几种情况就是放弃现在的消费，以获得以后更多的金钱，这就是投资。再简单些说，使本金在未来能增值或获得收益的所有活动都可叫投资。消费与投资是一个相对的概念。消费是现在享受，放弃未来的收益；投资是放弃现在的享受，获得未来更大的收益。

投资的资本既可以是通过节俭的手段获得，如每个月工资收入中除去日常消费等支出后的节余，也可以是通过负债的方式获得，如借入贷款等方式，还可以采用保证金的交易方式以小搏大，放大自己的投资额度。从理论上来说，投资额度的放大是以风险程度提高为代价的，它们遵循“风险与收益平衡”的原则，即收益越高的投资风险也越大。所以说，任何投资都是有风险的，只是大小程度不同而已。

具体来说，家庭投资主要包括金融市场上买卖的各种资产，如存款、债券、股票、基金、外汇、期货等，以及在实物市场上买卖的资产，如房地产、金银珠宝、邮票、古玩收藏等，或者实业投资，如个人店铺、小型企业等。

所以说，理财和投资的关系是：理财活动包括投资行为，投资是理财的一个组成部分。

资料来源：黄祝华，韦耀莹：《个人理财（第四版）》，东北财经大学出版社2016年第4版。

二、个人理财的重要性

（一）美好生活目标的实现

大多数人渴望随着时间的推移提高他们的生活水平。有些人渴望舒适平淡的生活方式，他们对于生活没有太多欲望，希望未来不需要担心每一分钱。有些人野心勃勃，力求上进，对于物质和精神生活有较强的欲望，他们希望不断更新汽车、房屋，不断使社会地位得到提高。为了确保这些愿望成为现实，我们很有必要有意识地规划这些结果。很少有人通过运气达到他们期望的生活水平。我们必须为此做好计划。

（二）规避社会与个人风险

现代社会经济运行结构越来越复杂，节奏越来越快，无论是社会宏观经济，还是个人职业生涯，各种“黑天鹅”事件出现的几率大大提高。例如，金融危机、疾病、失业、财产损失等突发事件。在这种情况下，个人可能会遇到严重的现金流问题，可能没有足够的储蓄来渡过疾病或失业期。由于健康和失业可能会在没有任何警告的情况下触犯任何人，因此必须对冲这些意外事件和风险。

（三）平衡不同阶段的收支

人生各个阶段的收入与支出不匹配，人的一生各个阶段中获取收入和拥有财富的状况差异甚大，如果不能提早做好整体规划予以先后调节，就可能会出现有钱时大手大脚、潇洒自在，缺钱时处境困窘、捉襟见肘的境况。一方面，中青年阶段，收入大于支出，进行储蓄；老年阶段，支出大于收入，进行负储蓄。人生各阶段重要大事中，接受教育、投资、购房、结婚、育儿、旅游、购车、子女教育与婚姻、医疗、养老、丧葬等，无不显示出理财的重要性。另一方面，收支的数量可能不匹配。无论是短期的年度收支计划，还是长期的退休养老计划，如何实现其间的收支平衡，正是个人理财要研究的问题。个人理财可以帮助人们合理安排和管理现金流，以保证满足个人的日常消费支出。个人可以站在整体规划的角度，帮助家庭订立一生的理财目标与计划，保证财务安全的前提下防范可能出现的风险，享受高质量生活。

（四）管理金钱习惯的养成

个人面对各种经济行为时，应当自觉主动、独立地运用手中掌握的经济资源依法自主抉择与决策，实现资源配置的合理化和收益的最大化。个人理财不仅是把所有辛苦赚来的钱存在活期或定期存款中，这种简单的理财方式所获得的微薄利息可能无法抵销通货膨胀。应该有意识地寻找更高收益的工具，以使个人的钱随着时间的推移而增长。这种意识将使个人养成管理金钱的好习惯，如预算、节俭、规划。专业谨慎的理财规划使个人能够随着金融市场条件的变化而不时发现可能出现的机会。理财规划也有助于个人积累未来的财富。制订精心设计的计划和对计划的持续监测将使个人采取纠正措施，从而大幅度提高从工作生活中获得大量财富的可能性。

三、个人理财与公司理财的区别

很多人将个人理财的方法等同于公司理财，以公司理财的方法指导个人理财。但公司理财与个人理财虽然都是关于财务的规划，但公司理财指的是有关公司的资金筹集、投放与使用、分配的管理活动，理财主体不同，导致理财目标、风险承受、决策过程、理财周期和理财内容大大不同。

1. 目标不同

公司理财主体一般是企业法人，个人理财主体是个人或家庭；公司理财通常是通过资金的筹措与合理使用，达到规避公司财务风险、实现企业价值或利润最大化的目标，它关注的是资金的流动性与收益率。个人理财是以帮助人们更合理地安排收入与支出，提高个人生活质量，规避个人财务风险，保障终生的生活为目标，而不是单纯地追求资产的保值。

2. 承受风险能力不同

公司理财则因为拥有相对雄厚的财力，为了追求较高的利润，能够承担较高的风险。个人的风险承担能力相对较弱，在进行风险、收益权衡时，安全性一般放在收益性之前考虑。

3. 决策过程不同

在理财方案的设计与实施过程中，公司理财在投资的决策中，依据的是对市场趋势的判断和把握，主要考虑的是收益率，而很少考虑个人的其他需求。个人理财不仅要考虑市场环境的因素，更重要的是要考虑个人及家庭的各方面因素，包括生活目标、财务需求、资产和负债、收入和支出等，甚至还要考虑个人的性格特征、风险偏好、投资特点、健康状况等。

4. 理财周期不同

公司理财周期一般和公司的存续周期相关，公司的生命周期一般较短，据美国《财富》杂志报道，美国中小企业平均寿命不到7年，大企业平均寿命不足40年。而中国，中小企业的平均寿命仅2.5年，集团企业的平均寿命仅7~8年。而个人理财一般是覆盖人的终生，据国家统计局的统计显示，2015年，中国人口平均预期寿命达76.34岁，个人理财周期远超一般企业。

5. 理财内容不同

公司理财的内容一般是公司筹资、投资、资金营运和收益分配，投资渠道主要包括金融市场上买卖的各种资产，以及在实物市场上买卖的资产。而个人理财的内容则要丰富得多，包括个人及家庭收入与支出的方方面面，尤其是教育、消费、住房和退休的财务安排。

专栏1-2

常见的理财误区

1. 理财是对人们拥有货币金融资产的组织打理

错误：个人家庭拥有的“财”，不仅仅是钱财，还包括了价值更为昂贵的住房资源和构成家庭实体的人力资源。房子作为不动产，照样可以纳入理财的范畴融资变现搞活，发挥更大的价值，住宅抵押贷款、以房养老等，都是将住房的价值融通变现、搞活理财的好途径；而“要理财，先理人”已经成为大家的共识，人力资源更是理财过程中首屈一指，应当放在第一位加以重视的大话题。这些资源都需要打理搞活以发挥更大的效用。

2. 理财是富人的专利，穷人谈不到理财

错误：富人需要理财，使拥有的钱财能够保值增值；穷人更需要理财，以摆脱生活的困境。前者是锦上添花，后者则是雪中送炭。“理财投资是有钱人的专利，与自己的生活无关”是一般大众的想法。许多工薪阶层或中低收入者总抱着“有钱才有资格谈理财”的观念，认为每月固定的薪水应付日常生活开销就差不多了，哪来余财可理呢？

有钱人在芸芸众生中毕竟只是少数，工薪族、中下阶层占据大多数，投资理财是与生活息息相关的事，没有钱的穷人或初出社会又身无恒产的“贫民族”都不应逃避。事实上，越没钱的人越需要理财，筹码不足也能聚沙成塔，运用得当更是“翻身”良机。

3. 理财可以做到“一夜致富”

错误：很多人希望把钱交给理财师，马上就能获得收益。殊不知，真正的理财绝对无法做到“一夜致富”。理财规划的过程通常与人生阶段紧密联系，注重的是长期收益，平均每年5%~10%的收益率，可能无法满足追求高报酬率的客户。但是，从长远的理财规划来说，稳定性往往比高报酬率更容易达到理财目标。

4. 理财不需要太早

错误：一些人把理财作为生活目标规划，觉得应该结婚或生小孩之后再开始规划。其实要圆美满人生的梦，除了做好计划，还要懂得如何应对不同人生阶段的生活所需，而将财务做适当的计划及管理。理财是一辈子的事，应及早认清人生各阶段的责任及需求，制订符合自己生涯的理财规划。理财应趁早规划，以免怠惰蹉跎，年轻时任由“钱财放水流”，以至于老来生活无着落。

第二节　个人理财的产生与发展

一、中外个人理财业务的产生与发展

（一）个人理财在西方发达国家的发展

虽然人类的理财活动在奴隶社会就已经开始了，但那时的理财主要针对的是统治阶级，无论从规模还是形式上只能算理财的萌芽。现代意义上针对普通人群的个人理财在资本主义时期才产生。在工业革命后的欧美，由于个人积累的财富越来越多，个人理财业务也较早地起步。有学者认为19世纪的瑞士银行最早提供了个人理财业务，但一般认为，美国的个人理财发展更为典型，更有代表意义。以下以美国个人理财业务的发展为例，按其历史的发展过程，可以分为初创期、扩张期和成熟期三个阶段。

1. 初创期

20世纪30～60年代，这是美国个人理财业务的初创期，从严格意义上讲，这个阶段对于个人理财业务的概念还没有明确的界定。在这一时期，从1929年持续至1933年的银行挤兑危机和股市大灾难使美国民众普遍丧失了对银行和券商的信心，加之严重的经济危机给人们未来的生活带来了巨大的不确定性，保险公司提供的可以满足各种不同需求甚至为客户量身定做的保险产品逐渐进入人们的视野。美国出现了最早提供个人理财服务的保险营销人员，个人理财业务主要是为保险产品和基金产品的销售而服务，保险公司根据不同年龄、不同收入状况的客户，利用生命周期不同阶段的特征，为客户提供购买保险的建议，也就是为客户提供购买保险和基金建议，进而促进产品销售。商业银行也在同时期提供个人理财服务，主要是提供咨询顾问服务，其内容主要是代理客户进行投资收益分析、筹划资金安排和代办有关手续等。这个时期，个人理财业务主要还是这种以促销产品为主的简单的委托—代理活动。

2. 扩张期

20世纪60～80年代末，这个时期是美国个人理财业务的扩张期，也是理财资格制度真正确定的时期。第二次世界大战后全球进入和平与快速发展时期，美国经济在第二次世界大战中受损最小，经济的快速复苏使得个人财富的迅速积聚，个人消费也迅猛增长，但美国社会所倡导的超前消费观念使很多人担心缺乏足够的存款来应付日益增长的个人消费，政府社会保障和公共福利政策的改变使消费者不得不考虑如何安排自己各项收入和养

老计划中的税收规划问题。于是，逐渐富裕起来的人们开始寻求专业机构的帮助，希望这些机构能为他们提供各种投资工具，以实现复杂的财务管理需求，各个金融机构为了争抢市场，纷纷推出迎合客户需求的各种个人理财产品，美国的个人理财业务飞速发展。同时为了适应市场发展对人才的需求，这个时期，理财学院与国际理财人员协会（IAFP），也就是今日的理财协会（FPA）成立，确立了理财资格制度。

扩张期的个人理财业务不仅仅是推销保险与基金，金融业开始普遍实行为客户提供全方位服务的经营策略，强调与客户建立全面、长期的关系。金融机构为了提高客户的忠诚度，满足客户的实际需求，提升自身的竞争能力，普遍实行以客户为中心的经营策略。通过对客户自身特点的分析，对客户的需求进行全面了解，以满足客户需求防范风险为前提，为客户提供个性化的金融产品和金融服务。在这个阶段，理财业务开始向组合产品的方向发展，融合了传统存贷款业务、投资业务和咨询顾问业务。组合式理财得到快速发展，到了20世纪80年代末期，它已成为理财业务发展的主要方式。具体而言，组合式理财就是将风险特征不同的存款、基金和保险产品组合起来，向客户销售，分散投资风险，使客户获得更高的收益率。

3. 成熟期

20世纪90年代，这个时期是美国个人理财业务日趋成熟的时期，在经历了一场大幅度的优胜劣汰的洗礼后，美国个人理财市场的发展趋于成熟，各金融机构开始将各自提供的金融理财服务流程进行标准化。从产品设计、产品定价、销售渠道乃至促销方式上，都进行了全面的革新。随着商业银行的管理理论从资产负债管理向客户管理的转变，所有改革的核心都围绕客户关系的维护进行，与客户建立长期的信用合作关系成为银行赖以生存和发展的基石。银行开始根据客户的风险承受能力和风险偏好，使用各类衍生品，为客户提供个性化服务。理财业务逐渐成为商业银行增强客户忠诚度、提高银行竞争力、更好管理客户风险、提高银行风险对冲和管理能力的重要业务方式，也成为商业银行适应市场需要的一项基本服务。

在这个时期，美国金融管制开始松动，各类投资工具和衍生产品市场、场外市场的交易规模迅速扩大，使理财产品的投资空间得到进一步拓展，组合方式、投资对象、风险承担和利益分配模式呈现多样化发展，保证收益（保底）、浮动收益、有条件转换收益等各类理财产品不断推陈出新。互联网的出现一方面促使了理财门户网站等新型理财机构的产生；另一方面使商业银行、保险公司、独立理财机构等理财业务的开展更加方便与丰富。20世纪90年代末期，美国《金融服务现代化法案》的颁布，使理财业务进一步与信托业务、商业银行的基金管理业务等结合起来。到了20世纪末，体系完整、制度完善的理财行业在美国已经形成并在欧亚等经济发达国家和地区得到了迅速的推广与发展。

（二）国内个人理财业务的发展

与发达国家个人理财业务的发展相比，我国个人理财业务发展历程非常短暂。在发达国家个人理财即将进入成熟期时，我们才开始个人理财的萌芽阶段，至今经历了30年左右的发展历程。由于后发优势，以及改革开放后国力迅速增强，我国居民逐渐积累的财富形成了巨大的市场需求，我国个人理财业务在短短的30年时间实现了跨越式发展。

1. 萌芽阶段

20世纪80年代末至21世纪初是中国个人理财业务的萌芽阶段。这个阶段，商业银行开始尝试向客户提供专业化的投资顾问和个人外汇理财服务，但大多数人还没有理财意识和概念。1984 年，中国人民银行改制，成立了中国工商银行、中国农业银行、中国银行、中国建设银行四大国有银行，国内真正意义上的商业银行就此诞生。但直至 20 世纪 90 年代中期，我国成立的商业银行才陆续开始办理个人理财业务。最初主要以银行储蓄及国债为主，后来，随着中国加入世贸组织，外资银行的理财业务进入中国市场，我国一些商业银行开始尝试向客户提供专业化的投资顾问和个人外汇理财服务，如 1996 年，中信实业银行广州分行设立私人银行部，提供个人财务咨询；1997 年，中国工商银行上海分行开设理财工作室，推出理财系列服务。随后各大商业银行开设了个人理财中心，进行银行理财产品创新，如外汇理财产品、人民币理财产品、信用卡等。同时，在客户经理不断拓展业务和理财软件系统的支持下，各银行不断创建理财品牌，私人银行业务兴起。国内的个人理财业务有了发展的跳板，各商业银行开始关注到这片全新的蓝海市场。

2. 起步阶段

2002 ~ 2005 年是我国个人理财市场起步阶段，这个时期也是中国个人理财业务的形成时期，这一时期，理财产品、理财环境、理财观念和意识，以及理财师这些专业队伍的建设均取得了显著进步。2000 年 9 月，中国人民银行改革外币利率管理体制，为外币理财业务创造了政策通道，其后几年，外汇理财产品一直处于主导地位，但总体规模不大，没有形成竞争市场。外汇理财业务只是银行对理财业务的最初探索，而真正意义上的银行人民币理财业务始于 2004 年 11 月，光大银行推出投资于银行间债券市场的“阳光理财 B 计划”。因此，2004 年也被称为银行理财元年。2005 年 9 月，中国银行业监督管理委员会出台了《商业银行个人理财业务管理暂行办法》等一系列文件，我国商业银行个人理财业务开始逐步形成规模。在这一时期，理财产品、理财环境、理财观念和意识，以及理财师专业队伍的建设均取得了显著提高。我国商业银行个人理财产品规模以每年 10% ~20% 的速度增长，到 2005 年底，我国商业银行发行了 687 款个人理财产品，发行规模为 2 000 亿元。

为适应规范个人理财市场的发展，同期专业理财人员的培养也提上日程。2000 年，北京召开“2000 年中美金融论坛”，国际金融理财师（Certified Financial Planner，CFP）的理念被介绍到中国；2002 年 11 月 16 日在北京召开了“2002 年中美金融论坛”，开始筹备中国的 CFP 资格认证体制的导入工作：2004 年 9 月，中国金融理财标准委员会（FPSCC）正式成立；2006 年，FPSCC 接受国际 CFP 组织授权，推广 CFP。

媒体对理财理念和知识的宣传。专业理财媒体相继成立，如《理财周刊》，众多报纸和网站出现理财频道和专栏，电视和电台的理财节目日益增多。2003 年 12 月，上海举办了第一届理财博览会。

2003 年，国家劳动和社会保障部正式推出理财规划师职业。2006 年，理财规划师列入全国职业资格统一鉴定范畴。它分三级认证：助理理财规划师（三级）、理财规划师（二级）、高级理财规划师（一级）。

理财培训市场也随之兴起。2003 年 11 月，北京市推出金融理财师（AFP）课程培训；2004 年 1 月，中国香港注册财务策划师（RFP）协会与上海交通大学合作，在上海市推出注册财务策划师培训。之后，各类理财培训机构相继成立。

高校相关的专业理财教育也正式开展起来。上海立信会计金融学院、对外经济贸易大学、中山大学和北京大学率先开设了个人理财课程，此后，各财经高校的金融财务专业均开设了此类课程，培养了大批的理财规划人才。

3. 探索阶段

从2006年开始，伴随着金融市场和金融环境的进一步变化，个人理财业务进入了大幅扩展时期，客户对理财的需求日益增长，同时，银行、保险、证券、信托、基金等金融机构对理财业务的重视程度也显著提高，并竞相推出各具特色的个人理财产品，提供优质的理财服务。我国理财业务虽然起步晚，但其增长速度却非常快。2006年，我国商业银行发行了1 089款个人理财产品，发行规模为4 000亿元；2007年，我国商业银行发行了3 062款个人理财产品，发行规模为8 190亿元；2008年，我国商业银行发行的个人理财产品超过6 000款，发行规模为3.7万亿元。这一时期，个人理财业务逐渐成为国内银行产品和服务创新的主要领域，银行不只是提供标准化理财产品，私人理财顾问也应运而生。2008年，全球金融危机波及国内理财市场。上证指数从2007年10月的6 124点，到2008年的最低点1 664点，最多时市值缩水达22万亿元，投资者在这个阶段的投资损失惨重。也是在这个阶段，投资者的风险理财意识开始觉醒并逐步回归理性。

4. 快速发展阶段

扩张经过2007～2008年投资损失的洗礼后，2009年，投资者信心企稳回升，国内市场逐渐回暖，保守的投资倾向有所改变，股票、基金及房地产等投资方式占居民理财份额的比重不断扩大。自2009年起，人民币理财产品逐渐成为主流产品。国有银行则凭借其网点资源、客户资源、综合实力优势逐渐占据国内理财市场主导地位。投资管理日益受到重视，新股产品和权益类产品规模萎缩，全面的银行理财产品体系逐渐形成，且参与的金融机构众多。银行顺应客户需求推出期限较短、收益稳定、资金门槛不高的固定收益类产品。随着局面财富不断增长和金融科技的发展与应用，从2013年开始，互联网理财产品快速涌现，加之原有资产管理业务边界不断拓展，混业经营的大资管和互联网理财推动理财市场进一步加速扩张。

二、理财规划师及资格认证

现代社会个人理财规划日益受到人们的重视，但理财规划是专业性很强的一项工作，普通人群缺乏专业知识和专门的时间研究，很难科学有效地自主制订规划、自主安排未来生活。这就迫切地需要一批受过专业训练，而且有丰富实践经验的专业人士来帮助普通公众制订长远的理财目标。理财规划师成为人们关注的焦点。

（一）理财规划师的含义

理财规划师（Financial Planner）是为客户提供全面理财规划的专业人士。按照中华人民共和国人力资源和社会保障部制定的《理财规划师国家职业标准》，理财规划师是指运用理财规划的原理、技术和方法，针对个人、家庭以及中小企业、机构的理财目标，提供综合性理财咨询服务的人员。理财规划要求提供全方位的服务，因此要求理财规划师要全面掌握各种金融工具及相关法律法规，为客户提供量身订制的、切实可行的理财方案，同时在对方案的不断修正中，满足客户长期的、不断变化的财务需求。

理财规划师从业需经过资格认证，国际上最有权威的理财职业资格简称 CFP，各国注册个人理财师标准委员会会向那些经过规定的培训、具有所要求的工作经验、通过专门考试、达到国际 CFP 组织所规定的教育（education）、考试（examination）、从业经验（experience）和职业道德（ethics）标准（简称为“4E”标准）的专业人士发放职业资格证书。国内的国际金融理财标准委员会（中国）（FPSB China，简称“标委会”）是唯一取得国际金融理财标准委员会（Financial Planning Standards Board，FPSB）授权在中国大陆进行国际金融理财师（CFP）认证的机构。

随着世界经济一体化进程的加速和全球理财市场的蓬勃发展，带来的是对金融理财从业人员，尤其是财富管理和资本市场运作的专业人才的大量需求。国内外越来越多的银行、保险公司、证券公司和基金公司等金融机构，都在积极招募理财规划师，或要求职员考取理财规划师。而越来越多的理财规划师选择进入正规第三方理财公司或者持有从业资格的专业人士独立执业，站在中立的角度帮客户配置资产或理财产品，通过收取咨询费、理财规划书制作费、每年定期服务费、客户盈利分成、产品方佣金等方式来获取收入，一般也称私人理财顾问。

（二）理财规划师资格认证介绍

1. 国际金融理财师（Certified Financial Planner，CFP）及其资格认证

国际金融理财师由 CFP 标准委员会（CFP Standards of Board）考试认证，是目前国际上金融领域最权威和最流行的个人理财执业资格认证。CFP 适合人群包括：银行、证券、保险、基金、专业投资理财公司等金融方面的从业人员；经济师、会计师及对理财规划有兴趣，有意成为全方位理财规划顾问的各行业从业人员。CFP 认证包括培训、专业考试、职业道德考核等几个步骤。

CFP 为客户提供全方位的专业理财建议，帮助客户实现财务目标，避免财务风险。它所提倡的 4E 标准和 7 项原则（正直诚实原则，Integrity；客观原则，Objectivity；称职原则，Competence；公平原则，Fairness；保密原则，Confidentiality；专业精神原则，Professionalism；勤勉原则，Diligence）已经被全球理财行业所普遍推崇。

2. 特许金融分析师（Chartered Financial Analyst，CFA）及其资格认证

CFA 是特许金融分析师的简称，由美国投资管理与研究协会（AIMR）于 1963 年发起成立。CFA 进入中国的时间为 1999 年，目前，我国北京市、上海市、香港特区均有 CFA 资格认证机构。

申请者除了需要通过 3 个等级全英文的资格认证考试（考试内容涉及证券分析、企业财务、定量分析、经济学、投资组合分析以及道德与职业操守等多方面；每人每年只能报考 1 个等级；3 ~7 年内必须通过全部 3 个级别的考试）之外，还必须具有 3 年或 3 年以上的被美国投资管理与研究协会所认可的从业经验，遵守该协会公布的职业操守和道德准则，并申请成为一名该协会的成员，具备这些条件后，申请者才可获得 CFA 资格证书。

3. 特许财富管理师（Chartered Wealth Manager，CWM）及其资格认证

特许财富管理师证书由美国金融管理学会（American Academy of Financial Management，AAFM）推出，它是美国三大理财规划证书之一。CWM 课程围绕保险计划、投资计划、退休计划、地产计划、税务计划和财务规划基本原则这六方面知识内容而设置。

CWM 于 2004 年进入中国，中央财经大学在 2004 年 4 月开设首期以国外资深专家为主要授课阵容的 CWM 培训班，学习结束，考试合格并通过资历审核者，将可以获得由美国金融管理学会颁发的 CWM 证书。

相关调查显示，在美国银行从业人员中，CWM 证书持有者的比例最高。此外，CWM 与 CFP 的知识体系是互通的，CWM 证书持有者补修规定课程后，也可申请 CFP 证书。

4. 我国国家理财规划师及其资格认证

2003 年，我国劳动和社会保障部正式设立理财规划师职业，颁布《理财规划师国家职业标准》；2004 年，国家职业技能鉴定专家委员会理财规划师专业委员会成立；2005 年，国家理财规划师正式展开培训工作；2006 年，国家理财规划师资格开始实行全国统考制度。截至 2010 年底，国家理财规划师队伍人数已经从最初的 48 人增长至 10 万余人。

理财规划师（Financial Planner）是为客户提供全面理财规划的专业人士。按照中华人民共和国人力资源和社会保障部（原劳动和社会保障部）制定的《理财规划师国家职业标准》，理财规划师是指运用理财规划的原理、技术和方法，针对个人，家庭以及中小企业、机构的理财目标，提供综合性理财咨询服务的人员。理财规划要求提供全方位的服务，因此要求理财规划师要全面掌握各种金融工具及相关法律法规，为客户提供量身订制、切实可行的理财方案，同时在对方案的不断修正中，满足客户长期的、不断变化的财务需求。

国家理财规划师职业资格分为三个级别：助理理财规划师（国家理财规划师三级）、理财规划师（国家理财规划师二级）、高级理财规划师（国家理财规划师一级）。

第三节　个人理财规划步骤

个人理财规划的步骤相对简单，但其中的细节必须经过缜密的思考。这个过程类似于度假计划。当计划驾车前往某地旅游时，我们会遵循以下步骤：第一步需要确定个人的当前位置，也就是出发点。第二步，确定个人的目标，也就是打算去的地方。第三步，选择到达目的地的路线。路线一般有多种选择，最快的路线不一定最短，最短的路线不一定最快，路线还有其他属性，例如，风景赏心悦目，或历史底蕴深厚，或原始野性刺激，或平淡但却安全，等等，有所得有所失，路线的选择由个人的家庭基础、知识结构、教育层次、性别性格等多种因素决定。第四步，一旦确定了路线方案，就开始出发了。第五步是对路线和目标的修正，在行驶的途中，有可能原先的设想与实际路况差距太多，有可能切换到其他路线或对目标进行必要的修改。

个人理财规划与驾车旅行计划相似，涉及以下五个步骤：

- 确定个人当前的财务状况；
- 设定理财目标；
- 制订理财规划；
- 实施理财规划；
- 评估和修正理财计划。

一、确定个人当前的财务状况

个人理财目标的制定要从了解个人的财务状况开始，包括收集和整理个人财务信息、现有的存量资产和未来收入及支出的预期，个人拥有的财务资源越多，可以实现的目标就越多。因此，个人理财规划流程的第一步就是确定个人当前的财务状况。这一步骤类似于在驾车旅行计划中识别出发点。个人可以通过制定个人资产负债表及收入和支出报表来量化目前的财务状况。个人资产负债表显示了拥有的资产以及债务。资产和负债之间的差异构成了净资产或真实财富。个人收入和支出报表显示每年赚取多少收入以及花了多少钱。所得收入和支出之间的差额是净储蓄。如果净储蓄为正，净资产将随着时间的推移而增加。

二、设定理财目标

个人理财规划的第二步是设定未来生活的理财目标。没有目标，就制订理财计划，就像没有目的地，就没有路线一样。个人如何设定自己的人生理财目标？这个目标通常取决于个人的需求、个性、态度和价值观等。如果打算很快结婚，那么短期的目标是买房子，如果关心孩子未来，理财目标可能考虑为孩子设立一个教育基金。这两个目标取决于个人对住房的需求以及为孩子提供良好教育的愿望。如果个人非常厌恶风险，理财目标可能是现在开始准备退休基金，以便舒适地退休养老。如果个人喜欢节俭，渴望一种简单平淡的生活方式，那么可能希望购买普通住房而不是别墅。在设定理财目标时，建议遵循下列指导原则。

1. 区分长期目标和短期目标

将长期目标与短期目标区分开来非常重要。短期目标是指个人希望在未来一两年内实现的目标。相反，长期目标是那些在遥远的未来希望实现的目标。个人应该密切关注短期目标，因为短期目标是更为紧迫的目标。尽管实现长期目标的紧迫性不大，但并不一定意味着它们不那么重要。事实上，个人应该确保将长期目标分解为短期目标。例如，如果长期目标是在20年的时间内达到100万元的退休养老储蓄，不考虑投资收益和通货膨胀的话，那么需要在20年内每年节省和投资5万元。每年节省5万元的理财计划为短期要实现的目标。

2. 目标必须切实可行

设定的目标必须切实可行，因为它们可以在目标时间范围内实现。如果个人的月薪只有4 000元，并且没有其他财务资源，那么计划购买1 000万元的别墅将是一个一厢情愿的想法。制订切合实际的目标也能确保个人避免生活中的失望。

3. 具体和量化理财目标

尽可能地以货币形式指定和量化理财目标。类似“有一个舒适的生活”这样的目标不是一个非常具体的目标，因为它没有足够的特定性制定一个理财计划。更具体的目标可能是“拥有舒适的生活，每月需要花费5 000元，拥有两辆汽车和联排别墅”。量化理财目标可以让个人计算需要投资多少才能达到预期的目标。

4. 设定实现目标的日期

通过设定目标日期，为实现所定目标注入了一些紧迫感。这些目标日期还可以帮助确定截止日期之前是否成功实现了目标。如果没有目标日期，大多数人倾向于拖延。

5. 优先考虑目标

大多数人有多个目标。鉴于有限的财务资源，有些目标必须优先考虑首先实现。

常见的理财目标和人生各阶段的理财目标如表 1 -1 和表 1 -2 所示。

表 1 -1　　常见的理财目标

个人状况	短期目标（1 年左右）	中期目标（3 ~5 年）	长期目标（5 年以上）
单身	完成大学学业	结婚	购买一套商品房
	购买数码相机	偿还教育贷款	积累退休收入
	国内旅游	攻读研究生学位	出国旅游
已婚夫妇（无子女）	每年度假	重新装修住房	购买退休住房
	购买新车	构建股票投资组合	积累退休收入
父母（有年轻子女）	增加人寿保险额度	提高投资额度	积累子女大学教育金
	增加储蓄	购买新车	购买更大面积住房

表 1 -2　　常见的人生各阶段理财目标

人生阶段	阶段特征及理财内容
阶段一：单身期 参加工作至结婚前：2 ~5 年	该时期的特点：收入低、花销大 理财顺序是：意外保险 > 节财计划 > 资本增值
阶段二：家庭形成期 结婚至孩子出生前：1 ~5 年	该时期的特点：收入增加且稳定。为提高生活质量往往要投入一大笔家庭建设开支，如购买高档生活用品、供房还贷等。理财顺序是：购房供房 > 家庭硬件 > 健康意外保险
阶段三：家庭成长期 孩子出生至上大学：9 ~12 年	该时期的特点：家庭成员不再增加，但年龄都在增加。家庭最大的开支是子女教育费、医疗费。同时，随着子女的自理能力增强，父母精力充沛，又积累了一定的工作经验和投资经验，投资能力大大增强。理财顺序是：子女教育基金 > 健康意外保险，建立养老金 > 资本增值，特殊基金规划
阶段四：子女上大学期间 孩子上大学以后：4 ~7 年	该时期的特点：子女的教育费和生活费用猛增。理财顺序是：子女教育基金 > 债务规划 > 资产增值规划 > 应急基金
阶段五：家庭成熟期 子女参加工作至父母退休前：约 15 年	该时期的特点：这一阶段里，自身的工作能力、工作经验、经济状况都达到高峰状态，子女已经完全自立，债务已经逐渐减轻，理财的重点是增加养老规划和资产增值规划。理财顺序是：养老规划 > 资本增值 > 特殊目标规划 > 应急基金
阶段六：退休期	该时期的特点：主要内容是安度晚年，投资和花费通常比较保守。理财顺序是：养老规划 > 遗产规划 > 避税规划 > 其他特殊目标规划

三、制订系统的理财规划

在确定了个人希望达到的理财目标之后，第三个步骤是制订实现这些目标的理财规划。理财规划详细列出了个人为实现目标应采取的具体步骤。换句话说，理财规划应该详细说明了每个月或每年要实现这些目标所应采取的行动。制订理财规划与选择从出发地到目的地的驾车旅行路线类似。

例如，假设理财规划中期目标之一是在 3 年内购买 1 辆新车。根据个人估计，3 年后 1 辆新车的价格将为 12 万元，那么按当前贷款额度，可获得的最高贷款额将为 8.4 万元。这意味着中期目标是在 3 年内累计 3.6 万元首付款。那么可以设计两个理财计划实现 3.6 万元的目标。第一个理财计划要求现在预留一笔总额，并投入专门用于购买汽车的定期存款。如果目前的利率是每年 4%，那么现在就需要节省 32 004 元。第二个理财计划涉及 3 年每年节省 11 533 元的正常金额。这两项计划都将在 3 年内提供 3.6 万元首付。

尽管为所有目标制订一个总体计划是理想的，但在实践中这是不可能的。因此需要为不同的目标制订不同的计划。而且理财计划不应该是静态的，应该随着年龄的增长而变化。这是因为个人需求的目标会随着年龄而变化。个人生活的每个阶段追求的目标都受到收入、风险和需求的影响。通常情况下，个人在学校时没有收入。一旦开始工作，随着职业生涯的进步，收入将会显著增长。但是，当到达中年后，收入将达到一个稳定水平，并在此之后稳定下来，直到退休。退休后，除非原有对资产的大量投资，否则除了退休金外，很少再有正常的收入来源，如表 1－3 所示。

表 1－3　　某投资基金客户的理财目标表

1. 目标	退休（养老规划）
2. 达成时间	2028 年 1 月 25 日
3. 所需年数	12 年
4. 所需金额	25 000 元
5. 现有金额	1 500 元
6. 现有金额应以 8% 增长	4 000 元
7. 尚需金额	21 000 元
8. 每年需增加金额（投资收益率 8‰）	1 100 元

四、实施理财规划

一旦制订了理财规划就必须实施。大多数人面临的挑战是要在规定的时间范围内执行计划。养成这种习惯的方法是为每个计划指定一个时间表。

五、评估和修正理财规划

密切监视理财规划执行的结果非常重要。这种关注能够不断评估个人是否在不断朝着实现目标迈进。如果存在偏差，可能需要采取修正措施，以确保目标在目标日期之内实现。这些修正措施取决于个人执行计划的进度和财务状况的变化。有时候，如果财务状况发生剧烈的变化以至于理财目标变得不切实际，那么也许有必要修改这些目标。

五步个人理财规划过程是循环的，整个过程必须年复一年地重复。这看起来可能很乏味，但计划中的努力最终会获得丰厚的回报。如果个人在整个人生的理财规划中努力执行这五个步骤，将会更好地管理个人财务，提高生活水平并随着时间的推移积累财富。这是个人理财计划的三大优势。因为个人有意识地考虑希望实现的目标，并且花时间为每个目标设计最适合的理财计划，所以可以更好地利用不时出现的投资机会，财务资源将得到有效利用，创造更高的回报。在个人的整个生命周期中，个人将能够享受舒适的生活方式，累积的财富将为个人提供舒适的退休生活，此外，还有可能积累足够的财富遗留给亲人。

六、个人理财规划所需的知识储备

五步个人理财规划流程的重点在于个人财务资源、理财目标和执行计划。但是，还要认识到，理财目标的实现不仅取决于个人，还受到政府政策、金融机构和其他因素的影响，决定个人理财目标实现与否往往是这些因素与个人的总体相互作用。

在理财规划时，个人应熟悉政府的货币和财政政策和法规。政府的货币政策影响货币供应量、储备要求和贴现率。这反过来决定了经济中的利率和通货膨胀率。政府的财政政策与税收和政府支出有关。这些政策可能导致经济扩张或紧缩。政府的货币政策和财政政策的总体影响最终会影响个人从理财中获得的回报。

将个人的资金投入金融市场，需要了解金融市场的独特特征。金融市场的效率程度各不相同。有效率的金融市场往往对市场信息的反应很快，相反，效率低下的金融市场对于信息的反应总是滞后。大多数金融市场都在繁荣和萧条中反复切换。金融市场存在周期，了解资产价格周期与商业周期的关系可以帮助个人计算投资决策。在一个只能做多的市场，应该在周期处于低谷时买入资产，并在周期处于高峰时卖出。

了解商业周期的一种方法是个人必须了解和研究主要经济指标的趋势。其中一些指标是领先（滞后）指标，因为它们导致（滞后）商业周期。通过关注领先指标的表现，可以预测经济走向何方，即处于增长阶段还是收缩阶段。

个人应该还要了解和研究其他的金融知识，如通货膨胀率和利率。在高度通货膨胀的经济中，持有现金导致购买力下降。此外，如果个人正在投资产生固定收益的工具，这些工具的真实回报会随着时间的推移而下降。因此，如果通货膨胀率很高，那么投资资产是对冲通胀的工具，例如，房地产、大宗商品。个人理财规划也应该跟踪利率波动。在利率高的环境下，投资的机会成本也很高。这是因为投资者总是可以将其资金投入债券等固定收益工具以获得高利息收益。

如果个人持续采用这个五步理财规划流程，将会增加获得规划奖励的可能性：更高标准的生活水平，更好的财务管理和财富积累。

要成功规划，个人有必要了解他们的财务环境以及为他们提供收入投资的因素。他们理财计划的结果取决于他们的行为以及政府、其他投资者和金融机构等其他人的行为。了解金融市场、金融机构和政府政策的独特特征对于确保投资成功至关重要。

专栏 1－3

个人理财失败的常见原因

要求财务自主、经济独立，必须要有良好的赚钱和理财能力。但为何不少人终日唉声叹气，每个月中都要借贷度日呢？原因很多。

1. 漫无目的

“凡事预则立，不预则废”是管理名言。没有理财目标，漫无目的，就不可能会把好事做好做完。疏于计划是漫无目的的缘由。出色和成功的个人理财并没有天生和命中注定的成分，只要敢于订立目标，搞好计划，一生财务的成败就可以完全改变，只要相信自己一定能做到，就可以排除万难，奋力完成目标。毫无人生目标的人，理财就仿佛汪洋中的一条船，漂泊无定。

2. 浪费光阴

一寸光阴一寸金，如早日开始理财，钱财单单是放在银行收息就可以利养利。年轻时有理财大计，理财其实越省事，如年纪高迈才去储蓄和投资就会更吃力。时间是理财的好朋友，有时间的话，钱财也可以自动增值。不懂得惜时道理的人，理财不由今日开始，以为明日复明日，明日何其多。结果是“回头已是百年新”，到了自己惊觉有理财的需要时，可能已经太迟了。理财是今日的事，必须今日开始，明日才会有丰硕的成果。

3. 免费午餐

天下没有免费的午餐。投资理财人士都得付出劳力工作，付出心力投资，才可以换取明日更佳的前途。没有不劳而获的理财成果，它提醒我们每日对于投资市场和个人事业都要战战兢兢地谨守岗位。

4. 过分保守与过分进取

全攻型是踢足球的阵法之一，但也可能是全面防守型。过分防守，全无进攻，永远不会有得分。全攻型可以争取较多的入球机会，但疏于防守也是失败的致命伤。全攻型和全守型的理财都不会使人致富。全攻型的人过度投机，到头来可能一贫如洗；全守型的人是典型的守财奴，钱财原封不动摆在原处。

第四节　个人理财服务机构

一、机构理财的优势

个人理财规划的过程适用于个人自主理财和机构代理理财。自主理财是指个人家庭对自己的财务状况组织、分析、判断并做出决策，是目前绝大多数家庭的理财方式。当理财师尚不能大量出现并很好发挥作用之时，个人家庭的自主理财就显得非常必要。即使在理财师大量出现后，个人仍应具备一定的理财知识与技能，不可能各种理财事项事无巨细都委托由理财师操作。即使日常生活中的消费购买，也有个选择比较、成本效用评价的问题，同样是自主理财的重要内容。但是在涉及人生大事以及投资理财时，机构的专业性优势就充分体现出来了，一般来说，与个人自主理财相比，机构理财的优势主要体现在以下几个方面。

（一）从理财渠道上看

机构理财比个人理财在投资渠道上要宽泛得多。例如，国债市场按功能分为一级市场和二级市场两类，一级市场是发行国债的市场，二级市场则为国债的转让市场。一般而言，个人投资者只能在二级市场上进行投资，而不得参与一级市场的发行行为；而机构投资者则既可以在二级市场上交易，也可以在一级市场通过承销、包销活动，获得比较丰厚的利润。

（二）从理财技能上看

机构投资者拥有一批知识渊博、专业技术性强的投资专家。相对于个人投资而言，理财专家往往具有更全面的专业知识和丰富的实战经验，具有更系统和更先进的技术手段，这种优势是普通个人投资者无法相比的。

（三）从理财方式上看

机构理财比个人理财在投资方式上要灵活得多，机构理财投资者既可以进行现券交易，也可以进行回购交易、套利交易，而个人投资者则只能进行现券交易。同时，理财专家能合理利用各种金融工具进行组合投资，这种稳健型方式能较好地规避风险，有利于资产的长期增值。

（四）从信息资源上看

当今社会是信息社会，谁掌握了信息，谁就掌握了盈利的主动权，尤其是对于瞬息万变的投资市场，信息的准确性、及时性和全面性更直接决定投资决策的质量。机构投资者有专门的人员和技术进行信息收集，信息渠道更宽，信息量更大，对于信息的统计、分析更全面、更专业。而个人投资者由于信息渠道的限制，较机构投资者在信息来源、数据统计分析方面处于相对劣势。

（五）从理财规模上看

机构投资者汇集众多的小额资金，资金规模更大，能够更灵活地、科学地进行投资组合，分散风险，降低投资成本，提高收益。

二、提供金融理财服务的机构

虽然现代意义的个人理财概念引入中国只有 10 余年时间，但开展个人理财业务的机构已延伸至商业银行、保险公司、基金管理公司、证券期货机构、独立理财机构和网络门户等。在目前我国金融服务严格分业经营的局面下，各机构积极参与个人理财业务，八仙过海，各显神通，大力开发这块正在孕育的、极富潜力的大市场。

（一）商业银行

商业银行作为个人金融理财的供给机构，有着实力雄厚、分布广泛、信用卓著等得天独厚的优势。它依托于普通客户的日常交易支付、账户管理、住房信贷和储蓄存款等零售业务，向中高端客户提供量身定制的资产管理与投资服务，包括保险、基金在内的各种形式的理财产品和便捷式服务。居民的强储蓄传统和工商银行、农业银行、建设银行、中国银行四大商业银行的国有性质，购买银行理财产品或委托银行理财的安全感与信任度，在居民心目中根深蒂固，给我国商业银行开展个人理财业务提供了极大便利。

（二）保险公司

保险公司作为个人理财业务的鼻祖，在产品开发与销售过程中都基于对客户的财务状况与风险研究之上，充分体现了代客理财、均衡人生风险的理念。我国目前已经有财产保险、人寿保险各类保险公司 100 多家。

保险公司开办的个人理财服务主要体现在两个方面：一是具有理财策划资格的保险营销员，根据顾客的风险、收入与投资偏好，制订以保险为主的综合理财计划；二是保险公司向顾客推出融保险和投资于一体的理财产品，如投资连接型保险、分红保险和万能寿险等。我国的保险业务起步晚、发展快，目前在个人保险理财方面已做了较多的工作。

（三）基金管理公司

基金管理公司以“分散投资、专家理财”的形象步入个人证券理财市场，在国内外有着很高的声誉。我国的基金市场发展较晚，且受金融市场条块分割、股票市场畸形发展的影响，过去 10 多年里一直是规模偏小、业绩惨淡。近年来，我国的基金规模大幅增长，基金管理公司快速增加，社会声誉也日渐上升。截至 2013 年 12 月，全国共有百余家基金公司，管理着数百只各类基金。但这些基金多数偏重于股票投资，基金业绩与规模和股票行市的链接过于密切。直接同实体经济接轨的产业基金，如老年产业基金、住宅投资信托基金等，才刚刚兴起。

基金管理公司开展个人理财业务的特点是：开发多种类型的基金产品；提供丰富的理财资讯；针对客户资料推荐投资产品组合；组合客户的年龄、收入、投资偏好、风险承受能力等，提供各种理财案例。

（四）独立理财机构

这类机构包括理财咨询组织、理财网络门户和理财事务所等，他们不开发自己的产品，也不代表银行、保险等金融机构的利益，而是基于中立的立场，运用专门人才向客户提供各类行业、产品的理财服务资讯，或通过对客户财务状况和理财需求的分析，为其提供综合型理财服务。

目前国内提供理财资讯的网络门户众多，业务内容可归纳为以下几个方面：推介各种理财产品，提供并分析理财产品行情，搭建理财服务平台，传播理财知识与技巧，邀请理财策划师坐堂提供理财建议或方案。这些理财机构多采取收费式会员制度，通过会员缴费或向高端客户提供优质服务来获取收入。理财事务所的业务范围严格局限于个人理财服务，运作成功依赖于理财师的执业资格、专业水平、投资业绩与市场口碑。

三、金融理财业务的层次

金融理财业务根据客户的不同分为两个层次。

（一）大众服务

针对大众化客户提供的普及型理财服务，属于零售银行业务，除提供个人的存款、汇款、信用卡、代收代付、代缴费、消费信贷等基本业务外，还包括证券、保险、税务服务等多种形式的理财、咨询等中介服务。众多银行为此配备了专业的理财师，并延揽各个领域的专家队伍担当专业顾问。

（二）高端服务

针对高端客户的私人银行业务，作为财富管理的“宝塔顶层”，在发达国家已有上百年历史。私人银行业务是专门面对富有阶层的个人资产管理与投资服务，重要特点是根据客户需求提供量身定做的金融服务，贵宾客户能得到优惠的服务价格和优惠的服务内容，服务内容涵盖资产管理、投资、信托、税务及遗产安排、收藏、拍卖等，涉及领域广泛，有专职的财务顾问提供个性化的“一对一”服务。客户门槛为个人金融资产至少在20万~50万元以上者。私人银行业务作为国际领先银行个人理财业务的高端产品，极具特色，吸引了众多高端客户。

国内商业银行在开展理财业务时，应正视政策限制和经验不足的现实，循序渐进地发展业务：立足中端客户，不断开拓高端客户，兼顾低端客户；增加咨询服务，提供理财策划，在适当时机为客户提供个性化的专业理财顾问和多元化的私人银行业务。

本章小结

1. 个人理财是通过收集整理和分析个人（家庭）收入、消费、资产、负债等数据，根据个人目标、风险承受能力、心理偏好等情况，对个人（家庭）财务资源和理财目标进行评估，根据个人目标、风险承受能力、心理偏好等情况等制订和实施各种规划，设计个人（家庭）整体的理财方案以实现人生（家庭）目标的综合过程。

2. 个人理财规划一般要借助金融保险机构提供的专业服务才能制定科学、合理的规划。个人理财主要是对于个人（家庭）财产的规划，这种规划与金融保险机构密切相关。理财规划师是为客户提供全面理财规划的专业人士。

3. 个人理财可分为生活理财与投资理财两部分。

4. 美国个人理财业务按其历史的发展过程，可以分为初创期、扩张期和成熟期3个阶段。我国个人理财业务可以分为萌芽时期、起步阶段、探索阶段、快速发展阶段4个阶段。

5. 理财规划师是指运用理财规划的原理、技术和方法，针对个人、家庭以及中小企业、机构的理财目标，提供综合性理财咨询服务的人员。理财规划师资格认证主要有国际金融理财师（CFP）、特许金融分析师（CFA）、特许财富管理师（CWM）以及我国的理财规划师等。

6. 个人理财规划一般分为五个步骤：(1) 确定个人当前的财务状况；(2) 设定理财目标；(3) 制订理财规划；(4) 实施理财规划；(5) 评估和修正理财规划。

7. 提供金融理财服务的机构一般有商业银行、保险公司、基金管理公司、独立理财机构，金融理财业务的层次一般分为大众服务和高端服务两个层次。

思考题

1. 什么是个人理财？如何认识个人理财的重要性？
2. 个人理财与公司理财的区别是什么？
3. 中外个人理财经历了哪几个发展阶段，各个发展阶段的特点是什么？
4. 个人理财规划的步骤是什么？如何理解理财目标与个人财务状况的关系？
5. 机构理财的类型有什么？个人理财与机构理财的差异是什么？
6. 中外主要的个人理财资格认证有哪些？
7. 简述个人理财的任务与目标，你期望通过理财达到什么样的目的。
8. 个人风险承受能力与理财目标和计划的关系。

第二章　个人财务报表

其实世界上没有传奇，只有不为传奇而努力

其实赚一亿并不难，难的是让理财方式适合自己

——萧伯纳

学习目的和要求

通过本章学习，了解个人财务管理活动的内容及相互关系；学会编制个人资产负债表；熟悉编制个人现金流量表；掌握常见个人财务比率；掌握个人现金预算的编制。

本章预习

“吃不穷，穿不穷，算计不到就受穷”，“算计”一词也就是如今我们所说的“理财”，想要合理的让自身财富保值增值，并不是件容易的事。理财是一种系统性的工程。基本上就是由收入、消费、储蓄、投资、负债和保险6个部分构成。著名理财专家张鹤提出了水库模型。想象小王有一个水库，小王每个月都要向水库里灌水，这就是收入。水库的一侧还有一个大坝，衣食住行都会让水从大坝往外流，是小王的消费。水库里的存水是小王的储蓄，水库旁边还有一口井，可以慢慢向小王的水库里注水，这就是小王的投资。如果水库干了，向别人借水，这个是负债，还水的时候要多给一些，就是利息。为了防止意外发生得稳固大坝，就需要保险。我们可以看出，所谓的理财，就是合理调配好这6个部分的比例。理财的目的是实现财务自由，脱离生存压力，开始有选择权的一种生活方式。为了尽早实现终极目标，先从最基础的了解个人财务管理活动开始，即做好个人理财记录、整理理财记录并规划好自己的理财目标。

第一节　个人财务记录

一、个人财务管理活动

个人理财活动的前提在于个人能够随时了解自己的财务信息，以便做出相应的决策。各种财务记录可以帮助你了解财务状况，帮助你分析以及了解可能存在的问题；通过制定

收支预算，让你能有效地管理和控制理财活动。

个人财务管理活动按时间发展分为三个方面的内容：

1. 过去的活动即记录和保存个人财务记录和文件

个人财务记录主要是记录过去的各种财务活动以及在这些活动中所产生的各种财务信息，这些信息是了解现在和预期未来的基础。这些记录是多种多样的，既包括商业交易，也包括财产，还有法律事件的书面证据。有效的财务管理应首先从这些第一手的、原始的个人财务信息的保存和记录入手。

2. 现在的活动即对目前的财务状况进行分析和评价

通过分析，能够衡量自己的财务状况，评价自己在财务方面的进展；或找出问题之所在，以便及时发现出现问题的环节及原因。

3. 未来的活动即对自己的财务未来进行规划和计划

即在已有财务记录和分析的基础上，对自己的未来进行中长期规划和计划。

个人财务管理活动的三个方面存在着密切的关系，如果没有很好地做到对自己的信息分门别类进行很好的记录，就难以规划好现在和未来。同样，如果没有很好地对目前财务状况的分析，则失去了预算未来的基础。因为只有对现状进行分析，以及归纳总结不足及原因，才能在预算中去芜存菁，同时好的预算也是未来良好财务活动的基础。

二、个人理财记录的作用

要开始理财，先要清楚自己的财务状况，包括总资产是多少、负债是多少、净资产是多少、每月收入多少、支出多少、剩余多少等。财务状况是否合理等问题是在理财时必须清楚的，而个人财务管理可以帮你轻松弄清楚这些烦琐的问题，所以个人财务管理是理财的第一步。那么，如何迈出这关键的第一步呢？要记录自己的财务情况。

一份好的财务记录可以在以下几个方面帮助我们：

1. 处理日常商业活动，如及时偿付信用贷款和及时交纳各种公共事业费、保险费等

2. 监控财务活动，合理规划消费和投资

3. 掌握日常收支情况，改变不合理的消费行为，培养良好的消费习惯

4. 保留理财活动的信息，为以后需要的各种报告提供基础信息，如提供缴纳个人所得税的收入材料，去银行贷款时需要提供的资产材料等

5. 增强对个人财产的敏感度，提高理财水平

三、个人理财记录的类型和分类

随着经济社会的分工和发展，日常生活中涉及的个人理财文件和记录的种类越来越多，我们应当及时归纳整理，装入各种档案袋，便于随时取用，如表 2－1 所示。

表 2－1　理财记录的类型和分类

记录类别	相关文件
个人和职业记录	身份证、户口本、结婚证、学位和学历证书、资格证书、职称证书、聘书、社会保险文件、劳动合同、出生证明、奖状、获奖证书、工作年度小结等
资金管理记录	最新预算、最新个人财务报表（资产负债表、现金流量表）、理财目标、保险箱内容清单
纳税记录	工资单、完税证明、应税收入证明、抵扣税项文件等
理财服务记录	存折、银行卡、支票、银行结算单、开户证明、保险箱证明等
信用记录	信用卡、收据、银行每月对账单
住房记录	购房合同、房产证、契税完税证明、土地使用权证、按揭文件、房屋维修文件、租约等
保险和健康记录	保险单证、保险费收据、医疗信息（医保卡、医院病历）、索赔记录等
投资记录	开户证券公司股东卡、账户、密码，股票买入、卖出记录，红利记录等
遗产和退休记录	遗嘱、养老金计划信息、退休账户结算单、财产公证书等
个人消费记录	购物发票、收据、银行对账单、花呗对账单、支付宝或微信生活缴费账单

四、如何进行个人财务记录

个人财务记录主要是记录过去的各种财务活动以及在这些活动中所产生的各种财务信息，这些信息是了解现在和预期未来的基础。这些记录是多种多样的，既包括商业交易，也包括财产，还有法律事件的书面证据。个人财务记录包括两个阶段，分别是收集和整理。

（一）个人原始财务信息的收集

有效的个人财务管理应先从第一手的、原始的个人财务信息的保存和记录入手。

原始的个人财务信息记录分两种类型：一种是记录个人财务信息的文件，包括身份证、银行开户资料；另一种是记录理财行为过程的文件，如购物发票、纳税证明、银行存取款凭条等。

原始财务信息的保存和记录是非常必要的，它是大多数非原始信息的基础，又不完全反映在非原始信息中，如产权文件、合同文书、商品保修单等就不能反映在数量化了的非原始信息中，但对于我们的理财却是至关重要的，这往往被人们所忽略。原始财务信息的保存记录可以像图书馆对图书的处理一样，首先分门别类，如分为个人消费记录、金融服务记录、房产和汽车记录、投资记录等。其次按时间顺序记录，每一个类别存放于不同的文件夹，再为所有资料做一个目录，以方便查阅。

（二）非个人原始财务信息的记录

就像每本书都有目录一样，种类繁多的原始财务信息也需要通过后期加工编制目录，即通常意义上的记账。非原始财务信息是自己进行了简单的提炼和综合后的信息，可以对每笔收入和支出都记录，即记流水账。收入应分类别登记，如工资、稿费、奖金等。支出应进行详细登记，因为不管对于个人还是家庭来说，相对于企业，主要还是消费单位，不能把企业的记账模式完全照搬，所以支出登记要分门别类，例如，购置生活用品的支出、大件消费品的支出、交通工具维修支出、购买证券支出等，要详细具体，落实到何年何月何事支出多少，这样就可以对自己的支出情况有一个清晰的概念，便于对支出情况进行监督，及时总结经验教训和进行调整纠偏。

通过以下五个步骤，我们能轻松建立有序的财务生活。

1. 挑出重要的个人财务文件

经常有人会找不到一些重要的个人财务文件，这是因为往往有太多的个人财务文件及资料，又不可能把它们全部保存下来。所以首先要做的就是学会识别哪些是我们需要的文件，其次对那些不需要的文件则可以处理掉。

2. 找到合适的系统或方法存放

可以将所需保存的文件分为三类，对不同的文件采取不同的存放方法。

首先是当前年度的相关文件，如当前年度的银行或投资对账单、信用卡账单及各种费用收据等，将之放在方便取阅的地方。

其次是近期不需要，但将来需要的文件，如往年的银行或投资对账单、完税凭证的复印件、保险合同及其他财务文件。

最后是不可替代的文件，将那些不易补办的文件放在保险箱内，如出生证、结婚证、护照、股东卡、学位学历证等。我们也可以将主要财产拍成录像一并存放在保险箱内，或存放在银行的保险柜里。

3. 制作一个清单

最好将所有的银行、保险及投资账户的账号、密码及中介的联系方式记录下来，把这份清单放在亲戚或可信任的好友那里，以备将来需要的时候亲戚或朋友能根据指示找到它。

4. 留意收到的短信或微信

现在银行、保险或各种公共服务部门可能使用短信或微信、支付宝等多种方式提醒我们到期需要支付的项目及金额。我们平时最好在收到相应信息时将它们记录在日历上，并在还款日期上标注数量及收款方，以免将来有任何遗漏。

5. 充分利用现代信息技术

现代信息技术可以使我们大大减少必须保存的纸质财务文件。例如，将一些重要文件扫描起来存放在 U 盘内，或使用电子付款系统及自动还款系统，当然我们还可以使用各种理财软件，如随手记 App。这些理财记录应该及时被保存和不断更新。如果信息存放在电子媒介，我们一定要记得备份。平时注意归类整理，注意保密，养成良好的习惯。①

---

① 黄祝华、韦耀莹：《个人理财》，东北财经大学出版社 2018 年版。

第二节　管理净资产的三个理财工具

对于遵从价值投资的投资者来说，公司的年度报表是一个可以通过阅读里面的数据以及信息来“窥视”一家公司运营情况的重要信息的来源。我们通过阅读公司的年度财务报表，包括其中非常重要的三表（现金流量表、资产负债表以及利润表），就可以大致看出这家公司近 1 年的收益如何，利润如何，可以知道公司高层是否有调动，是否存在积压大量的货品问题等。

而对于我们个人来说，我们也是存在收入、存在支出、存在资产、存在负债的。如果将这些零零散散属于自己的财务数据拼在一起的话，是不是通过阅读这个“大数据表”，就可以更加清晰地知道自己的财务情况，从而在自己的财务上有一个可视的内容来帮助自身在财务的管理上做得更好。对于这点，大部分的人或许并没有关注到。

“个人财务报表”是个人在财务上的一种可视化的检视表格，通过填写表格，你会对自己近 1 个月、1 个季度、1 年的财务情况有更加深入的认识，以便日后以更加合理有效的方式做好自己的财务管理，从而提升自己的财务管理水平。

我们都听过“你不理财，财不理你”这句理财领域的名言，大多数人对它的理解可能是只有关注自己的“财”才可以让自己更有“财”，但是，你需要关注关于“财”的方方面面，重要的就是定期地去检视自己的“财”、去梳理自己的“财”，如此一来，“财”才会更加爱你。

因此对你来说，随时了解你的财务状况是很重要的。你需要知道自己的财务状况是否良好，是否在自己的财力范围内花钱。接下来介绍一些基本的理财规划工具，这些工具可以帮助你监控你的财务状况。可能你经常听到，“小王好有钱”，其实用专业的术语来说，就是小王净资产值较高。净资产是用你的总资产减去总负债，它代表了个人财富的积累水平。管理净资产有三个好用的理财工具：个人资产负债表、个人利润表和财务比率。

一、个人资产负债表

（一）含义

个人资产负债表是指报告个人在某一时点的资产和负债状况的财务报表。也叫作净资产表。它是个静态数据，表明你某一时点（如5 月 11 日，10 月 22 日）财务状况如何，即你拥有的资产和你欠个人和金融机构的钱。你真正的财富是用你的个人净值来衡量的。也就是你从你的资产减去负债。可以 1 年编制 1 次。

（二）个人资产负债表的作用

个人资产负债表的作用在于：（1）反映资产及其分布情况；（2）表明承担的债务及其偿还时间；（3）反映净资产及其形成原因；（4）反映未来财务发展方向。

（三）计算公式

资产余额（你的所有资产）－负债余额（你的所有债务）＝净资产（你的真正财富），如果某个时点你的资产是5 000 000元，你的负债是2 000 000元，那么你在这个时点的净资产＝5 000 000－2 000 000＝3 000 000元。

（四）个人资产负债表的编制

个人资产负债表包括三大块，即资产、负债和净资产。

1. 资产

资产仅仅是个人拥有的东西。他们可以是有形的或无形的东西。为了确定一个人真正的财富，有实际价值的才可以记录在每个资产个人资产负债表。过时的没有市场价值的计算机则不可以，如10年前购买的笔记本电脑，则不能记录。在你的个人资产负债表中资产记录的是当前实际市场价值。资产有四大类：流动资产、金融投资、不动产和个人财产。

（1）流动资产。

流动资产是可以很容易地转换成现金，而且是转换过程价值损失最小的资产。它们负责日常开支、购买、支付贷款，以备紧急情况之需以及当有不确定投资机会时使用。流动资产的常见类型有现金、活期账户余额、储蓄存款和1年期以内定期存款。

（2）金融投资。

金融投资是为了产生收益的无形资产。这些收益是用于将来而不是现在的消费。金融投资的例子包括股票、基金、债券等。

（3）不动产。

不动产是土地及其他固定不动的资产。随着时间的推移很可能会增值。如土地、住宅物业和商业物业。当前占中国居民个人资产中较大比例的是不动产。

（4）个人财产。

个人财产是可以移动的财产，是用于提高个人生活质量的有形资产。持有个人财产的主要目的是为个人享受而不是产生收益。个人财产包括汽车、高尔夫俱乐部会员、游艇、珠宝、私人飞机、艺术品和古董等。

2. 负债

负债是你需要偿还的所欠个人或金融机构的钱。如果你的负债在一年之内到期，它们是当期负债或短期负债。短期负债包括应交水电费、税金和保险费、信用卡未还金额等。如果你的负债期限超过1年，那是长期负债。长期负债的例子包括住房贷款、汽车贷款和房屋重新装修贷款等。

3. 净资产

你的个人净资产是通过总资产扣除你的负债来计算的。如果你的资产超过了你的负债，那么你的资产净值是正的，因此是真正的财富。你有可能拥有许多有价值的资产，但资产净值却很低，因为你的资产主要由贷款来提供。如果你的净值是负的，那么你在技术上破产了。因此，保持一个正的净资产十分重要。此外，随着时间的推移，所有个人都应该提高其净资产。

【案例 2－1】王先生今年 45 岁，在某企业上班。妻子林女士今年 42 岁，在某事业单位工作。家庭月收入为 18 300 元，王先生每季度有 3 000 元左右的奖金，年终奖 21 000 元左右。每月家庭支出主要为日常衣食 6 000 元、交通费 500 元、通信费 200 元、水电费 200 元，医药费 300 元，汽油费 600 元。女儿目前上初中，每月学杂费等约 500 元。每年计划旅游一次。家庭现有现金 5 000 元，活期存款约 5 万元、国债 5 万元、信托产品 7 万元。目前持有余额宝 26 万元、腾讯理财通 10 万元，股票 18 万元。此外，夫妻两人有住房公积金 14 万元，住房一套，目前已经还清所有银行贷款，现价约 280 万元。刚购置价值 20 万元的小汽车一辆，为买车向亲戚借款 5 万元。那么王先生现在的资产负债表编制结果可如表 2－2 所示，它表示的是目前王先生的资产总额为 3 855 000 元，负债总额为 50 000 元，净资产为 3 805 000 元。

表 2－2　　王先生家庭资产负债表　　单位：元

资产		负债及净资产	
项目	金额	项目	金额
住房	2 800 000	负债	50 000
国债	50 000	净资产	3 805 000
现金及活期存款	55 000		
信托产品	70 000		
余额宝	260 000		
腾讯理财通	100 000		
股票	180 000		
住房公积金	140 000		
小汽车	200 000		
合计	3 855 000	合计	3 805 000

（五）个人资产负债表分析

资产说明的是个人现在能够占有和使用的资源，但是净资产的理论含义是个人将其所有资产出售和所有债务偿还后的现金价值，因此净资产比资产更能说明个人当前的财务状况。从表 2－2 可以看出，王先生的资产远大于负债，并且其中流动资产和投资资产占了很大的比例，说明资产状况良好。但从中也发现，王先生没有任何保险方面的支出，缺乏风险防范意识。

资产、净资产和负债之间的关系可以有几种不同的表述方式，事实上，这三个角度对于认识个人财务状况都是有益的，分别代表了不同角度的认识：

资产＝净资产＋负债，揭示的是个人目前拥有的资源总量。

负债＝资产－净资产，揭示的是个人目前正在使用的资源中，哪些是不属于自己的。

资产－负债＝净资产，考虑的是个人拥有资源的规模，强调的是这些资源的所有权的归属。

需要强调的是个人的净资产不是可用现金，而是对某个特定日期的经济状况的描述。增加净资产的主要方法就是开源节流，包括增加收入、增加储蓄、减少消费、增加投资及其他物品的价值、减少负债。

二、个人现金流量表

如果把现金看作是日常财务活动的“血液”，那么现金流量表就好比“验血报告”。个人日常理财的好坏，从这份报告中可以有个初步判断。因为1年编制一次的个人资产负债表，是反映在编制时点的资产和负债的静态情况；而1个月编制一次或1年编制一次的现金流量表却反映了现金流动的动态情况，提示了资产和负债是如何形成的。

（一）含义

个人现金流量表也叫现金收支表，是衡量一个人在一段时间内的财务状况，通常是1个月或1年。它提供了1个月或者1年的收入和支出的汇总。个人收入和支出报表以现金收付方式记录。这意味着只有现金支付，即现金收入和现金支出将被记录。个人收入支出表的三个主要组成部分是收入、支出和结余（或赤字）。

（二）计算公式

结余（净现金流量）= 既定时间段的现金流入 - 既定时间段的现金流出。

（三）编制个人现金流量表

1. 确定收入

编制收支表的第一步是确定所有收入项目及其数额。大多数人的主要收入来源是工作收入、投资收入及偶然性收入。例如，工资、奖金和佣金，年金收入、股息、利息收入、租金收入等。

2. 记录支出

编制收支表的第二步是记录所有支出项目及其数额。可分为固定支出和可变支出两大部分。个人或家庭的主要开支是生活费用、购买资产、税收、债务、保险以公积金的支出。例如，房租、食品、医疗、保险、上门维修、交通、公用事业、个人护理、娱乐和孩子的费用。

3. 计算净现金流量

个人收入支出表的三个主要组成部分是收入、支出和结余（或赤字）。结余（净现金流量）= 既定时间段的现金流入 - 既定时间段的现金流出。一方面，如果你的收入大于你的支出，结余大于零，则意味着现金盈余。你可以花掉你的现金盈余，也可以用它来增加你的投资或减少你的负债；另一方面，如果你的收入小于你的支出，你将有一个现金赤字，这意味着你已经超支。在这样的情况下你必须利用你的储蓄或出售你的投资和资产，又或者增加你的借款来弥补赤字。你偶尔会在一些年遭遇大的现金赤字，这是比较常见的。这些现金赤字通常发生在重大生活事件中，如结婚或孩子出生。然而，如果你遇到持续的现金赤字，年复一年，那么说明你不能管理好你的财务。你应该立即检查你的支出并削减它们。让你在自己的能力范围内生活。

从王先生的现金流量表2－3可以看出，月度净现金流量为14 595元>0，说明个人日常有积累，有余钱可以进行投资。现金流量表出现盈余（或赤字）对资产负债表上的净价值产生直接影响。现金盈余增加净资产，现金赤字减少净资产。

表2－3　　王先生现金流量表（月度）　　单位：元

收入		支出	
项目	金额	项目	金额
工资	18 300	衣食	6 000
余额宝收益	780	交通费	500
微信理财通收益	300	通信费	200
炒股收益	1 200	医药费	300
活期存款收益	15	子女教育费	500
信托产品收益	300	水电费	200
奖金	2 000	汽油费	600
合计	22 895	合计	8 300
		节余	14 595

三、常用的个人财务比率

在收集了完整的个人财务信息之后，将零散的信息归类到个人资产负债表和收支表中。以此为基础，你可以用些常用的财务比率来分析你的财务状况。随着时间的推移，这些财务比率成为财务状况恶化的警告信号。这种反馈可以帮助你确定要采取什么样的行动。如改变你的支出方式、财务计划，甚至是你的目标。下面六个常用的财务比率，结余比率、流动性比率、清偿比率、负债比率、财务负担比率、投资与净资产比率，你可以用它们来评估自己的个人财务状况。

（一）结余比率

结余比率是你在一定时期内（通常为1年）结余和收入的比值，它主要反映你提高其净资产水平的能力。

结余比率＝结余÷税后收入

年结余比率的参考数值一般在30%左右。一年忙到头，银行剩下多少钱？剩下来的钱占你总收入的多少比例？合理的结余比率，是进一步理财规划的基础，俗语说得好，巧妇难为无米之炊。

例如，一对夫妇税后年收入50万元，扣除日常开销、房按揭月供、保险等支出，如果能存下15万元，则结余比率为30%。这意味着这对夫妇在支出之后留存了30%的税后收入，这一部分可以用于继续投资，增加净资产规模。结余过多，说明过往的资金分配有问题，可能投资太少：没有房屋按揭、没有股票；也可能消费太少：生活质量不高，不敢消费。

又例如，上述夫妇如果既没有供房，又没有供车，平时节衣缩食，每年省下40万元，存5年有200万元，5年后用这200万元在郊区买了一套100平方米的两居室。假设这对夫妇在5年前就开始按揭买房，当时同一地段房价仅5 000元/平方米，这对夫妇购买200平方米，总价100万元的房子首付40万元，其余按揭支付，结果5年后可能拥有一套200平方米价值400万元的房子。既有增值的资产，又享受了高质量的生活，最终的家庭资产还会超过节衣缩食的那种方式。不同的是，每个月多了供房的还贷压力。需要特别说明：这个案例只适合过去，2017年之前都适用，2018年及以后就不得而知了，这取决于房价的走势。

结余太少，也说明过往的资金分配有问题，有可能投资太多。例如，买了太多股票、基金、房产，也可能是因为高消费的原因。这两种原因导致的结余太少，后果会不同。第一种原因隐藏着投资失误的风险，也可能有可观的高回报；第二种原因，生活质量虽然颇高，但似乎是坐吃山空，缺乏继续投资的财务能力。

（二）流动性比率

流动性比率是流动资产与月支出的比值，它反映客户支出能力的强弱。资产流动性是指资产在保持价值不受损失的前提下变现的能力。流动性比率公式为：

流动性比率 = 流动性资产 ÷ 每月支出

通常情况下，流动性比率应保持在300% ~600%。流动性资产包含货币基金、活期存款等，网上卖的“宝宝”类理财产品，大都是货币基金。

例如，一个家庭月开销2万元，月开销包括生活成本、教育费用、旅游费用、理财与保障支出、房贷与车贷等，那他们的现金储备就应保持在6万~12万元。比率过高，表明资金相对闲置；比率过低，则给正常的生活保障带来风险。对于工作稳定、收入有保障的客户来说，如公务员、教师、医生、律师，资产的流动性并非其首要考虑的因素。因此，可以保持较低的流动性比率，而将更多的资金投入到扩大投资上，从而取得更高的收益。对于那些工作缺乏稳定性、收入无保障的客户来说，资产收益性的重要性倒在其次，而应该保持较高的资产流动性。如民营企业的职业经理人、个体户、自由职业者，流动性比率就应该适当高一点。

流动性强的资产能够迅速变现而价值不受减损，流动性弱的资产不易变现或在变现的过程中不可避免要损失一部分价值。现金及现金等价物的变现损失为零；而房产、股票甚至保险，即时变现时价值都会有损失；日常用品类资产（如家具、家电）流动性显然更弱。另外，资产的流动性与收益性通常成反比。即流动性较强的资产收益率较低，而收益性较高的资产其流动性通常欠佳。

（三）清偿比率

清偿比率是客户净资产与总资产的比值，这一比率反映客户综合偿债能力的高低。总资产减去总负债，就是净资产。总资产包括家里值钱的东西，房子、车子、证券类（股票、基金、PE）、保险类（只计现金价值）、银行存款与短期理财产品类、艺术品古董，等等。负债包括欠金融机构、个人或团体的资金等。清偿比率的计算公式为：

清偿比率 = 净资产 ÷ 总资产

一般来说，清偿比率应该高于 50%，保持在 60% ~70% 较为适宜。例如，一个家庭的总资产是 1 000 万元，负债不要超过 500 万元，净资产超过 500 万元比较合适。换句话说，就是把净资产全部去还债，最好还有结余，至少要刚刚好。这样做，可以避免资不抵债，远离破产。

如果清偿比率太低，就说明对外债务是其拥有资产的主体，甚至其日常开支也依靠借债来解决，压力会很大。清偿比率也不宜过高，过高的清偿比率意味着你负债很少或几乎没有负债，这说明你没有合理利用其应债能力提高个人资产规模。

假设客户总资产 2 000 万元，清偿率为 100%，全部都是净资产，这说明其资产增加的速度并不够快。假设客户的净资产 2 000 万元，而清偿率为 70%，则总资产为 2 000 ÷ 70% =2 857 万元，假以时日，资产一旦增值，两种情况下的财富规模就会相差很远。

（四）负债比率

负债比率是客户负债总额与总资产的比值，它用来反映客户综合偿债能力的高低。负债比率公式为：

负债比率 = 负债总额 ÷ 总资产

清偿比率 + 负债比率 =100%

若负债比率 =1，说明资产等于负债，此时净资产为 0；若负债比率 >1，说明资产小于负债，此时净资产为负，资不抵债，存在财务危机。一般来说，这一比率要控制在 50% 以下。负债占家庭资产超过 50%，稍有不慎就会引发家庭经济危机。

例如，一个家庭的总资产是 600 万元，负债不能超过 300 万元，如果超过 300 万元，就资不抵债，现金流一旦断裂，容易处于破产边缘。对于普通家庭而言，房贷与车贷是家庭的主要负债部分。几年前家庭负债率为零的比比皆是，但近几年随着房价的暴涨，不少家庭负债率过高。

通过分析负债比率，可以给我们以下启示：

（1）考查自己的收入水平、个人的收入负债比有多大，当收入与负债比超过一定范围时，应该引起注意，适当减少一些个人债务，以免形成债务压力。

（2）根据债务的偿还期限、偿还能力，尽量将自己的长期债务、中期债务与短期债务相结合，避免将还债期集中在一起，到时自己无力偿还。

（3）考查债务的用途、收益，高风险投入的债务以少为好，有稳定收益的可以多借些，没有收益、消费性的借债以长期为好。

（五）财务负担比率

财务负担比率又称作债务负担比率，是到期需支付的债务本息与同期收入的比值。它是反映客户在一定时期财务状况是否良好的指标。财务负担比率的计算公式如下：

财务负担比率 = 债务支出 ÷ 税后收入

一般来说，40% 是财务负担比率的临界点，过高则容易产生财务危机。债务偿还比率尽量小于 40%，控制在 33% 以内比较合理：如果税后月收入的 50% 以上都要用来还款，生活品质严重堪忧，也会有很多的经济压力，容易捉襟见肘。

例如，一对年轻夫妇税后月收入是 1.5 万元，那么他们供房、供车的按揭还款比例不应超过6 000元，否则压力会太大。

（六）投资与净资产比率

投资与净资产比率是投资资产与净资产的比值，它反映客户投资意识的强弱，反映客户通过投资提高净资产规模的能力，是衡量客户是否实现财务自由的重要指标。通俗地说，投资资产就是可以产生现金流带来净资产增加的资产，例如，出租用的房子、股票、基金、定期存款、理财产品、分红或年金等保险产品，企业股权，等等。投资与净资产比率的计算公式如下：

投资与净资产比率 = 投资资产 ÷ 净资产

这一比率保持在50%或稍高是较为适宜的水平。为了实现财务自由，我们要尽量提高家庭的投资资产的规模。

例如，一个家庭的净资产是400万元，那么他们的投资资产就应该超过200万元，说明他们的家庭通过非劳动收入提高净资产的能力比较强，实现财务自由的时间也越短！

如果一个家庭拥有一套自住房价值2 000万元，按揭部分1 200万元（负债），净资产是800万元，却几乎不持有任何投资资产，那么尽管资产雄厚、净值很高，这个家庭离财务自由仍然十分遥远，因为没有一笔可以产生现金流的资产。

相反，如果一个家庭拥有一套1 000万元的房子，按揭部分600万元（负债），净资产是400万元，另外拥有1 000万元的可投资资产，包括一套500万元的公寓、200万元的股票，100万元的基金，200万元（现金价值以及账户价值）的保险，这些投资资产可以产生源源不断的财富（现金流），使家庭离财务自由就越来越近。

"仓中有粮，心中不慌"。投资资产（非劳动收入）产生的现金流大于你的家庭支出，就实现了财务自由。

第三节 现金预算

一、现金预算的意义

现金预算是通过规划各种消费和储蓄活动以达到理财目标。主要是为了确保不会遇到现金流问题。如果现金预算表明潜在的现金流问题，你应该重新评估自己的目标和财务计划以修正一些问题。这可能涉及减少消除一些可有可无的目标。经过一些财务计划的微调后，你可以重建你的现金预算和确认你的目标是可以实现的以及你的财务状况良好。

现金预算是一个详细的短期收入与支出的财务预测。它是用于监测和控制你的支出和购买。通过在你的现金预算规定的限度内花钱，便于养成了节制开支的习惯。如果你的个人现金预算是以现金为基础，并按月编制的，这意味着你关心实际现金流入和现金流出。

二、编制现金预算

在编制个人预算时应遵循以下三个原则：首先，满足基本生活需要；其次，储蓄和保险必不可少；最后，注重增长性。在这三个原则的约束下可编制出切实可行的预算方案。

简单来说，编制现金预算通过以下三个步骤：

（一）估计收入

估计你未来在每月的收入，如工资、奖金、佣金、养老金收入、年金收入、利息收入、股息的各种来源，租金收入及通过买卖证券所获得的收益。

（二）估计支出

在此步骤中，你需要估计未来的月支出。这需要预测你的需求，然后计算满足这些需求所需的支出。前1年的实际支出作为预测未来12个月开支的基础。这常常很有帮助。下一步，为了实现短期目标，你必须考虑发生的所有新支出。

（三）确定现金盈余（或赤字）

根据预测的收入和支出，你就可以确定月度和年度现金头寸。如果遇到每月或每年的现金赤字，可以采取以下补救措施：

1. 赤字月份的支出转移至盈余月份。
2. 盈余月的收入转移至赤字月份。
3. 消除低优先支出项目。
4. 增加收入（例如，通过兼职或加班）。
5. 动用储蓄或减少赤字月投资。
6. 借债以弥补赤字。

每月的现金赤字，你应该考虑采用上述前两个措施。然而，年度赤字，建议的行动是为了消除低优先级的目标。通过这样做你可以减少开支。如果你认为减少开支会显著降低生活水平，那么你通过提升自己的技能来增加收入或通过兼职和提供其他收费的服务来增加收入。通过借款支持现金赤字应作为最后弥补手段。平时要监控支出、尽量避免过度借贷来弥补赤字。

当然，实际收入和支出不可能与现金预算中的预算相同。实际数字可能会偏离这些预算数字。如果你的实际收入高（低）于你的预算收入，这是一个积极的（消极的）偏差。如果你的实际费用低（高）于你的预算开支，这是一个积极的（消极的）偏差，重要的是你要识别这些偏差，如果需要的话，采取必要的纠正措施。在某些情况下，你可能无法采取任何行动，因为偏差是无法控制的财务环境的变化引起的（例如，减薪或超出预期的医疗费用）。

本章小结

1. 个人财务管理活动主要有三个方面的内容：记录和保存个人财务记录和文件、根据记录的总结对目前的财务状况进行分析、在已有财务记录和分析的基础上对未来进行规划。

2. 持续的、有条理的、准确的财务记录，是理财的必要条件。理财记录包括原始财务信息的保存与记录和非原始财务信息的记录。

3. 个人财务报表可以提供有关现在的财务状况和收入支出的信息，记录财务活动信息，衡量财务目标的进展。常见的个人财务报表包括资产负债表和现金流量表。

4. 个人资产负债表就像是个人财务状况的一张快照：它告诉在特定时点上，你积累了多少财富，即报告个人在某一时点的资产和负债状况的财务报表，又称净资产表，是存量指标，它并不揭示资产和负债是如何形成的，只是告诉目前的结果，显示的是静态数据。个人资产负债表包括三大块，即资产、负债和净资产，所以个人资产负债表的编制可以分为三步：列出资产、列出负债、用资产减去负债得到净资产。

5. 现金流量表是指个人某段时间内现金收入和支付的财务报表，又称现金收支表。更像是财务的一部电影，它能告诉你1个月之内或是1年之内个人的现金流入和流出。现金流量表包含总收入、总支出和净现金流量三项内容。编制可分为三步：列出收入、列出支出和计算净现金流量。这个表完全是以现金流为基础编制，只有真正收到钱了，你才能记录为收入；只有真正把钱花出去了，你才能记录成支出。

6. 常用的个人财务比率像是财务的温度计，能帮助你衡量自己对财务的管理水平，检查自己的财务状况是否健康。在财务状况恶化前，帮助你确定要采取什么样的行动，如改变支出方式、财务计划，甚至是目标。本章列出六个常用的财务比率，结余比率、流动性比率、清偿比率、负债比率、财务负担比率、投资与净资产比率。

7. 个人现金预算是指根据个人生活和财务目标，制订投资理财的计划，将财务安排提前确定。通过良好的预算及实施，可以达到最有效地利用财务资源的效果。在编制个人预算时应遵循先满足基本生活需要、储蓄和保险必不可少和注重增长性这三个原则。

思考题

一、简答题

1. 保持理财记录和文件的有序存放有什么好处？
2. 你对建立一个理财记录系统有什么建议？
3. 常见的个人理财App有哪些？
4. 编制个人财务报表的主要目的是什么？
5. 个人资产负债表如何揭示财务状况？
6. 如何利用个人资产负债表进行理财规划？
7. 现金流量表提供了什么信息？
8. 为什么要做个人现金预算？如何编制？

二、案例分析题

41岁的刘先生是一名高校老师，月工资8 800元。刘先生的夫人37岁，是一名银行职员，月收入8 600元。两人育有一女，现在读小学。

夫妻二人年终奖合起来有5万元左右，年投资收益3 000元左右，家庭每月日常花销约5 500元，年家庭保险费用5 000元，其他费用3 000元。

二人有一套住房，面积76平方米，市场价220万元，买入时没有向银行贷款，在亲戚朋友间还有6万元的欠款，只需要未来的两年内还清，无须支付利息。

刘先生夫妇目前有活期存款 5 万元，余额宝 10 万元，股票市值 6 万元左右（本金投入 8 万元）。刘先生有一份 20 万元的重大疾病保险，刘先生的夫人有一份 15 万元的重大疾病保险。

理财目标：

（1）夫妻二人对于股票的投资收益非常不满意，不想再购买了。

（2）希望换一套面积大一点，约 100 平方米的住房，总价在 340 万元左右。

（3）希望孩子的教育医疗费用有保障。

结合以上提供的情况回答以下问题：

（1）试编制刘先生的家庭资产负债表和年度现金流量表。

（2）对刘先生的家庭财务状况进行分析并做出评价。

（3）针对刘先生的理财目标，试提出理财建议并制订预算方案。

第三章　流动资产管理

农为四民之本，食居八政之先，丰歉无常，当有储蓄

——陆游

学习目的和要求

通过本章的学习，明确个人和家庭流动资产的概念、特点及持有流动资产的目的；掌握个人和家庭流动资产的主要内容及其性质和特征；熟练掌握个人和家庭流动资产管理的过程及影响因素，提高流动资产的综合使用效率。

本章预习

方先生今年35岁，是上海某软件公司的工作人员，家庭1年的税后收入为350 000元左右，除去日常各种花销及住房按揭后，每年现金盈余约80 000元。为了防止自己成为月光族，3年时间他以零存整取的方式积累下大概25万元的存款。如何管理这笔闲置现金？定期存款利息太少；投资国债时间不短，利息也不比定期存款高多少；买开放式基金费用不低，且有风险；投资股市又怕辛辛苦苦的积攒转瞬即逝；投资房地产25万元杯水车薪，怎能派得上用场？那么，如何确保方先生拥有足够的流动资产应对突发事件（如职业变动、疾病、意外等）？如何运用和分配家庭流动资产？如何能使这笔资金保持合理的流动性又获得适当的收益率呢？

分析：制定切合实际的个人流动资产的规划和管理方案，不仅能够缓冲财务危机，也能为实现未来的财富目标提供资金的保证。为满足个人或家庭短期需求而进行的管理日常现金及现金等价物（正如案例中方先生所虑），我们称其为个人和家庭流动资产管理。正因为是家庭、个人日常费用所需，我们要保证它较强流动性的同时，也要具有一定的投资收益率，所以除了短期需求可以用的手头现金外，还可以通过活期存款、各类银行储蓄存款和货币市场基金来进行个人或家庭的现金规划。通过下面内容的学习，将能够为方先生提供合理地利用其25万元存款的现金规划方案。

我们大多数人都持有流动资产以满足我们的日常需求。流动资产是一种流动性很强的资产，它包括现金、活期存款账户、储蓄账户存款和一些安全性好、流动性强的理财产品等。由于流动性资产具有许多现金特征，它们的回报率通常较低。这意味着持有大量流动资产的机会成本较高，如果持有流动资产，个人与家庭将放弃从其他高收益投资工具获得

更高回报的机会。因此，流动资产管理的关键目标是尽量减少个人与家庭持有的流动资产的数量，而不会危及个人支付基本商品和服务的能力，又可以通过短期理财的方式，增加家庭收入。本章，我们将重点考察个人与家庭的流动资产管理。

第一节 流动资产概述

一、流动资产的概念

流动资产是一种流动性很强的资产，它可以以现金方式持有，也可以在无损或损失很少的情况下随时转换为现金。企业的流动资产是指企业预计在一个正常营业周期内或一个会计年度内变现、出售或耗用的资产和现金及现金等价物。如库存现金、银行存款、交易性金融资产、应收及预付款、存货等。个人与家庭的流动性资产则是指个人和家庭在一年或者超过一年的一个劳动收入周期内变现或者运用的资产，是个人与家庭资产中必不可少的组成部分，是评估一个人或者家庭流动性比率的重要指标。它包括现金、活期存款账户、储蓄存款账户和一些安全性好、流动性强的理财产品等。流动资产在周转过渡中，从货币形态开始，依次改变其形态，最后又回到货币形态，各种形态的资金与家庭收入和开支流通紧密结合，周转速度快，变现能力强。

二、流动资产的特点

1. 流动性强

个人和家庭的流动资产一般是现金或者现金等价物，其流动性较强，在无损的情况下可以迅速转变为现金。

2. 流动资产占用数量具有波动性

由于流动资产主要用于日常的开支和紧急情况费用的支出，流动量大，占有的数量波动性也较大。

3. 流动资产收益率低

由于流动资产流动性强，变现快，安全性较高，收益率较低。

三、持有流动资产的目的

在个人理财规划过程中，持有现金及其他形式的流动资产，如支票和储蓄存款，这些资产可以保证有足够的现金用于家庭所需和有效的储蓄项目，并可以应对非预期支出。尽管大多数人试图将他们持有的流动资产减到最低，但他们仍然需要保留一些以满足以下目的：

1. 支付生活费

你需要保持足够的流动资产来支付日常开支，这部分开支名目众多，包括食品、衣着、居住、生活用品及服务、公共事业、交通、通信、教育、文化娱乐、医疗保健，其他用品及服务等。

2. 紧急情况下的意外开支

为了应对失业、疾病和意外事故所引发的大额开支，避免经济困难，你还需要维持紧急基金来支付这些意外开支，以防失业、生病或者其他意外事故。

3. 偿还贷款

房贷、车贷或者耐用消费品的贷款是当前大部分普通家庭的借贷内容，如果你还在偿还贷款，你将需要流动资产来定期向金融机构支付款项。

4. 积累储蓄

由于谨慎地分散投资风险，明智的做法是将投资分散在许多资产上，其中之一就是流动资产。

四、确定流动资产的额度

流动资产管理的核心是满足个人和家庭短期资金的需求，流动资产额度的确定为个人和家庭短期资金的需求起到量化的作用。合理的额度确定，既可以实现短期资金的需求，又可以避免因过度持有流动资产而导致的投资收益过低的现象，即机会成本的产生。流动资产管理的重要性就体现在保持合理的现金及现金等价物额度，把多余的可用资金投资到其他方面，以获得更大收益。

确定现金及现金等价物额度可以利用流动性比率推算出预留的家庭储备金，即流动资产。

$$\text{流动性比率} = \frac{\text{流动性资产}}{\text{每月支出}}$$

计算公式中，流动性资产是指能及时变现并不受损失或损失较小的资产，如现金、各类储蓄、货币基金等。

流动性比率是流动性资产与每月支出的比值，它反映的是家庭支出能力的强弱。从计算公式上也可以看出，流动性比率实际上反映的是当紧急情况或意外事件发生时，没有收入的情况下，个人本身能维持几个月的正常生活。

通常情况下，流动性比率的参考范围在 3 ~ 6 倍。对于工作稳定、收入有保障的个人或家庭来说，可以保持较低的流动性比率，将更多的资金用于各类投资，取得更高收益。对于工作缺乏稳定性、收入无保障的个人或家庭来说、建议要保持较高的流动性比率，资产收益性是其次。通过参考流动性比率保持家庭流动资产的额度。

第二节　流动资产的类型

流动资产的主要类型是现金、各类银行账户、货币市场基金及其他理财产品。本节中，我们将研究这三类流动资产及其特征。

一、现金

1. 定义

现金（cash）是指立即可以投入流通的交换媒介，它具有普遍的可接受性，是流通性最强的资产，也是对其他资产计量的一般尺度。会计上对现金有狭义和广义之分。狭义的现金仅指库存现金，即在家庭中存放的现金，包括人们经常接触的纸币和硬币等。广义的现金包括库存现金、银行存款和其他货币资金三个部分。

2. 特点

流动性最强，收益率低，基本没有回报，存在机会成本和货币贬值的情况。

3. 用途

可以有效地立即用来购买商品、货物、劳务或偿还债务。

现金是可由家庭任意支配使用的纸币、硬币，是家庭流动资产中流动性最强的。然而，持有现金并没有回报，这意味着持有现金的机会成本是最高的。同时，由于通货膨胀的存在，持有现金不仅收益颇低，机会成本高，而且会随着时间的推移不断贬值。我们要持有现金，因为许多消费要求现金支付而不是其他的支付方式。但随着微信、支付宝等电子支付方式的不断发展和普及，个人或家庭使用现金的概率大大降低，持有现金的比例也在下降。

二、银行账户

银行账户是客户在银行开立的存款账户、贷款账户、往来账户的总称，是一家金融机构和一名银行客户之间的财政账户。银行账户可分为存款账户、信用卡，或金融机构提供的其他类型账户。财务机构以银行结单通知客户其银行账户在特定时间之间的交易。账户在特定时间的结余就是该客户在金融机构的部位。人们持有现金及其他形式的流动资产，如支票和储蓄存款，是因为这些资产使购物活动更方便，满足日常生活需要，并可以应对非预期支出。

（一）个人储蓄账户

个人的储蓄账户可以分为活期储蓄存款和定期储蓄存款两类。

1. 活期储蓄存款

活期储蓄存款是指不确定存期、客户可随时存取款、存取金额不限的一种储蓄方式。活期账户的存款，银行也无权要求客户取款时做事先的书面通知。持有活期存款账户的存款者可以用各种方式提取存款，如开出支票、本票、汇票，电话转账，使用自动出纳机或其他电传手段等。因此，活期储蓄存款具有随时可存，随时可取，金额不受限制，灵活方便，适应性强等特点。

活期账户存取款时，实行免填客户凭条，客户只需口述存取款需求即可。续存时，将现金和存折（卡）交银行经办人员，支取时，将存折（卡）交银行经办人员，大额存取款的，需出示身份证件。其他仍按开户相应步骤办理。另外凭密码或印鉴支取存款的，每次都要按规定格式在银行网点的密码器上输入密码或在存款凭条上加盖印鉴。活期存款起存金额为1元，个人活期存款按季结息，按结息日挂牌活期利率计息。不到结息日清户时，按清户日挂牌公告的活期利率计算到清户前1日止。

2. 定期储蓄存款

定期储蓄存款是指客户在存款开户时约定存期，一次或按期分次（在约定存期内）存入本金，整笔或分期、分次支取本金或利息的一种存款方式。

定期储蓄存款到期支取按存单开户日存款利率计付利息；提前支取按支取日活期储蓄存款利率计息；逾期支取，逾期部分按支取日活期存款利率计息。凭本人定期存单可办理小额质押贷款。未到期的定期储蓄存款，储户提前支取的必须持存单和存款人的身份证明办理；代储户支取的，代支取人还必须持有其身份证明，其利率按支取日挂牌公告的活期储蓄存款利率计付利息，取款人还需在支付的凭单上签具支取人姓名。

个人定期存款可分为以下几种类型：整存整取、零存整取、整存零取、存本取息、教育储蓄、定活两便和通知存款。基本内容如表3－1所示。

表3－1　　我国各类定期储蓄一览

产品名称	特点	存款期限	存款方式	适用范围
整存整取	存期较长、利率较高、稳定性较强，可部分或全部提前支取。不限币种	人民币存取期限：3个月、6个月、1年、2年、3年、5年六个档次	人民币50元起存	有资金结余，对资金使用周期明确且暂不提用的客户
零存整取	集零成整，具有计划性、约束性、积累性功能。储户提前支取时的手续比照整存整取定期储蓄存款的有关手续办理	1年、3年、5年	5元起存，存款金额在开户时与银行约定，每月存入一次。中途如有漏存，应在次月补齐	刚参加工作，处于逐步积累资金期的客户
整存零取	整笔存入，分期支取本金，到期支取利息，能在不影响定期利息的前提下，分期提取部分本金	1年、3年、5年	1 000元起存	有整笔资金结余，需要在日后按期陆续支取的客户
存本取息	整笔存入、分期付息、到期还本	1年、3年、5年	5 000元起存	在一定时期内本金不动，只需提取利息零用的客户
教育储蓄	存期灵活、总额控制、利率优惠、限定额度内利息免税，不得部分提前支取	1年、3年、6年	50元起存、本金合计最高限额2万元。	目前家有小学四年级以上（含四年级）子女的客户

续表

产品名称	特点	存款期限	存款方式	适用范围
定活两便储蓄	可像活期储蓄不约定存期，方便灵活，又可类似定期储蓄享受较高利率，可部分或全部提前支取	不限。期限 <3 个月按活期利率计算；3 个月≤期限 <6 个月按 3 个月期利息六折计算；6 个月 ≤ 期限 <1 年按 6 个月期利息六折计算；期限≥1 年按 1 年期利率六折计算	同整存整取	目前有较大资金结余，不久的将来随时全额提取的客户
个人通知存款	整笔存入，一次或分次支取。利率收益较活期存款高，不约定存期，分为 1 天通知存款和 7 天通知存款（外币为 7 天通知存款）	不限	人民币 5 万元起存或等值外币（各地区略有不同）	拥有大额款项，且短期内一次或多次支取的客户

专栏 3－1

中国人民银行关于三类银行账户的划分

为改进个人银行结算账户（以下简称“个人银行账户”）服务，中国人民银行于 2015 年 12 月 25 日发布《关于改进个人银行账户服务加强账户管理的通知》（以下简称《通知》），建立个人银行账户分类管理机制，即在现有个人银行账户基础上，增加银行账户种类，将个人银行账户分为Ⅰ类银行账户、Ⅱ类银行账户、Ⅲ类银行账户（以下分别简称“Ⅰ类户、Ⅱ类户、Ⅲ类户”），不同类别的个人银行账户有不同的功能和权限。

一、三类个人银行账户的开户渠道区分

申请人可通过柜面、远程视频柜员机和智能柜员机等自助机具、网上银行和手机银行等电子渠道开立Ⅰ类户、Ⅱ类户或Ⅲ类户。

Ⅰ类户可通过柜面，远程视频柜员机和智能柜员机等自助机具（需要经过商业银行工作人员现场核验身份信息）开立；

Ⅱ类户可通过自助机具（商业银行工作人员未现场核验身份信息）、网上银行和手机银行等电子渠道开立；

Ⅲ类户可通过自助机具（商业银行工作人员未现场核验身份信息）、网上银行和手机银行等电子渠道开立。

表 3-2　　复利的魔力

名义利率	年度	半年	季度	月度	每日
3	3.00	3.02	3.03	3.04	3.05
4	4.00	4.04	4.06	4.07	4.08
5	5.00	5.06	5.09	5.12	5.13
6	6.00	6.09	6.14	6.17	6.18
7	7.00	7.12	7.19	7.23	7.25
8	8.00	8.16	8.24	8.30	8.33
9	9.00	9.20	9.31	9.38	9.42
10	10.00	10.25	10.38	10.47	10.52
11	11.00	11.30	11.46	11.57	11.62
12	12.00	12.36	12.55	12.68	12.74

注：利息以高于 1 年 1 次的频率进行复合计算时，实际利率会超出名义利率。
实际利率（%）

小贴士：

根据利率是否剔除了通货膨胀因素的影响，可分为名义利率与实际利率。在借贷过程中，存在着通货膨胀（±）的风险。包括补偿通货膨胀风险的利率是名义利率；从名义利率剔除通货膨胀因素是实际利率。

式中：r——名义利率；i——实际利率；p——物价水平

名义利率：$r = i + p$ 或 $i = r - p$

每年都结算一次利息（以单利率方式结算），然后把本金和利息的和作为下一年的本金。下一年结算利息时就用这个数字作为本金。复利率比单利率得到的利息要多。

其实，无论是单利还是复利，都是利息的计算方法，而且不论哪种经济理论，只要承认利息的存在，就是承认资本可以只依其所有权取得一部分社会产品的分配权利。如果承认这种存在的合理性，那就必须承认复利存在的合理性，因为按期结出的利息属于贷出者所有。假设这部分所有权不应取得分配社会产品的权利，那么本金的所有权也不应取得这种权利。简言之，否定复利，也必须否定利息本身。

正如大多数银行使用不同的复利周期计算利息一样，应该使用有效的利率来比较不同银行储蓄存款的相对吸引力。实际利率是存款的年收益率，考虑到年利率在一年内复利的次数。因此，有效的利率等于每年的利息除以投资的金额。

3. 逐笔计息法和积数计息法

目前我国银行的告示牌均以单利标示利率，具体计算方法有逐笔计息法和积数计息法：

（1）逐笔计息法：按预先确定的计息

①计息期为整年（月）时，计息公式为：利息 = 本金 × 年（月）数 × 年（月）利率；

②计息期有整年（月）又有零头天数时，计息公式为：利息 = 本金 × 年（月）数 × 年（月）利率 + 本金 × 零头天数 × 日利率；

③利息 = 本金 × 实际天数 × 日利率，其中实际天数按照“算头不算尾”原则确定，为计息期间经历的天数减去 1。逐笔计息法便于对计息期间账户余额不变的储蓄存款计算利息，因此，银行主要对定期储蓄账户采取逐笔计息法计算利息。

【案例 3－2】 某客户 2016 年 3 月 1 日存款 10 000 元，定期 6 个月，当时 6 个月定期储蓄存款的年利率为 2.43%，客户在到期日（即 9 月 1 日）支取，利息是多少？

▲这笔存款计息为 6 个月，属于计息期为整年（月）的情况，银行可选择“利息 = 本金 × 年（月）数 × 年（月）利率”的计息公式。

$$利息 = 10\,000 \times 6 \times (2.43\% \div 12) = 121.50（元）$$

▲银行也可选择“利息 = 本金 × 实际天数 × 日利率”的计息公式，这笔存款的计息期间为 2016 年 3 月 1 日至 9 月 1 日，计息的实际天数为 184 天。

$$利息 = 10\,000 \times 184 \times (2.43\% \div 360) = 124.20（元）$$

（2）积数计息法

积数计算法是按实际天数每日累计账户余额，以累计积数乘以日利率计算利息。计息公式为：

$$利息 = 累计计息积数 \times 日利率$$

其中，累计计息积数 = 账户每日余额合计数。

银行每天结算出各类存、贷款账户的余额后，暂时不计算日数，按照“算头不算尾”原则，计算出该余额保持不变的天数，即为该存贷款余额实存、实贷的天数，然后填在分户账上这一余额的日数栏，如表 3－3 所示。

表 3－3　　积数计息法示例

日期	存入（元）	支取	余额（元）	计息期	天数（天）	计息积数
2015.1.2	10 000		10 000	2015.1.2 ~ 2015.2.2	32	32 × 10 000 = 320 000
2015.2.3		3 000	7 000	2015.2.3 ~ 2015.3.10	36	36 × 7 000 = 252 000
2015.3.11	5 000		12 000	2015.3.11 ~ 2015.3.20	10	10 × 12 000 = 120 000
2015.3.20			12 000			

注：银行每季末月 20 日结息，2015 年 3 月 20 日适用的活期存款利率为 0.35%。因此，到 2015 年 3 月 20 日营业终了，银行计算该活期存款的利息为：

$$利息 = 累计计息积数 \times 日利率 = (320\,000 + 252\,000 + 120\,000) \times (0.35\% \div 360) = 6.73 元$$

三、货币市场基金

1. 概念

货币市场基金（money market funds，MMF）是指投资于货币市场上短期（1 年以内，平均期限 120 天）有价证券的一种投资基金。这类基金资产主要投资于短期货币工具如国库券、商业票据、银行定期存单、银行承兑汇票、政府短期债券、企业债券等短期有价证券。货币基金只有一种分红方式——红利转投资。货币市场基金每份单位始终保持在 1 元，超过 1 元后的收益会按时自动转化为基金份额，拥有多少基金份额即拥有多少资产。而其他开放式基金是份额固定不变，单位净值累加，投资者只能依靠基金每年的分红来实现收益。

2. 特点

货币市场基金具有收益稳定、流动性强、购买限额低、资本安全性高的优点，而且还可以用基金账户签发支票、支付消费账单，灵活方便。货币市场基金通常被作为进行新的投资之前暂时存放现金的场所，一些投资人大量认购货币市场基金，然后逐步赎回用于其他的投资和消费。许多投资人还将应对不时之需的现金以货币市场基金的形式持有，有的货币市场基金甚至允许投资人直接通过自动取款机抽取资金。具体特点如下：

（1）基金单位的资产净值固定不变。货币市场基金与其他投资于股票的基金最主要的不同在于基金单位的资产净值是固定不变的，通常是每个基金单位 1 元。投资该基金后，投资者可利用收益再投资，投资收益就不断累积，增加投资者所拥有的基金份额。

（2）衡量货币市场基金表现好坏的标准是收益率，这与其他基金以净资产价值增值获利不同。

（3）流动性好、资本安全性高。这些特点主要源于货币市场是一个低风险、流动性高的市场。同时，投资者可以不受到期日限制，随时可根据需要转让基金。

（4）风险性低。货币市场工具的到期日通常很短，货币市场基金投资组合的平均期限一般为 4 ~6 个月，因此风险较低，其价格通常只受市场利率的影响。

（5）投资成本低。货币市场基金通常不收取赎回费用，并且其管理费用也较低，货币市场基金的年管理费用大约为基金资产净值的 0. 25% ~1%，比传统的基金年管理费率 1% ~2. 5% 低。

（6）货币市场基金均为开放式基金。货币市场基金通常被视为无风险或低风险投资工具，适合资本短期投资生息以备不时之需，特别是在利率高、通货膨胀率高、证券流动性下降，可信度降低时，可使本金免遭损失。

3. 货币市场基金收益率的影响因素

货币市场基金虽然风险性极低，但其收益率也会在不同因素的影响下而波动，具体影响货币基金收益率的主要因素如下。

（1）利率因素。货币市场基金的投资对象为货币市场工具，利率的调整对货币市场工具产生直接影响，从而影响货币市场基金的收益率，一般来说，利率升高，货币市场基金的收益率随之上升，反之，利率降低，货币市场基金的收益率随之降低。

（2）费率因素。在成熟的资本市场上，货币市场基金只是投资者进行头寸和流动性管理的工具，基金费用（管理费、销售服务费、税金等）不同是导致各货币市场基金净收益出现差异的决定性因素。

（3）规模因素。货币市场基金并非规模越大收益越高，根据美国货币市场基金发展的经验看，单只货币市场基金存在一个最优规模，在该规模内具有规模效应，即规模越大收益越高；超出该规模后就不具备规模效应。

（4）收益率趋同趋势。随着货币市场的完善、货币市场基金整体规模的扩大及管理法规的规范，我国货币市场基金的收益率将面临趋同的趋势，而且具有很强的持续性。一般而言，年化收益应该在2.6%左右。

小贴士：

余额宝也是货币基金

余额宝货币基金全称天弘余额宝货币市场基金，是由天弘基金管理有限公司发行的一款货币型基金，基金代码为000198。货币基金主要投资于短期货币工具如国债、中央银行票据、银行定期存单、政府短期债券、企业债券、同业存款等短期有价证券的基金产品。天弘基金是余额宝货币基金的基金管理人，并在支付宝等平台或移动客户端上设置天弘基金网上交易直销自助式前台，用户转入余额宝的资金，即购买了余额宝货币基金，并享有及承担货币基金的投资收益和风险。

资料来源：支付宝服务大厅官网，2017年2月13日。

四、其他理财产品

除了银行账户和货币市场基金外，我们还可以选择一些收益不高但比较稳定，风险也比较低的理财产品，如国债逆回购、基金定投及其他理财产品，这类资产在整个资产配置体系中扮演着低风险、低收益的稳健型角色，也是当前个人和家庭闲置的流动资金的投资去向。

（一）国债逆回购

1. 概念

国债逆回购即个人通过国债回购市场把自己的资金借出去，获得固定的利息收益；而回购方，也就是借款人用自己的国债作为抵押获得这笔借款，到期后还本付息。通俗来讲，就是将资金通过国债回购市场拆出，即你把钱借给别人，获得固定利息；而别人用国债作抵押，到期还本付息。逆回购的安全性超强，等同于国债。国债逆回购是其中的融券方。对于融券方来说，该业务其实是一种短期贷款。

2. 优点

（1）安全性好，风险较低，证券交易所监管，不存在资金不能归还的情况；

（2）收益率高，尤其在月底、年底资金面紧张时，年化收益高达57%；

（3）操作方便，直接在开立的账户中一键操作，到期资金自动到账，无须过问；

（4）流动性好，资金到期时自动到账，可用于做现金或其他理财产品，随时锁定收益；

（5）手续费低，手续费是根据操作的天数计算，假如10万元，做一天逆回购就是1～2元，做两天的，就是2～4元，以此类推。

3. 佣金收取

国债一、二、三、四天回购佣金水平为10万元1天1元；7天回购，10万元每笔5元；14天回购，10万元每笔10元；28天回购，10万元每笔20元；28天以上回购，10万元每笔30元封顶。佣金如果按目前4%～5%的年化率，通常介于收益的9%～10%。

【案例3－3】 10万元做国债1天逆回购（GC001）

▲收益：取2017年7月26日（周三）当日报价中间价4.305（当日开盘价4.505，最高4.945，最低3.00）计算，当日取得收益：100 000×4.305%/365＝11.79（元）。

▲佣金：100 000×0.001%＝1（元）。

▲资金回款：11.79－1＝10.79（元）。

▲纯收益率：年化利率＝10.79×365/100 000＝3.938%。

（二）基金定投

1. 概念

基金定投是定期定额投资基金的简称（automatic investment plan，AIP），是指在固定的时间（如每月8日）以固定的金额（如500元）投资到指定的开放式基金中，类似于银行的零存整取方式。基金定投有“懒人理财”之称，价值缘于华尔街流传的一句话：“要在市场中准确地踩点入市，比在空中接住一把飞刀更难。”如果采取分批买入法，就克服了只选择一个时点进行买进和沽出的缺陷，可以均衡成本，使自己在投资中立于不败之地，即定投法。

基金定期定额投资具有类似长期储蓄的特点，能积少成多，平摊投资成本，降低整体风险。它有自动逢低加码、逢高减码的功能，无论市场价格如何变化总能获得一个比较低的平均成本，因此定期定额投资可抹平基金净值的高峰和低谷，消除市场的波动性。只要选择的基金有整体增长，投资人就会获得一个相对平均的收益，不必再为入市的择时问题而苦恼。

2. 特点

（1）手续简单便捷。定期定额投资基金只需投资者去基金代销机构办理一次性的手续，此后每期的扣款申购均自动进行，一般以月为单位，但是也有以半月、季度等其他时间限期作为定期单位的，其手续简单便利，被称为“懒人理财术”。而且各大银行以及证券公司都开通了基金定投业务，投资者可以在网上进行基金的申购、赎回等所有交易，实现基金账户与银行资金账户的绑定。与此同时，网上银行还具备基金账户查询、基金账户余额查询、净值查询、变更分红方式等多项功能，投资者可轻松完成投资。

（2）省时省力。办理基金定投之后，代销机构会在每个固定的日期自动扣缴相应的资金用于申购基金，投资者只需确保银行卡内有足够的资金即可，省去了去银行或者其他代销机构办理的时间和精力。

（3）定期投资。投资者可能每隔一段时间都会有一些闲散资金，通过定期定额基金投资计划所进行的投资增值（亦有可能保值）可以“聚沙成丘”，在不知不觉中积攒一笔不小的财富。

（4）不用考虑时点。投资的要诀就是“低买高卖”，但却很少有人在投资时掌握到最佳的买卖点获利，为避免这种人为的主观判断失误，投资者可通过“定投计划”来投资市场，不必在乎进场时点，不必在意市场价格，无须为其短期波动而改变长期投资决策。

（5）平均投资。资金是分期投入的，投资的成本有高有低，长期平均下来比较低，所以最大限度地分散了投资风险。

（6）复利效果。“定投计划”收益为复利效应，本金所产生的利息加入本金继续衍生收益，通过利滚利的效果，随着时间的推移，复利效果越明显。定投的复利效果需要较长时间才能充分展现，因此不宜因市场短线波动而随便终止。只要长线前景佳，市场短期下跌反而是累积更多便宜单位数的时机，一旦市场反弹，长期累积的单位数就可以一次获利。

第三节 流动资产管理

由于与流动资产相关的机会成本较高，个人与家庭应该尽量减少流动资产的持有量，加强流动资产的科学管理。好的流动资产管理有两个步骤：第一步是确定想要维持的流动资产的最低数量，以制订计划的支出、为不可预见的突发事件维持紧急基金、为未来存钱。第二步是选择最能满足这三个需求的流动资产。

一、流动资产管理的过程

1. 计划支出

大多数个人持有流动资产主要用于计划支出。这些支出包括生活费用，如食品、公用事业、租金、医疗费用、保险、交通、通信费、个人护理、娱乐，以及子女的费用等，此外，还包括资产购买、税收和债务支付等。

确定计划支出的金额，计算下一年的现金预算总额。最适合计划支出支付的流动资产，除了有利息的活期存款和定期存款外，还可以购买货币市场基金和国债逆回购等理财产品，这不仅可以应付日常生活费用的支出，也可以满足金额和日期都比较明确的开支。

2. 保留应急支出

为不可预见的意外事件维持紧急基金是明智的。这些突发事件包括疾病、意外事故、失业和通货紧缩等。应急基金的规模取决于个人的病史、每个家庭成员及其工作的安全性。对于那些患有已知疾病的家庭，应急基金应该更大一些。即使家庭成员没有医疗问题，建议你在应急基金中至少节省 3 ~6 个月的收入。这是因为在削减开支后，要找到一份工作需要大约 6 个月的时间。

由于使用紧急基金的可能性相当低，因此不建议将这些资金放在流动性较低的流动性资产中。也不建议个人把钱存到一个长期的定期存款中，即使它支付更高的利率。这是因为在紧急需要使用这些资金的情况下，可能会因过早提取存款而受到惩罚。因此，建议个人把应急资金部分存入储蓄存款或短期定期存款，另外部分购买一些短期的货币市场基金以及国债逆回购，这些理财产品相对而言安全性较好、期限较短，而收益较高。这样既可以满足家庭紧急情况的资金支出，又可以降低机会成本，增加投资获利。

3. 偿还贷款

对于现在的个人，尤其是家庭来说，都或多或少涉及向银行贷款或者民间融资等债务问题，因此偿还贷款是家庭流动资产规划的一个重要部分。车贷、房贷、耐用消费品贷款在一个家庭中是普遍存在的，在一个家庭的每月或每年的收入中，必须留有一部分的流动资产来偿还贷款。而这些流动资产类型的选择主要还是取决于你的还款方式，如果是按月的偿还方式，则每个月家庭收入中必须留出这部分的现金。如果是分期偿还，则要根据偿还期限确定留存的金额，做好预算和规划，配备相应的储蓄存款和理财产品。

4. 为未来储蓄

持有流动资产的另一个原因是积累储蓄。大多数个人倾向于通过持有股票、债券和流动资产组合来分散投资风险。由于储蓄和投资的主要目的是产生回报，所以推荐的流动资产除了固定存款，还可以选择货币市场基金和其他的本金安全、流动性较高的理财产品。

一个家庭的财富中有多少应该投资于固定存款？这一数字取决于个人对风险的厌恶程度、对流动性的需求、当前利率以及其他风险工具的投资前景。一个厌恶风险、保守的投资者，应该投资大量的固定存款。尽管这种投资的平均回报率低于股票或债券，但家庭的财富不会受到股票和债券市场波动的影响。同时，也可以向理财规划师寻求帮助，以确定家庭最佳的资产配置。表 3－4 为四种投资者提供了一种可能的分配方式。

表 3－4　家庭资产配置

投资者类型	股票风险资产（%）	债券（%）	存款（%）
冒险型	60	40	0
保守型	60	30	10
适度风险	50	40	10
保守收入	30	60	10

定期存款的利率偶尔会上升到有吸引力的水平。在这种情况下，家庭的财富投资于股票和债券等其他高风险工具的机会成本也相应提高。除非你对收益率高于当前利率有信心，否则当利率相对较高时，持有固定存款可能会更好。

由于股票和房地产等大多数风险资产的价格都有周期性，因此这些资产的价格波动可能会很大。比如在价格不断下跌时，最好将你的财富暂时存放于存款中，等待时机重新进入风险资产市场。

二、流动资产管理的影响因素

（一）通胀风险

所有固定收益工具，如存款和债券，都受到通货膨胀风险的影响。通货膨胀风险是指经济中物价总水平上升时失去购买力的风险。由于存款支付固定利率，利息收入的购买力就会随着通货膨胀而下降。这意味着，即使名义利率为正，投资者也有可能获得负的实际回报。如2008年，当新加坡的通货膨胀率达7%的峰值时，即使存款者每年赚1.4%的利息，但实际回报率是-5.6%。如果通货膨胀率很高，投资于对冲通胀风险的工具可能是明智的。这些工具包括房地产、大宗商品、股票和单位信托等。

（二）税收

经批准的商业银行和金融公司的存款利息免税。然而，以非经批准的银行和金融公司的存款所赚取的利息在个人边际税率上是应纳税的。因此税率的高低将影响流动资产的配置。

（三）银行的选择

一旦个人与家庭确定了要持有多少流动资产，就必须决定将存款放在哪个银行。选择哪家银行的影响因素包括它的信誉、产品的利率、便利、服务质量、最低余额和银行费用等。

1. 银行的信用状况

尽管商业银行受到相应监督管理机构的密切监管，但它们仍有可能发生挤兑甚至破产。当这些情况发生时，存款人将可能无法收回存款的全部价值。因此，明智的决定是选择信用状况良好、经济实力雄厚的银行。

2. 利率

随着银行存款利率的变化，存款人应该选择支付有吸引力利率的银行。随着我国利率市场化进程的加快，人民银行仅对活期存款和1年以内（含1年）定期存款利率保留基准利率1.5倍的上限管理，距离放开利率管制只有一步之遥。因而，各家银行对存款利率有较大的定价权，存款人可以选择一些综合实力较强，而利率又较有吸引力的银行。此外，银行支付的存款利率因其规模和期限而异，一般而言，期限越长，利率越高，而有些银行对于存款数量达到一定规模的情况，也愿意支付较高的利率。

3. 便利性

对于存款人而言，如果每个月都进行大量的银行交易，那么选择一个可以方便地执行交易的银行是很重要的。这种便利包括所处位置、营业时间、营业窗口的数量、分支机构与ATM机的位置与数量。便捷性很明显是一个重要的考虑因素，许多人更喜欢选择家或工作单位附近的银行。

4. 服务质量

服务质量优劣是选择银行的重要标准，随着移动互联技术的发展，银行的服务质量和渠道得到不断的提升和优化。但近年来银行也曾频繁遭受社会“吐槽”，从高利润问题、到收费不合理、店大欺客、再到泄露客户信息等问题，银行业声誉因此受损，有些银行客户服务和营销信息管理比较分散、客户信息动态维护有名无实，这其中很多问题都可以归结为是银行服务质量和水平不高所造成的。

因此，最好选择提供服务质量最高的银行，真正做到“以客户为中心”，在环境方面要创造舒适、轻松、“宾至如归”的服务平台，如提供各种书刊、饮料、小点心等，打造设施现代化、服务人性化、布局合理化、环境品质化的优质服务网点；选择更能回应顾客需求的银行，根据客户的实际需要，定期寄送账单等。

5. 最低余额要求与收费标准

银行的主要收入来源之一是交易费用。银行通常收取小额费用来维持经常账户。当个人的账户余额低于最低限额时，银行通常会征收另一项服务费。服务费用可能很高，有些银行，不管储户的账户余额是多少，都会收取支票签发费及服务费等费用。

大多数银行对其银行产品实行最低余额的要求。例如，美国有些银行需要至少 1 000 美元来开立一个自动储蓄账户、储蓄存款或定期存款。由于不同的银行实行不同的限制，所以最好选择最低余额要求的银行。一些银行逐渐放弃最低余额的要求，一般的要求是，最低余额为 500 ~ 1 000 美元或者更多才能免收账户服务费，虽然有些银行按照每月的平均账户余额来确定是否收费，但大多数银行按照每月余额来确定。

在我国，银行对用户卡内最低余额没有要求，但也需要对一些服务项目收取管理费用。

（1）银行卡年费。银行卡年费的收取频率是 1 年一次，银行直接从账户中划取。普通的借记卡年费一般是 10 元/年。

（2）小额账户管理费。它是银行针对那些日均余额低于一定数额的账户每月收取一定费用的账户管理费。一般各家银行都有这个收费项目，只是具体的数额不同。可以通过绑定该行的信用卡，开通自动还款功能，免收小额账户管理费。

（3）ATM 机跨行取现费。大部分银行手续费一般是一笔 2 元。

（4）销户费。借记卡销户是不收费的，但是挂失和补办要收费。不再使用的银行卡要销户的话，可以把钱全部取出来，两年后，银行会按休眠户自动给你注销。但是，开了网银的银行卡一定要先去银行注销，因为一个银行只能开通一个网银账户。如果持卡人在挂失后又重新找到了卡，取消挂失后挂失手续费也是不予退还的。

（5）短信通知费。一般借记卡的短信通知费是 1 个月 2 元，1 年就是 24 元钱。信用卡是不收取短信通知费的。

专栏 3 - 2

中国商业银行调整银行收费的举措

此前，银行收费高问题经常被公众抱怨。近年来，随着互联网、移动支付的快速发展，除了监管的统一要求，银行自身也在不断减免手续费。2016 年 2 月 25 日，中国工商银行、中国农业银行、中国银行、中国建设银行、中国交通银行五家银行在北京举行“加强账户管理，推进普惠金融”联合签约仪式。上述银行将对客户通过手机银行办理的境内人民币转账汇款免收手续费，对客户 5 000 元以下的境内人民币网上银行转账汇款免收手续费，以降低客户的费用支出。

2016年4月1日，《关于改进个人银行账户服务加强账户管理的通知》规定，自2016年12月1日起，同一个人在同一家银行（以法人为单位，下同）只能开立一个Ⅰ类户（为银行结算账户，含银行卡，下同），在同一家支付机构只能开立一个Ⅲ类户。此举主要是有效遏制买卖账户和假冒开户的行为。同时，鉴于个人在一家银行只能开立一个Ⅰ类户，为方便个人异地生产生活需要，银行要免收本行行内异地存取现、转账等业务手续费。

2016年9月底，中国人民银行发布《关于加强支付结算管理防范电信网络新型违法犯罪有关事项的通知》（以下简称《通知》）。文件明确要求银行对本行行内异地存取现、转账等业务，收取异地手续费的，应当自《通知》下发之日起三个月内实现免费，以降低个人支付成本。

2017年8月1日起，银行收费项目又将瘦身。国家发展改革委、中国银监会联合印发通知，取消、暂停商业银行部分基础金融服务收费。通知规定，自2017年8月1日起，各商业银行通过异地本行柜台（含ATM）为本行个人客户办理取现业务实行免费（不含信用卡取现）。暂停收取本票和银行汇票的手续费、挂失费、工本费6项收费。通知还强调，各商业银行应继续按照现行政策规定，根据客户申请，对其指定的一个本行账户（不含信用卡、贵宾账户）免收年费和账户管理费。各商业银行应通过其网站、手机App、营业网点公示栏等渠道，以及在为客户办理业务时，主动告知提示客户申请指定免费账户。客户未申请的，银行应主动对其在本行开立的唯一账户免收年费和账户管理费。

小贴士：

一生中的规划：现金与储蓄管理

以下是人生的每个阶段现金与储蓄管理的主要考虑事项。

独立生活阶段 20多岁	家庭与职业发展阶段 30～45岁	成熟阶段 45～65岁	退休 65岁以上
建立一般性储蓄及应急资金	增加储蓄从而为未来理财目标提供资金	保持应急资金	持有配偶和家庭方便操作的银行账户
把欠的大学贷款还完	扩展现金管理工具的种类请理财规划师制定一些发展战略	使储蓄策略与退休计划更直接地联系起来	享受银行对老年人的费率优惠
根据收费、回报和便利性寻找最佳金融机构开户	精心设立储蓄项目以满足孩子未来的教育需求	对为老年人提供的折扣保持敏感，估计退休时你的社会保险福利	把现金管理与储蓄、退休支出、遗产计划结合起来

本章小结

大多数个人持有流动资产，以支付计划支出，应对意外紧急情况，以及积累储蓄或偿还贷款等。个人持有的流动资产包括现金、各类银行账户外，还包括一些安全性好、流动性强的理财产品。这些流动资产的回报不同，风险和流动性特征也不同。因此，没有一种单一的流动资产是理想的、具备所有用途的。

为支付计划支出，建议持有有息活期存款和定期存款；为维持紧急基金，建议个人与家庭开立储蓄存款。如果你正在为未来储蓄，可以通过把钱存入固定存款，或者购买货币市场基金和国债逆回购等理财产品，以得到更高的回报。如果把存款放在流动资产中，就会面临通货膨胀的风险。为了对冲这种风险，这就需要加强流动资产的管理，不要持有过多的流动资产，而是投资于房地产、股票、单位信托和提供部分对冲通胀的商品等。

思考题

1. 试分析家庭流动资产与企业流动资产的区别与联系。
2. 请概括银行各类账户的特点，并说明Ⅰ类、Ⅱ类、Ⅲ类账户功能的区别。
3. 既可满足家庭对流动资金的需要，又可以最大化增加收益，你会选择哪些理财产品？
4. 影响家庭流动资产管理的因素有哪些？
5. 请你为自己的家庭或朋友的家庭设计一个现金规划方案，包括教育基金。

附录　家庭教育基金的准备与使用

一、家庭教育基金准备的必要性

教育基金的准备主要是为实现预期的教育目标所需要的费用而进行的一系列的规划，事实上，一般情况下，受过良好教育者，无论在收入还是在地位上，往往高于没有受过良好教育的同龄人。从这个角度上来说，教育投资是人生财务规划中最富有回报价值的一种投资。从内容上看，家庭教育基金的准备包括个人教育基金和子女教育基金两种，在此，我们主要讨论子女教育基金的准备。

1. 教育值得投资，但关键在于规划

教育在一定程度上具有社会分配与社会分层的功能。很多人希望通过高水平的教育来获得政治、经济、文化与社会利益，改变、改善自己或子女的生活状况。

由上海市人力资源社会保障局就业促进中心会同上海市学生事务中心，联合发布的《乐业报告》系列之《上海市2016届高校毕业生薪酬报告》指出，2016届上海高校毕业生中，大专高职学历毕业生的平均月薪为3 729元，本科学历毕业生的平均月薪为4 410元，硕士及以上学历毕业生的平均月薪为7 389元，如图3－1所示。

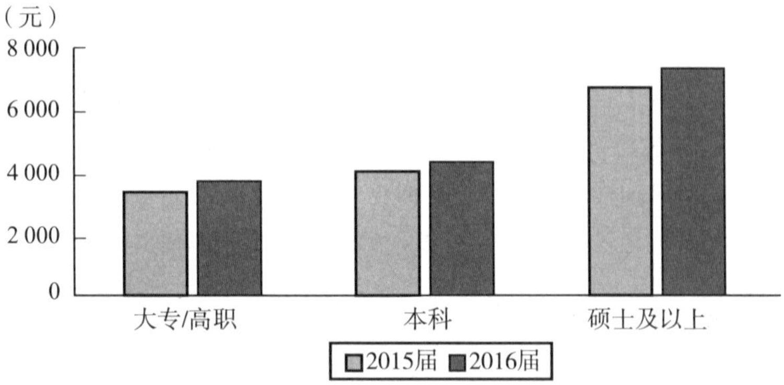

图 3－1　上海市高校毕业生初次就业的平均月薪

2. 高等教育期间的开销高

高等教育期间的开销属于阶段性高支出，不事先准备，届时的收入将难以负担。尤其是在高等教育中，学费一直是很多普通家庭重要负担。近几年，随着教育成本的提高，高校学费处于上涨趋势。从近年收费情况看，各高校非艺术类专业的学费一般都在 5 000～10 000 元，艺术类专业学费一般在 10 000～20 000 元，个别高校艺术类专业学费突破 20 000 元。除支付学费以及日常学习生活开支外，还要支付休闲、娱乐和购物等支出，尤其当前互联网信息技术发达，网购现象颇多，增加了费用的支出。

根据上海交通大学发布的《2014 中国大学生消费行为与品牌认知调查报告》（调查覆盖 33 个城市 123 所高校）显示，大学生的生活来源基本依靠父母，少数通过奖学金和课外兼职。学生月开支超过 1 000 元的占多数，而且学习培训费用的占比下降，其他费用增加。如图 3－2 所示。

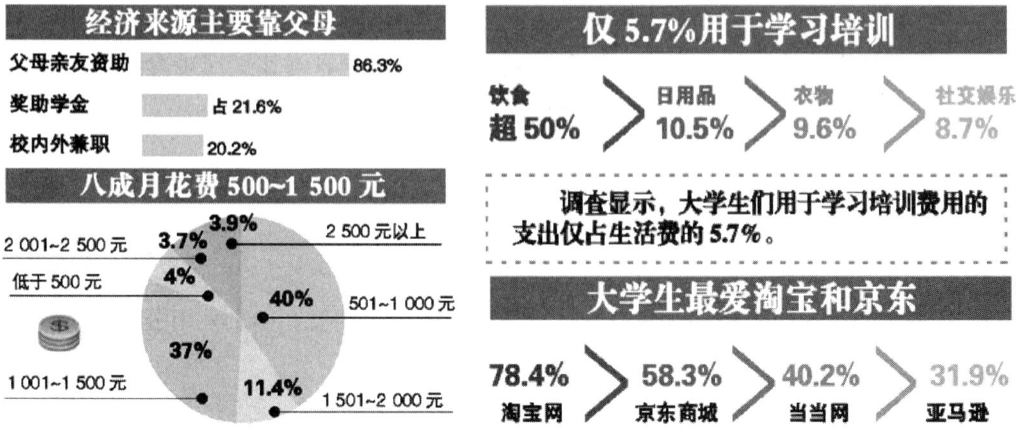

图 3－2　2014 年中国大学生消费行为与品牌认知调查报告

3. 高等教育学费的成长率高于通货膨胀率，储备教育金的报酬率要高于学费成长率

就中国而言，1996～2000 年，中国高等教育学费的年均增长率保持在 25% 左右（扣除物价因素），1998～1999 年的学费增长率更是高达 44%。而同期居民收入水平的增长速度则远低于这一水平，这导致根据可比价格计算的学费占居民人均收入的比例也大幅度提高。到2002年，学费占农村居民人均纯收入水平的比例由1996年的68.6%飙升至177.6%，学费占城市居民人均可支配收入的比例则由1996年的37.0%上升至77.3%。学费的上涨给居民家庭高等教育支出所带来的压力是实质性的。这一比例远远超过美国、日本等发达国家居民的高等教育负担水平。

4. 子女教育金最没有时间弹性与费用弹性

因此，要预先规划，才不会因财力不足影响子女的求学发展。

【案例3－4】

王先生的女儿现年10岁，王先生希望女儿以后能出国留学。王先生夫妻是公司一般职员，月收入合计在10 000元左右，房子每月还月供3 000元。有五险一金，但没有购买补充的商业保险，日常生活开支每月3 000元，孩子日常的教育费用每月1 000元。

分析：王先生夫妻月收入只有10 000元，除去日常开支，每年只有两三万元的结余。假设王先生的女儿18岁上大学，现有的教育规划时间是8年，而且王先生夫妇没有为自己准备养老保险。现在，出国留学的费用4年一般在50万元左右，考虑学费上涨率，王先生送女儿出国留学比较勉强，选择准备女儿在国内的教育费用是比较现实的，如果以后财务状况好转了，再考虑女儿出国留学的事情。或者根据女儿以后的发展，选择考取奖学金等方式，来实现出国留学的理想。

因此，王先生女儿的教育目标：在国内上大学本科。

二、教育费用的估算

1. 教育资金的筹集方式

筹集教育资金的方式有一次性投资与定期定额两种。一次性投资的好处在于未雨绸缪，尽早为未来的财务目标做准备，同等收益率情况下本金投入更少，并且投资时间长，可以取得较理想的投资回报，但与其他中短期理财目标在现金流方面可能会有冲突。定期定额方法的好处在于有规律地从收支结余中划出一笔钱，专款专用，减少各项理财目标在现金流方面的冲突，在市场波动情况下降低投资风险，达到理想目标。

2. 教育费用的估算步骤

在估算教育费用时，理财规划师一般要遵循以下步骤。

（1）设定一个通货膨胀率。

（2）按预计通货膨胀率计算所需要的最终费用。

（3）分别计算如果采用一次性投资计划所需要的金额现值和如果采用分期投资计划所需支付的年金。

如果子女的年龄越小，将来要支付的教育资金总额（不考虑通货膨胀的名义数额）就越高，但每月支付的金额却相对要低。因此，在客户财务状况允许的情况下，尽早为子女进行教育投资规划是明智之举。

继续计算案例3－4中王先生的教育费用。

▲计算现阶段的教育费用。经查询，现阶段北京重点院校的一般专业收费在5 000元左右，住宿费是每年1 500元，生活费平均是6 000元，其他费用平均是2 500元，因此，王先生应该每年为女儿准备15 000元。大学四年，王先生应该准备学费20 000元，其他

费用 40 000 元。

▲估算子女上大学时候的费用。假设学费上涨率为 6%，通货膨胀率为 4%。则 13 年后，学费为 $20\,000 \times (1+6\%)^{13} = 42\,660$ 元，其他费用为 $40\,000 \times (1+4\%)^{13} = 66\,600$ 元，总费用为 109 260 元。

▲计算目前的教育储备金是否能满足未来的费用要求，确定资金储备方式。假设王先生选择的投资项目，收益率为 8%，根据复利现值系数，13 年后的 109 260 元，现值为 40 169 元，即王先生需要现在为孩子投资 40 169 元。

三、教育基金的来源

教育支出最主要的资金来源是家庭自身的收入和资产。稳定的收入和充足的资产是教育支出坚实的资金保证。但如果客户教育基金不够，急需一笔短期的资金来补充的话，也可以充分利用国家的教育政策，解决资金需求。这些教育政策包括政府教育资助、奖学金、教育贷款、教育储蓄、教育保险，以及其他教育工具，如子女教育信托、政府国债、股票和投资基金等。

第四章　信用与贷款

"君子之言，信而有征，故怨远于其身"

——《左传·昭公八年》

学习目的和要求

通过本章学习，明确个人信用对于个人经济活动的重要性及如何建立维护个人信用；了解不良信用产生的常见情形及后果；掌握信用卡业务中信用额度、取现额度及计算方式等方面的常识；熟悉信用卡的使用技巧和如何理性使用信用卡；掌握商业银行几种常见的消费贷款产品；明确消费贷款决策的原则及影响因素。

本章预习

信用是能够履行诺言而取得的信任，是我们过去履行承诺的正面记录，是长时间积累的信任和诚信度。信用是难得易失的，费十年工夫积累的信用，往往由于一时一事的言行而失掉。

陈先生在某楼盘看中了一套房子。交了首付款后向银行申请住房贷款，没想到被告知其有不良记录，无法贷款。据了解，陈先生曾办理过一张信用卡，在享受了几次透支消费带来的甜头后，多次逾期还款，其间银行催过他几次，他也不以为然。"自己种下的恶果，只能自己吃掉。"陈先生无奈地说，"贷不了款，买房的首付拿不回来，如今只好向亲朋好友求助一次性付清购房款。"

个人的信用记录影响到我们生活工作的方方面面，如何建立与维护个人的信用记录，成为我们日常不得不关注的事情。由于消费或置产具有时间上的迫切性，缺乏信用则会使家庭许多理财目标无法及时实现。在我们家庭消费中，运用信贷先借款再分期还款，是大多数家庭平衡收支达到理财目标的重要方式，显然信贷是家庭财务管理中不可或缺的一环。

第一节　信用管理

一、信用的作用

个人信用的重要程度是不言而喻的，在个人征信体系健全的国家，在互联网时代，我们不经意间做过的每一件小事都以数据的形式被记录和积累下来，许多看似无伤大雅的小陋习，可能会引发申请不到贷款、办信用卡被拒、工作租房受挫等一系列连锁反应。个人信用正以越来越直观的形式体现出其重要性。

个人信用通常以个人信用报告的形式表现，这是由征信机构出具的全面、客观记录个人银行借贷、履行合同及遵纪守法等情况的报告，记录了个人全部信用支付历史。包括与金融机构发生信贷关系、与其他机构或个人发生借贷关系、与商业机构、公用事业单位发生赊购关系、与住房公积金、社会保险等机构发生经济关系形成的履约记录，此外还有欠缴依法应交税费的记录，各种受表彰记录，以及其他有可能影响个人信用状况的刑事处罚、行政处罚、行政处分或民事赔偿记录。

我国目前最能反映个人信用状况的是中国人民银行征信中心提供的个人信用报告，它可以帮助人们了解自己的信用，方便达成金融交易，堪称个人的“经济身份证”。随着我国征信系统的逐步推进，个人信用记录的影响会逐渐渗透人们生活的各个方面。良好的信用记录对个人最大的好处就是为个人积累信誉财富。对个人贷款客户而言，不仅可以节省商业银行的贷款审批时间，个人能更快地获得贷款。而且在贷款规模、期限和利率上会有一定的灵活性和优惠，可以享受商业银行的优惠利率贷款，期限可能更长些、金额可能更大些。此外对于个人信用状况非常好且其他条件也符合要求的用户，商业银行还可能提供不需要抵押或担保的个人信用贷款。

二、信用的建立

（一）与银行发生借贷关系

对于普通人来说，要建立信用就要及早学会与银行打交道，才能在金融体系日益完善、金融产品及服务日益丰富的现代社会充分享受金融服务并跟上时代的步伐。我国人民银行个人征信系统里收集的主要是个人在银行的借贷信息，如消费贷款、办理信用卡、银行结算账户如工资卡等信息。不从银行借钱不等于信用就好，如果仅仅在银行办理了普通借记卡，平时和银行只发生存取款关系，个人银行信用状况则几乎是空白。因为没有历史信用记录，银行就失去了一个判断您信用状况的便捷方法。要建立“个人信用记录”，简单的方法就是与银行发生借贷关系，例如，可以向银行办理一张信用卡或申请一笔贷款。小额信贷则是立信之初的最好选择，贷记卡作为一种小额信贷工具，为个人申请信贷及建立信用提供了最便利的选择。

（二）个人信用评分

个人信用评分是在建立个人信用信息数据库系统的基础上，运用数理统计学的原理，找出可能影响消费者未来信用风险、价值等的各种因素，并分配以不同权重，进而建立起特定的数学模型，并借助计算机信息技术对个人信用信息进行量化评估的方法。个人信用评分以一个分数区间来反映个人的信用状况，一般界定为分数越高风险越低或信用越好。

1. FICO 信用评分模型

最权威的个人信用评分系统就是美国的 FICO 模型，在美国没有 FICO 的信用评分卡就会寸步难行。该指标体系有五个方面的内容：以往支付历史（权重35%）、信贷欠款数额（权重30%）、立信时间长短（权重15%）、新开信用账户（权重10%）、信用组合类型（权重占10%）。FICO评分模型由于政策限制，不含种族、肤色、宗教、原住国、性别及婚姻状况、年龄等。

FICO分值基数为850分。如果借款人的信用评分达680分以上，贷款方就可以认为借款人的信用卓著，可以毫不迟疑地同意发放款。如果借款人的信用评分低于620分，贷款方或要求借款人增加担保，或干脆寻找各种理由拒绝贷款。如果借款人的信用评分介于620~680分，贷款方就要做进一步的调查核实，采用其他的信用分析工具，做个案处理。分值随某些评分因素和被评人的信用记录变化而实时变化。

2. 国内银行的个人信用评分指标

国内银行在政策上较少受到FICO那样的严格限制，评分指标体系大体而言可分为以下三类：一是个人指标，主要描述个人的特征，从这些借款人的基本信息中银行可以间接地了解到借款人的还款能力与还款意愿。二是经济指标能够直接反映贷款申请人的还款能力。三是信用指标直接从过去的各种表现和行为反映借款人的还款意愿，如表4－1所示。

表4－1　　个人信用评分指标参考

	项目	评价内容
个人指标	年龄	年龄与借款人的收入能力和可支配财富有关，年龄多有限制
	性别	一般认为女性的违约风险小于男性
	婚姻状况	用于考察个人生活的稳定性
	教育程度	通常认为教育程度越高、谋生手段越多，借款人的还款能力越强
	健康状况	良好的健康状况是稳定收入的保证
	职业（及年资）	能体现收入稳定性和收入水平，便于评估借款人的还贷能力
经济指标	个人月收入	反映借款人还款能力最直接的也是最有效的指标
	家庭月收入	家庭月收入越高则违约的风险越小
	金融资产	股票、债券、存款、外汇、金银等具有增值潜力和较强变现能力
	房产及其他资产	现住房及其他房产、遗产、自有车辆等，考察借款人的可抵押资产
	保险	主要指商业保险，衡量借款人抵抗意外事件的能力
信用指标	不良信用记录	考察借款人的历史信用水平
	本行存款账户	一般认为申请人在本行有存款账户则可在一定程度上减小借款违约风险
	与本行业务关系	一般而言与银行业务关系越密切则违约风险越小
	是否本行职员	一般认为本行员工违约的可能性很小
	其他贷款	其他贷款的存在一般会增加本贷款还款的难度
	贷款数额与还款方式	能在一定程度上影响借款人的还款行为
	其他信用卡	持有较多的信用卡可以认为客户有过度使用信用的可能

每家银行针对个人信贷都有一套信用评分表，一般被视为影响信用评级的重要因素有

收入（及月供占收入比）、家庭（婚姻及赡养人口）、职业（及任职年限）、住房等，每个因素根据重要性有不同的权重，每个因素又分为100%、75%、50%、26%四个优劣等级，信用评分是各因素的优劣等级与其权重的加权总和。通常会有一部分是信贷人员的主观评分，但权重不高。

三、不良信用的产生及影响

（一）容易产生不良信用的情形

容易产生不良信用的情形如表4－2所示。

表4－2　　易产生不良信用的情形

业务类型	不良信用产生的情形
信用卡透支	没有在规定的时间内按时足额偿还或超过规定的还款日，且已还款金额不足银行规定的最低还款额（一般为所欠金额的10%），就会产生不良信用记录
按揭贷款还款	连续两次逾期还款或累计六次逾期还款的个人都可能被记录在案，导致在办理银行贷款业务时遭到拒绝
为第三方提供担保	第三方没有按时偿还贷款，拖累了自己的信用
保险缴款	逾期缴款超过一定期限，除了造成保单效力中止，还有可能被保险公司提交不良信用记录
固话移动通信费用	停用没有及时办理相关手续，因欠费而形成逾期
身份证被冒用	被别人冒用造成不良记录而使自己的信用受到影响
不按时归还国家助学贷款	在个人信用报告中就会形成负面记录，影响个人将来的经济金融活动

（二）丧失信用的后果

我国正在逐步构建一套动态的、准确的信用体系。随着个人信用报告应用范围不断扩大。其作用正向客户资信调查、个人求职应聘、房屋租赁、人大代表（政协委员）资格审查、出国签证审核、民间经济活动等领域扩展。也就是说，在不久的将来，个人信用情况将与你的生活息息相关。在个人信用体系比较完善的美国，个人求职或创业、租（买）房、租（买）车、住旅店、机票预定、出国旅游、手机合约计划及亚马逊之类网站的价格优惠等与个人工作生活密切相关的，都会参考个人信用记录。一旦丧失信用，那后果将不堪设想。

在我国丧失信用的后果常见于以下几种情形：债务清偿时失信，可能会承担民事甚至刑事责任；公用事业费用未缴，可能会出现断水、断电、断通信等不便；税款罚单未缴，可能被限制出境或“牢狱之灾”；破产者则在一段时期内无法获得任何信用。对于个人信贷而言，则是只要产生不良信用记录，求贷之路就会寸步难行。近期还出台了针对严重违法失信人被限制乘坐火车高级别席位（包括列车软卧、G 字头动车组列车全部座位、其他动车组列车一等座以上座位）和民用航空器等交通工具。“一处失信、处处受限”的信用惩戒格局正在逐渐完善。

四、维护信用的措施

（一）让诚信成为一种习惯

在日常用卡消费、个人贷款和各类缴费中，注意还款期限，坚决避免出现逾期。让信用记录成为财富助力，良好的信用记录的累积，是一笔无形的财富，将为生活及事业提供不竭的能量。

（二）必要的预防措施

导致个人产生上述不良信用情形的原因有很多，如果能提高事先预防意识，也可以有效维护个人信用，如表 4 –3 所示。

表 4 –3　可能导致不良信用的原因及相应的预防措施

丧失信用的原因	表现	预防措施
遭遇意外或重疾	支大于收无法按时还债	投保意外险、医疗保险
失业或创业失败	无当期收入无法缴付本息	储备紧急预备金
一时疏忽	未注意缴费期限到期未缴付	注意银行通知提醒或办理自动还款
恶意透支蓄意诈骗	以不实资料取得贷款到期赖账	勿以身试法

如果经常出差或忙于生意，可能会因“一时疏忽”忘记还款，从而造成不良信用，此时可以在贷款行或信用卡发卡点办理借记卡，做好贷款或信用卡与借记卡的关联业务，实行银行自动划拨还款。这样平时只需注意在借记卡上存足一定金额的款项即可，还可以开通短信提醒，选择通过网上银行、电话银行、手机银行归还贷款。如果因特殊原因难以足额按约还款，请及时与贷款银行联系，调整还款计划，慎防发生拖欠等违约行为。

（三）时刻关心自己的信用记录状况

如果已经建立了信用档案，则需关心自己的信用记录，最好每年给自己的信用做个“体检”，发生欠款或欠费要早发现、早解决，才可将负面影响降到最小。个人可以在所在地人民银行的分支机构查询，也可以通过互联网提交查询申请（中国人民银行征信中心官网——个人信用信息服务平台）。由于一些无法避免的原因，信用报告中的信息可能会出错。一旦发现自己的个人信用记录内容有错误，或对自己的信用报告反映的信息持有不同意见时，如发现信用记录与实际还款不符，或是因非本人原因造成的不良信用记录，尽快带有效证件到当地的人民银行征信管理部门提出异议申请，或与提供错误信息的商业银行等机构取得联系，及时纠正错误，使个人信用数据库记录的信息更加准确，避免个人信用报告出现人为违约记录。

（四）积极的补救措施

不论是主客观原因产生的信用丧失，都要采取积极的措施去修复负面信用的记录。如果有拖欠的款项，应尽快将欠款付清。同时制订自己的还（缴）款计划，及时归还贷款及信用卡透支额，按时缴纳各种费用。否则，逾期还款等情况就会如实反映在个人信用报告中，对个人的信用活动造成不利影响。如贷款逾期记录会在信用报告上进行两部分记录，反映的是还款的整体情况，一部分是贷款自发放之日起至现在的全部还款情况，有“当前逾期期数”“当前逾期总额”“累计逾期次数”“最高逾期期数”四项银行关注的内容，曾经发生的逾期还款行为都会在这里反映出来；另一部分是最近 24 个月的还款状态记录。也就是说，通过最近 24 个月良好的还款记录可以“抵减”曾经的逾期记录，改善自己的信用状态，从根本上避免因新的负面记录而给自己造成的不利影响。

第二节　信用卡的使用

对于信用卡，不同国家和地区、不同视角给出的定义不尽相同，但对信用卡属性的描述是一致的，一是凭持卡人信用给予信用额度，二是可“先消费、后还款”。通俗地讲，信用卡就是发卡机构为持卡人提供的一种先用后还的信用支付工具。

一、信用卡的类型

信用卡实质属于银行卡家族一脉，这个家族主要成员之间的关系和差异如表 4 – 4 所示。

表 4 – 4　　银行卡家族成员

特征	贷记卡	准贷记卡	借记卡
信用额度	有信用额度	有信用额度	无信用额度
透支	先消费、后还款 可在银行核定额度内透支	先存款（备用金），后消费 可在银行核定额度内透支	先存款，后消费 不能透支
利息	存款（溢缴款）不计息	存款计息	存款计息
免息期	有免息期	无免息期	不存在还款问题
最低还款额	可按最低还款额方式还款	无最低还款额	
账单	提供账单服务	提供账单服务	一般不提供账单服务

注：广义的信用卡包括贷记卡和准贷记卡，狭义的信用卡仅指贷记卡。

信用卡的种类繁多，以信用卡的根本特征和基本功能作为衡量标准来加以区分，主要分为以下几类：

（一）按信用卡发卡对象——个人卡和单位卡

个人卡是发卡机构向达到法定年龄，具备完全民事行为能力，具有稳定工作和收入的个人发放的信用卡，按照从属关系不同，个人卡可分为主卡和附属卡，附属卡是由主卡持卡人为其指定的自然人申请的信用卡，附属卡与主卡共用同一账户，共享同一信用额度，账务也计入同一账单，由主卡承担主要还款责任。

单位卡也称为商务卡，是发卡机构发行的以单位为还款责任人的信用卡，专门针对单位所需，推出差异化员工授信额度、综合对账单、商旅优惠计划等特殊功能，便于单位员工公务商旅消费、业务接待等开支。

（二）按持卡人信誉资信——普通卡、金卡、白金卡等

发卡机构一般会按照信用卡申请者的资金实力、社会地位和职业、购买消费能力、信用状况等标准发放不同等级的信用卡，一般以普通卡为最低级别，按照普卡、金卡、白金卡、钻石卡的顺序逐级上升，高级别信用卡的授信额度要高于低级别的信用卡，享受的权益优于低级别信用卡，年费标准也相对较高。

（三）按信用卡信息存储介质——磁条卡、芯片卡、磁条芯片复合卡

磁条卡指采用磁条技术记载持卡人有关资料的卡片；芯片卡，也称为 IC 卡，采用集成电路芯片（IC 芯片）技术记载持卡人有关资料的卡片，属于非接触式支付工具，可在非联机状态下独立完成持卡人身份认证和交易结算，与磁条卡相比，IC 卡具有更高的安全性，电子钱包功能使支付更便捷，更重要的是，IC 卡能够加载行业应用，实现“一卡多用”；复合卡是指卡片上既有磁条又有 IC 芯片的卡。

（四）按信用卡账户币种——单币种、双币种和多币种信用卡

单币种信用卡即仅设置单一结算货币的信用卡；双币种信用卡将外币卡和本币卡的功能合二为一，将本国货币和另一种可自由兑换货币两种结算币种账户并存于一张信用卡之中，本国内使用时在本币账户中进行账务处理和结算，在国外使用时于外币账户中进行账务处理和结算。在双币种信用卡基础上将外币币种扩展为多个可全球自由兑换的币种称为多币种信用卡，目前银行人民币美元或人民币欧元双币种信用卡将外币交易直接转换成人民币入账，也称之为多币种信用卡。

二、信用卡的使用

（一）信用额度和取现额度

1. 信用额度

信用卡信用额度，即我们通常所说的透支额度，是发卡机构根据申请人的资信状况等为其核定、在卡片有效期内可循环使用的最高授信限额。持卡人在该信用额度内可先消费后还款，并在到期还款日（含）前全额偿还所有应付款项后，可重新享受全部信用额度。

对许多持卡人来说，信用额度的多少是选择信用卡的主要因素之一。

银行又是如何核定客户的信用额度呢？在收到客户的信用卡申请之后，首先会对客户的信息进行征信调查，如客户在发卡行的资产情况、在其他银行的贷款与信用卡用卡情况，并对包含性别、婚姻情况、户籍所在地、单位性质、工作时间、职务、年收入、单位电话、信用记录等信息在内的客户资料从真实性、信用状况和还款能力等角度进行调查与判断，最后根据评分及征信调查结果，授予申请客户相应的信用额度。

2. 取现额度

信用卡取现限额即预借现金额度，可分为现金提取、现金转账和现金充值三种类型。对于持卡人通过 ATM 办理信用卡现金提取业务的限额，由原来每卡每日累计人民币 2 000 元提高至人民币 1 万元，具体到各家银行的执行情况仍会有差异。对于其他预借现金业务限额，由发卡机构根据经营策略、持卡人风险等级和限额设置需求，与持卡人通过协议自主约定。现金转账、现金充值的收款账户应分别为本人银行结算账户、本人支付账户，禁止不同信用卡之间的转账。预借现金的总额度一般不超过信用额度的 50%，每笔取现还需按交易金额支付一定比例的手续费。

（二）计息方式

由于信用卡都有一定时间的免息期和最低还款额，一旦客户超过免息期未还或未按期全额还款，依照《银行卡业务管理办法》的规定以及《信用卡领用合约》的约定，他就失去了享受“免息还款期待遇”的条件，就会产生信用卡透支利息。因此在了解透支利息的计算之前，我们最好先弄清自己所持信用卡的免息还款期。

1. 免息还款期和最低还款额

免息还款期是持卡人从发卡机构记账日至发卡机构规定的到期还款日间的这段时间。持卡人在到期还款日之前偿还全部应还款额，可享受免息还款期待遇，无须支付非现金类交易的利息。银行卡管理办法规定的免息期上限为 60 天，目前国内银行最长的免息期为 56 天，但以 50 天居多。因消费记账日不同，可享受的免息期也不同。

最低还款额是指使用循环信用时最低需要偿还的金额，包括信用额度内消费款的 10%、预借现金交易款、前期最低还款额未还部分、超过信用额度消费款以及费用和利息。

以交通银行为例，交通银行信用卡到期还款日是账单日后第 26 天，若小张的信用卡账单日为每月 6 日，到期还款日就是次月的 2 日，对于单个客户而言，信用卡的账单日和还款日是固定的，但不同日期的刷卡消费交易免息期却是不同的。

小贴士：

交易日是持卡人实际用卡进行消费、预借现金等交易的日期。记账日则是发卡银行将信用卡清算交易内容记入持卡人账户的日期。平时消费时，交易日和记账日一般是同一天，但若是预订酒店、机票这类特殊消费时，这两个日期就会产生时间差。

账单日是发卡行每月定期对持卡人信用卡账户当期发生的各项交易进行汇总结算、结计利息、计算当期总欠款金额和最低还款额，并通知持卡人的日期。

到期还款日是信用卡享受免息还款的最后日期，以账单日为起始日期。目前各银行账单还款期介于 20 ~ 26 天。

如表4－5所示，如果小张在4月1日有一笔10 000元的刷卡消费，而其信用卡的到期还款日是每月2日，免息还款期只有31天；如果在4月7日刷卡消费，那就进入下一个账单周期，即账单日为5月6日，到期还款日为6月2日，此日期前全额还款免息。因此一定要知道自己信用卡的账单日和还款日，以免漏还。

表4－5 免息期的计算

交易日	4月1日	4月7日
账单日	4月6日	5月6日
到期还款日	5月2日	6月2日
免息期	4月1日~5月2日，共31天	4月7日~6月2日，共56天

2. 全额计息与未清偿部分计息

目前我国信用卡计息方式分两种：一种是全额计息；另一种是未清偿部分计息。其中的全额计息又称为"全额罚息"，是指持卡人未能在还款日足额还款，那从记账日到还款日的每一笔消费都要计算利息。也就是从消费之日起到还清全款日为止，无论当月信用卡是否产生了部分还款，发卡行都会对持卡人按照总消费金额计息。未清偿部分计息，是指持卡人如果产生部分还款，还款部分可以得到免息待遇，银行只对未偿还部分计算利息。下面我们就通过一个例子来简要说明这两种计息方式。

【案例4－1】 假设小张的账单日为每月6日，4月6日他收到账单周期为3月7日至4月6日的电子账单，如表4－6所示。

表4－6 信用卡电子账单

到期还款日	2017年5月2日
本期应还款额	10 000元
最低还款额	1 000元
本期账务明细	2017年4月1日消费人民币10 000元

小贴士：

本期应还额是信用卡在本期内已入账，免息期内的所有消费额度本期应偿还的总金额。

最低还款额是发卡银行规定的持卡人当期应该偿还的最低金额，不同银行的计算方法不同（通常为消费金额的10%加其他各类应付款项），应注意查看信用卡账单上列出的最低还款数额。持卡人在到期还款日（含）前偿还全部应付款项有困难的，可按发卡行规定的最低还款额进行还款，则本期所有消费均不享受免息期。

如果小张在到期还款日5月2日只偿还了4 000元，比较两种不同计息方式的差异，如表4-7所示。

表4-7　　5月6日账单日利息

	全额计息	未清偿部分计息	利息差额
本期应还款（元）	10 000	10 000	
已还款（元）	4 000	4 000	
日利率（%）	0.05	0.05	
利息（元）	167	105	62
计算公式	A	B	C

A：全额计息 =10 000 ×0.0005 ×31 天（4 月 1 日至 5 月 2 日）+6 000 ×0.0005 ×4 天（5 月 2 日至 5 月 6 日）=167（元）

B：未清偿部分计息 =6 000 ×0.0005 ×35 天（4 月 1 日至 5 月 6 日）=105（元）

C：利息差额 =A - B =62 元或者 =4 000 ×0.0005 ×31 天（4 月 1 日至 5 月 2 日）=62（元）

可见，在透支天数和还款情形都相同的情形下，全额计息方式所产生的利息要高于未清偿部分计息所产生的利息，两者之差为已还款额根据透支天数所得出的透支计息。由此可以看出，全额计息方式与未清偿部分计息本质区别在于计算透支利息时所采用的本金范围不一致。在全额计息方式中，银行将持卡人在到期日之前归还的欠款也纳入了计息的本金范围，而未清偿部分计息只计算实际欠款的利息，即应付款减去已付款所得款项的利息。如果未按时足额还款不是因为没有还款能力，而是因为记错而导致很小数目的误差未能及时偿还，则利息差别更大。目前两种计息方式在国内并行，除了工商银行、农业银行、浦发银行采用未清偿部分计息方式外，其余银行全部采用全额计息。一些不了解其中详情的持卡人会同银行发生误会。

【案例4-2】中央电视台《今日说法》主持人李晓东曾因信用卡被全额计息状告建行但最终败诉，在 2016 年 3 月 8 日至 2016 年 4 月 7 日的账单周期内，他消费了 18 869.36 元。4 月 27 日到期还款日建行自动从他绑定的储蓄卡中扣款 18 800 元，因储蓄卡账户余额不足，尚欠 69.36 元未还。5 月 7 日，他收到了银行新一期的账单，上面显示有 317.43 元利息。这 300 多元的利息就与建行信用卡的计息方式有关，不是以未还的 69.36 元为基数计算，而是以账单周期内全部欠款 18 869.36 元为基数。国际上主流做法还是趋向多收利息，因为按照约定，持卡人应在还款期限内全额还款才能享受免息待遇，只还其中一部分则可视为违约行为。

资料来源：《央视主播信用卡金额计息案，留给银行怎样的反思》，财新网，2018 年 1 月 4 日。

（三）费用

信用卡涉及的费用主要分为利息、取现手续费、年费、滞纳金以及分期付款手续费等。

1. 循环利息

指持卡人使用循环信贷所应付的利息，即基于上述两种不同计息方式计算而得。国际上利率市场化以后，发卡机构基于客户的资质灵活定价，利率水平因人而异。目前我国银行业对信用卡透支利率执行统一标准确定透支利率上限为现行透支利率标准日利率万分之五，透支利率下限在日利率万分之五的基础上下浮 30%。随着国内利率市场化的收官，未来信用卡透支利率将逐步放开，发卡机构会为客户制订个性化、差异化的利率政策。

2. 取现手续费

透支取现的额度根据持卡人用卡情况设定，最高不超过持卡人信用额度的 50%。信用卡取现除取现手续费外，境内外透支取现还须支付利息，有些银行可以给予免息待遇。而需要支付利息的，其利息一般都很高，其利息是按照日息万分之五，且是计算复利。再者透支取现的手续费很高，手续费一般是 1% 以上，一次性收取。另外透支取现一般情况下没有积分赠送。

溢缴款取现是指信用卡客户还款时多缴的资金或存放在信用卡账户内的资金，取出溢缴款需支付一定金额的手续费用。该笔款项可增加持卡人信用卡的可用额度，或直接用于消费还款。如果信用卡内有溢缴款，则先扣溢缴款，再扣信用额度，溢缴款大于消费金额，则不会形成透支。

3. 年费

持卡人因获得持有并使用该信用卡的权利而每年应向发卡机构缴纳的费用。随着国内信用卡市场竞争的加剧，在各家银行信用卡产品中，基本上只有附加了非金融权益的高端产品和特色产品（如汽车卡、商务卡等）收取年费，大部分银行采取了有条件免年费的方式（如免首年年费、刷卡达到一定次数或金额免次年年费等）吸引客户申办。

4. 违约金

即逾期违约金，如果持卡人在到期还款日前未还款或还款未能达到最低还款额，发卡银行将向持卡人收取带有惩罚性质的费用，即滞纳金。滞纳金的比例由中国人民银行统一规定，为最低还款额未还部分的 5%。但由于各家银行政策的不同，所设的最低额度也不尽相同，目前除了工行收取最低还款额的 10%、广发银行收取最低还款额未还部分的 10%，其他银行均收取最低还款额未还部分的 5%。

5. 分期手续费

持卡人将购买商品或服务的一定金额向发卡机构申请分期限偿还，需要向发卡机构支付分期手续费。发卡机构通过分期付款业务可自主定价，制订不同的手续费率。

（四）不当使用信用卡的处罚

这里信用卡的不当使用意指信用卡恶意透支，信用卡恶意透支是指持卡人以非法占有为目的，超过规定限额或者规定期限透支，并经发卡银行两次催收后超过 3 个月仍不归还的行为。信用卡恶意透支行为，将在发卡银行留下不良的信用记录，不仅会影响持卡人的个人信用，还可能会触犯法律责任。在法院未判决或公安机关未立案前，偿还了透支金额的，可从轻处理或不追究刑事责任。

恶意透支的界定：（1）超出了透支限额，是否超过透支限额以信用卡账户余额轧差数是否超过限额为准；（2）在规定期限内未偿还透支款本息而又继续透支的；（3）超限额或超期透支前没有取得发卡行授权的许可，包括逃避授权、伪造授权和骗取授权等情形；(4) 透支人主观上有非法占用发行卡资金的故意。一般违法性恶意透支（诈骗金额较小）是行政违法行为，应承担相应的行政责任和民事责任。恶意透支金额较大的（1 万元以上）应当追究刑事责任，如表 4－8 所示。

表 4－8　　恶意透支对应的刑责

数额	定性	刑责
1 万～10 万元	数额较大	五年以下有期徒刑或者拘役，并处二万元以上二十万元以下罚金
10 万～100 万元	数额巨大	五年以上十年以下有期徒刑，并处五万元以上五十万元以下罚金
100 万元以上	数额特别巨大	十年以上有期徒刑或者无期徒刑，并处五万元以上五十万元以下罚金或没收财产

资料来源：①刑法第一百九十六条。

②最高人民法院最高人民检察院《关于办理妨害信用卡管理刑事案件具体应用法律若干问题的解释》第六条。

在这里要提醒大家，应根据自身的经济能力进行信用卡消费，不要申请过多的信用卡或超过所能负担的信用额度。应正确认识自身还款能力，不要在明知没有还款能力的情况下，大量透支、肆意挥霍或使用透支的资金进行违法犯罪活动。超过规定限额或者规定期限透支后，应配合银行催收，及时还款，不得在透支后逃匿、改变联系方式，逃避银行催收或抽逃、转移资金，隐匿财产，逃避还款。

三、信用卡使用技巧

各大银行发行的信用卡种类繁多，为我们日常生活融资提供了便利，然而若使用不善，则可能陷入麻烦之中。这就需要我们精心挑选适合自己的信用卡，理解信用卡的好处与弊端，确保安全使用和理性使用。

（一）选择最合适的信用卡

很多人一打开钱包，里边排着满满的一沓卡，其实并不一定每张卡都会用到，而且过多的银行卡如果不精心打理，还会在无形之中花掉不少冤枉钱。信用卡的使用会产生各种费用甚至利息，因此我们在选择信用卡既要向后看，即考虑自身的实际情况，看看自己属于哪种类型消费者？平时是如何支付账单的？又要向前看，即综合考虑信用卡的相关因素，如年费、手续费、免息期、计息方式、违约金、礼品、商家折扣、信用额度等。

1. 持卡人的消费生活习惯

卡的多少不重要，重要的是根据持卡人自身的消费习惯合理地选好卡、用好卡。如果持卡人是“空中飞人”，可以选择一些航空公司的联名信用卡，如工行海航联名信用卡、广发南航联名信用卡、招行携程信用卡等（如表 4－9 所示），这些卡可以消费积里程，达到一定的里程规定后，还可以申请免费机票、舱位升级，等等。如果是“购物狂”，或经常在某个商场或是商户买东西，则可以选择一些银行与商户的联名信用卡，通常这类信用卡具有商户优惠的政策或是多倍积分；而如果持卡人支付能力有限，希望能享受分期购买商品的功能，也可以选择一些相应的信用卡，比如招行、广发的信用卡等。总之要结合自身习惯，选择适合自己消费情况的信用卡，这样才物有所值。

表 4 – 9　　联名信用卡的选择

信用卡类别	主要功能	选择原则
百货联名卡	可以是人民币卡也可以是双币种卡，具有透支、消费积分、兑换商场礼品等功能；是“百货积分卡”和信用卡功能合一的卡	这类卡适合经常购买日用品、喜好购物、品牌忠诚度高且经常在一家百货商场购物、住宅或工作单位靠近某百货商场的群体。此外使用前最好确定经常去的百货商场，女性持卡者则应避免冲动性消费，控制好自己的信用额度
航空联名卡	是银行和航空公司联名发行的，与普通卡的区别在于。此类卡的消费积分只能用于兑换各个航空公司里程，获得机票奖励或升级服务；还可提供一定的意外保险及行李损失补偿等	首先根据自己常坐或喜欢乘坐的航班选定航空公司，进而选择银行，再比较各种信用卡的年费和“赠礼”，选择最优惠的卡种
旅游联名卡	是银行与酒店、旅行社、网络旅游服务机构合作的信用卡；能在旅游出行中获得高于普通信用卡的折扣和特殊服务，可以直接成为旅行社或餐饮公司的会员，享受基本的透支、积分兑换等功能	首先列出自己想去的城市和国家，收集城市、酒店、航班及购物信息等；其次确定那些城市国家中你所熟悉的或口碑好的酒店和购物中心以及你所信任的航空公司，列出清单；最后尽可能选择能覆盖旅游出行各个方面的信用卡
留学联名卡	可解决一站式留学申请、境外 ATM 取现、跨境货币兑换等困扰留学家庭的问题。还可提供一揽子家庭账户集中管理、留学相关的境内外用卡专属优惠权益	了解发卡机构合作的网上教育、留学考试、旅游等商户，如中银金吉列联名卡不仅具备金融功能，更享受金吉列 VIP 申请贵宾礼遇，优先资深文案制作，签证材料分配等服务外，还可以享受服务费贴息分期优惠，整体服务费 95 折的高额优惠

小贴士：

联名卡是发卡机构和另一市场主体（如零售商、百货公司、航空公司、保险公司、酒店、俱乐部等）或社会组织（如校友会）联名发行的信用卡。发卡机构以此为市场营销渠道扩大市场份额，而零售商和航空公司等则借此扩大销售量和客户群，提高客户忠诚度。对消费者来说，联名卡往往有提供购物折扣、飞行点数、现金回馈等好处。

2. 信用卡的持卡成本

对于一些价格敏感型的消费者而言，持卡成本可能是他们选择信用卡的首要因素。如果能每月全额偿还信用卡欠款，不会出现逾期不还，那么可以申请一张没有年费且免息期较长的信用卡，信用卡的利率和计息方式则无须过多关注。相反，如果每月不能按期足额偿还，或只想偿还最低还款额，这时免息期就不那么重要了，而应关注发卡行采用的是全额计息还未清偿部分计息，以及对未偿还余额收取利率或滞纳金的高低。当然，在其他条件相同的情况下，最好还是选择低年费或免年费（包括有条件免年费）的信用卡。随着利率市场化收官的逐步推进，信用卡免息还款期和最低还款额待遇等方面限制的放开，持卡人的选择空间也会随之增大。在办理信用卡贷款或透支取现前，应先仔细评估所需担负的利息成本，合理使用信用卡透支功能

3. 信用卡的刷卡回馈

对持卡人来说，积分回馈是一项实惠的服务，尤其是对重视福利的消费者而言，这往往是他们选择信用卡的主要因素，如积分有效期限、附加保险、提供的银行配套优惠、商场折扣点等。其实，对于众多信用卡来说，符合自身要求的很少，银行信用卡发行之时就有明确的客户定位，只有对号入座才能“物有所值”。

如交通银行信用卡推出的“最红星期五”是以都市族群“星期五”情节为定位，提倡周末欢聚文化，在每周五集中推出包含各个生活领域的优惠活动，即实惠又方便，使信用卡用户在消费的同时，能够享受由交通银行信用卡与商户联合提供的优惠，获得刷卡金返还。刷交通银行信用卡满 98 元秒减 5%——交通银行信用卡持卡人每周五在指定超市、加油站内刷交通银行信用卡，主卡（除 boss 卡、分期卡外）任一单笔消费满人民币 98 元且满足活动其他参与条件的，可秒减该笔交易金额的 5%。“超级最红星期五”则是由“最红星期五”发展而来，是交通银行信用卡对“最红星期五”营销品牌的热力升级，以返还 50% 刷卡金吸引用户，银行提供超大力度优惠幅度，鼓励消费者在当天刷卡消费，促成当天在线下形成购物消费的高潮。除了积分回馈外，发卡行还推出赠送保险等优惠。

正所谓“没有最好的信用卡，只有最适合自己的信用卡”。各大银行的信用卡在基本功能上是完全一样的，在对部分信用卡功能进行测评后，我们可能又会发现它们都有各自的特点，因此选择合适的信用卡才能最好地利用信用卡带来的方便。我们办卡是为了更好地打理我们的经济生活，而合适的信用卡是我们用好信用卡的第一步。最好的办法是到各家银行的官网上去看看该行主推哪些信用卡，了解其优点与缺点再作选择，如表 4－10 所示。

表 4－10　　部分银行信用卡优惠一览

信用卡	优惠特色	年费
招商银行全币种国际卡	有效期内无附加条件免年费； 全球任意外币消费 0 外汇兑换费； 高额旅行保险赠送	终身免年费
光大银行旅游主题金卡	景区门票，优惠专享 12306 购票优惠	200 元（开卡免首年年费）
广东发展银行南航明珠卡	消费加速累积里程； 商旅类消费享双倍里程奖励； 高额保险百万护航	90 元（免首年，刷卡 6 次免次年）
广东发展银行真情卡	国内首张女性专属卡； 自选商户类型（百货、旅游、餐饮和娱乐）三倍积分； 自选保险赠送	90 元（免首年，刷卡 6 次免次年）

续表

信用卡	优惠特色	年费
招商银行 ELLE 联名卡	有机会参加 ELLE 举办的各类品牌活动，免费成为 ELLE VIP 会员，第一时间获得新品上市或优惠折扣信息	300 元（免首年，刷卡 6 次免次年）
各类汽车信用卡	洗车免费或打折； 加油打折或返现； 赠送意外险或七折保费（限定与发卡行合作的保险公司）维修保养优惠	视各行具体规定

资料来源：各大银行官网。

（二）理性使用信用卡

1. 避免过度消费

信用卡透支消费功能的便利性往往容易使人在不知不觉中超支，信用卡额度高了，对于自制能力较差的卡友来说，很容易就会无节制消费，看到喜欢的东西就果断买买买，到了还款的时候，却又被账单上的数字吓出一身汗。因此，持有大额信用卡的朋友们，需要做到理性消费。理性消费的最佳方式就是自我约束，尽量减少所带信用卡的数量，一个人持有 2 ~3 张信用卡足矣，若真想再办 1 张条件非常优惠的新卡，那请记得注销 1 张旧卡。一个装满信用卡的钱包可能会产生两方面影响：一方面过多的信用透支额度可能会诱使过度消费，产生很多债务；另一方面当我们申请贷款时，银行会调出全部可用额度，审查未清偿的欠款，如果有较多余额未及时偿还，就很难再申请新的贷款。因此，办理信用卡时不要申请超过所能负担的信用卡数量，应根据自己的经济能力进行信用卡消费，以免背上无法承担的债务。同时养成理性的付款习惯，按时归还信用卡透支款项，以免因账户逾期拖欠或未足额偿还最低还款额而产生不良信用记录，给个人信用带来负面影响。

2. 少取现避免大额套现

信用卡取现和刷卡消费是两码事，信用卡提取现金通常涉及预借现金利息、手续费以及手续费的利息三笔费用，从交易日到清偿日按日利率 5‰，按月循环计算复利，就连取现时产生的手续也要按日收取利息。粗略一算相当于要支付 18% 的年息和一定的手续费，因此不到万不得已最好不要用信用卡取现。

需要使用现金但信用卡提现额度不足时，不少持卡人可能会利用各种办法进行信用卡套现，即利用网络交易平台、销售终端（POS）刷卡等手段，制造假消费换取现金。比起上述提现收取利息，套现似乎可以利用银行的免息期来缓解燃眉之急。但实际上此举对持卡人和商户都存在较大风险。持卡人通过中介机构套取资金，不仅要支付较高的套现手续费，还可能造成个人信息泄露，存在被“盗刷”的风险。更值得一提的是信用卡套现是违法行为，一旦持卡人的套现行为被发现并列入信用报告“黑名单”，将承担个人信用缺失的法律风险，今后向银行申请贷款会非常困难。对于提供套现的商户，除了承担法律风险，还面临受理伪卡、遭持卡人恶意挂失等风险。

3. 注意分析每笔对账单

保留好每次消费的签购单据，在定期与银行对账单进行核对时，就像是一次个人消费的大检阅，对账完毕也就知道自己有了多少不理性的消费行为，哪些该消费，哪些可以延迟消费，哪些不应该消费做到心中有数，渐渐地购物消费变得容易控制。

设置账户变动短信提醒服务，第一时间了解自己账户的情况，及时核对账单数据的正确性，做到心中有数，如发现交易非本人所为，应联系银行客户服务电话。

4. 成为高端信用卡客户

随着银行间业务竞争的加剧，对高端客户的争夺的日益激烈，如白金信用卡就不同于一般的信用卡，它锁定的是那些个人资产较高、信用良好的优质客户，为了增强信用卡产品的竞争力，提高持卡人的忠诚度，许多银行都加强了信用卡的人性化服务，其中一项就是对优质的高端客户开放特权，允许少量的超限额使用。

5. 让免息期就长不就短

信用卡最大的好处就是刷卡消费的款项享受免息期待遇，从而让持卡人享用“不用支付利息”的银行短期贷款。而影响信用卡免息期长短的三个关键因素是刷卡日、账单日和到期还款日。其中账单日是一个分水岭，它是决定信用卡免息期长短的要点，在账单日前（越靠近账单日）刷卡消费，可享受的免息期就短（越靠近账单日刷卡越短），账单日后越靠近账单日刷卡消费，可享受的免息期就长。

【案例4-3】小张11月5日要刷卡消费购买一台液晶电视，他有两张信用卡A卡和B卡，账单日分别是每月的8日和17日，还款日均为账单日后20天。如果想充分享受银行的免息期限，他应该怎么做？

（1）择卡而用。如果一定要在11月5日购买，就该选用B卡。因为11月5日消费，11月17日记入当期账单，20天后的12月7日为到期还款日，这笔透支消费就享受了32天的免息期。若用A卡消费，11月8日记入账单，11月28日到期还款，只享受了23天的免息期。

（2）延迟消费。小张也可以将购买日期推迟4天至11月9日，用A卡消费，这笔款项将会在12月8日记入账单，还款日则是12月28日，这样则享受到50天的免息期。

由此可见，当多卡在手时，有计划地选择用哪张信用卡来消费，能使我们充分发挥信用卡的免息期优势。有经验会理财的持卡人通常会办理3张账单日不同的信用卡，而且它们的账单日最好分别在上、中、下旬，这样在消费时总能找到一张合适的信用卡。

6. 善用分期付款

信用卡分期付款是指持卡人使用信用卡进行大额消费时，由银行向商户一次性支付持卡人所购商品（或服务）的消费资金，然后持卡人分期向银行还款的过程。常见的分期方式如商场POS分期和账单分期，POS分期的商家一般是发卡行的协议商家，往往可以享受较优惠的手续费；账单分期是最为方便的一种分期方法——消费满一定金额之后，一般要在账单日前3天主动申请登记分期。当然也有的银行可以提前设定自动绑定分期，一旦消费金额达到一定比例，就可以自动分期。分期免息，但不免手续费，手续费的高低与分期的期限成正相关，期限越长手续费越高。

【案例4-3】中小张如果要在某电器城购买16 000元的液晶电视。若刷某行信用卡可享受到1 500～50 000元分12期只收2.5%的手续费的政策，相当于每期的手续费为0.2%，而该行设定的正常分12期的费率是7.2%，相当于每期0.6%。如果选择POS分期，16 000元分12期共需手续费400元，而选择一般账单分期需支付的手续费则为1 152元，手续费就可以省下752元，节省幅度达65%。

当然，想享受POS分期的优惠有诸多前提条件，如商家要提供分期服务、所持的卡要属于商家分期服务范围、所持卡的发卡银行与商家有一定优惠规则、结账前就要提出POS分期、结账时要出示身份证，以及所持的卡剩余额度可以全额支付所购买的产品等。此外还需提醒注意的事项是：（1）部分银行在确认分期付款交易后，都会冻结账户里该次消费的全额款项（2）退货不退已收的手续费（3）分期免息不免手续费。

7. 巧用积分

信用卡消费通常都有积分，但许多持卡人并不重视积分信息或积分的兑换，使积分成为一笔被遗忘的财富。从信用卡积分政策来看，大多数银行对信用卡取现、房产、汽车、医院、学校、批发和网上交易等消费不积分，只有中国银行的中银系列信用卡在购房购车时同样可以获得积分。从积分含金量来看，工商银行、中国银行、招商银行、广发银行4家银行积分可兑换的礼品种类及数量都较为丰富，而兴业银行和交通银行则有积分返现，但限制条件较多。巧用积分实质上还是要根据持卡人自身的用卡习惯，尽可能挑选积分兑换计划有利自己的信用卡。对于经常光顾各大餐厅的持卡人，招商银行信用卡就是不错的选择；经常在境外消费，可以选择中国银行和浦东发展银行的信用卡；经常网上购物，那不妨比较一下工商银行和光大银行的信用卡。

小贴士：

如果信用卡出现逾期还款记录，还款后不要马上销户，避免信用中的逾期还款记录没有修复的机会，长久影响自己的信用状况。正确的做法是正常使用这张信用卡，用两年时间修复好信用记录后再进行销户处理。

（三）安全使用信用卡

1. 申请环节

申请信用卡时，不要通过非法中介机构办理信用卡，也不要通过提供非真实资料进行办卡申请，以免对个人资信状况造成负面影响。个人资料信息不要随意泄露给银行工作人员以外的人，最好在申请材料上标明“仅限于办理XX银行信用卡业务使用”的字样。信用卡最好采用“密码+签名”的方式，设置密码时，尽量不要设置成生日、身份证号码、简单数列（123456、666666）等。需要特别提醒的是，交易密码和信用卡自助查询密码最好设置为不同的密码，如表4-11所示。

表 4-11　　信用卡消费验证方式的优缺点

验证方式	优点	缺点
密码	安全性比“签名”高，一旦信用卡丢失，被盗刷的风险很小	一旦被盗刷卡，持卡人承担主要责任及损失。银行目前所提供的失卡保障，大多针对的是没有设置交易密码，仅凭客户签名进行交易的信用卡客户
签名	商户有验证签名的责任，银行也要承担信用卡被盗刷的赔偿责任。无须密码，省去了密码遗忘的麻烦	我国签名核实技术还不健全，一旦丢失被盗刷风险很高。持卡人如果没有在规定时间挂失处理，就需要承担相关损失。加之银行对盗刷情况还得取证与核实，索赔需要一定时间
密码+签名	安全性最高	实际操作中多以密码核对为主，若密码正确签名不符也有被盗刷风险

如果是没设密码，仅凭签名刷卡的客户，卡被盗刷，那签名肯定就不是本人的，这样商家和银行就没尽到核对的义务，就需承担一定责任，但如果是使用密码，则很难确定是谁泄露的密码，责任很难认定。当然设置密码并不意味着银行就可以不负任何责任，关键看持卡人能否举证，是银行的过失才导致信用卡密码泄露，银行就需要承担一定责任。同样的道理，未设密码也不意味银行就一定能赔偿，要看过失是否是持卡人自己的过错和持卡人是否能及时挂失。

2. 使用环节

无论是否设置密码，养成良好的使用习惯才是防止被盗刷的最好办法。在 ATM 机上使用信用卡办理业务时，需要留意 ATM 机是否有插卡口不规整、插卡口外有异物粘连等异常情况。平时不要将所有银行卡放在同一个包里，避免消磁等情况的发生；暂时不用的银行卡，不要随意放置；最好将银行卡卡号及发卡行客服电话抄录并妥善保管。刷卡消费时，始终要保证卡片在自己的视线范围内，防止收银员通过非法装置窃取卡片信息，凭密码交易的持卡人需注意用卡时，尽量用手掩盖密码器，防止密码泄露。输入密码时也应尽可能用身体或另一只手遮挡住数字键盘。而使用无密码信用卡的持卡人，也应该进行多重防护，如短信提醒、交易金额限制等，并选择一些有失卡保障和异常交易监控的银行信用卡。

3. 要警惕信用卡诈骗

信用卡诱发的犯罪行为已成为各国共同关注的社会问题，每年造成的经济损失在数亿美元之上。我国的信用卡诈骗也呈直线上升趋势，为此，我们要有足够的风险防范意识：一是永远不要将自己的信用卡账号告诉给你打电话的任何人或组织，无论这个组织听起来多么合法。二是使用信用卡进行网购时，要选择信誉好、运营时间长的网站，直接从官方网址进行登录，不要随意点击不明链接、悬浮窗口或电子邮件、短信等方式提供的网址，避免进入虚假的钓鱼网站。三是密码交易能在一定程度上避免信用卡被盗刷，但是对于高科技罪犯来说，破解一个信用卡密码并非难事。而大额信用卡，一旦发生丢失，经济风险就直接加倍。并且绝大部分银行的失卡保障都有限额的，并不是所有被盗刷的金额都可以得到赔偿。因此，如果信用卡不慎丢失，尤其是大额信用卡，一定要第一时间挂失处理。

第三节 消费贷款

当消费成为一种时尚文化，是攒够钱再量力而行，还是相信未来能够“透支”越来越多的年轻人愿意预支未来收入，推崇“今天花明天的钱”的贷款消费理念，消费贷款也日渐成为个人贷款中的新宠。消费贷款，是商业银行以消费者信用为基础，对消费者个人发放的，用于购置耐用消费品或支付其他费用的贷款，具有消费用途广泛、贷款额度较高、贷款期限较长、周期性（长期性）、利率不敏感性等特点。该类贷款按用途可分为住房类贷款、家居消费类贷款和教育类贷款等，按还款方式则可分为一次性偿还贷款和分期偿还贷款。下面我们从贷款用途的角度来介绍几种常见的消费贷款产品。

一、消费贷款产品

（一）购房贷款

1. 住房公积金贷款

是住房公积金为资金来源，向缴存住房公积金的人员发放的定向用于购买、建造、翻建、大修自有住房的专项住房消费贷款。自有住房包括商品住房、经济适用房、两限房及房改房等。公积金贷款的额度和期限，由于各地规定不同，可向当地住房公积金管理中心咨询。

（1）申请条件。

——有合法的身份；

——按时足额缴存住房公积金；

——有稳定的经济收入，信用良好，有偿还贷款本息的能力；

——有合法有效的购买、大修住房的合同、协议以及其他证明文件；

——有规定的最低额度以上的自筹资金，并保证用于支付所购（大修）住房的首付款；

——有符合要求的资产进行抵押或质押，或（和）有足够代偿能力的法人、其他经济组织或自然人作为保证人；

——符合当地住房公积金管理部门规定的其他借款条件。

（2）公积金贷款的增值服务。

公积金冲还贷款服务是银行与各地住房公积金管理中心合作，为便利借款人还款提供的一项增值服务，当签订冲还款协议后，可将已缴存的公积金按月、按季或按年提出，用于归还本人名下的公积金贷款或商业性住房贷款。

有些银行还推出公积金联名卡，是与各地住房公积金管理中心联合面向建立住房公积金缴存的个人发放的多功能银行储蓄卡，除具备正常借记卡的储蓄、结算、消费、投资等金融功能之外，还具备查询本人公积金缴存账户信息、查询本人公积金贷款账户信息、约定提取住房公积金自动转入联名卡储蓄账户等公积金业务特色功能。

2. 个人住房组合贷款

即借款人申请的住房公积金贷款不足以支付购房所需资金时，其不足部分由银行提供配套的住房商业性贷款。用于支持按时足额缴存住房公积金的申请人购买、建造、大修各类住房，而发放的公积金个人住房贷款和商业性个人住房贷款的组合。需要注意的是组合贷款中公积金贷款部分及住房商业性贷款部分的贷款期限必须一致。

贷款额度、期限和利率分别按照公积金个人住房贷款和商业性个人住房贷款的规定执行。申请人需分别向住房资金管理中心和银行提出书面贷款申请，并提交有关资料。获得公积金个人住房贷款额度之后，持公积金管理部门出具的《公积金个人住房贷款委托通知单》，向银行申请组合贷款。

3. 一手个人住房贷款

是指贷款人向借款人发放的，用于购买房地产开发企业依法建造、销（预）售住房的贷款，也称“商业性个人住房贷款”。

（1）申请条件。只要具有完全民事行为能力，年龄在 18 周岁（含）~65 周岁（含），有良好的信用记录和还款意愿，就能向银行申请的住房贷款。

（2）贷款额度和期限。最高可达到所购住房市场价值的 70%。贷款期限最长 30 年，借款人年龄与贷款期限之和不超过 70 年。两个（含）以上共同借款人借款的，可按照满足贷款条件中年龄较小的确定贷款期限。

银行通常按照每月月供不超过月收入 50% 的原则，结合申请人的收入情况，确定每月还款的金额。还会根据客户的年龄及所购买房屋的价格等因素，提供多种贷款额度和贷款期限组合，为客户选择最适合的贷款额度和期限。

（3）增加共同借款人。对于贷款期内个人还款能力不足的年轻潜力客户，或对贷款期内具有足够还款能力的优质客户，因为年龄的关系，贷款年限又无法达到最长，有些银行则通过采取增加共同借款人的方式，即以某一子女（或子女与其配偶）作为所购房屋的所有权人，父母双方或一方与该子女作为共同借款人，或父母某一方作为所购房屋的所有权人，子女或一方与该父母作为共同借款人贷款购买住房，解决客户因单人还款能力问题。这种方式主要面向具有较高的学历、当前收入水平不高但呈上升趋势的申请个人住房贷款的年轻人和资金实力较强、有子女协助购置物业的中老年个人住房贷款客户群体。其突出的优点是将借款人在年龄和还款能力两方面的优势进行最大化发挥，对年轻人借款人而言，弥补了其还款能力不足的劣势；对老年借款人而言，则避开银行其年龄偏大对贷款额度、期限等方面的限制。

4. 二手个人住房贷款

是指贷款人向借款人发放的，用于购买售房人已取得房屋所有权证、具有完全处置权利、能在二级市场上合法交易住房的贷款。贷款额度最高可达到所购房屋市场价值的 70%。贷款期限最长 30 年，不能超过抵押房产剩余的土地使用权年限，借款人年龄与贷款期限之和不超过 70 年。两个（含）以上共同借款人借款的，可按照满足贷款条件中年龄较小的确定贷款期限。

无论是委托房地产经纪公司达成的二手房交易，还是自主与卖方达成的二手房交易，均可向银行申请二手个人住房贷款业务。在申请二手个人住房贷款时，通常需要在银行指定的房地产评估公司进行房产价值评估，以确定贷款金额。有些银行对于满足条件的房产，也可免除评估手续。针对买卖双方在资金划付及房产交易过程中可能存在的顾虑，银行还推出了二手房交易资金交管业务，该业务通过银行对首付款及贷款资金的监管，确保房产交易过程中的资金安全，同时通过确认交易完成后解冻售房款的方式督促卖方配合办理产权过户手续，确保购房人在支付购房款后顺利取得产权证。

5. 其他与住房相关的消费贷款

个人住房抵押额度贷款用于支持申请人购房、购车、装修、购买家庭大宗消费品、旅游和教育等而发放的、以住房作最高额抵押、在贷款额度有效期间和可用额度内可多次支用的贷款。贷款额度最高为所抵押住房价值的70%；贷款期限根据贷款用途确定；贷款利率根据贷款用途和其他情况综合确定。抵押房屋的房龄应在15年以内。

个人家居消费贷款是银行向借款人发放的用于装修、装饰住房，购置住房装修材料、耐用消费品和其他大额消费品的家居消费用途的人民币贷款。贷款最高金额达100万元，最长期限5年，担保形式可采取抵押、质押、保证担保、信用，以及复合担保或部分保证等多种方式。此类贷款还具备循环贷款功能，即一次申请、循环使用、随借随还、方便快捷，并可通过商户POS和网上银行等渠道实现贷款自助发放。贷款方式为抵押或质押的，借款人可以办理最高额担保项下的个人家居消费贷款，并可循环使用，如表4-12所示。

表4-12　房贷系列部分产品一览

产品	特点
住房公积金（组合）贷款	贷款利率低，期限长，有效缓解借款人的还款压力
一手房/二手房贷	最高为所购（建造、大修）住房全部价款或评估价值的70%，最长为30年
公积金冲还贷款服务	签订冲还款协议后，可将您已缴存的公积金按月、按季或按年提出，用于归还借款人名下的公积金贷款或商业性住房贷款
住房装修消费款	最高金额不超过住房成交价的10%最高金额原则上不超过50万元。“家装贷”期限最长不超过5年，且到期日不超过所购住房按揭贷款到期日
连心贷（农行）	为明确婚前财产归属或增强还款能力，未婚男女朋友作为共有权人，由双方或者一方向农业银行申请的个人住房贷款
合力贷（工行）	将借款人在年龄和还款能力两方面的优势进行最大化发挥。年轻的借款人增加父母等作为共同借款人，弥补其还款能力不足的劣势；老年借款人增加儿女作为共同借款人，避开银行其年龄偏大对贷款额度、期限等方面的限制
房贷还款假日计划（农行）	已在农业银行获得个人住房贷款的借款人，可以申请在一段时期内暂时不归还贷款本金，仅按期归还贷款利息，之后按期归还贷款本息

（二）车贷

个人汽车贷款是银行向个人客户发放的用于购买汽车的贷款，包括个人自用车贷款和个人商用车贷款。自用车贷款金额最高为购车价格的80%，贷款期限最长5年；商用车贷款金额最高为购车价格的60%。

贷款对象为年龄在18周岁（含）至60周岁（含），具有完全民事行为能力的自然人。申请个人汽车贷款，借款人须提供一定的担保措施，包括车辆抵押、车辆抵押和第三方保证等。由于银行车贷的坏账率相对较高，因此其贷款利率也较高，通常需在3~5年内还清。如果可以运用员工团体购车及团体办理车贷，那在车价与车贷利率上都可能争取到一定优惠。

常见的车贷模式有两种，即“直客式”和“间客式”。直客式是借款人直接向银行提交有关汽车贷款申请资料，银行经贷款调查审批同意后，签订借款合同、担保合同。借款人再到银行特约汽车经销商处选购汽车。贷款资金由银行以转账方式直接划入汽车经销商的账户。间客式则是借款人到银行特约汽车经销商处选购汽车，提交有关贷款申请资料，并由汽车经销商转交银行提出贷款申请。银行经贷款调查审批同意后，签订借款合同、担保合同，并办理公证、保险手续。

目前经销商普遍对“直客模式”持抵触态度，主要是经销商通过办理车贷业务，会收取1%~5%的额外中间费用，在车市竞争日益激烈的今天，中间费用已成为大部分车商的重要利润来源。因此消费者在贷款购车前，应全面了解“直客式”和“间客式”车贷的特点，做出适合自己的选择。如果采用“直客式”模式，应比较在哪家银行贷款更方便更实惠，如果通过经销商贷款，则要仔细查看中间费用是否合理，以免糊里糊涂花了冤枉钱。

（三）信用贷

这里的信用贷是指用于个人合法合规消费用途的无担保无抵押的人民币贷款。相比网络小贷，银行信用贷因利率相对较低、安全性更高而备受广大借贷人士的青睐。虽说都是银行借款，但各家银行的产品在申贷条件、利率以及借款金额上存在一定的差异。我们在此以工、农、中、建四大行的信用贷为例做个简要说明。

1. 工商银行融e借、逸贷系列

融e借是中国工商银行向符合特定条件的借款人发放的，用于个人合法合规消费用途的无担保无抵押的人民币贷款。600元起借，最高额度80万元，额度可循环使用，按日计息，随借随还。贷款期限一般两年，最长5年，支持等额本息、等额本金、按期付息一次还本、一次性还本付息四种还款方式，支持提前还款。无抵押、无担保、纯信用，通过网上银行、手机银行“一键即贷”，营业网点也可办理，贷款最快实时到账。融e借可用于购车、家装、旅游、购物消费等用途，但不得进入证券市场、期货市场及用于股本权益性投资、房地产市场，不得用于民间借贷，不得用于国家法律法规明确规定不得经营的事项。

逸贷是中国工商银行对持本工行借记卡（或存折）、信用卡的客户在工行特约商户进行刷卡消费或网上购物时，按一定规则联动提供的信用消费信贷服务。贷款期限可在6个、12个、24个、36个月四种期限中自由选择，按月等额还款。在线即可办理，资金瞬时到账。消费+贷款一步到位，在工行特约商户进行网上购物或刷卡消费时，均可通过网上银行、手机银行、短信银行、POS等各种快捷渠道实时、联动办理贷款。单笔消费满100元即可办理，单户最高贷款金额可达20万元，贷款期限最长3年，还款无须预约，随借随还。

2. 农业银行网捷贷、随薪贷系列

网捷贷是指农业银行以信用方式，向符合特定条件的农业银行个人客户发放的，由客户自助申请、自动审批、自助用信的小额消费贷款。贷款额度最高 30 万元，在线申请，在线签约，自动审批，第一时间享有贷款，即时到账，无须抵质押担保，无须保证担保，随时提前还款，自主把握。

随薪贷是农业银行以信用方式向资信良好的个人优质客户发放的、以个人稳定的薪资收入作为还款保障的、用于满足消费需求的人民币贷款无须担保无须抵押或第三方保证，个人信用即是最好的贷款通行证。这类贷款用途较广泛，一般根据个人的薪资收入水平和资信情况，综合确定申请人的信用额度，可用于购买自用车、房屋装修、大额消费品、旅游、教育等各项消费支出，最高 200 万元，期限最长 5 年。

3. 建设银行快贷系列

快 e 贷是建行推出的个人客户全流程线上自助贷款，客户可通过建行电子渠道（建行手机银行、网上银行、智慧柜员机）全流程线上自助操作的小额信用贷款，包括实时申请、批贷、签约、支用和还款。贷款对象是信用良好的建行个人客户，只要在建行办理业务（如存钱，购买理财、国债、基金等，贷款，代发工资等），都可能获得额度，且办理业务越多，额度越高。贷款金额 1 000 元～30 万元，贷款期限最长 1 年，循环使用。贷款支用可以自主提现，也可在国内电商网站购物，用网银支付中的“贷款账号支付”，或用快 e 贷签约的借记卡在商户 POS 刷卡消费。

融 e 贷是大额消费信用贷，线上审批，线下签约。贷款金额 5 万～500 万元，最长 5 年，循环使用。

沃 e 贷是面向特定客户（在联通公司“沃易购”平台注册认证的联通公司代理商的个人实际经营者）全流程线上自助操作的小额信用贷款，申请渠道是联通公司“沃易购”平台（www. woego. cn）。贷款金额 1 万～50 万元，贷款期限最长 2 个月，线上发放，用于在联通“沃易购”平台购物支付货款。

4. 中国银行 e 贷系列

贷款金额最高可达 30 万元，贷款额度有效期为 12 个月，额度期限内借款人可循环使用该额度；贷款可以用于家装、购车、教育、医疗等个人合法合理的消费支出，不得用于非声明用途和法律法规禁止的个人支出；授信额度有效期内可循环使用、随借随还。贷款按照实际用款天数按日计息，单笔用款可以采用到期一次性还本付息、按月付息到期还本等还款方式。无须抵质押担保。

小贴士：

各行在受理信用贷申请时，都会先核定申请人个人的总授信额度，但在贷款支用方面，一些银行差异却很大。因此在申请信用贷时，要先弄清各行在贷款额度支用及偿还方面的具体规定。笔者在线使用农行信用贷时，发现该行在授信额度内不能连续支用贷款，而需在偿还前一笔贷款后才能重新支用，这就需要申请人一次性提足需要的资金。建行则允许连续提用，只要在规定的期限内不超过授信限额即可。

（四）留学贷款

留学贷款是银行向正在申请或已获批准到境外就读高等院校本科（含）及以上学位的个人及其直系亲属、法定监护人发放的留学保证金、教育等相关费用的贷款。

随着生活水平的日益提高，出国留学已不再只是富裕阶层的“专利”，普通家庭只要合理规划留学资金，同样能够帮助孩子拿到一份像样的“海外文凭”。但与国内的高等教育相比，出国留学要承担更加昂贵的经济费用。各个阶段都离不开一个“钱”字，留学差点钱怎么办？如果是计划在海外学习数年，手头又差点钱，留学贷款不失为一个解决资金难题的好办法。目前推出留学贷款业务的银行不在少数，一般放贷速度较快，在手续办理结束后几个工作日就可完成。而且银行还推出与留学贷款结合的各种综合配套服务，如提供资信证明、个人购汇、外汇结算、见证开户、境外账户开设、国际信用卡办理等配套服务。

对于需要出国留学的学子与其家庭来说，各银行留学贷款政策是出国前必须关注的事，申请哪个银行的留学贷款比较合适也得视个人具体需求而定。这里我们选取中、农、工、建四大银行做个简要对比，如表4－13所示。

表4－13　四大银行留学贷款比较

	最高额度	贷款期限	业务内容
中国银行	150万元	10年	“存一贷九”的保证金贷款，是留学和家庭财产增值“两不误”的外汇留学贷款，有着额度高、期限长、成本低等优势，最高可贷自有资金的9倍，即“存一贷九”。例如，如果你在中行存款10万元，就能贷款90万元，然后获得100万元的存款证明。除抵押质押担保外，允许信用和自然人保证的方式，还可使用保证保险进行增信
农业银行	150万元	5年	“金钥匙·留学宝”是针对您在出国留学过程中遇到的资讯问题和金融需求，专门打造的留学金融品牌。通过将预约开立境外银行账户、留学贷款、存款证明、贷款证明、西联汇款等个人本外币产品进行打包整合，提供一站式金融服务
工商银行	提款型200万元； 非提款型100万元	10年	工行的优质客户、资信状况良好，能以信用方式获得贷款留学贷款结合，提供资信证明、个人购汇、外汇结算、见证开户、境外账户开设、国际信用卡办理等配套服务
建设银行	200万元	5年	对高端客户，建行还提供“留学鑫”服务，为有海外留学需求的客户子女进行量身定制设计，涵盖其全留学周期的出国留学综合解决方案，通过与优质第三方专业机构合作，将金融服务产品、投资理财产品以及留学规划等增值服务整合于一体，包括留学规划、国际航班VIP服务和国际紧急援助等。配套服务如存款证明、外币现钞兑换、汇款和银行卡的申请

总体而言，商业银行推出的留学贷款除了在贷款最高额度和最长期限上略有差异，在

其他配套出国金融服务上大体趋同，留学金融服务通常都能覆盖留学各个阶段，可以提供留学顾问全程跟踪服务，满足客户在留学不同阶段的各项需求。各行的出国（或跨境）金融服务中心都能针对客户自身需求和留学目的地的特点，为客户度身定制留学金融方案，除了在汇款手续费、语言培训、教材、中介服务等方面推出多重优惠外，还与使领馆、知名教育机构、知名研究机构等第三方强强联合，打造出国金融的一站式服务平台。

小贴士：

做好“功课”再留学

◇资信证明

出国第一步就是办理签证，各国使馆签证都会要求提供资金证明，以此证明学生家庭有能力自费完成学业。一般情况下，留学生需要提供近6个月至1年的存款证明材料。不同国家有不同要求，这需要家长和留学生提前做好功课。目前基本上各家银行都可以开立存款证明，多数在每份收费20元，有些银行对部分客户可以免费，但有一定门槛，如光大银行要客户持“光大阳光出国卡”，招商银行要求是金葵花卡卡主，中信银行要求是白金卡卡主。中信银行推出了“新西兰留学汇款专用账户”破解了新西兰留学资金存期不满6个月的签证申请难题，而针对加拿大需开立40万～120万元人民币的资信证明，并且需要冻结至少6个月的高要求，中信银行为留学生也想出了对策，即中信银行可为客户代开加拿大皇家银行GIC账户，仅需10 050加元，就可轻松赴加留学签证。

◇境外汇款

留学期间，家长需要给孩子汇款以支付学费、生活费。如果能在汇款的环节增加一些“技术含量”，也可省下一笔支出。目前境外汇款主要有电汇、速汇金和西联汇款三种方式。电汇币种较多，也较安全。手续费可以选择汇出方或是汇入方收取，但需要有当地账户。速汇金也是一种较为便捷的汇款方式，一般适合留学生在境外应急之用，通常可以在10分钟完成汇款过程，但速汇金所适用的币种相对有限，手续费较电汇来说更高。另外，邮储银行、光大银行等推出的西联汇款也是不错的选择，只需数分钟，汇出款项即可收到。手续也非常简单，汇款人无须开立银行账户即可汇款，收款人提供西联汇款监控号码等信息即可取款。目前，光大出国+卡持卡人可通过网银、手机银行办理西联业务，还可享受结汇30个点差优惠。

◇出境银行卡

出国留学，做父母的总想让孩子把钱带足带够，但是带大量现金显然是不合适的，那么有什么方便的途径既能让孩子随时随地有现金可以支配呢？推荐留学生家庭办理带有附属卡的多币信用卡，孩子持副卡在境外消费，家长在境内还款，可以省去办理汇款的手续和费用，非常方便。如农业银行的EMV全球支付芯片卡，持卡人可享受有效期内免年费优惠，“0”货币转换费，一卡双账户，主附卡功能可以实现境外消费境内还款，家长实时掌握子女在外的消费明细并进行信用总额控制。

二、消费贷款管理

（一）贷款决策

在考虑使用消费贷款时，最好先弄清两个问题：一是这个交易是否符合个人理财规划？二是还款额是否符合每个月的现金预算？只有在充分考虑自己的资产需求和之后还款可能的基础上，消费信贷管理才会有令人满意的结果。如果支出严重影响个人理财规划目标或还款有可能破坏现金预算，就应该重新考虑是否需要购买，或是否推迟购买，又或通过出售一些其他资产进行置换。无论做何选择，目的都是要确保贷款与个人理财目标相匹配。

1. 贷款决策的关键因素

（1）融资费用。这是我们申请贷款时想知道的第一件事。这很正常，因为作为借款人应当知道需要支付多少成本来获得贷款，法律也要求贷款银行明确融资利率和相关融资费用。如贷款利率，是固定利率还是浮动利率，我国商业银行推出的贷款产品多为浮动利率贷款，那就要清楚利率以什么为基础进行浮动，利率变动频率如何，是按季还是按年浮动。

（2）贷款期限。如果申请的是一次性偿还的短期消费贷款时，要确保贷款期限足够充裕以获得资金偿还贷款，但也不要超过实际需要的时间太久，因为贷款成本会随着还款期限的延长而增加，因此贷款期限必须符合家庭的预算和还款能力；如果是分期偿还的贷款，为了降低成本，可以考虑缩短贷款期限，但更短的期限会增加每月的还款额，因此尽量使还款金额和期限与支出和储蓄计划相适应，不至于使自己的现金流量过于紧张。

（3）贷款担保。除上述两大因素外，可用于贷款的担保品（这里主要指抵押物或质押物）也是影响贷款决策的因素之一，对于一些中长期的消费贷款，在贷款之前要知道自己可用什么抵押或质押，对贷款机构而言，那些变现能力强且变现价格高于贷款本金的担保品，如房产、汽车、有价证券、存单自然是更受青睐的。如果违约了，贷款银行则可以依法行使这些担保品的处分权，而你是否能忍受失去这个抵押物呢。

2. 消费贷款决策原则

（1）真正需要原则。控制欲望和冲动型消费，避免过度依赖透支消费，量入为出才能产生还债的现金流。大部分被卡债追着跑的人，并不是因为钱赚得太少，而是想要的东西太多，而自己往往无法分辨什么东西仅仅是想要，什么才是真正需要。

（2）最近还款原则。先还期限近的贷款，因为一项贷款出现违约记录可能会影响到其他未到期贷款的偿还。

（3）降低负担原则。以转换贷款或债务整合降低利息负担，如以利率较低的小额信用贷款替换透支利息较高的信用卡债务。

（4）最长还款期原则。要在退休前仍有较高收入时还清所有贷款。

（5）额度控制原则。贷款额度不是越高越好，可用下述指标将贷款额度控制在家庭收入或资产可负担范围之内。

3. 信用控制指标

近年来，随着房产价格的一路高涨，家庭购房支出对家庭生活的影响较大，甚至成为一定时期内最沉重的经济负担，有些人因此沦为“房奴”。巨大的还贷压力严重影响着家庭的生活质量，为避免这一问题，防范债务危机的发生，在购房前，我们先要了解自己的财务状况，有没有经济能力来负担。这里通过几个常用指标来说明。

（1）以储蓄及还贷能力估算负担得起的房屋总价。

可负担首付款 = 目前净资产在未来购房时的终值 + 目前到未来这段时间内年收入在未来购房时的终值 × 年收入中可负担首付比例的上限

可负担房屋总价 = 可负担首付款 + 可负担房贷

可负担房贷 = 以未来购房时年收入为年金的年金现值 × 年收入中可负担贷款的比率上限

可负担房屋单价 = 可负担房屋总价/计划购买的房屋面积

（2）按想购买的房屋价格来计算首付和月供。

欲购买的房屋总价 = 房屋单价 × 需求面积

需要支付的首期部分 = 欲购买房屋总价 ×（1 − 按揭贷款成数比例）

每月摊还的贷款本息费用 = 需要支付的贷款部分的以月为单位的准年金

注意：广义的首付款还包括购房时一次性支付的其他费用，如车位费、契税、印花税、公共维修金等。另外如装修费、家具电器购置费等也需要考虑。

根据经验数据显示，贷款购房房价最好控制在家庭年收入的 6 倍以下，贷款期限在 8 ~ 15 年。在这个范围内，月均还款额下降较快，还贷压力较小，家庭财务状况会比较合理。

（3）房屋月供款与税后月总收入的比率。

（房屋月供款 + 其他 10 个月以上贷款的月供款总额）/借款人税后月总收入的比率一般应控制在 33% ~38%。

房屋月供款/借款人税后月总收入的比率一般控制在 25% ~30%。

（二）偿债计划

1. 记录好家庭的消费贷

为了让贷款与家庭的财务状况匹配，定期清查未偿还的消费贷款是个不错的办法，简单罗列出所有的未偿还消费贷并制成一份欠款清单（如表 4 – 14 所示），列示近期每月还款额和每种未偿还消费贷款的最新余额，然后汇总得出每月支付多少，总的负债是多少。

表 4 – 14　　消费贷款记录

消费贷款种类	贷款银行	每月还款	最新余额
房贷			
车贷			
信用贷			
信用卡			

2. 还款方式

（1）种类

——等额本金还款法。是指在贷款期限内按月偿还贷款利息和本金，其中每月所还本金相等，月还款额不等。此法适用于目前收入较高但预计将来收入会减少的人群，如退休前人员，或还款初期还款能力较强，并希望在还款初期归还较大款项来减少利息支出的借款人。

——等额本息还款法。是指在贷款期限内每月以相等的金额平均偿还贷款本金和利息的还款方法。这是最常见的一种还款方式，还款操作相对简单，等额支付月供也方便贷款人合理安排每月收支。适合收入稳定的家庭，如公务员，教师等。这种还款方式比较省心，只要在每月还款日之前存入一定金额，银行便按固定金额扣款。

——等额递增还款法。是指把还款期限划分为若干时间段，每个时间段内月还款额相同，下一个时间段的还款额按一个固定金额递增。适用于目前收入一般，还款能力较弱，但未来收入预期会逐渐增加的人群。如毕业不久的学生，目前收入不高的年轻人可考虑此法。

——等额递减还款法。是指把还款期限划分为若干时间段，每个时间段内月还款额相同，下一个时间段的还款额按一个固定金额递减。适用于目前还款能力较强，但预期收入减少，或者目前经济很宽裕的人群，如中年人或未婚的白领人士。

此外，一些银行还根据客户其他特殊的还款计划需求针对二手房贷款提供按周还本付息、"随心还"还款法、"入住还"还款法等特色还款方式。如按周（双周、三周）还本付息还款法，以等额本息或等额本金还款法为基础，以 7 天或者 7 天的整倍数作为还本付息的周期，周期最短为 7 天，最长不超过 21 天（含）。"随心还"还款法可在合同约定的还款期内，以等额本息法计算的还款金额作为每期最低还款额，在此基础上可随意增加还款额，实现提前还款。"入住还"还款法则是在所购房产入住之前，暂缓归还贷款本金，仅归还贷款利息。

（2）还款方式的选择。

大家经常会问哪种还款方式利息最少。从银行的角度来说"一样的"，因为不管哪种方式，都是由借用银行资金的额度和占用时间来决定的。之所以会产生"利息多少的问题"是因为每月还款后剩余本金的多少在同样的剩余期限内发生了利息的"多"和"少"。每月本金还得多，利息就会少，每月本金还得少，利息就会多。所以大家不要拘泥于利息多少的问题，首先是选择适合自己情况的还款方式，然后在还款期内，根据自己家庭财务状况，争取提前还贷，多还贷，只要借用银行资金的时间缩短，额度减少，支付的利息自然就会减少。

在计划大项消费支出前，一定要先评估一下自己的财务状况，如已经有经济实力并备有消费资金时，要根据预期的消费时间来做资金安排，如一年内要发生的事，那么这部分资金不能投资于长期投资工具，如基金、股票、长期定存等，只能短期存款或购买货币基金；如是 3 ~ 5 年内计划使用，那可以购买一些债券或债券型基金，及 3 年、5 年定期存款等，如是购房、子女留学等一些刚性消费计划资金，决不建议投资股票或股票型基金；若是还不具备经济实力或还有缺口，那就要推迟计划或者在以后的开支中多留结余，并根据计划使用时间来选择相应的合适的投资工具来累计资金。总之，进行消费支出规划一定要注意不要使自己家庭的负债比过高，以免造成严重的债务危机，短期投资积累也要选择相应的投资工具。

3. 还款日的确定

每期还款日一般为贷款发放日次月起的每期对应日；无对应日的，还款日为该期最后一日；最后一期还款日为贷款到期日。也可根据自身收入状况选择固定的每期还款日，合理安排个人资金收入与支出。在借款合同约定的还款期内，还款日期可在约定还款日基础上宽限10个自然日。

4. 偿债期限规划

依照到期时间优先偿还临近到期的借款；依照利率优先偿还利率高的借款。如果是利率低的贷款先到期，则以到期日为优先考虑。因为到期的贷款如果违约则会产生不良信用记录，导致其他未到期的贷款也可能要求借款人提前偿还或增加抵押等。

本章小结

1. 信用是我们可以拥有的无形"财富"，需要我们在日常生活中慢慢积累。培养好个人的信用记录是一个长期的习惯，无论你现在是不是需要贷款，在日常生活中都需要小心维护，日积月累就会在以后的贷款中起到至关重要的作用。

2. 个人信用记录正逐渐成为人们的"经济身份证"，它的使用主要集中于信贷领域，如果个人信用状况良好，在商业银行办理贷款或信用卡时，可以带来很多便利和优惠，而拥有不良记录的个人却可能会被银行拒之门外。个人信用报告在生活中越来越重要。每年至少查询一次，给自己的信用报告做个"体检"。

3. 信用卡作为一种普遍的消费方式，为人们的生活带来很多便捷。人们在享受这种便利的同时也承担着每月流水般的账单，一些无知、不理性的用卡行为，不仅会给自己制造麻烦，还可能引发一系列社会问题。因此需要我们选择适合自己的信用卡，充分了解和发挥信用卡消费的优势，确保安全使用和理性使用，避免恶意透支。

4. 房贷、车贷、信用贷、留学贷等各种消费贷款一方面能帮助我们利用贷款杠杆实现许多个人梦想；另一方面也需要我们理性的规划和决策，从买房，到买车，一个个问题，一个个"刚需"，再到如何为解决这些问题选择一种最合适的贷款产品，制定一个最适度的偿债计划——某种程度来说，现代人掌握更多的理财知识和手段，也是我们提升生活品质的保证。

思考题

1. 美国的FICO个人信用评分模型和国内银行的个人信用评分指标在内容上有何差异？

2. 如何维护你的个人信用？

3. 如何理解信用卡的全额计息与未清偿部分计息？

4. 假如你持有的两张信用卡账单日分别为每月的1日和15日，还款日均为账单日后26天。你在10月5日需透支消费，选择哪一张卡对你最为有利？

5. 如何理性使用信用卡？

6. 了解各大银行推出的信用贷，分析它与传统的信用贷款有何不同?
7. 消费贷款决策应遵循哪些原则?
8. 如何选择合适的消费贷款还款方式?

附录　个人与家庭债权债务相关的法律知识

一、担保类

（一）抵押

是指债务人或者第三人不转移某些财产的占有，将该财产作为债权的担保。债务人不履行债务时，债权人有权依法以该财产折价或者以拍卖、变卖该财产的价款优先受偿。

当事人以《中华人民共和国担保法》第四十二条规定的财产抵押的，应当办理抵押物登记，抵押合同自登记之日起生效。当事人以其他财产抵押的，可以自愿办理抵押物登记，抵押合同自签订之日起生效。当事人未办理抵押物登记的，不得对抗第三人。订立抵押合同时，抵押权人和抵押人在合同中不得约定在债务履行期届满抵押权人未受清偿时，抵押物的所有权转移为债权人所有。

（二）质押

债务人或第三人将其动产或者权力移交债权人占有，将该动产作为债权的担保，当债务人不履行债务时，债权人有权依法就该动产卖得价金优先受偿。质押分为动产质押和权利质押两种。

以汇票、支票、本票、债券、存款单、仓单、提单出质的，应当在合同约定的期限内将权利凭证交付质权人，质押合同自权利凭证交付之日起生效。质权人负有妥善保管质物的义务。因保管不善致使质物灭失或者毁损的，质权人应当承担民事责任。

债务履行期届满质权人未受清偿的，可以与出质人协议以质物折价，也可以依法拍卖、变卖质物。质物折价或者拍卖、变卖后，其价款超过债权数额的部分归出质人所有，不足部分由债务人清偿。

（三）保证

保证是指保证人和债权人以书面形式订立约定，当债务人不履行债务时，保证人按照约定履行债务或者承担责任的行为。

国家机关不得为保证人（经国务院批准为使用外国政府或者国际经济组织贷款进行转贷的除外）。学校、幼儿园、医院等以公益为目的的事业单位、社会团体不得为保证人。企业法人的分支机构、职能部门不得为保证人（有法人书面授权的除外）。

一般保证的保证人在主合同纠纷未经审判或者仲裁，并就债务人财产依法强制执行仍不能履行债务前，对债权人可以拒绝承担保证责任。连带责任保证的债务人在主合同规定的债务履行期届满没有履行债务的，债权人可以要求债务人履行债务，也可以要求保证人在其保证范围内承担保证责任。

二、其他与个人债务相关的法规

（一）婚姻法

夫妻一方婚前签订不动产买卖合同，以个人财产支付首付款并在银行贷款，婚后用夫妻共同财产还贷，不动产登记于首付款支付方名下的，离婚时该不动产由双方协议处理。

一方未经另一方同意出售夫妻共同共有的房屋，第三人善意购买、支付合理对价并办理产权登记手续，另一方主张追回该房屋的，人民法院不予支持。夫妻一方擅自处分共同共有的房屋造成另一方损失，离婚时另一方请求赔偿损失的，人民法院应予支持。

（二）征信业管理条例相关规定

征信机构对个人不良信息的保存期限，自不良行为或者事件终止之日起为 5 年；超过 5 年的，应当予以删除。个人信息主体有权每年两次免费获取本人的信用报告。信息主体认为征信机构采集、保存、提供的信息存在错误、遗漏的，有权向征信机构或者信息提供者提出异议，要求更正。

第五章　风险偏好与资产配置

在你能力所及的范围内投资。关键不是范围的大小，而是正确认识自己。

——巴菲特

学习目的和要求

通过本章的学习，了解资产配置的含义及工具；理解进行资产配置的步骤；了解投资者风险承受力评估的方法；理解并掌握投资者进行资产配置的方法及策略。

本章预习

王先生35岁，有稳定的收入来源，并有50万元闲置资金。欲投资于股票、基金、债券、存款等金融资产，希望获得一定的收益，能为家人提供一定的经济保障，且退休后能有一个舒适的生活。那么，他该如何配置这些金融资产，以实现他的理财目标?

每个人都有理财目标，但很多人不知道如何去实现这些目标。因为没有投资专业知识，人们往往无法设计一个投资计划，而是采取被动的办法将所有储蓄留在存款中。实际上，这样做的人已经做出了资产配置决策。只是这是一个非常保守的决定。储蓄在多数情况下对投资人来说是非常安全的，但储蓄获得的回报却比较低，甚至无法弥补通货膨胀带来的损失。这个简单的投资计划对投资人希望获得较高的回报是无济于事的。人们需要更明智地投资，使他们的财富能获得足够的回报来支付大量的日常支出以及将来的退休生活。

在本章中，我们将提供资产配置决策的几个重要方法。通过六个步骤，你将学会如何制订一个投资计划，为你和你的家庭提供经济保障。

第一节　资产配置工具及步骤

人们希望通过投资获得回报，但这往往伴随着风险的产生。投资者要获得高回报，就需要承担高风险。投资者需要进行资产配置权衡收益和风险，以实现自己的投资目标。因此，资产配置是投资过程中最重要的环节之一，也是决定投资业绩的主要因素。

一、资产配置及工具

所谓资产配置是指投资者根据投资需求将投资资金在不同资产类别之间进行分配形成资产组合的过程。投资者投资的资产类别通常包括存款、债券、股票、不动产及其他风险资产，如黄金、贵金属和大宗商品等。

不同的资产类型具有显著的不同特征。人们需要持有不同资产以满足不同的需求。存款具有流动性强、安全性高的特征，并能为存款人带来一定的利息收益。一般来说，持有存款主要是为了支付日常开支和应付紧急情况。比较而言，债券和股票流动性不如存款。债券是比存款具有更高回报的长期固定收益工具。到期时，投资者可以获得本金的偿付。但债券比存款风险更高，因为债券持有人在到期前出售债券会带来资本损失。股票为投资者提供了高资本增值潜力，但风险高。股票属于权益类工具。其他权益类工具还包括单位信托基金、房地产投资信托基金和对冲基金等。除了存款、债券和股票以外，投资者还可以将储蓄投资于房地产、黄金、贵重金属和大宗商品等。

二、资产配置步骤

投资者如何根据资产的不同特征，构建投资组合，实现资产的有效配置呢？如图 5 – 1 所示，投资者需要通过以下六个步骤完成资产的配置工作。

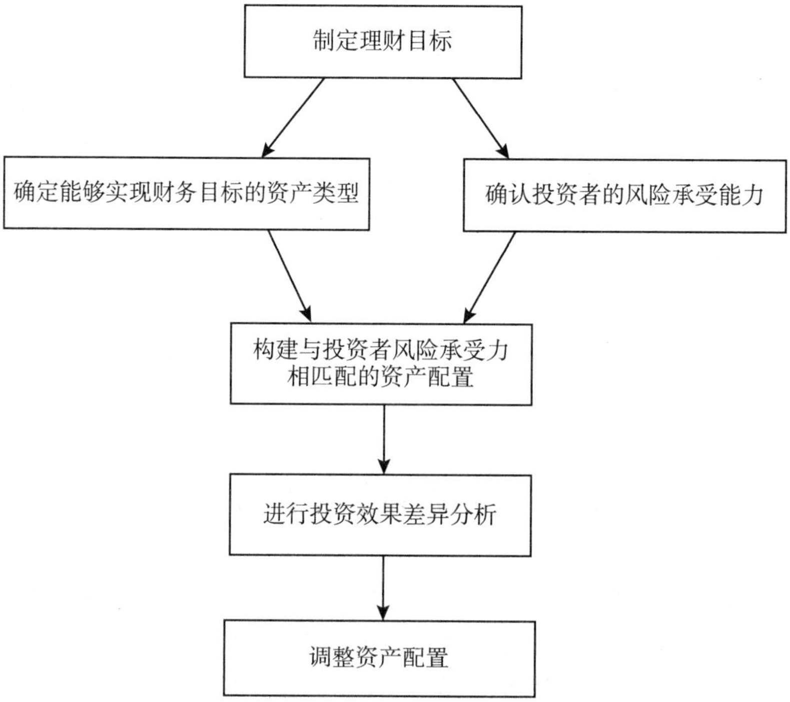

图 5 – 1　资产配置步骤

步骤 1　制定理财目标。

人们往往希望通过理财实现一定的财务目标，如获取汽车、房产等资产、为子女提供教育的需要、可以舒适地退休等。这些目标，有些是长期的，有些是短期的。退休是一个长期的目标，而买车是一个短期目标。投资者应该为实现目标设定一个适合自己能力的恰当的时间表。如果短期财务目标过高，投资者将冒更多的风险以实现这些目标。充足的投资时间将留给投资者更多的选择。因此，投资计划的第一步是确定你希望在特定时间内积累的目标金额。

步骤 2　确定能够实现财务目标的资产类型。

财务目标是建立投资组合的关键性决定因素。如果投资者计划在三年内支付孩子的大学教育，那么三年后就需要有一笔固定的收益用于该笔的支出。因此，投资组合必须主要包括收益有保障的固定收益类产品，如债券和存款，而不是收益不确定性的股票。从长期来看，如果希望退休时有一笔可观的收入以维持较为舒适的退休生活。为维持这样的生活，就需要从现在开始在未来的 20 年中每年有至少有 10% 的投资收益。那么，投资者必须投资于能获得较高回报率的资产组合，如股票、基金等权益性资产。另一方面，如果投资者更愿意在退休期间少花钱，那么回报目标可能会要求更低，比如说 5%。现在可以承担较少的风险，并投资于存款、债券和股票的混合，以达到所要求的 5% 回报率。

步骤 3　评估投资者风险承担能力。

良好的理财规划包括选择适合投资者风险状况的投资计划。投资者正确评估风险承受能力是投资计划得以落实的关键。风险承受力反映了投资者对投资损失的态度。如果投资者不愿意亏钱，或者对收益的波动感到不安，那么其风险承受能力较低，或者较厌恶风险。这种类型的投资者适合投资一个低风险的投资组合，以确保资本的安全，并获得相对稳定的回报。另外，金融风险承受能力强的投资者，愿意承受较大程度的损失。这意味着，这类投资者愿意冒着巨大损失带来的令人不快的后果，以获得丰厚的回报。尽管每个人都希望在投资上获得高回报，但并非所有人都能承受投资风险。当面临着为赚取潜在的高回报而承担大量风险的选择时，一些投资者会退缩。因此，通过风险评估（参见本章第二节风险评估部分的内容），投资者可以确定自己属于哪个类型的投资者，以正确制定自己的投资计划。

步骤 4　构建适合投资者风险状况的资产组合。

投资者确定了自己的风险状况，就可以构建一个符合风险承受能力的投资组合。进行资产配置一般可以通过以下几种方式实现，如标准化资产配置法、最优资产组合构建法、情景综合分析配置法等（资产配置方法我们将在本章的第三部分详细说明）。

步骤 5　进行投资效果差距分析。

所谓投资效果差距分析是验证实现理财目标的资产分配和依据风险承受力的资产配置是否匹配的过程。如步骤 2 和步骤 4 中的资产配置是否相匹配。这是一个非常重要的工作。如果二者的资产配置之间存在冲突，那么投资效果就会存在一定差距。大多数投资者面临着一个两难困境：他们想要高回报，但又不愿冒险投资风险较大的股票。然而，为了实现高的财务目标，投资者将不得不投资于风险较大的资产。解决这一差距，投资者需要确立适度的理财目标，并根据自己的风险承受能力调整资产配置。如果投资者仍然希望实现较高的财务目标，则必须在心理上接受比自身能承受的更高风险。

此外，当投资者愿意承担风险，但财务状况并不允许时，最好不要冒险。而如果投资者有能力承担更多风险，但心理上和情感上却不愿意这样做，那么，投资者最好是投资低风险资产。

步骤6　考虑其他制约因素调整资产配置。

投资者进行组合投资往往受投资期限、税务要求、流动性需求、个人喜好等因素制约。因此，需要进一步调整资产配置以适合自身的投资需求。

（1）投资期限限制。

资产配置决策的一个关键是投资时限。投资者可以选择一直持有投资组合，直到它的价值完全实现。年轻的投资者能够比年长的投资者实现更长的投资。此外，投资的时间范围也与投资者的具体目标有关。如果关注的焦点是退休计划，持有期限相对较长；如果目标是支付近年来的教育费用，时间就会更短。投资者投资的时间越长，投资股票等风险资产越多，就有可能获得更高的回报。

（2）税务考虑。

大多数国家要求个人缴纳利息收入、股息和租金收入。在一些国家，资本收益也被征税。由于回报与风险成正比，高税收等级的投资者必须承担更多风险，才能获得较高的税后收益。在没有资本利得税的国家，投资股票比投资固定收益证券更有利。

（3）流动性需求。

如果投资者在不久的将来需要现金，就应该避免投资那些流动性差或投资风险高的工具。例如，如果投资者需要资金来为家庭成员提供医疗服务，或者为孩子的教育提供资金，则应该选择那些有稳定回报的投资，并保证资产流动性和安全性。此时，投资者应增持存款、债券，减持股票。

（4）个人偏好。

一些投资者的个人偏好限制了他们对投资工具的选择。例如，一些投资者更喜欢在国内投资，而不是在国际上投资。

第二节　投资者风险偏好

一、投资者风险测试与评估方法

如前所述，风险评估是投资者从事适合自身风险承受力的投资需要做的工作。衡量一个人的风险承受能力有很多种方法。下面我们介绍三种评估风险容忍度的方法。

方法一：问卷法。

最常用的风险评估方法是回答一份问卷。问卷主要涵盖以下几个方面的内容：投资者的年龄、投资目标、财务状况、投资时限、流动性需求、投资经验、风险态度等。

下面是一份关于个人投资风险承受能力的评估问卷及分值。您需要根据您的实际情况选择，并计算分值。

1. 您的年龄介于：(　　)

A. 18（含）~30 岁　　8 分

B. 30（含）~55 岁　　10 分

C. 55（含）~65 岁　　6 分

D. 65（含）~75 岁　　4 分

E. 75 岁或以上　　0 分

2. 您每年平均总收入是多少？（人民币）（　　）

A. 5 万元或以下　　0 分

B. 5 万 ~20 万元（含）　　2 分

C. 20 万 ~50 万元（含）　　6 分

D. 50 万 ~100 万元（含）　　8 分

E. 100 万元以上　　10 分

3. 您可投资资产占您总资产净值的百分比是多少？（不包括投资物业、自住物业及紧急备用现金）（　　）

A. 10% 或以下　　10 分

B. 10%（不含）~30%（含）　　8 分

C. 30%（不含）~50%（含）　　6 分

D. 50% 以上　　2 分

4. 您过去有下列哪些投资产品的投资经验？（可选多项）（　　）

A. 储蓄/定期存款　　2 分

B. 保本基金/结构性票据/挂钩存款（保本）　　4 分

C. 债券/外币存款　　6 分

D. 股票/投资基金/结构性票据/挂钩存款（非保本）　　8 分

E. 对冲基金/私募资金/保证金交易/认股权证/期权　　10 分

上述涉及多项选择的，以选择项目的最高分值计算，分值不累加计算。

5. 您目前投资的主要目的是。（　　）

A. 确保资产的安全，同时获得固定收益　　2 分

B. 希望投资能获得一定的增值，同时获得波动适度的年回报　4 分

C. 倾向于长期的成长，较少关心短期的回报和波动　　8 分

D. 只关心长期的高回报，能够接受短期的资产价值波动　　10 分

6. 您计划投资的年期有多久？（　　）

A. 1 年或以下　　2 分

B. 1 ~3 年（含）　　4 分

C. 3 ~5 年（含）　　6 分

D. 5 年以上　　10 分

7. 您对投资风险所持的态度是什么？（　　）

A. 可承受很有限风险，只愿意投资于具高保本能力的资产　　2 分

B. 希望可保存投资资本，但也能够承受较小的价格波动，以提高投资的潜在回报　　6 分

C. 审慎投资，可承受中等程度的风险以提高投资的潜在回报　　8 分

D. 可承受风险，愿意为更高的潜在回报承担较高风险　　10 分

8. 您会优先考虑以下哪种投资回报方式？（　　）

A. 本人喜欢自己的投资组合有定期的现金收入，而且投资组合的保本能力很重要　　2 分

B. 本人喜欢自己的投资组合有稳定的现金收入，以及在长线投资期内有适当的资本增长　4 分

C. 本人喜欢自己的投资组合能够在固定收入及资本增长两方面取得平衡　6 分

D. 本人喜欢自己的投资组合能够集中于资本的增长能力　10 分

9. 下面哪种描述最符合您对今后三个月投资表现的态度？(　　)

A. 难以忍受任何亏损　0 分

B. 只能容忍少于 5% 的短期亏损　4 分

C. 亏损高于 10%，会介意　6 分

D. 可以容忍这期间出现的亏损，但如果亏损超过 40%，会比较介意　8 分

E. 三个月内投资出现任何程度的亏损，我都不会介意　10 分

10. 下面哪种描述最符合您对今后三年投资表现的态度？(　　)

A. 难以忍受任何亏损　0 分

B. 亏损高于 10%，会比较介意　4 分

C. 亏损高于 30%，会比较介意　6 分

D. 亏损超过 60%，会比较介意　8 分

E. 三年内投资出现任何程度的亏损，我都不会介意　10 分

表 5－1 是不同类型投资者的评判分值及标准。分值越高，表示风险承受能力越强。您可以根据自己获得的分数，判断自己的风险承受能力，属于哪个类型的投资者。

表 5－1　投资者的评判分值及标准

风险承受能力	分值	客户类型
1	20 分及以下	保守型投资者
2	21～40 分	稳健型投资者
3	41～60 分	均衡型投资者
4	61～85 分	积极型投资者
5	86 分以上	进取型投资者

方法二：访谈法。

风险测试的第二种方法是让财务顾问对投资者进行面试，并对其风险承受能力进行评估。财务规划师会先提出一些结构化问题，这些问题与投资者的态度和价值观、金融环境、投资水平、流动性需求和投资经验有关。然后，财务顾问对投资者回答的问题进行打分和汇总。在这种方法中，财务顾问在评估投资者的风险承受能力时，需要做出主观判断。

方法三：自评的方法。

第三种方法是让投资者对自己的风险承受能力进行评分。如果投资者有经验并了解金融风险，这种方法通常有效。然而，对于不熟悉投资的新手投资者来说，自评方法往往会让他们在判断自己的风险承受能力时犯错而失去准确性。

二、投资者风险承受力的影响因素

一般来说，投资者在他们生活的四个方面表现出不同的风险承受能力，如道德伦理、社会性、身体、财务。研究表明，一个维度的风险承受能力可能与其他维度的风险承受能力无关。对投资者风险评估不能通过问在道德、社会或现实方面的厌恶问题来判断他们的财务风险承受能力。用于引发金融风险承受能力的问题必须限于那些需要从金融投资中获利的情况。

投资者承担风险的能力与性格有一定关系。有些投资者天生就有一种冒险的性格，其风险承受力是与生俱来的，在投资过程中比其他投资者更愿意承担金融风险。然而，风险承担能力是可以培养或调节的，并随着时间而改变。随着时间的推移投资者逐渐学会了承担财务风险，对风险的容忍度也会提高。同时，环境也会影响投资者承担风险的意愿。如果环境总体上不鼓励冒险，那么投资者就会变得更加保守。

除了性格，年龄、教育、收入、财富及需要抚养的人数等也会影响投资者的风险承受能力。研究表明，风险承受力与收入、财富和教育呈正相关，但与受抚养者的数量和年龄呈负相关。这也意味着收入高、教育程度高、没有抚养孩子的年轻投资者往往具有更高的风险承受能力；而收入低、财富和教育程度较低的老年投资者，风险承受能力也相对比较低。

对一个特定的人来说，一般风险承受能力相对稳定。但一些事件的发生可能将显著地改变一个人的风险承受能力。如婚姻、孩子出生、退休等重大事件。收入和财富的显著变化以及好或坏的投资经历也会影响投资者的风险承受能力。

研究表明，男性的风险承受能力往往高于女性。如果我们将风险承受能力从 0（最低风险承受能力）到 100（最高风险承受能力）计分，大多数投资者的风险容忍度分数在 35～64 分范围内（如表 5－2 所示）。

表 5－2　　风险容忍分数分组分布

分组	分值	小组占比（%）
1	0～24	1
2	25～34	6
3	35～44	24
4	45～54	38
5	55～64	24
6	65～74	6
7	75～100	1

资料来源：ProQuest Limited。

第三节　资产配置方式与策略

一、资产配置方式

投资者可以根据不同的风险承受能力，采取以下几种资产配置方式。

（一）标准化资产配置方式

此类方式是根据投资者的风险承受能力评分确认自己属于哪个类型的投资者。根据风险偏好程度不同，投资者类型一般可以分为以下五类：保守型、稳健型、平衡型、积极型和进取型。每个不同类型的投资者对应不同的投资策略，如表 5－3 所示。

表 5－3　　标准化的资产配置

风险描述	保守型	稳健型	平衡型	积极型	激进型
风险承受分值	0～20 分	21～40 分	41～60 分	61～85 分	85 分以上
股票配置比重	10%	30%	50%	70%	90%
固定收益类资产配置比重	90%	70%	50%	30%	10%

1. 保守型——低风险级别组合

保守型投资者风险承担能力水平比较低，关注资产的安全性远超于资产的收益性，所以低风险、高流动性的投资品种比较适合此类投资者。但这类投资的收益相对偏低。

2. 稳健型——较低风险级别组合

稳健型投资者有比较有限的风险承受能力，对投资收益比较敏感，期望通过短期、持续、渐进的投资获得高于定期存款的回报。所以较低等级风险的产品如保本保息的固定收益类，比较适合此类投资者，适当回避风险的同时保证收益，跑赢通胀。

3. 平衡型——中等风险级别组合

平衡型投资者有一定的风险承受能力，对投资收益比较敏感，期望通过长期且持续的投资获得高于平均水平的回报，通常更注重 10 年甚至更长期限内的平均收益。所以中等风险收益的投资品种比较适合此类投资者，回避风险的同时又有一定的收益保证。

4. 积极型——中高风险级别组合

积极型投资者有中高的风险承受能力，愿意承担可预见的投资风险去获取更多的收益，一般倾向于进行中短期投资。适合中高等级的风险收益投资品种，以一定的可预见风险换取超额收益。

5. 激进型——高风险级别组合

激进型投资者有较高的风险承受能力，富有冒险精神。在投资收益波动的情况下，此类投资者仍然保持积极进取的投资理念。短期内投资收益的下跌被视为加大投资的利好机会。因此，激进型投资者适合从事灵活、风险与报酬都比较高的投资。注意不要因一时的高报酬获利而将全部资金投入高风险操作，需要做好风险管理与资金调配工作。

（二）构建最优资产组合方式

构建最优资产组合的方法是在一个投资者的风险容忍度得分（t）的基础上，通过构建一个优化模型来确定理想的投资组合。假设投资者正在考虑投资股票（E）、债券（B）和存款（D）构成的组合，那么他需要通过以下几个步骤完成最优资产组合的构建：

第一步是确定股票和债券的投资权重。假设股票的投资权重为 W_E，债券的投资权重为 W_B。要实现最优风险资产投资组合，需要满足夏普比率（S_P）最大化。夏普比率衡量风险资产每单位标准差（δ_p）的超额收益$[E(R_p)-R_f]$。其中，$E(R_P)$ 为股票和债券组成的风险资产组合的期望收益，R_f 为无风险资产收益率。投资者需要解决以下优化问题：

$$\mathrm{Max}S_P=[E(R_p)-R_f]/\delta_p$$

且满足约束条件：$W_E+W_B=1$

那么，债券（W_B）和股票（W_E）投资组合的权重满足以下公式。

$$W_B=\frac{[E(R_B)-R_f]\delta_E^2-[E(R_E)-R_f]\rho\delta_E\delta_B}{[E(R_B)-R_f]\delta_E^2+[E(R_E)-R_f]\delta_B^2-[E(R_B)-R_f+E(R_E)-R_f]\rho\delta_E\delta_B}$$

$$W_E=1-W_B$$

其中，ρ 为债券和股票的相关系数，δ_E 为股票的标准差，δ_B 为债券的标准差。

第二步是确定风险资产组合与存款的比例。假设 Y 和 W_D 分别是由股票和债券组成的风险资产组合和存款的投资比重。其中，$E(R_T)$ 是由股票和债券组成的最优风险资产组合，δ_T^2 是风险资产组合的方差，t 是投资者风险偏好评估分值，反映投资者的风险承受能力。那么，风险资产组合及存款的投资比重分别为：

$$Y=\frac{E(R_T)-R_f}{\frac{1}{0.5t}\delta_T^2}$$

$$W_D=1-Y$$

【案例 5－1】 王先生欲投资股票、债券和存款组成的资产组合。他的财务顾问向他提供了有关股票和债券市场的以下数据。

- 股票：预期收益率为 12%，标准差为 18%；
- 债券：预期收益率为 6%，标准差为 10%；
- 股票和债券的相关系数为 25%；
- 无风险资产收益率为 3%。

王先生评估的风险承受能力得分是 50。他首先估计了股票和债券的最佳比例。

$$W_B=\frac{[6\%-3\%]\times18\%^2-[12\%-3\%]\times25\%\times18\%\times10\%}{[6\%-3\%]\times18\%^2+[12\%-3\%]\times10\%^2-[6\%-3\%+12\%-3\%]\times25\%\times18\%\times10\%}$$

$$=42.6\%$$

$$W_E=1-42.6\%=57.4\%$$

基于最优权重，王先生计算了由股票和债券组成的资产组合的预期收益率和标准差。

$$E(R_T)=E(R_B)\cdot W_B+E(R_E)\cdot W_E=6\%\times42.6\%+12\%\times57.4\%=9.4\%$$

$$\delta_T = (\delta_B^2 \cdot W_B^2 + \delta_E^2 \cdot W_E^2 + 2W_B W_E \rho_{BE} \delta_B \delta_E)^{\frac{1}{2}}$$
$$= (10\%^2 \times 42.6\%^2 + 12\%^2 \times 57.4\%^2 + 2 \times 42.6\% \times 57.4\% \times 25\% \times 10\% \times 18\%)^{\frac{1}{2}}$$
$$= 12.1\%$$

这意味着王先生应该投资股票和债券组合的比重为：

$$Y = \frac{E(R_T) - R_f}{A\delta_T^2} = \frac{9.4\% - 3\%}{\frac{1}{0.5 \times 50} \times (12.1\%)^2} = 87.4\%$$

其中投资股票的比重为：$W_E = 57.4\% \times 87.4\% = 50.2\%$

投资债券的比重为：$W_B = 42.6\% \times 87.4\% = 37.2\%$

而投资存款的比重为：$W_D = 1 - 87.4\% = 12.6\%$

（三）蒙特卡罗模拟（Monte Carlo simulation）方式

蒙特卡罗模拟是用不同的存款、债券和股票创建投资组合，并在各种情况下模拟它们的回报和风险。这些场景包括股市崩盘和牛市。这些模拟结果被显示给投资者。投资者可以据此选择最适合自己的资产分配。

（四）其他资产配置方式

1. 基于投资者年龄的资产配置

一个简单的资产配置方法是利用投资者的年龄来确定投资组合比例。其方法是：股权的投资比重 = 100% - 投资者的年龄。例如，30 岁的投资者可以将 70% 的财富投资于股票，30% 投资于债券和存款等固定收益类产品。随着投资者年龄的增长，股票的配置比例应逐渐下降；一个 60 岁的退休人员股票的配置比例不应超过资产总价值的 40%。

2. 进行货币、国家和行业的资产配置

投资者进行资产配置，必须选择投资的资产类型。投资者可以选择被动的投资方式，如各类基金，特别是指数基金。也可以选择积极的投资方式，构建自己的股票、债券、存款等投资组合。在选择组合过程中，投资者需要对投资的货币、国家和行业做出选择。投资者可以用一种货币来进行投资组合或者持有一篮子货币，也可以购买海外不同地区的股票。投资者可以将资产配置集中在特定行业，或者分散于多个行业。

二、资产配置策略

投资者建立自己的投资组合后，他可以采用哪些策略对资产组合进行管理呢？一般而言，资产配置从投资者的特征与投资策略上，可以分为买入并持有策略、恒定混合策略、投资组合保险策略及战术性资产配置策略等。

1. 买入持有策略

买入持有策略属于消极型的长期策略。它是指投资者按恰当的资产配置比例构造某个投资组合后，在诸如 3 ~5 年的适当持有期间内不改变资产配置状态，保持这种组合。该策略下，投资组合完全暴露于市场风险之下。买入持有策略使投资者可以花费较小的交易成本和管理费用，但同时放弃了市场环境变得有利时获利的可能性，也放弃了因投资者风险承受能力变化而改变资产配置状态，提高投资效用的可能。

采取买入持有策略适合着眼于长期投资而忽略市场短期波动的投资者，适用于资本市场环境和投资者的偏好变化不大，或者改变资产配置状态的成本大于收益的状态。

2. 恒定混合策略

恒定混合策略是指保持投资组合中各类资产的固定比例。即在各类资产的市场表现出现变化时，资产配置定期进行适当调整以保持各类资产的投资比例不变。这种定期进行资产配置调整是实现组合再平衡的行为。

恒定混合策略适用于风险承受能力较稳定的投资者。在风险资产市场价格下跌时，他们的风险承受能力不像一般投资者那样下降，而是保持不变，因而其风险资产的配置比例反而上升；反之，当风险资产市场价格上升时，投资者的风险承受能力仍然保持不变，其风险资产的配置比例将下降。

3. 投资组合保险策略

投资组合保险策略是将一部分资金投资于无风险资产从而保证资产组合最低价值的前提下，同时不放弃资产升值潜力的一种动态调整策略。当投资组合价值因风险资产收益率的提高而上升时，风险资产的投资比例也随之提高，反之则下降。

与恒定混合策略相反，投资组合保险策略在股票市场上涨时提高股票投资比例，而在股票市场下跌时降低股票投资比例。在严重衰退的市场上，随着风险资产投资比例的不断下降，投资组合最终能够保持在最低价值基础之上。在股票市场急剧降低或缺乏流动性时，投资组合保险策略保持最低价值的目标可能无法达到，甚至可能由于该策略的实施反而加剧整个证券市场向不利方向的运动。

4. 战术性资产配置策略

战术性资产配置是根据资本市场环境及经济条件对资产配置状态进行动态调整，从而增加投资组合价值的积极战略。战术性资产配置策略在动态调整资产配置状态时，需要根据实际情况的改变，重新预测不同资产类别的预期收益情况，但不需再次估计投资者偏好与风险承受能力是否发生了变化。

战术性资产配置的风险—收益特征与投资者对资产类别收益变化的把握能力密切相关。如果投资者能够准确地预测资产收益变化的趋势，并及时采取有效行动，则使用战术性资产配置会带来更高收益；但反之，若预测错误，则投资收益将劣于购买并持有市场投资组合时的情况。因此，运用战术性资产配置的前提条件是投资者能够准确地预测市场变化，并能够有效实施。

资产配置决策是投资规划过程中的一个关键决策。资产配置决定了投资者的投资组合是否会产生与自己的目标和风险状况相符的回报。通过资产配置六步过程及采取相应的资产配置策略，投资者将能够制订一个切实可行的投资计划，以提高自身财务状况。

本章小结

1. 资产配置是投资者根据投资需求将投资资金在不同资产类别之间进行分配形成资产组合的过程。投资者需要持有不同类型的资产以满足不同的投资需求。

2. 投资者需要通过制订理财目标、设计能够实现财务目标的资产类型、确认投资者风险承受能力、构建与投资者风险承受力相匹配的资产配置、进行差异分析、调整资产配置等步骤完成资产配置。

3. 投资者进行理财，需要进行风险测试及评估，以了解自己的风险承受能力。人们往往需要通过问卷、访谈、自评等方法完成风险承受力的测试与评估。

4. 投资者可以根据不同的风险承受能力，完成资产配置。资产配置的方式主要有根据不同风险偏好类型确定相应风险级别组合的标准化配置方式、根据投资者风险容忍度构建最优资产组合的方式、蒙特卡洛模拟方式、基于投资者年龄等的资产配置方式。

5. 投资者建立自己的投资组合后，需要对投资组合进行管理。资产组合管理可以通过以下几种方式实现：买入并持有策略、恒定混合策略、投资组合保险策略、战术性资产配置策略等。

思　考　题

1. 什么是资产配置？资产配置有哪些工具？

2. 进行资产配置需要进行哪些步骤？

3. 投资者通过哪些方式可以了解自己的风险承受能力？

4. 投资者可以选择哪些方式对资产进行配置？

5. 李先生有30万元存款。他欲将这笔存款投资于股票、债券、存款这三个类型的资产。咨询投资顾问，他获得了以下资产的收益率和标准差的相关信息：

股票：收益率20%，标准差15%；

债券：收益率6%，标准差8%；

无风险资产收益率为4%；

股票与债券的相关系数为30%；

假设李先生的风险容忍度评估分为50分，问：李先生投资于股票、债券和存款应各为多少元？

第六章 投资管理

你得了解你拥有的（股票）和你为什么拥有它。“这只股票一定要涨”的说法并不可靠。

——彼得·林奇

学习目的和要求

通过本章的学习，了解投资工具的类型；理解投资收益和风险的衡量方法；了解投资者进行投资规划及管理的步骤；掌握不同类型投资管理策略。

本章预习

李先生今年30岁，工作稳定，每月收入10 000元左右，其妻王女士28岁，收入与其相当，单位三险一金齐全。二人有一套自住房但无车，2018年生了一个宝宝，准备为孩子今后的抚养金、教育金等做资金计划，请问该如何才能较好地在不影响生活前提下做好这个规划？

李先生的家庭财务状况安全性尚好，但缺乏资产增值潜力。李先生家庭所要关注的理财目标除实现购车计划、完善风险保障、积累教育金外，他该如何合理配置流动资产、提升资产的增值能力呢？

因此，本章要涉及的内容是投资者可以选择哪些金融工具进行投资？对投资产品如何实现有效的管理以提升资产的增值能力。

第一节 投资工具类型及选择

投资是个人财富增值的主要手段。投资可能使个人的储蓄得以快速增长。从投资中获得的财富可以用来实现个人目标，包括购置房子、资助孩子教育、赡养老人、为退休准备养老金等。投资应具有长期性。在金融市场，投资是一个买入证券的过程。证券的未来价值和期望回报具有一定的可预见性。格雷厄姆曾经说过：“投资是指经过详尽分析后，本金安全且有满意回报的操作。”与之相反，投机是指追求短期价差的买卖证券的短期行为，其未来价值和期望回报都具有极大的不确定性。从某种意义上说，投机是选择最佳时机而短期投资行为。

任何个人获得的收入，首先要能够满足生活急需的流动性（现金和存款）；其次，还要规划好足够的保险并且将保费列入家庭每月的预算。天有不测风云，人有旦夕祸福。因此，有足够的保险和能够应对生活急需的流动性，是进行投资的两个前提条件。要进行投资，还得了解各种投资工具。并非所有的投资工具都适合每个人。投资工具的恰当选择取决于投资者的目标和风险偏好。如果投资者的愿望是在不久的将来拥有一套房产，则需要投资于高回报的工具。如果投资者非常厌恶风险，则应该投资低风险的工具，如存款或债券。换句话说，投资必须符合投资者自身的风险状况。如表 6－1 所示，不同投资工具带来的收益与风险存在明显的差别。

表 6－1　　不同投资工具的收益与风险

投资工具		预期收益	风险
普通股		高	高
储蓄存款		低	低
债券		中等	中等
基金	货币市场基金	低	低
	股票基金（收入型、平衡型、权益型）	从低到高	从低到高
	对冲基金	高	高
结构性产品		中等到高	中等到高
信托		中等	中等
房地产及 REITs（房地产投资信托基金）		中等到高	中等到高

1. 股票

普通股的投资者是公司的股东。普通股的每一股表明股东在公司中的比例所有权。股票投资的回报包括两部分：一是股价波动带来的资本利得；二是上市公司的分红派息。据统计，1930～2003 年，若投资美国股市标普 500 指数，回报率约 3 000%；同期标普 500 指数长期算术平均股息率仅为 4.12%，股息收入占比明显较低，股票投资的收入大幅度来源于公司成长所带来的股票价格上涨。然而，高收益通常伴随着高风险。股票比固定收益工具更具波动性。因此，任何股票投资都无法确保不会蒙受资本损失。实际上，可能在相当长一段时间里，由于糟糕的经济基本面（如衰退），或价值回归（例如，股票泡沫破灭后股价的修正），股市可能表现不如银行存款和债券。这需要投资者有足够的风险承受能力和耐心，走出不可避免的股市周期，以获得可观的股票投资回报。

普通股以其股利或每股收益（EPS）增长率为基础进行分类，可以分成以下几类。

（1）蓝筹股。蓝筹股是普通股中的精华，具有优良的品质和长期稳定的盈利及股利分配。这些股票由大型、稳定的企业发行，它们在财务上没有污点，如美国证券市场的苹果、沃尔玛、IBM、微软等企业，国内的大型国有商业银行、股份制银行等。这些企业在行业中发挥龙头或标杆作用，它们代表行业的走向。蓝筹股对寻找高质量、能提供较好回报且有可观增长潜力的股票投资者具有特别的吸引力。“漂亮50”（Nifty Fifty）最早是指自20世纪六七十年代在美国纽约证券交易所交易的50只备受追捧的大盘股，现在通常泛指那些有出色业绩、投资价值突出的行业龙头上市公司的股票，即绩优蓝筹股。“漂亮50”股票要具备业绩持续增长且能在较长时期内保持自身在行业中的竞争力这两个特质，如此才能实现股价的长期上涨。人工智能、消费类、医药类、保险类等行业是A股市场产生“漂亮50”股票的重点行业。

（2）成长股。成长股是在经营与收益上具有较高增长率潜力的股票。在一定时期内优质成长股收益应保持15%～20%的可持续增长率，而一般股票的平均增长率通常仅为6%～8%。成长型企业更趋向将全部或大部分的收益用于再投资，而很少甚至不进行股利分红。由于这些股票具有强大的增值能力，它们会大大吸引寻找资本增值而不是股利收益的投资者。具有高科技概念的股票，大多属于成长股。例如，代表市场中的科技板块，包括提供科技产品或服务（如人工智能、物联网、云计算）的公司。科技股具有潜在的吸引力，虽然表面上高回报，但也有相当大的风险，更适合能承担高风险的投资者。

（3）周期股和防御股。周期股是指股价波动与商业周期相联系的股票。这类股票大多属于投机性股票。这些股票一般对经济活动的周期变动非常敏感。当经济处于扩张阶段，市场对这些行业产品需求随之增加，公司业绩改善明显，股票自然受到投资者的追捧；而当景气低迷时，固定资产投资下降，对其产品的需求减弱，业绩就会迅速回落。因此，在经济扩张阶段，周期股的价格会上升，而在经济收缩阶段，其价格会下降。我国典型的周期性行业包括钢铁、有色金属、化工等基础大宗原材料行业，水泥等建筑材料行业，工程机械、机床、重型卡车、装备制造等资本集约性领域。另外，非必需消费品行业也具有周期性特征，如轿车、高档服装、奢侈品、航空、酒店等，当居民收入增长放缓及对预期收入的不确定性增强时，都会直接减少对这类非必需商品的消费需求。金融服务业（保险除外）由于与工商业和居民消费密切相关，也有显著的周期性特征。防御类股票的价格波动与周期股不同，它们的生产经营和盈利相对稳定。由于它们基本上是收益类股票，它们的收益和股利会在经济下降时期使其价格保持上升。防御类股票包括公用事业，如水、电、煤气供应板块、交通运输、食品、医药、零售等。简单来说，提供基本生活必需品的公用事业行业为非周期性行业，提供生活非必需品的行业则为周期性行业。

（4）大盘股、中盘股和小盘股。股票规模是以其市场价值为基础，即由股票市场价格乘以发行的股票数量计算得到。以股票市值为基础，市场一般分为大盘股、中盘股和小盘股三个主要板块。在美国市场，市值大于100亿美元的股票为大盘股；市值介于20亿～100亿美元的股票为中盘股；市值低于20亿美元的股票为小盘股。在中国A股市场，由于存在非全流通股票，通常以股票流通股本为基础，流通股本大于10亿股的股票为大盘股，介于5亿～10亿股的股票为中盘股，小于5亿股的股票为小盘股。[①] 由于我国大盘股企业大多属于国有企业，还需承担社会责任，但大盘股企业并不会比中小盘企业业绩逊

---

① 大中小盘股的划分，具有不同的标准。例如，在同花顺软件中，按照流通市值从大到小排序，当市值累加至所有流通市值合计的50%时，为超大盘股；50%～70%的区间为大盘股；70%～90%的区间为中盘股；90%～100%为小盘股。中小盘股是中盘股和小盘股的合计。

色。中盘股的业绩比小盘股好，且没有太大的价格波动，同时，规模适中，并且运营时间较长，它们能够提供股票的安全性。小盘股由于规模和成长的突发性，其收益和价格受到很大的影响，高收益预期也包含着高风险。

2. 储蓄存款

储蓄存款是一种支付存款利息的工具。支付的利息通常较低，因为储蓄存款流动性高，损失资本的风险微不足道。定期（固定）存款与储蓄存款不同，储蓄存款允许存款人随时取款，定期存款或固定存款要求存款人在整个指定期间保持全部余额。固定存款的典型时间范围是 1 个、3 个、6 个、9 个、12 个和 24 个月。定期存款利率略高于储蓄存款利率，并随存款规模和到期日而增加。定期存款的主要缺点是在存款到期之前不能提前支取，否则需要承担一定的利息损失。

3. 债券

债券是政府或公司发行的筹集资金以资助其运营的债务证券。债券投资者在一定期限内获得定期利息（息票）和到期本金。投资者获得的利息收益取决于债券发行人的信用风险。信用风险越高，债券发行人支付的利息越高，以吸引投资者。债券持有人对发行公司的剩余资产要求权在优先股和普通股之前。与普通股和优先股相比，这种优先权使债券成为更安全的投资方式。债券对投资者的吸引力有几个原因。第一，债券能定期向投资者发放利息。债券利息通常比银行存款和定期存款的利息高，但债券投资的波动性通常比股票的波动性低得多。第二，如果投资者能够把购买和销售时间做好，债券就有可能获得资本收益，获得高额的资本利得。债券市场上一个基本的交易规律是利率与债券价格呈相反方向变动。当利率上升时，债券价格下降；相反，利率下降，债券价格上升，因此可以某一价格买入债券，如果利率条件不错，在一定时期后以较高的价格卖出它们。第三，那些非常厌恶风险的投资者可能更愿意把他们辛苦赚来的积蓄投资于债券而不是股票。债券投资的资本收益在我国享受免税待遇。第四，投资债券可以让投资者在中期或长期中积累目标金额。债券常常被作为保留资本或积累长期投资的工具。一些人把全部资金或大部分资金投到债券上，建立退休储蓄金或为孩子建立教育储蓄。投资于特定的长期债券或债券单位信托基金可以帮助投资者积累所需的金额。

债券的种类繁多。

（1）按发行主体不同，债券可分为政府债券、公司债券和金融债券。政府债券是中央政府、政府机构和地方政府发行的债券，它以政府的信誉作保证，通常无须抵押品，在各种投资工具中风险最小；金融债券是银行等金融机构作为筹资主体为筹措资金而向投资者发行的一种有价证券。金融债券由于有明确的期限规定，不能提前兑现，因此比较存款而言，是金融机构稳定的资金来源。金融机构可以根据经营需要，选择合适的时机发行必要数量的金融债券以吸引低利率的资金。因此，金融债券往往是金融机构进行资产负债管理的重要手段。公司债券是由公司依照法定程序发行的、约定在一定期限还本付息的有价证券。公司债券要求不管公司业务如何都应优先偿还其固定收益，否则将在相应破产法的裁决下寻求解决，其风险小于股票，但比政府债券高。

（2）按照财产担保状况，债券可以分为信用债券、抵押债券。信用债券是不以任何公司财产为担保，凭信用发行的债券。信用债券持有人只对公司的非抵押资产具有追索权，企业的盈利能力是持有人的主要担保。故信用债券契约中都要加入保护性条款，如不能将资产抵押给其他债权人、未经债权人同意不能出售资产等；抵押债券是以企业财产作为担保的债券，按抵押品的不同可以分为一般抵押债券、不动产抵押债券、动产抵押债券和证券信用抵押债券等。

（3）根据是否能转换为公司股票划分，债券可分为可转换债券和不可转换债券。可转换债券是指在特定时期内可以按某一固定的比例转换成普通股的债券。它具有债务和权益的双重属性。由于可转换债券赋予持有人将来成为公司股东的权利，因此其利率通常低于不可转换债券。不可转换债券即为普通债券，是指不能转换成普通股的债券。

（4）根据是否约定利息，债券可分为零息债券、附息债券和息票累积债券。零息票债券不支付利息，以低于面值的贴现方式发行，到期按面值兑现；附息债券一般约定半年或者一年支付一次利息。按利率是否固定又可分为固定利率债券和浮动利率债券。固定利率债券的利率不随着市场利率的变化而调整，可以较好地抵制通货紧缩；浮动利率债券的利率同当前市场利率挂钩，考虑了通货膨胀因素的影响，因此可以较好地抵制通货膨胀风险；息票累积债券是债券到期一次性归还本息，期间不支付利息。

（5）根据是否可提前偿还划分，债券可分为可赎回债券、不可赎回债券。可赎回债券是指公司债券附加早赎和以新偿旧条款，允许发行公司于到期日之前购回全部或部分债券。当市场利率下降至债券利率之下时，赎回债券或代之以新发行的低利率债券对债券持有人不利，因而通常规定在债券发行后至少 5 年内不允许赎回。不可赎回债券是指不能在债券到期前收回的债券。

4. 基金

单位信托基金是一种投资计划，基金管理人从众多投资者那里筹集资金，投资于诸如存款、货币市场工具、债券、股票等资产组合。投资组合由投资管理公司指定的专业基金经理管理。因此，单位信托投资使普通投资者能够利用专业基金经理的专长。投资者可以从投资信托中获得的好处是：风险分散、专业基金经理的服务、流动性高、低资本要求、便利、进入外国金融市场和对冲通货膨胀等。

（1）依据投资目标和策略划分。依据投资目标和策略的不同，基金可划分为成长型基金、收入型（收益型）基金和平衡型基金。

①成长型基金。成长型基金也叫长期成长基金，以追求长期资本利得为主，重视基金的长期成长。它致力于在资本市场上寻求高收益，投资组合包含许多高增长的普通股。这些基金经常投资中小盘价值股和成长股，这些尚未稳定的公司股票具有较高的市盈率，股票价格波动很大，这种设计的目的是取得高额回报。然而，激进成长基金是所有基金类型中波动最大的品种。

②收入型基金。收入型基金的主要目标是获取最大的当期收入，其投资更看重高股息率的大盘价值股票，也会投资一些可转换债券和优先股。由于这些基金强调股利与当前收益，所以基金投资的股票质量较高，相对整个市场而言波动较小，这些基金被认为在股票投资上风险较低。

③平衡型基金。平衡型基金的目标是在当期收益和长期资本利得之间产生比较平衡的回报。与权益收入基金不同，平衡基金会配置更多的固定收益证券，一般达到投资的30% ~40%。债券用于产生当前收益，股票主要用于取得长期资本利得。平衡型基金也倾

向于投资高等级的证券，通常被认为是一种相对安全的投资。投资者既可以获得有竞争力的回报，又不用承担太大的价格波动风险。

④增长与收入基金。与平衡型基金类似，这类基金也在当前收入与长期资本利得之间寻找平衡，但更倾向于资本增长，投资于股票的资金权重更大些，投资股票的标的更多为优质蓝筹股以及相当数量的高等级收益股。

（2）依据投资标的划分。依据其标的的不同，可划分为以下几类。

①股票型基金。股票型基金是指主要在证券市场投资于股票的基金。2015 年 8 月 8 日，我国新修订的《中华人民共和国证券法》明确规定，股票型基金的最低股票投资比例不得低于 80%。按照股票型基金的特点，又可细分为主题型基金、行业基金、指数基金等。

②混合型基金。混合型基金分散投资于股票、债券和货币市场工具，风险和收益水平都适中。

③债券基金。债券基金是指主要在证券市场投资于债券的基金。

④货币市场基金。货币市场基金是投资于短期货币市场工具的单位信托基金，如存款、商业票据、短期公司债券、国库券和银行承兑汇票。这些票据往往以大面额发行和交易，因此个人投资者无法获得。然而，通过汇集许多小投资者的资金，货币市场基金有能力投资于这些工具。然后这些基金向小投资者发行单位出售。通过购买货币市场基金单位，小投资者能够间接地投资于货币市场工具。

⑤基金中的基金（FOF）。与开放式基金最大的区别在于基金中的基金是以基金为投资标的，而基金是以股票、债券等有价证券为投资标的。它通过专业机构对基金进行筛选，帮助投资者优化基金投资效果。FOF 并不直接投资股票或债券，其投资范围仅限于其他基金，通过持有其他证券投资基金而间接持有股票、债券等证券资产，它是结合基金产品创新和销售渠道创新的基金新品种。FOF 的缺点是存在双重付费、购买的起点较高、定期申赎流动性较弱等问题，投资回报率较低。根据中国证监会 2017 年 7 月 14 日《基金募集申请公示表》显示，已有 44 家基金公司向证监会申请的 78 只产品待审批。

（3）根据基金操作方式划分。依据操作方式的不同，基金可分为传统投资策略基金和对冲基金。

传统的单位信托基金一般为对公众公开发行基金份额的公募基金。其采用的投资策略主要是为基金持有人控制投资风险、保障投资收益。而对冲基金是私人资本池，采用非传统的投资策略，目的是在牛市和熊市中产生绝对的回报。对冲基金主要是针对私人银行客户和机构投资者等特定对象。作为私募基金，对冲基金可以避免适用于其他类型投资工具的某些投资限制和报告要求。例如，与单位信托不同，他们可以采取激进的杠杆或卖空头寸，禁止投资者在一定的锁定期内赎回其投资，或在市场波动剧烈时实施“闸门”来限制赎回数额。对冲基金认为，这些限制对投资者来说是必要的，甚至是有益的，因为这给基金经理提供了出售证券或以公平价格平仓的时间。

对冲基金的另一个特点是使用非传统的投资策略。这些策略包括向其他基金放贷，积极投资于流动性不足的证券，以及杠杆和卖空。对冲基金在处置市场重大变化给他们带来的机会具有很大的灵活性，但同时也使得很难确定用什么标准来评估它们的表现。对冲基金宣称它们的目标不是打败股票或债券基准，而是达到绝对回报。这意味着它们的目标是在市场环境下产生积极的回报。

（4）结构性产品。结构性产品是债券和其他工具的组合，如股票、货币、商品、利率衍生产品（期权、掉期和期货）或信用担保。这些工具组合在一起，创造出满足不同市场需求的回报。结构性产品使普通投资者有可能投资于难以获得的或仅限于机构投资者的机会。例如，与股票挂钩的票据，其回报与几个股票市场（包括新兴市场）的相对表现挂钩。与信用挂钩的票据，其中潜在的风险工具是对特定公司的信用担保。保本型结构性债券可以吸引那些不希望损失本金的投资者。

（5）信托。即信用委托，它是一种以信用为基础的法律行为，一般涉及三方面当事人，即投入信用的委托人，受信于人的受托人，以及受益于人的受益人。信托业务是由委托人依照契约或遗嘱的规定，为自己或第三者（即受益人）的利益，将财产上的权利转给受托人（自然人或法人），受托人按规定条件和范围，占有、管理、使用信托财产，并处理其收益。目前我国平安信托、中信信托等各个信托公司均开发各种信托产品，供投资者选择。当然，信托产品具有准入门槛较高、预期收益不固定等特点。

（6）房地产。房地产投资包括住宅、土地以及不同类型的能产生收益的不动产，如库房、商铺、写字楼、公寓楼、共管空间（含车位）。房地产投资形式多样化，可以直接购买土地或房产，也可以投资于不同类型的房地产证券，如房地产行业基金、房地产投资信托基金、按揭贷款、房地产股票等。“房子是用来住的”。大多数人买房是为了住宿，但是房子兼有消费品和资本品的特性，它有重要的增值功能。2003 年，我国实行住房市场化后，全国大中城市房价呈现快速增长态势，有些人通过房产投资获得了可观的经济回报。同时，通过出租房子，还能获得稳定的租金收入。除了租金收入外，如果财产以高于原价的价格出售，则可以产生资本收益。从长期看，从房地产中获得资本收益的长远前景是好的；从短期来看，房地产和其他风险投资一样，都会受到周期性变化的影响。因此，房地产市场可以经历一段繁荣期和萧条期。在通货膨胀率为正的国家，房地产价格也会随着时间的推移而上涨。从全国看，1998 年，我国商品房平均销售价格为 2 063 元/平方米，2016 年为 7 476 元/平方米，[①] 平均每年涨幅为 14.58%，而同时期，按消费物价指数计算的平均年通胀率为 2.4%。[②] 因此，在购买力方面，房地产在这段时期里是一个很好的对冲通货膨胀的工具。

（7）其他投资。另类资产具有与传统债券和股票投资截然不同的风险和收益特征。它们通常流动性较低，与债券和股票组合的相关性很低。因此，相对于一些投资者认为有吸引力的传统资产类别，另类资产提供了流动性溢价作为补偿和多样化潜力。一个流行的替代资产的例子是房地产投资信托基金。这是一种股权投资工具，主要投资于房地产，以期为其投资者创造收入。房地产投资信托基金的基本财产可以是商业、工业等收益型房地产或住宅。其他可替代资产例如，商品、对冲基金、结构性产品、私募股权和收藏品（如精品葡萄酒、艺术品等）。

---

① 中华人民共和国统计局：《中国统计年鉴（2017）》。
② 根据中国统计年鉴（2017）各种价格定基指数居民消费价格指数计算获得。

第二节 投资收益与风险

投资者投资风险资产之前，必须能够评估投资收益和资产的风险特征。

一、投资收益的衡量

收益是指持有风险资产获得的报酬。通常，我们可以用以下几种方法来衡量投资者的投资收益：

（一）持有期收益

持有期收益率（HPR）是指投资者买入资产到卖出资产期间的收益率。持有期回报可以用以下公式计算：

$$持有期收益率=\frac{股票卖出价-买入价+股利分红}{买入价}$$

【案例 6－1】假设小王购买了每股 10 元的 A 股票 1 000 股。1 年后，小王以每股 12 元的价格出售这些股票，期间 A 公司派发每股 0.5 元的现金股利。那么，这 1 年里，小王持有 A 股票的收益率为：

$$\frac{12-10+0.5}{10}=25\%$$

持有期回报是一个单一周期回报率的衡量。即在最初投资之后，没有增加现金或从投资中提取现金。如果投资者在初次投资后进行了多次投资或提款，想知道平均回报率，则应该使用一个多周期的回报率。多期收益有三种度量方法：货币加权收益率、算术平均值（时间加权）收益率和几何平均收益率。

（二）多周期回报的计算

1. 时间加权收益率

该计算方法考虑了每个期间投资金额的变化及投资收益再投资的假设。

时间加权收益率的计算方法为：

$$R_i=\left[\prod_{t=1}^{n}(1+R_{it})\right]-1$$

利用该方法计算的收益率能比较恰当地反映组合投资管理人在业绩评价期间的收益率水平；能较为有效地衡量管理者的收益能力。时间加权收益率反映的是投资期间的总收益。

【案例 6－2】假设小李年初购买了 1 000 股的 B 股票，每股 10 元。1 年后，小李以每股 10.5 元又购买了 1 000 股。每年每股获得 0.5 元的股息，两年后小李以每股 11 元的价格卖出全部 2 000 股。根据时间加权收益率方法计算，那么两年内小李得到的回报率将是：

第 1 年小李的回报率（R_1）是 10%，即 $R_1=(10.5+0.5-10)/10=10\%$。第 2 年新

购买的股票的回报率（R_2）是 9.52%，即 $R_2=(11+0.5-10.5)/10.5=9.52\%$。那么，这两年中小李投资的回报率是：

$$R_i=(1+10\%)(1+9.52\%)-1=20.47\%$$

目前，我国基金披露业绩的“本期单位基金净值增长率”指标，就是根据时间加权净值增长率方法计算出来的。

对多期投资，我们常常会使用平均收益率来衡量和比较。如算术平均收益率和几何平均收益率以及货币加权收益率。

2. 算术平均收益

测量平均收益的一种简单方法是算术平均收益率。这种收益率忽略了每个时期的投资金额。它是按周期回报计算的算术平均数。如【例 6-2】关于小李投资于 B 股票的例子，1 年（R_1）中的回报率是 10%，即 $R_1=(10.5+0.5-10)/10=10\%$，第 2 年新购买股票收益率（$R_2$）是 9.52%，即 $R_2=(11+0.5-10.5)/10.5=9.52\%$。那么，两年的简单年平均收益率是 9.7619%，即（10% +9.52%）/2。

3. 几何平均收益

几何平均收益率的计算方法是：

$$R_i=\sqrt{\prod_{t=1}^{n}(1+R_{it})}-1$$

利用几何平均收益率方法，如【例 6-2】投资于 B 股票，小李的年投资收益率为：

$$R_i=\sqrt{(1+10\%)(1+9.52\%)}-1=9.76\%$$

在计算几何平均收益时，我们假设每一期投资的累计价值再投资，直到持有期结束。

4. 货币加权回报率

货币加权收益率的计算方法为：

$$V_0=\frac{C_1}{1+R_i}+\frac{C_2}{(1+R_i)^2}+\cdots+\frac{C_T+V_T}{(1+R_i)^T}$$

V_0 为资产组合在评价期初的市场价值；V_T 为资产组合在评价期末的市场价值；C_i 为资产组合在各个子期间的净现金流，$i=1$，2，3，…，T；R_i 为资产组合在评价期间的货币加权收益率。

同样【例 6-2】中，根据货币加权收益率（R_D），那么两年内小李得到的回报率将是：

$$10\ 000+10\ 500/(1+R_i)=500/(1+R_i)+23\ 000/(1+R_i)^2$$

这样，货币加权收益率（R_i）每年为 9.69%。货币加权收益率也被称为资产组合投资的内部收益率。它考虑到了跨期投资组合存在。投资者在某一时期持有的股票越多，那期业绩对整体回报的影响就越大。这使货币加权收益成为一个有吸引力的多期收益率衡量指标。然而，在许多时期计算货币加权回报率需要投资者跟踪与投资组合相关的所有现金流入和流出。因此，在实践中，计算货币加权回报可能相当麻烦。

【案例6-3】

理财收益率陷阱

当你关注理财收益率时，有没有发现同为“收益率”，却可能有不同的含义，最终产生不同的回报？

收益率是很多人在评价理财产品时最先关注的，大家总觉得“数字不会骗人吧”。但你有没有想过，即便都被称为收益率，最终带来的实际回报却是不同的。如单利与复利、年化收益率与实际收益率，还有隐藏在产品中的起息日、到账日，等等。细微的差异，也可能给你的投资带来不同的效果。

收益率=年化收益率？

“您好，我们是某某集团下属的理财公司，现在有一款收益率10%的产品正在发售，您有兴趣吗？”

“年化10%，这么高？”

“您好，这款产品的期限是3年，有良好的风控保障哦！”

“那到底是不是年化10%的收益率？”

“是3年到期后一共可以获得10%的收益。”

……

这样的理财产品你是否遇到过呢？表面看，10%的收益率还真是高，但仔细一听，原来是3年10%，这其中的差距可大了。

通常情况下，你会习惯性地认为，理财产品亮出的收益率就是年化收益率，其实不然，有些销售人员为了将产品包装好看，会对其加以掩饰，投资者稍不留神，就会中招。

年化收益率VS实际收益率

“这产品收益看着挺高的，怎么到期就这么点？”孙小姐前不久投了5万元购买了一款年化收益率9%的产品，本想着这样的收益率算是当前市场上高水平的了，可到期实际的收益才不到400元。究竟是怎么回事呢？

原来，这款产品是某家理财公司为了招揽新客特别推出的，产品的期限只有30天，而产品介绍中的9%是指年化收益率，并非实际收益率，所以最终，孙小姐的实际收益就与预期产生了较大的差距。

那么，平日里该怎么计算实际收益率呢？

以孙小姐这款产品为例，实际收益=50 000×9%×30÷360=375元，实际收益率=9%÷12×1，也就相当于375÷50 000=0.75%。

正是受到产品期限短的影响，这款理财产品实际的回报并不高。这一点应该引起投资者重视。如果你对流动性的要求并不高，那么在选择产品时，除了要观察收益率外，更要注重产品的期限，1年期产品的实际收益率与年化收益率是比较接近的，而越是短期的产品，实际收益率与年化收益率之间的差距会越大。

那么，是不是所有产品都用实际收益率来表达更清楚呢？未必。当你面对不同期限的产品时，最好把它们的实际收益率放在相同的维度上比较，也就是计算年化收益率后更清楚。如A产品30天，收益率0.75%；B产品6个月，收益率4%。乍一看，你很难判断两者谁的收益水平更高。这时候不妨将两者的年化收益率算出来。得到的结果是A的年化收益率为9%、B的年化收益率为8%。如果理财市场正处于比较稳定的阶段，你不用担心产品到期后找不到对接的高收益新品，又或是希望产品流动性更高，那么选A自然更合适些。

隐形因素影响收益。

买理财产品，除了收益率外，还有一个因素很重要，那就是“起息日”。大部分理财产品并不是即买即起息的，因为理财产品并不是存款，银行用理财资金去投资，获得收益后分配给客户，这个“代客理财”的过程前后都需要一定时间来过渡。所以，不同的产品也就有了不同的募集时间。

起息日的长短对收益率到底有什么影响呢？

举个例子，老张花5万元买了年化收益率4.5%的产品，老王同样花了5万元买了年化收益5%的产品，两个产品的期限都是35天。到期后，老张获得了收益215.75元（50 000×4.5%×35÷365），老王获得了收益239.73元（50 000×5%×35÷365）。可以看出，从收益额上看，老王要略胜一筹。那么，实际的收益水平真是这样吗？

假设老张的产品是在购买后一天起息的，也就是T+1；老王的产品是在购买后7天起息的，也就是T+7。对老张来说，他实际投资36天获得了215.75元；而对老王来说，他实际投资42天获得了239.73元。老张的年化收益率为215.75÷50 000÷36×365=4.37%，而老王的年化收益率为239.73÷50 000÷42×365=4.17%。这样一算，原来看似精明的老王败给了“起息日”，最终还是老张更精明些。而且，从流动性角度考虑，老张这款产品占用的时间更短。

因此，在购买理财产品时，大家别忘了关注产品的起息时间，同样收益率下，越是临近起息日的，实际回报水平会更高。

货币基金别只看7日年化收益率。

与理财产品不同，货币基金在销售时，通常给出两个收益情况，一是7日年化收益率，二是每日万份收益。到底哪个更真实反映产品情况呢？

其实，两者最好结合来看。7日年化收益率所反映的是过去7天时间里，产品的平均收益情况，这期间，如果出现某一两天回报非常高的现象，那么7日年化收益率也会被拉高，显得很漂亮。而每日万份收益会每天变动，更贴近当下的收益情况。

在比较两只货币基金时，最好先看看7日年化收益，再看看过去一段时间里，有没有某些异常高企的每日万份收益。如果没有，说明产品的回报比较稳定，7日年化收益比较真实；如果有某几天的万份收益拔高，那么最好多关注产品过去一贯的表现，别被某些7日年化收益给忽悠了。

资料来源：张安立：《理财陷阱：理财收益率，你算明白了吗？隐形因素影响收益》，载于《理财周刊》2016年6月17日。

二、投资风险的度量

任何投资风险资产的人都可能损失部分或全部投资资本。因此，所有投资者都应该对风险有很好的了解，并将这些因素纳入他们的投资决策中。最常见的两种风险度量标准是收益率的标准差（或方差）和贝塔。

（一）收益率的标准差

收益率的标准差度量了实际回报在算术平均数附近的分散程度。实际回报越分散，损失的机会就越大，或从你的股票投资中获得很低的回报。股票的样本标准偏差可以用下面的公式计算：

$$s = \sqrt{\frac{\sum_{t=1}^{T}(r_t - \mu)^2}{T-1}}$$

其中，r_t 是 t 期风险资产的回报，而 μ 是样本均值回归。资产回报率的标准差衡量资产的总风险。总风险有两个部分，即系统风险和非系统风险。标准偏差越大，投资总风险越高。例如，投资者投资于某只股票的预期平均年收益可达25%，标准差为15%。那么，投资者未来一年可能获得的收益在10%～40%的概率为68%，收益在－5%～55%的概率为95%。

（二）贝塔系数

贝塔系数作为一种风险指数，用来衡量单一股票或基金相对于整个证券市场的波动性。贝塔系数可表示股价指数的报酬率上升一个单位时，某一证券的报酬率平均上升或下降的单位数。在证券市场上，贝塔系数越小，表示该证券的风险越小；反之亦然。在证券市场上涨时，若某一股票或基金的贝塔系数越大，则价格上涨越大，但在证券市场下跌时，其价格下跌也更多。贝塔系数越大的证券，通常是投机性较强的证券。

贝塔系数是用来衡量股票的系统风险或市场风险水平，测量多元化投资组合的风险。根据投资理论的定义，代表整个股票市场的投资组合的贝塔值是1，若证券投资组合净值波动大于（小于）全体市场的波动幅度，则贝塔大于（小于）1，证券投资组合比全体股票市场风险更高（风险更低），因为它的股票回报比整体股市波动更多（少）。防御型股票是一种典型的贝塔值远低于1的股票，通常在0.5左右。我国股票型或混合型基金的贝塔系数可在天天基金网查询。各个股票的贝塔系数需要对过去一段时期（通常4～6年）股票收益率与市场平均率（可以上证指数或沪深300指数的收益率）进行回归分析。

（三）风险调整指数：夏普指数

夏普指数＝(风险资产平均报酬率－无风险利率)/标准差

用来衡量每单位风险所能换得的平均报酬率溢酬，意味着每承受一分风险所得到的报酬补偿。夏普指数是诺贝尔奖得主夏普博士于20世纪60年代提出的。夏普指数越高，表示股票或基金在考虑风险因素后的回报情况越高，为较好的股票或基金。一般来说，基金风险评估期间常以近3年期为标准。

三、收益与风险的权衡

风险与回报匹配是投资的基本规律。如果投资者寻求更高的回报，必须承担更高的风险。表 6－2 体现了美国资产从 1928～2009 年的 81 年间的风险收益表现。考虑的三项资产是美国股票、长期国债和国库券。表 6－2 说明了投资的基本规律。普通股回报率最高（平均回报率为 11.27%），但它们的风险也最高（标准差为 20.33%）。

表 6－2 美国资产类别的收益和风险（1928～2009 年） 单位：%

资产类别	算术平均收益率	标准差
普通股	11.27	20.33
公债	5.24	7.78
国库券	3.74	3.03

来源：Aswath Damodaran。

并不是每个投资者都愿意忍受普通股收益的高波动性。虽然投资国库券只获得了 3.74% 的回报，但它们的标准差最低，为 3.03%。国库券、货币市场基金和存款，虽然交易并不活跃，但是是最稳定的投资。

很明显，如果投资者要求实现 10% 以上的回报率，那么投资者应该投资股票而不是国库券。但由于股票价格波动较大，风险也相对比较大。

四、分散风险

"不要把所有的鸡蛋放在一个篮子里"，这是分散风险的简单阐释，也是给那些不具备资产挑选技能的投资者的建议。关联性低、多样化的投资工具组合可以减少特定行业或资产的不利影响，减少资产的波动，发挥分散风险的重要作用。

相比一个单一的或狭隘的组合，多元化投资的主要好处是可以减少波动，分散风险。为了更清楚地了解多元化投资的好处，让我们回到标准差的概念上来。特定资产回报率的标准差是衡量资产总风险的标准。风险可分为系统性（市场）风险和非系统性（企业特有）风险。

系统性风险是资产波动的一部分，它与整个市场的波动性有关。以股票投资为例，在股市指数上涨的一天，大多数公司的股价都上涨了，这是很常见的。股票之所以出现上涨和下跌的趋势，是因为有共同的因素把股票推向同一个方向。例如，利率上升通常会造成股票价格下跌，因为它们增加了公司的借贷成本，抑制了消费支出。影响系统性风险的其他因素是汇率、通货膨胀、经济状况、财政和货币政策以及政治发展等。需要注意的是系统性风险是不可分散的，即使投资者持有上市的所有股票，其投资组合仍将受系统性风险因素的影响而上升或下降。由于系统性风险的存在，即使是多元化的投资组合仍具有波动性，它只能通过延长投资年限来平滑，从而减少波动。

总风险的第二个组成部分是资产特定风险或可分散风险。资产特有风险是因为每种资产都具有独特的特性。股票投资的独特性有三个来源。第一，企业可能是独一无二的，因为它们在不同的行业中运作。例如，银行和房地产公司的利润对利率的变化非常敏感；石油价格对石油生产商、炼油商和航空公司的利润有重大影响；计算机、互联网和电信行业的高科技公司主要是由技术进步和库存周期驱动的。第二，企业具有相同的特点，即使它们在同一行业中，但在产品和服务、地域焦点、成本结构和管理方面存在差异。第三，在任何时候，企业都受到不同发展的影响，如商业合同的收益或损失、诉讼和接管。公司特有的风险可以通过持有投资收益变化相关性低的股票组合来减少。通过将风险分散到不同的股票，投资者将能够减少投资组合的整体风险。研究表明，为了有效地分散风险，投资组合应该有 15 ~ 20 只股票。持有超过 20 只股票，风险分散的边际效应很小，因为那时大多数公司的具体风险都会被消除。来自不同行业的股票通常提供高度多样化。因此，多元化的投资组合应该分散在不同的行业。投资组合中的股票相关性越低，投资组合风险越低。

五、资产配置

缺乏经验的投资者往往希望能够寻找一个成功的投资来增加财富。他们希望能够识别出谷歌或微软这样的股票，这些股票的 IPO 价格上涨了好几倍。这种押注某一股票或投资的策略是高风险的。研究表明，投资回报率的一个关键决定因素是资产配置。它是指投资者选择不同类别的资产形成投资组合。这些资产可以包括存款、债券、股票、财产及其他可替代资产，如大宗商品、对冲基金、结构性产品等。

资产配置是多样化投资的一种形式。存款和债券、股票、不动产等没有高度关联。如果投资组合中包括这些弱相关资产类别，投资风险是可以被显著降低的。

第三节　投资规划步骤

一、设定理财目标

投资者需要设定理财将来要达到的目标。没有目标，就无法制订财务计划。设定理财目标要注意以下几个方面的问题：

第一，要区分长期目标和短期目标。将长期目标和短期目标区分开来是很有用的。短期目标是投资者希望在未来一年或两年实现的目标。长期目标是投资者希望在较长时期实现的目标。投资者应该密切关注短期目标，以便在较短的时间内实现它。同时，将长期目标分解为各个子目标，使子目标成为各个短期目标。例如，如果投资者长期目标是在 20 年的时间建立一个 500 000 元的养老金退休，需要保持每年投资 12 000 元，12 000 元的投资计划应将成为其明年一个短期目标。

第二，短期目标要面对现实。投资者设定的目标必须是真实的，可实现的。如果一个投资者月薪只有 4 000 元，却计划购买 1 000 万元的房子，又没有其他有效的资金来源及方式，那么这个目标只能是空中楼阁，不切实际。

第三，尽可能地明确并量化目标。量化的目标要具体。例如，有一个舒适的生活并不是一个非常有用的目标，因为它不够具体。要将舒适的生活更具体化，如具体核算养车、养房和休闲支出等需要的花费。量化的目标可以使投资者准确计划投资的额度，以达到预期的目标。

第四，为完成目标设定目标日期。通过设置目标日期，注入一些紧迫感以实现所选择的目标。如果没有目标日期，大多数人倾向于拖延，导致无法实现目标。

第五，制订优先考虑的目标。大多数人都有多个目标。但金融资源是有限的，投资者应该确定哪些目标是最重要的，首先要实现的。

二、掌握财务状况

首先，应确保日常生活开支。投入风险资产的钱应该是投资者能承受得起的损失。因此，投资者应该掌握自己或家庭的现金流状况，并确保有足够的现金满足家庭的日常需要。不要将日常支出所需的现金投资于非流动性工具，以免遇到现金短缺时，被迫清算。

其次，应确保有应急基金。基金的规模取决于家庭成员的病史和就业的稳定性。对于那些患有已知遗传疾病的家庭来说，基金应该更大一些。即使对没有医疗问题的家庭来说，最好还是存六个月的应急基金以备不时之需。

在上述两个需求得到满足的情况下，投资者就可以根据剩余的资金确定可以承受的风险和最大投资金额。

三、认清自己的风险承受度

（一）确定希望投资的数额

投入的资金不应包括日常支出或紧急用途所需的资金。若投资者欲将资金投资于高风险的工具，必须有蒙受损失的心理准备。

（二）决定如何分配资金投资于不同的资产

本章附录提供了一些问题（或者第五章我们也提供了风险承受力问卷调查），帮助投资者选择适当的资产进行投资。对于风险厌恶者而言，大部分资金应投资于低风险的工具，如存款和债券等。表 6 - 3 体现了不同风险偏好者资产配置的情况。

表 6 - 3　资产配置　　单位：%

投资者类型	风险资产	债券	储蓄
积极型	70	30	0
稳健积极型	60	30	10
稳健型	50	40	10
保守型	30	60	10

四、开展市场研究

（一）掌握了解市场行情的基本渠道

为了更好地了解金融市场，阅读股票经纪公司和银行公布的报告是很重要的。这些报告为公司和行业提供了深入的分析。一些日报和商业杂志以及各类财经网站能帮助投资者了解国内外的财经信息及公司在市场上的表现和活动。《中国证券报》《上海证券报》《证券时报》是中国证券信息发布的主要报纸。

（二）咨询有多年投资经验的人

新手投资者在投资之前，咨询经历牛市和熊市有多年经验的投资者，有助于获得对未来市场的看法。他们以多年来在市场上投资的经验，往往可以向新手投资者提供关于市场特性的信息。

（三）开展市场形态的判断

由于信息的不对称性，投资者容易对消息反应过度。因此，在牛市到来时资产价格往往会上涨超出了它们的内在价值，而在市场崩溃时则低于其内在价值。作为一个长期投资者，需要关注公司的财务表现、产业甚至整个经济是否受到外部因素的冲击而产生负面的或积极的影响。如果经济基本面依然强劲，市场对事件反应是过度负面的，那么此时将是有利的投资机会。许多投资者事后意识到，危机往往为他们提供了一个黄金机会，让他们在投资上获得可观的回报。然而，在危机最严重之时，多数投资者通常是因为恐慌，而不愿意重新进入市场。另外，如果一家公司的基本面由于外部冲击而发生了显著的变化，那么就是离开市场的时候了。因此，对市场基本形态准确、有效判断是非常重要的。

第四节　投资管理策略

投资管理策略是指在投资过程中根据不同需求和风险承受能力进行资产安排、配置的思路和方法。它既包括股票、债券、基金及不动产品种等大类资产之间的配置策略，也包括股票、基金等各种投资的策略，以及进入的时机策略等。

一、资产配置策略

投资者应根据年龄、风险偏好与投资判断等不同的层次考虑资产配置策略。分散风险是投资学的重要原则，应选择相关性低的投资工具来搭配才能达到有效分散风险的目的。例如，当两种投资工具呈现负相关性时，分散风险的效果明显；当两种投资工具呈现正相关性时，分散风险的效果就较小。据实证统计，中国房地产价格与股票指数之间呈现负相关，以股票与房地产两种投资工具所设立的投资组合分散风险的效果，要比以存款与股票所做的组合来得好一些。资产配置可以按照目标顺序作全盘规划，也可以在确定可用年限及投资者风险偏好下，以风险矩阵的方式选择合适的工具。

（一）以理财目标进行资产配置

投资是达成个人理财目标的重要手段。因此，必须先设定短、中、长的理财目标，才能根据目标进行投资规划。资产配置的基本原则是距现在越近的理财目标，安全性资产比例越高。距现在越远的理财目标，风险性资产比例越高。

1. 短期理财以安全性资产为主

若安全性资产与风险性资产累积的财富差异不大，那么投资于风险性资产则难以弥补风险性资产的不确定风险。例如，未来一年要为去国外旅游准备 10 万元，可以投资风险等级较低、预期收益 5% 的理财产品 9. 52 万元，而若假设股票报酬率为 10%，投资 9. 09 万元股票，与理财产品投资不过差距 4 300 元，但是，难以确定一年内股票收益能否难达 10%。这是因为，年限越短，风险性资产处于经济短期景气循环与市场波动中，不确定性越大。年限越长，跨过景气循环的作用，风险性资产的报酬率波动区间越小。

2. 风险性资产长期投资目标应设定合适期间

风险性资产投资目标应该不是一个固定的数字，而是一个范围很大的区间。因此，要设定投资目标的高低标准，证券市场行情较好时可实现高标准目标，证券市场行情较差时也能合乎低标准的目标，这样才能降低投资的心理压力，做个快乐的投资者。

3. 选择与不同理财目标匹配的投资工具

短期内需要，如出国旅游等刚性支出，可以选择定期理财产品、定期存款等方式投资。需求弹性较大的中期目标，如 5 年购置一辆家用轿车，如果投资回报率较高可以买中高档汽车；投资回报率较低甚至亏损时可以买中低档汽车。中期目标需求资金弹性小的开支，如子女教育开支等，此类投资风险不能太大。中期投资目标需求资金弹性较大的开支，如购房，就可以提高风险资产的比重。

4. 长期理财注重投资复利效益

假定理财产品的预期年化收益率与股票（基金）平均报酬率有 6% 的差异，30 年后累积的差异可达 5. 74 倍。并且，投资持有的期间越长，越有可能跨越多个经济景气循环获得经济发展长期正效应与成长的利得，投资时机的好坏对最后投资收益的影响越小。因此，如果是 15 年以上的长期目标，应提高股票等风险性资产的投资比率。

根据以上原则，假定短、中、长期理财目标的资产配置比例分别为 10%：30%：60%，10% 可投资于定期理财产品或储蓄存款；20% 可投资于中期债券、混合型基金；60% 可投资具有业绩稳健增长的股票或股票型基金。在平均投资报酬率 12% 的假设下：（1）整笔投资 1 元，6 年后增值为 2 元；（2）每月投资 1 元，6 年后增值为 100 元；（3）6 年可作为一个定期定额和整笔投资理财规划。因此，要达到 12% 的投资报酬率，投资股票或股票型基金应占相当比例。

（二）用风险矩阵作资产配置

个人资产配置主要取决于个人风险偏好及其资金可运用的时间长短两大因素。个人风险偏好较高，则主观上更愿意承担短期风险来获得资产差价利得；资金可运用的时间越长，客观上越有能力承担短期风险，并获取长期投资回报。通常将资金可运用时间划分为短期（2 年以内）、中期（2～10 年）、长期（10 年以上），将风险偏好分为高、中、低，从而形成一个 3×3 的矩阵来作为个人资产配置的基本框架，如表 6－4 所示。

表 6－4 资产配置的风险矩阵

投资周期风险偏好	短期投资	中期投资	长期投资
高	偏债结构型基金	高收益债券（基金）	中小型成长股票（或股票基金）
中	短期债券基金理财产品	中长期债券基金	平衡型基金
低	货币市场基金	保本型基金	大盘蓝筹股票（或蓝筹股基金）

1. 资金运用周期短以保本为投资前提

短期资产配置是以安全性与流动性为主。风险偏好较低者，无能力，也没有意愿承担风险，此时将资金放在货币市场基金即可；风险偏好适中者，可投资流动性较高且净收益略高于定期存款的理财产品、短期债券；风险偏好较高者，可投资偏债结构型基金，投资组合中债券比例占 50% 以上。

2. 资金运用中期以获取投资收益为前提

中期资产配置要开始考虑获利性，但是安全性、流动性仍要优先于获利性。风险偏好较低者，可以投资 2～5 年的保本型基金，它具有流动性、本金损失机会小，但报酬率有机会比定存利率高。也可以投资零息债券保本、用零息债券的市价与面额差价来获得额外的收益预期；风险偏好适中者，可投资中长期债券基金，主要的风险是利率风险；风险偏好较高者，可承担信用风险较高收益也较高的企业债券，每年的高收益可抵销一部分本金的变动风险。

3. 资金运用长期以获取长期资本利得为前提

投资组合配置以长期平均报酬率最高的国内中小型股票或指数型股票型基金为主。假定预期目标报酬率为年化 12%，小王预计在 30 年后累积 346 万元的退休金用于安享晚年，需要配置股票型基金每月定投 1 200 元。

二、投资时机策略

优质股票、基金等属于长期投资的工具，随着投资期间的延长会熨平短期的波动，缩减预期报酬率的变动区间。但是需要选择恰当的时机进退，调整和优化不同资产配置之间的比例，以进一步提高资产配置的收益率。美林投资时钟理论根据经济增长率和物价指数两个指标的变化来划分，将经济周期划分为复苏、繁荣、滞胀和衰退四个阶段。

（一）“经济上行，通胀下行”构成复苏阶段

经济由谷底回升，企业盈利增加，产能利用率上升而通胀的压力尚未呈现，利率仍维

持稳定水平，较低的通胀降低了工资或原材料价格可能上涨的不确定性，市场可接受的市盈率水平较高。此时，股票对经济复苏的弹性更大，是股市可能有最佳表现的黄金时段，其相对债券和现金具备明显超额收益。

（二）“经济上行，通胀上行”构成繁荣阶段

当经济持续成长使闲置的资源被完全利用时，再有新增的需求就会导致工资和产品价格上升，通胀压力显现。通胀上升增加了持有现金的机会成本，可能出台的加息政策降低了债券的吸引力，股票的配置价值相对较强，而黄金或房地产等大宗商品最具有增值潜力。

（三）“经济下行，通胀上行”构成滞胀阶段

一旦经济增长减缓，企业获利明显下降，此时股票会逐渐步入空头市场。但是房地产因为通胀压力，保值性需求仍可支撑房产价格在高位徘徊。在滞胀阶段，经济下行对企业盈利的冲击将对股票构成负面影响。投资股票、房地产与债券都无法获利，甚至还有很大的本金损失风险。此种情况在20世纪70年代称为停滞性通胀。此时现金为王，保留货币至少不会有本金损失，而不是指望货币能带来较高的报酬率。

（四）“经济下行，通胀下行”构成衰退阶段

在衰退阶段，通胀压力下降，政府为了提升经济景气度，在通胀率不高的情况下，通常会采取宽松的货币政策，导引利率降低。利率降低时最直接受益的就是价格与利率成反比的债券，因此，债券市场可望表现最突出。2012～2015年，我国一年期存款基准利率由3.25%下降至1.5%，2015～2017年债券市场呈现两年的牛市行情。

三、股票投资策略

（一）蓝筹股

通常蓝筹股股价波幅变动较小。即使多头市场来临时，蓝筹股的价格上涨也相对滞后。经常的情况是其他股票已经连续上涨一段时间，蓝筹股才会缓慢攀升。而当空头市场到来，投机股往往率先崩溃，其他股票大幅滑落时，蓝筹股往往仍能坚守阵地，不至于在原先的价位上过分滑降。蓝筹股的投资策略是参考市盈率、每股净资产、股利等指标，一旦在较适合的价位上购进蓝筹股后，不宜再频繁出入股市，而应将其作为中长期投资的较好对象。虽然持有蓝筹股在短期内可能在股票差价上获利不丰，但以这类股票作为投资目标，不论市况如何，都无须为股市涨落提心吊胆。而且一旦机遇来临，却也能收益甚丰。长期投资这类股票，即使不考虑股价变化，单就分红配股，往往也能获得可观的收益。对于缺乏股票投资手段且愿做长线投资的投资者来讲，投资蓝筹股不失为一种理想的选择。正如彼得·林奇教授指出的，一个简单的投资策略就是根据上市公司股利排行榜中挑选股票，只要这些公司的股利持续保持增长，就尽可能地长期持有。通常大盘蓝筹股的股利分红比例较高。2016年在A股市场3 000多只股票中，累计每股分红排名前1 000名的，有

256 只为大盘蓝筹股。大盘蓝筹股价格波动较小，适合赚“慢钱”，其投资收益是通过持股时间较长和持股量较大来实现的。在市场出错、相对低估的市场机会进入，不仅能获得标的价值增长带来估值增长，而且有可能在交易性机会中获得资本利得。例如，银行股每股净资产（PB）通常是以 1 为中心，介于 0.8 ~ 1.5 上下波动。在 2012 年中央出台“八项规定”后，贵州茅台市盈率估值大幅度下降，2013 年 12 月市盈率（PE）仅 9.03 倍。而至 2016 年 12 月茅台的市盈率上升为 25.26 倍。

（二）成长股

成长股业绩上涨的潜力越大，股价上涨的弹性就越大。投资成长股的策略一是在新兴行业、高科技行业精选成长股。当今科技迅猛发展，高新技术的运用所带来的市场空间将为企业发展获得潜在的利润空间；二是要考虑选择股本规模。股本较小的企业，其成长的期望也就较大。而股本较大的企业要维持快速扩张将是越来越困难的。例如，一个企业的股本由 5 000 万元变为 1 亿元要比由 5 亿元变为 10 亿元容易得多。也关注盈利增长的持续性。选择过去一两年成长率较高的股票，成长股的盈利增长速度要大大快于大多数其他股票，一般为其他股票的 1.5 倍以上；三是要恰当地确定好买卖时机。成长股价格波动幅度明显大于蓝筹股、大盘股等。在牛市的初期，可适当购买部分成长股，而当股市狂热蔓延时，则应不失时机地卖掉持有的股票，由于成长股在熊市时跌幅较大，而在牛市时股价较高，对成长股的投资，一般较适合积极的投资者。

成长股大多属于中小盘，投资更要看其“真成长”，不能局限于静态地考察 PE，更应考察市盈率相对盈利增长比率（PEG）指标。目前新股发行的 PE 为 23 倍，30 ~ 40 倍市盈率的中小盘高成长股应当具有投资价值。根据经验法则，判断股价是否高估的一个标准是，市盈率不应超过收益增长率。即所谓 PEG，是用公司的市盈率（PE）除以公司未来 3 或 5 年的每股收益复合增长率。公式：PEG = PE/（企业年盈利增长率 × 100）。例如，一只股票当前的市盈率为 20 倍，其未来 5 年的预期每股收益复合增长率为 20%，那么这只股票的 PEG 就是 1。当 PEG 等于 1 时，表明市场赋予这只股票的估值可以充分反映其未来业绩的成长性。如果 PEG 大于 1，则这只股票的价值就可能被高估，或市场认为这家公司的业绩成长性会高于市场的预期。通常，那些成长型股票的 PEG 都会高于 1，甚至在 2 以上。投资者愿意给予其高估值，表明这家公司未来很有可能会保持业绩的快速增长，这样的股票就容易有超出想象的市盈率估值。当 PEG 小于 1 时，要么是市场低估了这只股票的价值，要么是市场认为其业绩成长性可能比预期的要差。通常价值型股票的 PEG 都会低于 1，以反映低业绩增长的预期。彼得·林奇曾经指出，最理想的投资对象，其 PEG 值应该低于 0.5。投资者需要注意的是，像其他财务指标一样，PEG 也不能单独使用，必须要和其他指标结合起来，这里最关键的还是对公司业绩的预期。由于 PEG 需要对未来至少 3 年的业绩增长情况作出判断，而不能只用未来 12 个月的盈利预测，因此大大提高了准确判断的难度。事实上，只有当投资者有把握对未来 3 年以上的业绩表现作出比较准确的预测时，PEG 的使用效果才会体现出来，否则反而会起误导作用。通常连续 3 年复合增长率超过 25%，且 PEG 低于 1，被机构认为具有投资价值。此外，投资者不能仅看公司自身的 PEG 来确认它是高估还是低估，如果某公司股票的 PEG 为 12，而其他成长性类似的同行业公司股票的 PEG 都在 15 以上，则该公司的 PEG 虽然已经高于 1，但价值仍可能被低估。

在美国股市，如果一只成长股，未来一年的预期市盈率超过 40 倍，就表明已经过于高估，因为要达到 40% 的收益增长率通常具有相当的难度。

（三）周期股和防御股

周期性行业企业占股票市场的主体部分，它们的业绩和股价变化受制于宏观经济周期。宏观经济周期是成为主导股市牛熊市变化的决定性因素。可见，周期股投资关键就是抓住正确时机进出。如果你能在经济复苏初期提前介入，就会获得丰厚的投资回报，但如果经济滞胀时再买入，则会遭遇严重的损失，可能需要忍受 5 年，甚至 10 年的漫长等待，才能迎来下一轮周期的复苏和高涨。虽然预测宏观经济周期存在诸多困难，但参照经济增长率、利率、进出口贸易额等宏观经济指标，还是能观察到经济周期的变动。其中利率是把握周期股入市时机最核心的因素。当利率水平低位运行或持续下降时，周期性的股票会表现得越来越好，因为低利率和低资金成本可以刺激经济的增长，鼓励各行各业扩大生产和需求。相反，当利率水平逐渐抬高时，周期性行业因为资金成本上升就失去了扩张的意愿和能力，周期性的股票会表现得越来越差。经济周期变化主要是需求侧角度进行周期股的投资。2015 年，我国实行的供给侧结构改革，对钢铁、煤炭等行业实行“三去一降一补”，也利好于周期性行业的业绩和股票。在经济周期演化过程中，周期性行业业绩和股价往往呈现明显的行业轮动特征。当经济处于复苏时，石化、建筑施工、水泥、造纸等基础行业会最先受益，股价上涨也会提前启动。在随后的复苏增长阶段，机械设备、周期性电子产品等资本密集型行业和相关的零部件行业会表现优异，投资者可以调仓买入相关股票。在经济繁荣阶段，居民收入增长带动商业繁荣，非必需消费品行业如轿车、高档服装、奢侈品、消费类电子产品和旅游等行业，属于最受益行业，换入这类股票可以享受到最后的经济周期盛宴。

防御股表现相对稳健，股价弹性较小。当市场整体上涨时，防御股涨幅往往落后于大盘，而在市场整体下跌时，其跌幅也要比整个市场小，甚至还有上涨表现。因此，在牛市末期和漫长熊市中，防御股是投资者规避风险的最佳品种。防御股所在的行业，主要是满足人们基本生活需求的公共服务行业，很少受商业及经济周期的影响，同时这类企业的现金流比较充足，股利发放丰厚稳定，确保了收益。由于我国经济处于中高速增长态势，一些防守型股票在具备其防御特性的同时，也能提供成长型股票的回报。

（四）大、中和小盘股

如果仅仅考虑流通股本规模，难以制定大、中和小盘股的投资策略，通达信等股票投资软件将大、中和小盘股进一步划分为价值和成长两种类型，形成大盘价值股、大盘成长、中盘价值、中盘成长、小盘价值、小盘成长六种概念板块。因此，大盘价值股比较适合于具有较大资金且进行中长线的投资者，其收益主要通过持股时间较长和持股量较大来实现的。在基本面不改变的情况下，根据 PE、PB 等指标，越低越买。大盘成长股兼有价值和成长的双重优势，其安全性更高。中小盘价值股和中小盘成长股的价格波动较大，风险与机会并存，尤其是在我国以散户为主体的市场结构中，追涨杀跌，羊群效应等比较突出，要加强基本分析与技术分析相结合，才能提高盈利的概率。

四、基金投资策略

对于风险偏好适中或较低的投资者而言，选择基金间接投资股票是一个理想的选择。因此，选择若干个优秀的基金，采取定投等方式，显得很有必要。选择符合自身要求的基金产品，是基金投资的第一步。

（一）遴选业绩优良的基金

虽然以往业绩并不保证未来基金的获利，但以往的绩效毕竟是投资者手中最容易得到的参考资料。根据以往业绩选择基金，可遵循“4433 法则”，即以“时间”来检验基金过去的短中长期绩效。一是看中长期指标。第一个“4”：代表选择一年期绩效表现排名在同类型产品前 1/4 的基金；第二个“4”：代表选择两年、三年、五年以及自今年以来绩效表现排名在同类型产品前 1/4 的基金；二是看短期指标。第一个“3”：代表选择近 6 个月绩效表现排名在同类型产品前 1/3 的基金；第二个“3”代表选择近 3 个月绩效表现排名在同类型产品前 1/3 的基金。

就如同“从后视镜中看未来”，尤其是过去一年的冠军基金，在下一年度中往往表现极差，因为这些冠军基金往往是那些押宝于某个热门行业或者几只某类热门股，又或者其选股模型正适合阶段性行情。

当然，如果进一步简化，可以根据天天基金网，查询公募基金产品的最新的基金评级报告。如国内的晨星（Morning Star）与李柏（Lipper）通常以三年期绩效为基准。如图 6－1 所示，如果一只基金在同类型基金中排名为最后 10%，只能获得一星评级。排名在 22.5% ~35% 为两星评级；35% ~77.5% 为三星评级；77.56% ~90% 为四星评级，最好的 10% 为五星评级。根据经验，最好不要选择多年评级在三星以下的基金产品，而是尽量选择多年持续评为 4 星以上的基金，因为优异的历史业绩表明管理团队的实力。经历牛熊市都表现优秀的基金及其团队，更让人放心。在美国投资到基金中的新资金，有超过 90% 的资金也是投资到晨星公司评定四星级以上的基金中。因此，由晨星公司的评级制度在很大程度上已经影响了美国基金投资者的行为。

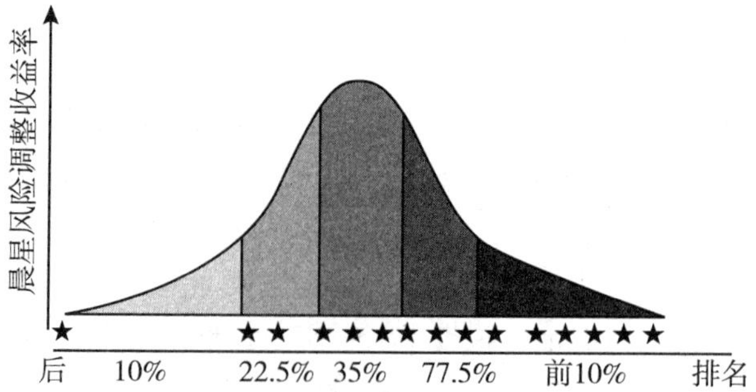

图 6－1　晨星评级——收益分布

（二）形成“向日葵”式的基金组合

在投资股票型基金过程中，为了降低市场风险，需要做投资组合。不妨以“向日葵原则”来解决。向日葵有一个远比一般花朵大的花心，配合向外放射的花瓣，向着太阳的方向成长。个人理财的基金组合，也应包括花心和花瓣两部分。花心是核心的投资组合，应当以较稳定的绩优股或成熟股市的 2～3 只大盘股基金为主，至少应占总资产的 50%，实行长期持有策略，不到需要用钱的时间不考虑卖出，目的是获取长期的资本增值收益。

花瓣部分是灵活性较高，根据风险偏好及资金运用时间，可占资产的 10%～50%，以成长型基金为主，可视市场行情，进行波段操作和定投策略的部分。在市场运行不明朗时，机动投资的部分应以箱型操作为原则，设置阻力点位和支撑点位。若是持续创新高时则不要预设获利点，但应以提高移动式止损点的方式，只要从高点向下跌 10% 就开始减码，跌 20% 时全部止损出场。

如果说花心是战略性的资产配置，那么花瓣就是战术性资产配置。两者之间的比例取决于个体的风险偏好。保守投资者可以 100% 投资于战略性核心组合，不用考虑外围组合。稳健投资者可以将 25% 的资金维持核心组合。即使是风险偏好较高的投资者也应将超过 50% 的比重放在核心资产。

（三）适时调整各类基金配置比例

“坚决长期持有一个业绩持续稳定且投资风格也持续稳定的基金，远远胜于在不同的基金之间换来换去、随波逐流。”然而，并不排除根据经济周期变化或在市场发生重大变化时，适时调整各类基金配置比例。

1. 开展基金转换

根据利率变动。利率是个人观察经济景气循环变化的最重要指标。当进入升息周期时，代表央行担心经济过热可能引发通胀，表示此时经济景气已经接近顶峰阶段，企业盈利情况较好，因此，股票上升动能虽然受到压抑，但股市仍保持高位震荡的一段时间，此时应当分批次将股票（基金）转换为货币（基金）。根据美国的经验，连续 4 次调高利率以后，股市即使依然上涨，但空间比较有限。因此，每次调高利率时转出 25%。当进入降息周期时，要将货币（基金）转换为债券（基金）。依照美国的历史经验，当第一次下调利率的后半年期间，是投资债券基金的黄金时间。当利率调低效果显现，企业盈利改善，债券基金逐步转换为股票（基金）。

2. 根据技术指标

从股市运行的形态看，可分为上升态势、下跌态势、振荡态势。但是在股市不同板块之间可能走出不同、甚至完成相反的市场走势。例如，2016～2017 年，A 股市场上证板块呈现振荡向上态势，大盘价值股、大盘成长股成为机构持仓的主要标的，而 A 股市场创业板由于市盈率偏高，而呈现振荡向下态势，以小盘价值股和小盘成长股为主要持仓标的的各类基金，难有表现的机会。因此，结合宏观经济和金融政策以及技术指标分析，适时调整各种类型基金的比例，是提高基金投资收益的重要手段。

五、投资情绪的控制

研究表明，投资者的回报低于市场收益平均水平。例如，1990~2010 年，标准普尔指数平均每年获得 9.14% 的回报，而普通股票投资者仅获得 3.83% 的回报。一个可能的解释，是普通投资者太情绪化并且对金融市场的信息作出了过度反应。例如，当股票市场价格已经步入高位时，许多投资者受羊群效应，将钱投向股票或股票型基金。同样，当股票市场暴跌时，投资者将股票卖掉。这经常会导致高买低卖，带来股票收益率之灾。行为金融学认为，信念和偏好异质的投资者常常是非理性的，其心理因素在投资决策和市场演绎中起着重要作用。情绪的大幅度波动导致认知偏差和情绪偏差，从而放大乐观或悲观的情绪，并致使市场产生错误定价的现象，使资产价格在牛市中超出其内在价值，并在市场崩溃时跌破其内在价值。因此，投资者的心理会使资产价格偏离其内在价值，在中短期，投资者情绪甚至可以直接影响到资产定价。作为一个长期投资者，要善于控制自己的情绪，提升理财情商（EQ）。

首先，要克服从众心理。在任何一个时期进场，都要面对未来消息面的不确定因素。投资者可以模拟出各种股价或基金市值发生变化时，应采取的投资策略。当预期的状况真的发生时，按原定的计划应对，就可以降低短期行情对心理的影响，提高在预定期限达成累积财富目标的概率。其次，减少操作的次数。芝加哥大学法玛教授认为，钱就像肥皂，你对它操作越多，它留下的就越少。频繁操作会带来高昂的交易成本，更容易造成对市场信息的过度反应。长期的事实证明，买入并持有策略是投资中一个有效而成熟的方法。要认识到羊群效应、过度反应等行为偏差，并有计划在多数情况下面对消息时保持无动于衷。最后，要克服投资的常见陷阱。所有投资者在他们的一些投资中都会犯错误。常言道，“你不能以金融市场的损失来支付学费。你需要做的是避免犯常见的和可避免的错误。”

本章小结

1. 投资是个人财富增值的主要手段。投资者可以投资的工具通常包括股票、储蓄存款、债券、基金、结构性产品、信托等金融产品及房地产等资产。这些投资品具有不同的收益与风险特征。

2. 投资者在投资风险资产之前，必须能够评估资产的收益和风险。投资者需要通过计算收益率来衡量收益。收益率的计算方法主要包括持有期收益率、时间加权收益率、平均收益率等。标准差和贝塔系数是衡量投资风险的两个重要指标。

3. 风险和回报匹配是投资的基本规律。通过资产组合，有助于分散风险。

4. 理财需要进行投资规划。投资规划需要投资者设定理财目标、掌握自身的财务状况、认清自己的投资性格及风险承受度并开展市场研究。

5. 投资者理财需要有一定的投资策略。投资者需要根据自身的风险承受能力进行资产配置。股票、债券、基金等金融产品具有不同的特征，采取的投资策略也不同。同时，投资者在投资过程中需要把握投资时机、控制投资情绪。

思考题

1. 金融投资工具主要有哪些类型？它们各自具有怎样的特征？
2. 投资收益率存在哪些衡量方法？
3. 如何衡量投资风险？
4. 投资者进行投资管理要完成哪些步骤？
5. 投资者可以通过哪些策略实现不同金融产品的投资管理？

附录　投资资产前要问的有用问题

1. 我的投资目标是什么？为了实现这个目标，我需要投资多少？
2. 在为日常需要和紧急情况预留资金之后，我能承担多少投资？
3. 我想投资一大笔钱还是一笔普通的小额投资？
4. 要达到我的投资目标，我需要多少投资回报？
5. 我的风险容忍度评价是什么？
6. 我所考虑的资产是否符合我的投资目标和需要？
7. 资产的预期回报率是多少？现实吗？它有担保吗？
8. 我应该投资现金还是公积金？投资回报率与公积金贷款违约率相比如何？
9. 资产的支付时间是什么时候？在这期间我能继续投资吗？
10. 我对资产的风险感到满意吗？我准备承担多少损失？最坏情况下的最大损失是多少？
11. 我是否阅读并理解了我想购买的资产的所有信息（招股说明书、期限表、产品摘要）？
12. 是否有替代资产，提供类似的回报和风险？我正在考虑的资产，这种资产与其他资产相比如何？

第七章　个人金融风险管理

人无远虑，必有近忧

——《论语·卫灵公》

学习目的和要求

通过本章的学习，了解风险的定义、不同风险的共同特征，熟悉风险的可度量性；了解风险态度与风险承受能力，判断风险态度和承受能力，学会运用资产的概率与收益的权衡；了解个人风险类型以及相应特征，相互间的区别；熟悉金融风险管理过程，掌握不同风险管理和应对问题。

本章预习

《朱子家训》有云，“宜未雨而绸缪，毋临渴而掘井”，绸缪，当缠缚讲，引申为修补。“未雨绸缪”出自《诗经》，其诗云：“迨天之未阴雨，彻彼桑土，绸缪牖户。”意思是：鸱鸮在未下雨的时候就啄剥桑树皮，修补窝巢。“未雨绸缪”就比喻做什么事情都预先准备，防患于未然。“毋”当不要讲。“临渴掘井”比喻事到临头才想办法。这两句反映了中国人重视预防，强调事先准备，深谋远虑的观念。

生活中，风险无处不在，老百姓都讲家要有积蓄，存钱以备临时急用，未雨绸缪的重要性不言而喻。当今社会，每个人都与金融密切相关，小到存款取款、支付收款，大到投资借贷、国际投融资等，金融风险也形影相随，学习掌握识别风险和应对风险，显然是十分重要的，是个人财务管理中不可或缺的一环。

第一节　风险概念

一、风险的定义

风险是指某一特定危险情况发生的可能性和后果的组合。是生产目的与劳动成果之间的不确定性，大致有两层含义：一种定义强调了风险表现为收益不确定性；而另一种定义则强调风险表现为损失的不确定性，若风险表现为不确定性，说明风险产生的结果可能带来损失、获利或是无损失也无获利，属于广义风险，所有人行使所有权的活动，应被视为管理风险。金融风险属于此类。而风险表现为损失的不确定性，说明风险只能表现出损失，没有从风险中获利的可能性，属于狭义风险。风险和收益成正比，所以一般积极进取的投资者偏向于高风险是为了获得更高的利润，而稳健型的投资者则着重于安全性的考虑。

从广义上讲，只要某一事件的发生存在着两种或两种以上的可能性，那么就认为该事件存在着风险。而在保险理论与实务中，风险仅指损失的不确定性。这种不确定性包括发生与否的不确定、发生时间的不确定和导致结果的不确定。

虽然风险是一个众所周知的词语，但目前学术界对风险的内涵还没有统一的定义。不同的学者对风险基于不用的理解以及研究角度的不同，给出了不同的解释。主要有以下几种观点。

一是风险是未来结果的不确定性。不确定性和风险密切相关。威廉（William）认为，风险就是一种不确定性。也就是说，如果某一资产的价值存在不确定因素，就称该资产存在风险，否则无风险。这种理解当中的不确定性可以用概率来衡量。

二是风险是未来结果对预期的偏差。这个角度定义的风险认为，只要资产的实际收益偏离了预期收益，就意味着风险。即风险不仅包括遭受损失的可能性，也包括取得收益的可能性。马柯维茨的均值—方差测度方法就是从这个角度衡量风险的典型代表。

三是风险是未来结果发生损失的可能性以及损失的大小。美国经济学家、芝加哥学派创始人奈特（Knight）在其1921年出版的名著 *Risk Uncertainty and Profit* 中，较全面地分析了风险与不确定性的关系。奈特认为，风险不仅取决于不确定性因素的不确定性的大小，而且还取决于收益函数的性质。

风险是由风险因素、风险事故和损失三者构成的统一体，三者的关系为：风险因素是指引起或增加风险事故发生的机会或扩大损失幅度的条件，是风险事故发生的潜在原因；风险事故是造成生命财产损失的偶发事件，是造成损失的直接的或外在的原因，是损失的媒介；损失是指非故意的、非预期的和非计划的经济价值的减少。

上述三者关系为：风险是由风险因素、风险事故和损失三者构成的统一体，风险因素引起或增加风险事故；风险事故发生可能造成损失。

【案例7－1】

小王在银行存款面临风险

2000年8月的一天，小王手持存折匆匆到中国建设银行广州市某营业部报案，声称自己存折上的7万元活期存款被人取走，要求银行全额赔偿，并当场指出，之所以出现这样的事，完全是储蓄员小马的错误造成的。在场的领导和储蓄员都感到奇怪，存款被盗怎么会是小马的错误造成的。经了解，事情确实是这样的。

小王在不久前曾来该营业部挂失，说自己的储蓄卡（龙卡）连同密码单被盗，当时储蓄员小马为他做了储蓄卡挂失处理。但这种储蓄卡是与存折配套的，两者的账号都是一样的，小王丢失的是储蓄卡，并未丢失存折。当小马帮助小王办理了龙卡挂失之后，小王问小马，这个存折是否还可以使用，小马告诉他，存折还可以使用。小王过后又用该活期存折存款7万元，不久就发现全部存款被人领走。支行领导了解情况真相后，认为这确确实实是储蓄员小马业务不熟所导致的错误。这类龙卡与存折配套的账户，要挂失必须把两者同时挂失作废，单独挂失龙卡是没有效的，丢失的龙卡仍然可以使用，这就是7万元存款被冒领的原因。

二、风险的共同特征

（一）风险因素

风险因素是指促使某一特定风险事故发生或增加其发生的可能性或扩大其损失程度的原因或条件。它是风险事故发生的潜在原因，是造成损失的内在或间接原因。例如，对于建筑物而言，风险因素是指其所使用的建筑材料的质量、建筑结构的稳定性等；对于人而言，则是指健康状况和年龄等。

根据性质不同，风险因素可分为有形风险因素与无形风险因素两种类型。

1. 有形风险因素

有形风险因素也称实质风险因素，是指某一标的本身所具有的足以引起风险事故发生或增加损失机会或加重损失程度的因素。如一个人的身体状况；某一建筑物所处的地理位置、所用的建筑材料的性质等地壳的异常变化、恶劣的气候、疾病传染等都属于实质风险因素。人类对于这类风险因素，有的可以在一定程度上加以控制，有些在一定时期内还是无能为力。在保险实务中，由实质风险因素引起的损失风险，大都属于保险责任范围。

2. 无形风险因素

无形风险因素是与人的心理或行为有关的风险因素，通常包括道德风险因素和心理风险因素。

道德风险因素是指与人的品德修养有关的无形因素，即由于人们不诚实、不正直或有不轨企图，故意促使风险事故发生，以致引起财产损失和人身伤亡因素。如投保人或被保险人的欺诈、纵火行为等都属于道德风险因素。在保险业务中，保险人对因投保人或被保险人的道德风险因素所引起的经济损失，不承担赔偿或给付责任。

心理风险因素是与人的心理状态有关的无形因素，即由于人们疏忽或过失以及主观上不注意、不关心、心存侥幸，以致增加风险事故发生的机会和加大损失的严重性的因素。例如，企业或个人投保财产保险后产生了放松对财务安全管理的思想，如产生物品乱堆放，吸烟后随意抛弃烟蒂等的心理或行为，都属于心理风险因素。由于道德风险因素与心理风险因素均与人密切相关，因此，这两类风险因素合并称为人为风险因素。

小贴士：

道德风险是指经济代理人在使其自身效用最大化的同时，损害委托人或其他代理人效用的行为。在市场经济中道德风险是一种十分普遍的现象，它实际上是经济人针对自身的隐蔽信息而采取的反应。

（二）风险事故

风险事故（也称风险事件）是指造成人身伤害或财产损失的偶发事件，是造成损失的直接的或外在的原因，是损失的媒介物，即风险只有通过风险事故的发生才能导致损失。

对于某一事件，在一定条件下，如果它是造成损失的直接原因，它就是风险事故；而在其他条件下，如果它是造成损失的间接原因，它便是风险因素。如下冰雹使得路滑而发生车祸，造成人员伤亡，这时冰雹是风险因素，车祸是风险事故。假如冰雹直接将行人砸成重伤，冰雹就是风险事故本身。

风险事故发生的根源主要有三种：

（1）自然现象，如地震、台风、洪水等；

（2）社会政治、经济的变动，如社会动乱、汇率的变动等；

（3）人或物本身内在属性、缺陷，如疾病、设备故障等。

（三）损失

在风险管理中，损失是指非故意的、非预期的、非计划的经济价值的减少。

通常我们将损失分为两种形态，即直接损失和间接损失。直接损失是指风险事故导致的财产本身损失和人身伤害，这类损失又称为实质损失；间接损失则是指由直接损失引起的其他损失，包括额外费用损失、收入损失和责任损失。在风险管理中，通常将损失分为四类：实质损失、额外费用损失、收入损失和责任损失。

三、风险的可度量性

所谓金融风险，是指由于受一个或多个随机因素的影响而导致投资结果的不确定性，它包括操作风险、信用风险、汇率风险与市场风险等。风险越大，回报或损失就越大。要在面对风险时立于不败之地，就要实行风险管理，特别是在放松市场管制、全球化和交叉经营的今天，对金融风险的管理更具有其战略意义。风险的量化与控制现已成为投资者、金融监管部门一切活动的核心。要管理风险，首先需要对风险的大小进行量化或度量。从描述简单证券收益率的波动率、刻画固定收益证券的有效期限、证券投资组合的 β 系数、度量衍生金融产品的凸性、一价 δ 测量、二价 γ 测量等早期简单的量化指标，到近年来所出现的一系列新的度量方法，金融风险度量方法经过半个多世纪的发展已取得了相当大的进步，尤其是随着复杂数学方法的成功运用，最近更是涌现出了不少好的度量模型，并使对风险度量的研究成为应用数学的一个热点研究领域。迄今为止，各种不同形式的风险度量模型足有上万个。

依照现有主要市场风险度量方法的特点及其所依赖的数学工具，我们将其分为基于收益分布各阶矩信息的风险度量、随机优势准则、风险价值模型（VaR）、Coherent 风险度量、凸风险度量和多期动态风险度量六大类。

小贴士：

基于收益分布各阶矩信息的风险度量：即著名的均值—方差（MV）模型，在模型中，最初的投资组合预期收益用 $E(X)$ 度量，投资组合的风险用 $Var(X)=E[X-E(X)]^2$ 度量。这一度量方法经过不断改进及多阶段推广陆续得到完善。

VaR：根据1996年金融学家乔瑞（Jorion）给出的定义，VaR是衡量金融资产或组合在未来资产价格波动下可能或潜在的损失，在正常的市场条件下和给定的置信水平内，某种金融或资产组合在未来一段持有期内的最坏预期损失值。

VaR的数学表达式为：

$$P[W_{t+h}-W_t<-VaR_{W,t}(h,\ a)]=\alpha$$

其中，W_t 是资产在 t 时刻价值，$VaR_{W,t}(h,\ a)$ 就是金融资产 W 在置信水平 $1-\alpha$ 下持有期为 h 的 VaR，它表明在未来持有期 h 内，金融资产损失超过 $VaR_{W,t}(h,\ a)$ 的概率为 α。

Coherent 风险度量（CVaR）：阿尔茨纳－戴尔贝恩－艾博－希斯（Artzner－Delbaen－Eber－Heath）提出了一致性风险度量模型，认为一个完美的风险度量模型必须满足下面的约束条件：

1. 单调性　$X\in V,\ X\geqslant 0\rightarrow p(X)\leqslant 0$
2. 次可加性　$X\in V,\ Y\in V,\ X+Y\in V\rightarrow p(X+Y)\leqslant p(X)+p(Y)$
3. 正齐次性　$X\in V,\ h>0,\ hX\in V\rightarrow p(hX)=ph(h)$
4. 平移不变性　$X\in V,\ a\in R\rightarrow p(X+a)=p(X)-a$

次可加性是为了满足最基本的组合多样化原理，即组合的风险小于或等于组合中所有单个资产风险之和；单调性考虑优质资产与劣质资产风险排序关系，即优质资产理应是风险较小的；平移不变性则考虑了随机收益的增加（或减少）一个确定量，那么风险理应是减小（或增加）一个相应的量；最后一次齐次性是从资产的流动性角度来考虑风险的度量。其次，次可加性条件在我们求解最优化组合中也具有重要的意义，在该条件下求解最优化组合的问题变成了一个凸规划，它的解具有存在唯一性。

凸风险度量：即用条件较弱的凸性取代一致性风险度量公理化体系中的正齐次性和次可加性所得到的度量模型就是凸风险度量。

多期动态风险度量：动态风险度量方法可分为动态Coherent风险度量、动态凸风险度量等，因为静态风险度量无法将动态信息纳入度量模型，金融活动承受时间的失衡而发生变化，通过野蛮波动模型将静态的VaR和CVaR扩展到动态情形。

四、风险态度与风险能力

经济行为主体对待风险的态度是存在差异的。热衷冒险的人会在等待不确定性结果中获得刺激而兴奋不已；大多数的行为主体则认为风险是一种折磨，尽可能地回避风险；而另一些人对风险可能采取一种无所谓的态度。这种对待风险的不同表现，我们称之为风险态度。在金融学中经常用效用函数来描述不同经济主体对待风险的态度。

（一）风险态度

所谓风险态度是指人对风险所采取的态度。是基于对目标有影响之正面或负面的不确定性所选择的一种心智状态。或者说是对重要的不确定性认知所选择的回应方式。然而判断会随处理的不同而异。有时候，个人或团体刚开始时所采取的态度，无法支持有效的风险管理，因此对风险关注的时机非常重要。

风险心理学的学者对经济主体的风险态度已经研究了许多年，但是在工作现场中仍然没有太多实务上的指导，由于风险态度对风险处理的所有因素都有相当重大的影响，因此风险态度的关键判断因素是关注的时机。具备风险智能的个人与团体了解为何他们会以特定的方式回应风险，并且能够采取适当的态度，以帮助他们将风险管理的效益发挥到极致。

1. 风险态度的描述

如何通过效用函数描述不同经济主体对待风险的态度？通常可以从两个方面来刻画：

（1）观察经济行为主体面对公平博彩时的行为选择，即是愿意确定性地接受一个公平博彩的期望价值还是宁愿接受这个博彩本身及其不确定性的结果。

（2）经济行为主体愿意付出多少价值来避免蕴含在这个博彩中的风险。或者说，让经济行为主体参与这个博彩行为需要多少风险溢价补偿。

首先我们对经济行为主体做出一个基本假设：

在不确定性经济中，投资者都尽可能最大化自己的期望效用。

$$U(x) = E[\tilde{u}(x)] = \sum_{i=1}^{N} p_i u(x_i)$$

例如，如果一个简单的投掷硬币的赌局，硬币的正反面不是完全对称的，投掷结果正面朝上的概率为 p，反面朝上的概率就是 $1-p$。如果正面朝上有正的收益 ε_{up}，反面朝上有负的收益 ε_{down}。

如果有 $p\varepsilon_{up}+(1-p)\varepsilon_{down}=0$，也就是说，预期收益（平均收益）为0，则这个赌局称为公平博彩。

公平博彩（fair game）是指不改变个体当前期望收益的赌局，如一个博彩的随机收益为 $\tilde{\varepsilon}$，其期望收益为 $E(\tilde{\varepsilon})=0$，我们就称其为公平博彩。当然，既然是博彩，通常隐含地假设其收益的方差大于零，即其收益不会是确定值零。或者公平博彩是指一个博彩结果的预期收益只应当和入局费相等的博彩。

我们将满足下式的博彩（p：x_1，x_2），称为一个公平博彩：

$$px_1+(1-p)x_2=0,\ 0<p<1$$

公平博彩不改变个体原来的期望收益，但它提供了个体增加或减少原来收入的机会。如果经济主体拒绝接受公平博彩，这说明该个体在确定性收益和博彩之间更偏好确定性收益，我们称该主体为风险厌恶者。如果一个经济主体在任何时候都愿意接受公平博彩，则称该主体为风险偏好者。

2. 风险态度的分类

定义：u 是经济主体的 VNM 效用函数，W 为个体的初始禀赋，如果对于任何 $E(\tilde{\varepsilon})=$

0，$Var(\tilde{\varepsilon})>0$ 的随机变量 $\tilde{\varepsilon}$，有 $u(W)>E[u(W+\tilde{\varepsilon})]$。

则称个体是（严格）风险厌恶（risk aversion）；如果上述不等号方向相反，则称个体是风险偏好（risk loving）；如果两边相等，则称个体是风险中性（neutral）。因此，风险态度一般分为三种：风险厌恶、风险中性和风险偏好。

对于一个具有效用函数为 U 和初始禀赋为 w 的经济主体，如果他不参加博彩，则其效用为 $U(w)$。如果他愿意参加博彩，则他有 p 的概率消费 $W+x_1$，$1-p$ 的概率获得 $W+x_2$，因此，他的期望效用为 $pU(w+x_1)+(1-p)U(w+x_2)$。

风险厌恶是一个人接受一个有不确定的收益的交易时相对于接受另外一个更保险但是也可能具有更低期望收益的交易的不情愿程度。

根据我们对风险厌恶者的定义，对于一个风险厌恶的经济主体而言，我们有：

$$U(w)>pU(w+x_1)+(1-p)U(w+x_2)$$

由于：$w=p(w+x_1)+(1-p)(w+x_2)$，所以上述不等式可以写为：

$U[p(w+x_1)+(1-p)(w+x_2)]>pU(w+x_1)+(1-p)U(w+x_2)$，即

$$U[px_1+(1-p)x_2]>pU(x_1)+(1-p)U(x_2)$$

这表明，风险厌恶的经济主体偏好未来收益分布的期望值，而不是未来收益分布本身。即对于风险厌恶的经济主体而言，确定性收益（数学期望值）的效用大于效用的期望值。基于这一性质，我们认为，风险厌恶者的效用函数为凹函数如图 7－1 所示。

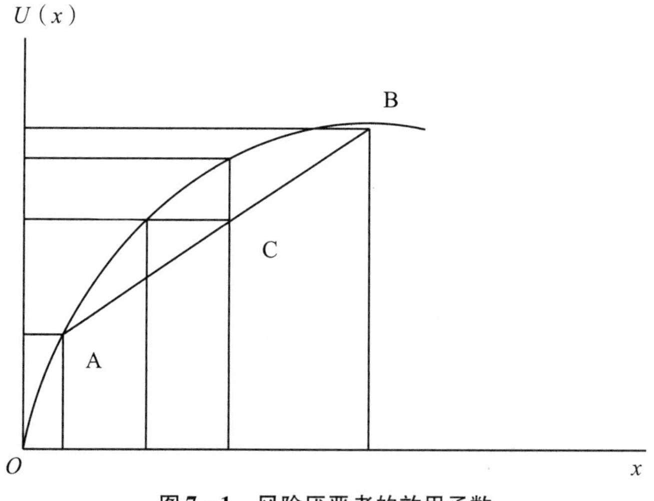

图 7－1　风险厌恶者的效用函数

风险中性是相对于风险偏好和风险厌恶的概念，风险中性的投资者对自己承担的风险并不要求风险补偿。我们把每个人都是风险中性的世界称之为风险中性世界。

对于风险中性者，有 $U[px_1+(1-p)x_2]=pU(x_1)+(1-p)U(x_2)$。其效用函数为线性效用函数，如图 7－2 所示。

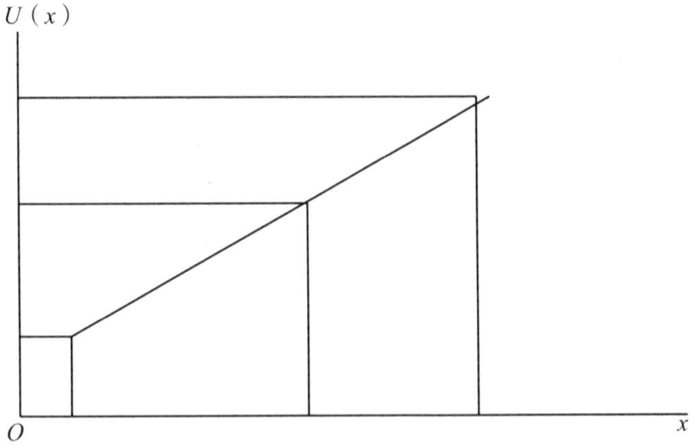

图 7－2　风险中性者效用函数

风险偏好是指人们在实现其目标的过程中愿意接受的风险的数量。对于风险偏好者的效用函数为：$U[px_1+(1-p)x_2]<pU(x_1)+(1-p)U(x_2)$，效用函数为凸函数。如图 7－3 所示。

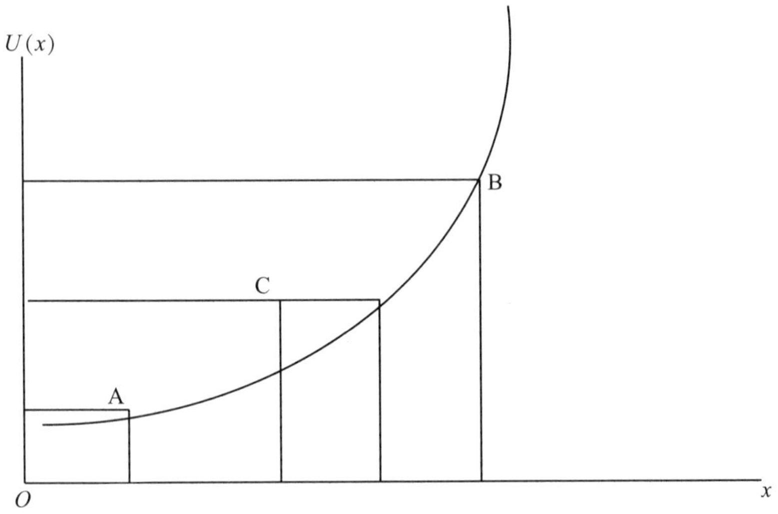

图 7－3　风险偏好者的效用函数

小贴士：

期望效用函数：如果某个随机变量 X 以概率 P_i 取值 x_i，$i=1, 2, \cdots, n$，而某人在确定地得到 x_i 时的效用为 $U(x_i)$，那么，该随机变量给他的效用便是：

$$U(x_i)U(X)=E[U(X)]=P_1U(x_1)+P_2U(x_2)+\cdots+P_nU(x_n)$$

其中，$E[U(X)]$表示关于随机变量 X 的期望效用。因此 $U(X)$ 称为期望效用函数，又叫作冯·诺依曼—摩根斯坦效用函数（VNM 函数）。

3. 风险态度的影响因素

鉴于风险态度对微观和宏观经济的广泛影响，学术界越来越关注影响个体风险态度的因素。已有的研究主要关注财富水平、性别、年龄等人口统计学变量，人力资本、财富资本等个人因素变量对个体风险态度的影响。其中财富水平对个人风险态度的影响比较有代表性。

弗里德曼－萨维奇（1948）认为一个经济主体可以在某些情况下是风险厌恶者，在另一种情况下是风险偏好者。他们认为经济行为主体效用函数的凸凹性实际上是一种局部性质。效用函数是几个不同的部分组成。在人们财富较少时，部分投资者是风险厌恶的；随着财富的增加，投资者对风险有些漠不关心；而在较高财富水平阶段，投资者则显示出风险偏好。因此一个经济主体的效用函数应该如图 7－4 所示。

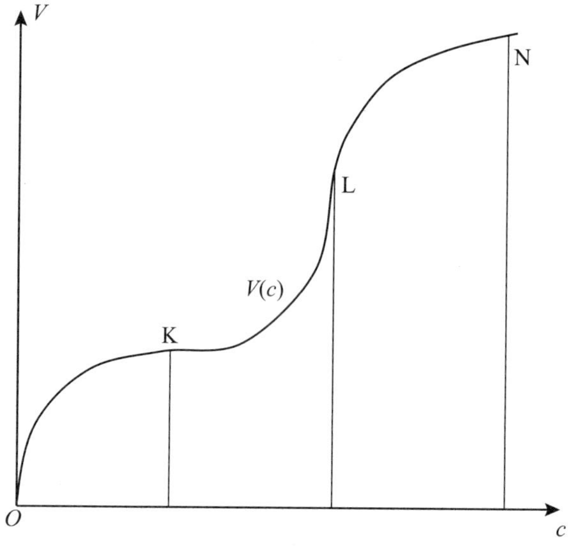

图 7－4　复杂型的风险偏好

国外有学者研究发现：男性、更年轻者、未婚者、抽烟者、创业者、更高收入者、更多财富者和更高教育水平者，更可能偏好于风险（Hartog et al.，2002；Dohmen et al.，2011）。国内学者主要分析某一特定群体在某一方面的风险态度的影响因素，特别是金融投资者群体的风险态度影响因素。马莉莉和李泉（2011）分析奥尔多投资研究中心的《城市投资者行为调查问卷》调查结果，发现财富资本、教育水平、健康资本、收入状况和是否抚养小孩是影响投资者风险偏好的重要因素。王晟和蔡明超（2011）对长三角地区 700 位投资者进行了问卷调查，发现年长者、男性、拥有经济金融专业相关知识背景者、拥有高房产价值者，风险厌恶程度更低，而身体健康水平、学历、婚姻、金融财富作用均不显著。

（二）风险承受能力

风险承受能力是人们在一定风险认知、风险价值观和个人心理特征的交互作用下形成的对风险的适应、调节和反应能力，具体表现为个体在认识和心理感受风险的危害、概率、可控制性等特征后，能够通过自我调节做出能动反应，使自己的风险认知、心理状态及行为方式更加符合风险环境要求和自身发展要求的能力。风险承受能力的提高是个体对风险的心理适应、行为调节及风险认知调节的过程，对风险的心理适应可以提高个体的风险心理承受能力，行为调节可以提高个体在事故发生时的避险能力，风险认知调节可以使个体对风险有正确的态度和风险价值观，因此可以从风险心理承受能力、个人避险能力、安全倾向和风险认识四大方面来评价个体的风险承受能力大小。

1. 风险心理承受能力

个人的心理承受能力与个人的心理特征有关，包括个人情绪稳定性、性格内外倾向、对压力的承受能力等指标，对风险的心理承受能力同时还包括个人对风险的期望值、对政府的信任度等。由于个人心理特征是个体特有的，不受风险价值观、风险认识等指标的影响，而风险心理特征是受其他指标影响的，因此把风险心理承受能力指标分解为个人心理特征和个人风险心理两个指标来研究。其中个人心理特征包括情绪稳定性、性格内外倾向、与人相处倾向、对压力的承受能力、面对紧急事件的心理状态、心理依赖性、生活满意度、个人健康程度 8 个指标；个人风险心理包括风险的期望水平、对政府的信任度、个人的灾害经历、对伤亡的接受程度 4 个指标。

2. 个人避险能力

主要指个人在风险认识的基础上产生的风险预防行为、救灾行为、学习防灾减灾知识的行为等。因此个人避险能力从平时是否有预防风险的行为、防灾减灾知识的了解度、发现一些安全隐患时的做法、遇到灾害时是否会救灾、对洪水发生时正确做法的了解情况 5 个指标来评价。

3. 安全倾向

是个体在社会经济发展到一定阶段的大环境下，产生的对风险态度、看法和倾向，不同的经济社会发展程度、不同的风险认识下有不同的风险价值观。从经济发展与安全取舍、市政工程与风险预防投资取舍、减灾态度、风险事故的态度、风险的接受程度、风险重视度 6 个指标来确定个体的安全倾向。

4. 风险认识

指个体对风险的感知和看法，从是否意识到风险的存在、风险不可以避免的认识、公众安全是否受到威胁的看法 3 个指标来表示。

（三）概率与收益的权衡

概率是对随机事件发生的可能性的度量，收益和风险形影相随，收益以风险为代价，风险用收益来补偿。投资者投资的目的是为了得到收益，与此同时，又不可避免地面临着风险。个体在进行金融风险管理时，已知事件发生的概率，可以通过计算投资的收益与风险，帮助投资者做出最终决策。

案例分析东方公司和西京公司股票的收益率及其概率分布情况如表 7 -1 所示。

表 7 -1　　东方公司和西京公司股票收益率及概率分布情况

经济情况	该种情况发生的概率（P_i）	收益率（K_i）%	
		西京公司	东方公司
繁荣	0.2	40	70

续表

经济情况	该种情况发生的概率（P_i）	收益率（K_i）%	
		西京公司	东方公司
一般	0.6	20	20
衰退	0.2	0	-30

（1）计算两公司的期望收益率

收益率：

$$\bar{k} = \sum_{i=1}^{n} K_i P_i$$

西京公司：

$$\bar{k} = \sum_{i=1}^{n} K_i P_i = 40\% \times 0.2 + 20\% \times 0.6 + 0 \times 0.2 = 20\%$$

东方公司：

$$\bar{k} = \sum_{i=1}^{n} K_i P_i = 70\% \times 0.2 + 20\% \times 0.6 + (-30\%) \times 0.2 = 20\%$$

（2）计算两公司的标准差

标准差：

$$\sigma = \sqrt{\sum_{i=1}^{n} (K_i - \bar{k})^2 \times P_i}$$

西京公司：

$$\sigma = \sqrt{(40\% - 20\%)^2 \times 0.2 + (20\% - 20\%)^2 \times 0.6 + (1 - 20\%)^2 \times 0.2} = 12.65\%$$

东方公司：

$$\sigma = \sqrt{(70\% - 20\%)^2 \times 0.2 + (20\% - 20\%)^2 \times 0.6 + (-30\% - 20\%)^2 \times 0.2} = 31.62\%$$

标准差越小，说明离散程度越小，风险也就越小。可见东方公司的风险要大于西京公司。在收益率一样的情况下，理智的投资者会投资风险较小的西京公司。

第二节　个人风险类型与特征

如前文所言，风险是指那些或然发生的、导致财产或生命的损失，并产生与人们的期望有所偏差且带来经济损失后果的事件。风险是人类社会中客观存在的，是非常普遍的现象，它的发生和产生破坏的形式是多种多样的。人们的财产可能因火灾、水灾、被盗、地震而产生损失；开车可能因发生撞人或被撞等事故而遭受严重的生命、财产损失，还可能因被起诉而承担法律责任；一个投资项目存在无法收回本金的可能性；我们的生活会受到生病、残疾、失业以及死亡的影响；尽管人的死亡是必然的，或迟或早的，但死亡的不期而至可能使家庭的经济状况陷入困境。此外，煤气泄漏、人身意外事故、烟酒过度等带来的健康财产的损失；国际政治、宗教、民族矛盾可能导致频繁的恐怖活动。网络安全问题，以及基因技术的滥用等各种新的、旧的风险不断产生，可谓个人生活在社会间处处存在着风险。

一、投资风险

投资风险是指对未来投资收益的不确定性，在投资中可能会遭受收益损失甚至本金损失的风险。例如，股票可能会被套牢，债券可能不能按期还本付息，房地产可能会下跌等都是投资风险。投资者需要根据自己的投资目标与风险偏好选择金融工具。例如，分散投资是有效的科学控制风险的方法，也是最普遍的投资方式，将投资在债券、股票、现金等各类投资工具之间的资产进行适当的比例分配，一方面可以降低风险，同时还可以提高回报。因为分散投资与资产配置要涉及多种投资行业与金融工具，所以财务咨询公司等机构会建议投资者最好在咨询金融理财师后再进行分散优化投资。

投资风险是风险现象在投资过程中的表现。具体来说，投资风险就是从做出投资决策开始到投资期结束这段时间内，由于不可控因素或随机因素的影响，实际投资收益与预期收益的相偏离。实际投资收益与预期收益的偏离，既有前者高于后者的可能，也有前者低于后者的可能；或者说既有蒙受经济损失的可能，也有获得额外收益的可能，它们都是投资的风险形式。投资总会伴随着风险，投资的不同阶段有不同的风险，投资风险也会随着投资活动的进展而变化，投资不同阶段的风险性质、风险后果也不一样。投资风险一般具有可预测性差、可补偿性差、风险存在期长、造成的损失和影响大、不同项目的风险差异大、多种风险因素同时并存、相互交叉组合作用的特点。投资风险可以分为以下几类：

一是购买力风险。资本社会及经济繁荣的社会，通货膨胀显著，金钱购买商品或业务都会渐渐降低。人们将现金存入银行收取利息，就会担心物价上升，货币贬值。自从 1983 年 10 月，港元与美元以 7.80 挂钩开始，港元的购买力迅速减弱，这种购买力的减低，是购买力风险。因为有此种风险，所以人们要投资股票，地产或其他投资方针，以保持手上货币的购买力。购买力风险，香港人完全体会得到，因此他们都很警惕。

二是财务风险。当购入一种股票，该公司业绩欠佳，派息减少、股价下跌，这就是财务风险。因为有此风险，有些人将资金存入银行，收取利息减少财务风险。

三是利率风险。当买入债券，其价格受银行存款利息影响。当银行存款利息上升，投资者就会将资金存入银行，债券价格也会下跌。这种因利率水平改变，而遭受损失的，称为利率风险。

四是市场风险。市场价格常常会出现波动。每天都有不同的市价。市价的波动，受经济因素影响、受心理因素影响、受政治因素影响、甚至受到以上三种风险影响。例如，购买了股票，其后股价下跌，遭受损失，这就是市场风险。

五是变现风险。当买入的股票，未能在合理价卖出，不能收回资金，就是一种风险。很多一向成交疏落的股票，在有消息下，如收购消息，使股票突然旺盛，在这时候大量追进购入，一旦消息完结，其成交量会还原，于是承受了变现风险。投资目标要能随时在合理价收回资金。这是变现性强的股票。如果某股以 10 美元买入，在 5 美元的价格下才能迅速售出，就不能算是一种好的变现股票。

六是事件风险。事件风险是指与财政及大市完全无关的，但事件发生后对该股价有沉重打击。这种事件风险通常都是突如其来的。

二、流动性风险

流动性风险是指因市场成交量不足或缺乏愿意交易的对手，导致未能在理想的时点完成买卖的风险。在各个市场中均存在流动性风险，例如，证券、基金、货币等。

流动性风险主要产生于银行无法应对因负债下降或资产增加而导致的流动性困难。当一家银行缺乏流动性时，它就不能依靠负债增长或以合理的成本迅速变现资产来获得充裕的资金，因而会影响其盈利能力。极端情况下，流动性不足能导致银行倒闭。

当商业银行流动性不足时，它无法以合理的成本迅速减少负债或变现资产获取足够的资金，从而影响其盈利水平，极端情况下会导致商业银行资不抵债。商业银行作为存款人和借款人的中介，随时持有的、用于支付需要的流动资产只占负债总额的很小部分，如果商业银行的大量债权人同时要求兑现债权，例如，出现大量存款人的挤兑行为，商业银行就可能面临流动性危机。

流动性风险与信用风险、市场风险和操作风险相比，形成的原因更加复杂和广泛，通常被视为一种综合性风险。流动性风险的产生除了因为商业银行的流动性计划可能不完善之外，信用、市场、操作等风险领域的管理缺陷同样会导致商业银行的流动性不足，甚至引发风险扩散，造成整个金融系统出现流动性困难。因此，流动性风险管理除了应当做好流动性安排之外，还应当有效管理其他各类主要风险。从这个角度说，流动性风险水平体现了商业银行的整体经营状况。

一是流动性极度不足。流动性的极度不足会导致银行破产，因此流动性风险是一种致命性的风险。但这种极端情况往往是其他风险导致的结果。例如，某大客户的违约给银行造成的重大损失可能会引发流动性问题和人们对该银行前途的疑虑，这足以触发大规模的资金抽离，或导致其他金融机构和企业为预防该银行可能出现违约而对其信用额度实行封冻。两种情况均可引发银行严重的流动性危机，甚至破产。

二是短期资产价值不足以应付短期负债的支付或未预料到的资金外流。从这个角度看，流动性是在困难条件下帮助争取时间和缓和危机冲击的“安全垫”。

三是筹资困难。从这一角度看，流动性指的是以合理的代价筹集资金的能力。流动性的代价会因市场上短暂的流动性短缺而上升，而市场流动性对所有市场参与者的资金成本均产生影响。市场流动性指标包括交易量、利率水平及波动性、寻找交易对手的难易程度等。筹集资金的难易程度还取决于银行的内部特征，即在一定时期内的资金需求及其稳定性、债务发行的安排、自身财务状况、偿付能力、市场对该银行看法、信用评级等。在这些内部因素中，有的与银行信用等级有关，有的则与其筹资政策有关。若市场对其信用情况的看法恶化，筹资活动将会更为昂贵。若银行的筹资力度突然加大，或次数突然增多，或出现意想不到的变化，那么市场看法就可能转变为负面。因此，银行筹资的能力实际上是市场流动性和银行流动性两方面因素共同作用的结果。

在各个市场中均存在流动性风险，如证券、基金、货币等。流动性风险包括资产流动性风险和负债流动性风险：

资产流动性风险是指资产到期不能如期足额收回，进而无法满足到期负债的偿还和新的合理贷款及其他融资需要，从而给商业银行带来损失的风险。

负债流动性风险是指商业银行过去筹集的资金特别是存款资金，由于内外因素的变化而发生不规则波动，对其产生冲击并引发相关损失的风险。商业银行筹资能力的变化可能影响原有的筹融资安排，迫使商业银行被动地进行资产负债调整，造成流动性风险损失。这种情况可能迫使银行提前进入清算，使得账面上的潜在损失转化为实际损失，甚至导致银行破产。

三、收入风险

收入是指企业在日常活动中所形成的、会导致所有者权益增加的、非所有者投入资本的经济利益的总流入，包括销售商品收入、劳务收入、让渡资产使用权收入、利息收入、租金收入、股利收入等，但不包括为第三方或客户代收的款项。个体在日常生活当中，由于自然灾害、就业风险、疾病风险等因素交织影响，导致个体收入大量减少，甚至出现无收入现象，严重影响到消费能力，严重时威胁到个体生存和发展。如疾病风险是引起收入风险的重要因素之一，健康是确保个体共享改革发展成果的基本前提，是家庭幸福的根本保证。严重疾病，不仅增加个体的医疗费用支出，导致个体创收资金减少，而且使家庭劳动人口减少，导致收入减少，严重时威胁到个体生计。严重疾病对个体收入的影响是巨大的，在遭受严重疾病时，不仅会导致个体人均纯收入下降5% ~8%，而且影响时间平均达10 年左右。从 1987 ~2005 年，中国个体的大病患病率逐年增加，早年的大病患病率在2% ~5%，2001 年提高至 10% 左右。严重的疾病风险，会加大个体的收入波动，从而影响农户的福利水平。

四、利率风险

利率风险，是指因利率变动，导致附息资产（如贷款或债券）而承担价值波动的风险。《利率风险管理原则》将利率风险定义为“原本投资于固定利率的金融工具，当市场利率上升时，可能导致其价格下跌的风险”。一般来说，利率上升时，固定利率债券的价格会下降；反之亦然。债券的期限常用来衡量利率风险，到期日较长的债券的利率风险较高，因为到期日越长，未来的不确定性越高。利率风险分为重新定价风险、基准风险、收益率曲线风险、选择权风险四类。

（一）重新定价风险

重新定价风险是最主要的利率风险，它产生于银行资产、负债和表外项目头寸重新定价时间（对浮动利率而言）和到期日（对固定利率而言）的不匹配。通常把某一时间段内对利率敏感的资产和对利率敏感的负债之间的差额称为“重新定价缺口”。只要该缺口不为零，则利率变动时，会使银行面临利率风险。20 世纪 70 年代末和 80 年代初，美国储贷协会危机主要就是由于利率大幅上升而带来重新定价风险。该风险是普遍存在的，中国商业银行也面临着重新定价风险。

（二）基准风险

当一般利率水平的变化引起不同种类的金融工具的利率发生程度不等的变动时，银行就会面临基准风险。即使银行资产和负债的重新定价时间相同，但是只要存款利率与贷款利率的调整幅度不完全一致，银行就会面临风险。中国商业银行贷款所依据的基准利率一般都是中央银行所公布的利率，因此，基准风险比较小，但随着利率市场化的推进，特别是与国际接轨后，中国商业银行因业务需要，可能会以伦敦同业拆借利率（LIBOR）为参考，到时产生的基准风险也将相应增加。

（三）收益率曲线风险

收益曲线是将各种期限债券的收益率连接起来而得到的一条曲线，当银行的存贷款利率都以国库券收益率为基准来制定时，由于收益曲线的意外位移或斜率的突然变化而对银行净利差收入和资产内在价值造成的不利影响就是收益曲线风险。收益曲线的斜率会随着经济周期的不同阶段而发生变化，使收益曲线呈现出不同的形状。正收益曲线一般表示长期债券的收益率高于短期债券的收益率，这时没有收益率曲线风险；而负收益率曲线则表示长期债券的收益率低于短期债券的收益率，这时有收益率曲线风险。根据中国国债信息网公布的有关资料显示，中国商业银行 2004 年底持有的国债面值已经超过 3 万亿元。如此大的国债余额在负收益率曲线情况下，收益率曲线风险非常大。

（四）选择权风险

国内也称之为期权性风险：是指利率变化时，银行客户行使隐含在银行资产负债表内业务中的期权给银行造成损失的可能性。即在客户提前归还贷款本息和提前支取存款的潜在选择中产生的利率风险。

由于 1996 年至 2002 年期间，中国人民银行先后 8 次下调存贷款利率，许多企业纷纷“借新还旧”，提前偿还未到期贷款转借较低利率的贷款，以降低融资成本；同时个人客户的利率风险意识也不断增强，再加上中国对于客户提前还款的违约行为还缺乏政策性限制，因此，选择权风险在中国商业银行日益突出。

五、购买力风险

购买力风险是指基金的利润将主要通过现金形式来分配，而现金可能因为通货膨胀、货币贬值的影响而导致购买力下降，从而使基金的实际收益下降，给投资者带来实际收益水平下降的风险。购买力风险又称通货膨胀风险。

购买力风险是由价格总水平变动而引起资产的总购买力的变动，投资者应该有理智地处理购买力风险的能力。否则，通货膨胀将会把投资者财富的购买力侵蚀光。

购买力风险不同于利率风险和市场风险，因为一种投资者有可能在其价格持续上升的情况下丧失购买力，许多投资者错误地认为货币越多越富裕，这种货币幻觉使投资者忽视了通货膨胀的问题。投资者只有把注意力集中在实际收益率而非名义收益率上，才能克服货币幻觉问题，而且只有当实际收益率为正值，即名义收益率大于通货膨胀时，购买力才真正有增长。

【案例7-2】 投资者的投资收益会随着物价的上涨而相应下降，当物价上涨到一定程度时，实际收益会变成负数，如预期投资收益为8%，如果当年通货膨胀率为6%，企业的实际收益只有6%，一旦通胀率超过8%，投资的收益率就变成负数年利率3%，通货膨胀率5%，即实际利率为负。当人们持有100元人民币时，年终价值103元，但若持有100元的商品，年终价格为105元，即年初的100元可以买到的商品到了年终却买不到了，这就是说货币的购买力下降，或者货币在对内贬值。

六、道德风险与逆向选择

道德风险一词是源于研究保险合同时提出的一个概念。简单地说，由于机会主义行为而带来更大风险的情形称为道德风险。

道德风险是从事经济活动的人在最大限度地增进自身效用的同时做出不利于他人的行动，或者当签约一方不完全承担风险后果是所采取的自身效用最大化的自私行为。

道德风险是指在信息不对称的情形下，市场交易一方参与人不能观察另一方的行动或当观察成本太高时，一方行为的变化导致另一方的利益受到损害。

理论上讲道德风险是从事经济活动的人在最大限度地增进自身效用时做出不利于他人的行动。它一般存在于下列情况：由于不确定性和不完全的，或者限制的合同使负有责任的经济行为者不能承担全部损失（或利益），因而他们不承受他们的行动的全部后果。同样地，也不享有行动的所有好处。显而易见，这个定义包括许多不同的外部因素，可能导致不存在均衡状态的结果，或者，均衡状态即使存在，也是没有效率的。

如果从委托—代理双方信息不对称的理论出发，“道德风险是指契约的甲方（通常是代理人）利用其拥有的信息优势采取契约的乙方（通常是委托人）所无法观测和监督的隐藏性行动或不行动，从而导致的（委托人）损失或（代理人）获利的可能性”。道德风险产生的原因如下：

（一）根源

自20世纪80年代，我国实行“拨改贷”以来，许多企业还没有从财政拨款、“伸手要钱”的惯性中转变过来，而政府因为种种原因，没有考虑到企业法人这个经济实体的客观要求，也没有注重培育银企之间“契约”关系、法制规则，结果只是形式上的转变，并基金业道德风险没有真正建立银企之间的债务约束关系。尤其在我国转轨过程中，许多企业还不适应这种以“契约”为中心的规则，结果在巨大资金的需求下，企业仍然把银行当作靠山，“企业是国家的、银行也是国家的”，这就是企业用来逃废银行债务的冠冕堂皇的理由。

（二）法制观念淡薄

企业法人法制观念淡薄，认为企业变相逃废银行债务的行为不是可耻的，反而振振有词。经济规则的中心——“契约”，在他们的眼里只是一纸空文，法制观念淡薄已成为中国市场经济改革前进道路上的一块“绊脚石”，提高法制观念已是当务之急。

（三）经济过剩产生的道德风险

当前，国内消费需求不振，购买力下降，企业开工不足，资源配置、生产能力相对过剩，企业为争夺市场份额不得不低成本倾销，抢占市场，竞争的结果则优胜劣汰，分化加剧。而与此同时，为抢占优质客户，出现几家银行同争一家客户的现象，一方面使银行的信贷风险集中增大；另一方面劣质企业告贷无门，因此逃废银行债务动机日渐增强，产生了滋生道德风险的温床。

（四）日益严峻的金融从业环境

金融从业环境对银行有诸多不利，翻开近几年我国颁布的有关法规，其内容大多是针对银行的约束。如1994年国家体制改革取消企业税前还贷，直接影响企业还贷能力。目前国有企业举步维艰，经营困难，在当地政府部门的怂恿下，部分企业全无“借债还钱”的信用观念。

道德风险的三大特征：

（1）内生性特征。即风险雏形形成于经济行为者对利益与成本的内心考量和算计；

（2）牵引性特征。凡风险的制造者都存在受到利益诱惑而以逐利为目的；

（3）损人利己特征。即风险制造者的风险收益都是对信息劣势一方利益的不当攫取，换言之，风险制造者与风险承担者的不对称存在。

从中国与美国证券市场暴出的舞弊丑闻以及相关的新闻报道和司法调查结果都表明道德风险不论在新型市场还是在成熟市场环境中都普遍的存在。只不过中国证券市场中会计中介组织的道德风险外溢更为突出。

【案例7-3】

银行高层人员道德风险

小李原是工商银行某分理处营运主任，负责吸收对公存款。1996年，在原信贷科员工小赵介绍下，小李认识了自称建行员工的小军。随后，小赵和小军提出可高息拉来存款，由小李以银行的名义开出假定期存单，再用这些钱做生意，挣钱后还款。

此时，小李又认识了北京得意公司财务小林。小林称能高息拉来存款，问小李能不能从银行内把存款“做”出去让他们用。想到1年之后，做生意赚了钱就还上，自己还能分到100万元，出于挣钱的诱惑，他最终同意了。

小林等人拉存款时，向对方许诺比银行利率高2.33%的利息，且第一年的利息可以在存款前支付。1997年8月至1998年1月间，大河工业集团、大山农业公司、大力管理中心三家单位的财务人员先后在小李处办理存款，数额分别为5 000万元、500万元和550万元。

为让客户相信是将钱存入银行。存款方财务人员在银行填写存单时，小李总会不断给对方挑毛病，最后总是提出代为填写。对此，对方财务人员认为银行领导主动帮忙，当然乐于接受。他们不知道，小李填写的存单都是假单据。每次开完假存单后，小李就拿着存款支票和小林一起去王府井的贵宾楼饭店。他们填写支票抬头、进账单，然后再回银行将钱存入账户。巨款都入得意公司账户。

但据查明，6 050万元赃款中，2 600万元被小李挪走用来炒股。其余赃款都被注入北京得意公司账户。按照双方之前的约定，公司方将支付给小李16%的利息。

1998年2月，大河工业集团财务人员到银行核实存款，发现存款根本未入银行。小李得知行为败露，当晚潜逃。至此，伪造单据，银行主任骗存巨款案暴露，目前共追缴赃款4 200万元。

此案发生时正值各银行竞争，“高息揽储”盛行的20世纪90年代末，当时金融市场不规范，一些私企勾结银行人员“以存顶贷”。1998年，中国人民银行下发文件，“高息揽储”等现象才渐渐消失。但最根本的原因还在于银行高层人员不能尽职而为，存在严重的道德风险，这也反映了银行内部控制存在漏洞。

逆向选择，指的是这样一种情况，市场交易的一方如果能够利用多于另一方的信息使自己受益而对方受损时，信息劣势的一方便难以顺利地做出买卖决策，于是价格便随之扭曲，并失去了平衡供求、促成交易的作用，进而导致市场效率的降低。

“逆向选择”在经济学中是一个含义丰富的词汇，它的一个定义是指由交易双方信息不对称和市场价格下降产生的劣质品驱逐优质品，进而出现市场交易产品平均质量下降的现象。

在现实的经济生活中，存在着一些和常规不一致的现象。本来按常规，降低商品的价格，该商品的需求量就会增加；提高商品的价格，该商品的供给量就会降低。但是，由于信息的不完全性和机会主义行为，有时候，降低商品的价格，消费者也不会做出增加购买的选择（因为可能担心生产者提供的产品质量低，是劣质产品，而非原来他们心中的高质量产品）；提高价格，生产者也不会增加供给的现象。所以，叫“逆向选择”。说明逆向选择是无处不在的。

乔治·阿克劳夫（George Akerlof）在1970年发表了名为《柠檬市场：质量不确定性和市场机制》的论文，被公认为是信息经济学中最重要的开创性文献。在美国俚语中，“柠檬”俗称“次品”，这篇研究次品市场的论文因为浅显先后被三四本杂志退稿。然而，乔治·阿克劳夫（George Akerlof）在这篇论文中提出的逆向选择理论揭示了看似简单实际上又非常深刻的经济学道理。逆向选择问题来自买者和卖者有关车的质量信息不对称。在旧车市场，卖者知道车的真实质量，而买者不知道。这样卖者就会以次充好，买者也不傻，尽管他们不能了解旧车的真实质量，只知道车的平均质量，由平均质量计算出中等价格，这样一来，那些高于中等价的上等旧车就可能会退出市场。接下来的演绎是，由于上等车退出市场，买者会继续降低估价，次上等车会退出市场；演绎的最后结果是：市场上成了破烂车的展览馆，极端的情况一辆车都不成交。现实的情况是，社会成交量小于实际均衡量。这个过程称为逆向选择。

【案例7-4】

汽车保险业逆向选择

随着个人购买家庭轿车的数量逐渐增多，2006年开始，汽车保险业务增长得很快，但中原保险公司的董事长曹丕却痛苦不堪。因为公司的汽车保险业务量快速增加，但公司却亏损了。经市场调查发现，由于车多路窄，新手又多，汽车交通事故比原来增加很多。这些购买了汽车保险的人开起车来跟开坦克似的，横冲直撞，反正汽车坏了有保险公司负责修理。更有人经常酒后开车，把握不住；还有的是开车精力不集中，甚至打瞌睡。结果就是汽车交通事故频繁发生，致使保险公司收取的保险费不够赔付汽车修理公司的汽车修理费。两年下来，中原保险公司已经在汽车保险项目上赔了几百万。从 2008 年 1 月开始，曹丕召开公司董事会，讨论汽车保险业务的问题。通过分析，大家一致认为，汽车保险业务亏损的主要原因是保险费收取得比较低，结果就造成了收入不抵支出。要解决这一问题，唯一的办法是提高保费的额度，否则会一直亏损下去，最后的决议是提高保险费。中原保险公司的这一决策不仅没有收到预期的效果，反而使汽车保险的保费收入开始出现下降。这是曹丕等公司决策者们所始料不及的。他们不知道在经济行为中存在着逆向选择。这种逆向选择告诉人们，愿意购买保险的人常常是最具有风险的人，而收取较高保险价格会阻止具有较低风险的人购买保险。保险公司的保费收得高，出险率低，你进一步提高保险价格，干脆不买保险了。这种逆向选择效应的根源在于保险公司所掌握的信息是不完全的。尽管公司也知道，在它的顾客中有些肯定比其他人具有更低的风险，但它不能确切知道谁是风险低的人。也就是说，保险公司知道个人之间肯定存在差别，应该努力把他们划分为较好的和较差的风险类别，并征收不同的保险费。但是它做不到，因为它不知道哪些人是高风险的，哪些人是低风险的。凡是那些积极买保险的人都是容易出险的人，因为他们容易出事故，所以常常渴望购买保险，以便出险之后有保险公司为他们付费。而出险概率较低的人则往往犹豫不决，如果保险价格提高了，反而会把他们拒之门外。这就是典型的逆向选择效应。提高保险价格导致那些事故倾向较小的人退出了保险市场，而高风险顾客比例的上升直接影响的是保险赔付的上升。

第三节　金融风险管理过程

尽管风险管理在公司财务上被视为是一项非常重要的活动，并由此催生了风险管理师这一职业，但对个人来说，风险管理这个概念还是十分的模糊。大多数人不太重视个人风险，更多地倾向用一个固定的方式去处理风险，而不去深入考虑不同风险的性质。更有甚者会将风险管理简单地与购买保险等价起来，以避免突如其来的灾难。实际上，风险是多种多样的，其性质也存在较大差别，我们必须综合性地去分析、管理这些风险。这一节我们将系统性地介绍个人风险管理问题。

一、风险管理过程

风险是客观存在的，不以个人的意志为转移。忽视它，期望它将自己消失，只不过是掩耳盗铃，自欺欺人的做法。一旦风险发生，而又没有充分的准备，它将对个人的家庭造成毁灭性的灾难。近年来，因炒股失败而自杀的案例多不胜数，上到六七旬老人，下到花季大学生，既有普通民工，也有高级白领，乃至大学教师。这说明风险的发生无关年龄，无关学识，只与个人是否有足够的风险意识相关。因此，明智的做法是正视风险，果断地处理风险。风险管理流程一般包括目标设定、风险识别、风险度量、风险控制、监督与评价这五个过程。

风险管理的五个基本步骤应该形成循环过程，经济主体在持续不断地执行一个个循环过程中，将自身的风险管理水平逐步提高到新的高度。图 7－5 是风险管理流程。

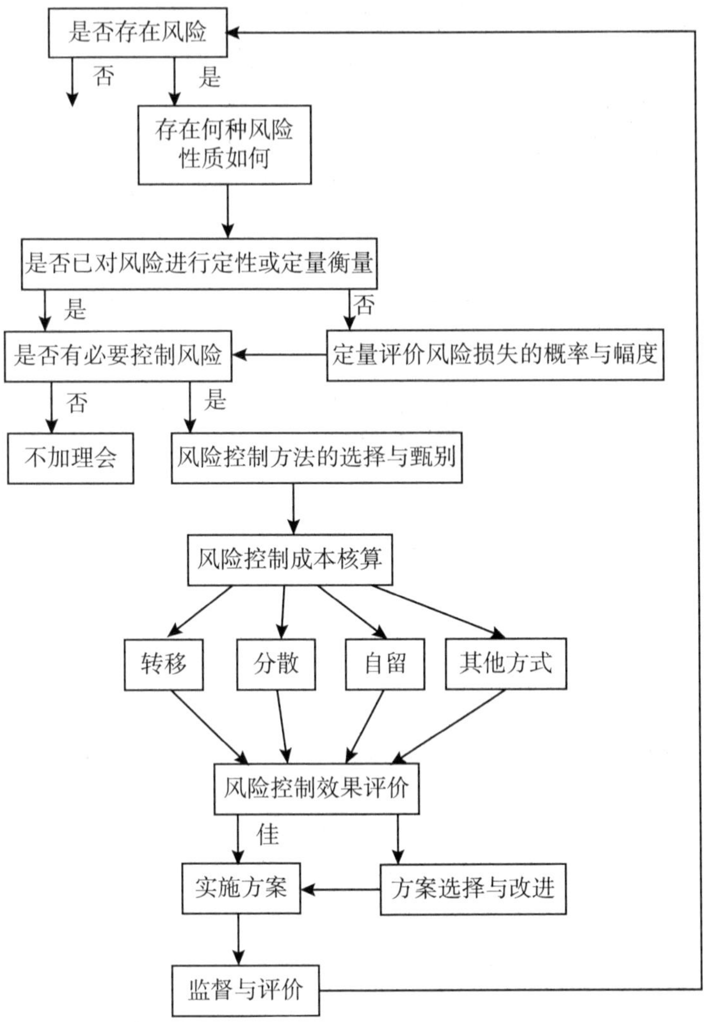

图 7－5　风险管理流程

（一）目标设定

它是风险管理流程的起点，确定了经济主体对风险的容忍度和偏好。风险偏好表明经济主体在风险和收益之间寻求平衡的目标，体现为在适度风险下的价值。事实上，每一个经济主体，不论是机构还是个体都在其风险偏好之内实现其战略经营目标或者投资目标。风险容忍度是指与实现目标相关的变量的可接受变化范围。风险偏好和容忍度越大，意味着经济主体可以冒相对更大的风险，但是，这两个指标的设定依赖于其风险承受能力。

（二）风险识别

它是风险管理的第一步，即识别金融投资过程中可能存在的风险。一般是根据投资经营活动的性质，从潜在的事件及其产生的后果和潜在的后果及其产生的原因来检查风险。

由于风险是随时存在的，因此，风险识别也必须是一个连续的动态过程。通过风险识别，经济主体可以准确判明所承受的风险在性质上是何种类别：市场风险、信用风险等。风险识别是风险管理的基础。只有在正确识别出自身所面临的风险的基础上，人们才能够主动选择适当有效的方法进行处理。风险识别一方面可以通过感性认识和历史经验来判断；另一方面也可通过对各种客观资料和风险事故的记录来分析。个人的金融风险通常与他们进行的投资活动、现金流以及收入密切相关。常见的投资风险包括金融市场崩溃（2008 年金融危机、2015 年的 A 股股灾）、货币风险、资产波动风险、通货膨胀风险和违约风险，如图 7 –6 所示。

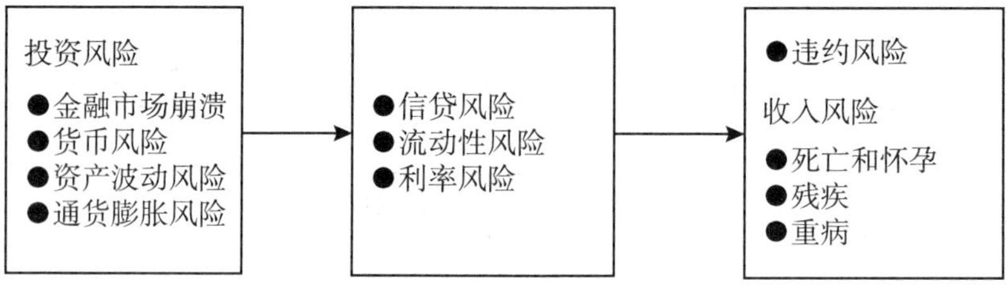

图 7 –6　常见的投资风险

（三）风险度量

识别了所面临的风险后，就要尽可能去量化风险如果发生后可能造成的损失。风险度量就是对已经识别出来的风险进行量化估计，以便把握这些风险在量上可能达到何种程度，以便加以控制和如何进行控制。风险度量涉及三个方面：一是风险影响，指一旦风险发生可能对经济主体造成的影响大小；二是风险概率，它用风险发生可能性的百分比表示；三是风险价值，它是评估风险的重要参数。

$$风险值 = 风险概率 \times 风险影响$$

量化风险损失是个很重要的过程，是全面分析风险影响的过程，同时量化的损失更直观，更有利于进行损后目标的设定和准确的风险应对。当经济主体对自身的财务状况分析地越全面越透彻，就越能发现面对的风险。更多情况下，我们不可能同时处理所有的风险，这样的人力和物力成本会很大，这时候就需要选择恰当的风险管理策略，为各种风险排列出优先级。这样才能和前面的损后目标对应起来。处理风险最优的策略当然是消除它。如果不能消除，那就要想办法，利用技术手段去对冲掉风险。如果这两种策略都无法实现，那么退而求其次，我们要做的就是去降低风险发生的概率。通过降低风险，最小化风险造成的不利影响。对于大多数个人来说，风险管理过程的最后一步就是风险控制，但是作为投资机构或者投资咨询机构应还有监督与评价环节。

（四）风险控制

在完成风险的识别和度量后，经济主体需要决定如何应对这些风险，即制定风险控制策略：规避风险、分散风险、转移风险或接受风险。

规避风险是消除导致风险的活动措施，如取消某项投资，降低某项投资经营的份额，抛售某种资产，改进投资组合或财务管理组合。

分散风险是运用资产组合理论和有关模型对各种资产选择分析，根据其各自的风险——收益特征和相互间的相关性来实现风险收益的最优组合。

转移风险是指利用某些合法的交易方式和业务手段将风险全部或部分地转移给他人的行为。具体方法有：

1. 风险资产出售

即将自身不愿意承担风险的资产出售给他人。收购风险资产的人一般是对该种风险有控制能力或有处理经验，愿意通过承担风险来获取收益。

2. 担保

有担保的投资，将本应自己承担的风险转嫁给担保人。

3. 保险

对不动产、动产或债权，向保险公司投保，或以银行获得的各种抵押品，由债务人向保险公司投保，将保险受益人权益转让给银行，这是个体将风险转嫁给保险公司的方式。

4. 对冲

运用期货远期期权等金融衍生口对金融风险进行套期保值。

接受风险是指不采取任何措施改变风险概率和影响。即根据自身的风险管理能力，将风险保留在其风险容忍度和偏好之内。

在各种风险控制策略中，规避风险是从根本上消除风险的策略，但实际上，经济主体的有些风险是无法规避的。因此，分散风险和转移风险是必需的策略，而接受风险、进行补偿是最后的选择。

二、证券投资中市场崩溃风险的控制

股票市场崩溃是指股票指数持续性，大范围、大幅度，影响范围大的全面的股票价格下跌的状态。也就是人们通常所说的“股灾”。最为人所知的是 2007 年 5 月 30 日的“5・30”股灾，A 股上证指数暴跌 281.81 点，跌幅 6.5%；深证成份指数跌 829.45 点，跌幅 6.16%。其中上证指数在短短的 5 个交易日里最大跌幅达 21.49%。因其与 2007～2008 年美国次贷危机引发的全球性金融危机时间相重合，使影响更加深远。大量的股民至今还未从上次股灾中恢复过来。而离我们最近的一次股灾就是 2015 年 A 股股灾（2015 年 1 月 1 日至 2016 年 1 月 1 日上证指数如图 7－7 所示），在 2015 年 6 月 12 日沪指站上 7 年来最高点：5 178 点，之后一个交易日，千股跌停，6 月 19 日沪指再受重创，单日大跌 6.42%，6 月 26 沪指跳空低开，跌幅 7.4%，A 股缩水几十万亿元。

股市崩盘可能是由于经济基本面不佳造成的，如经济衰退、投资者信心丧失或恐慌性抛售。股市崩溃造成的损失是巨大的。2015 年的 A 股暴跌，从 6～9 月，短短三个月，沪深两市市值迅速蒸发 24.28 亿元。股市崩盘同时会造成经济市场的动荡，散户投资者的巨大损失更是会造成社会的动荡，其损失无法估计。尽管有些股市再崩盘后会迅速反弹，但大多情况下会进入一个较为长期的熊市。2008 年的股市崩盘之后，就经历了一个长时间的调整期。日本在 1990 年（日经指数 40 000）经历股市崩盘后，到 2010 年（日经指数 9 062）都未恢复到当年的水平。

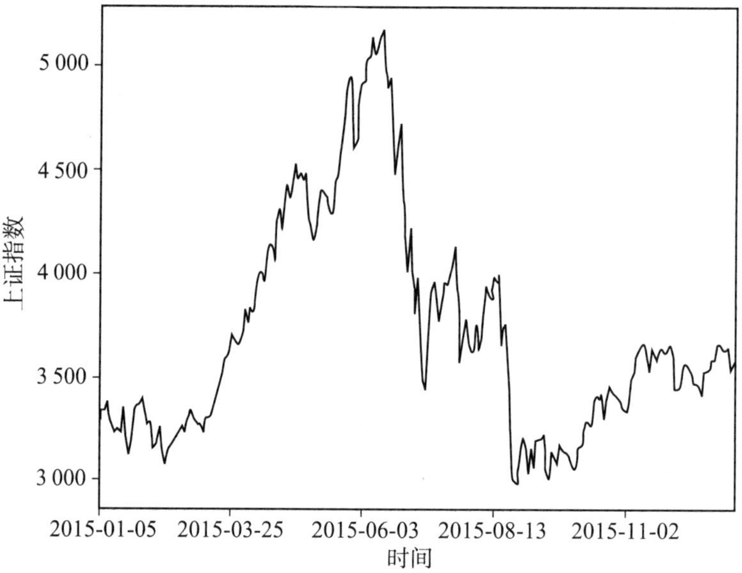

图 7－7　2015 年 1 月 1 日至 2016 年 1 月 1 日上证指数

资料来源：根据 Wind 数据整理画出。

所以我们要正确认识股市的风险，不能盲目进入股市。对冲市场崩溃风险的一个关键策略是在不相关的金融市场上分散投资组合。例如，如果投资者只持有亚洲股票，即使在几个国家都是多样化的投资，一旦发生亚洲金融危机，投资者仍然会遭受严重损失。如果亚洲股市大幅下跌，但美国股市仍在蓬勃发展。这时投资者同时持有亚洲市场股票和美国市场股票，那么，将不会受到亚洲金融危机的影响。这是因为亚洲股票的损失将被美国股票的收益所抵销。总而言之，由于区域市场的多样化，投资者的投资组合将会保持其价值，不会受到较大的波动。

另外一个是投资的资产类别多样化。可能大多数人都听过这样一个故事：一个老奶奶有两个儿子，大儿子卖伞，二儿子卖布鞋，天晴了就担心大儿子伞卖不出去，下雨了就担心二儿子布鞋卖不出去。如果把这个故事里的大儿子和二儿子都换成我们的个人投资者，则问题就变为，我们投资雨伞，则会有晴天卖不出去的风险；如果我们投资布鞋，则可能会有雨天卖不出去的风险。在这样的情况下，似乎投资哪个都会有风险，若是投资布鞋，结果一整年大部分时间都在下雨，那么投资的损失可能非常巨大。这时，一个聪明的策略就是，我既投资雨伞，也投资布鞋，这样天气情况造成的风险就会被对冲掉。雨天可以卖雨伞，晴天可以卖布鞋。如果进行合理的配置，对两种投资的数量进行设定，有可能做到无论天气如何变化，都能从中受益。同样的道理，如果把财富分散在存款、货币市场工具、债券和股票上，股市的任何低迷都会影响投资组合的一部分，而不会影响整个投资组合。资产配置是风险分散的重要战略。

三、货币风险的控制

货币风险是指由于汇率的波动而引起的资产价值波动。投资中的货币风险表现在两个方面。第一是汇率的波动，第二就是货币崩溃的风险。前者指的是货币走势的日波动，而后者指的是货币价值的突然大幅度下跌。从某方面来说，货币风险和股市风险很类似，货币崩溃往往也是由于经济基本面的突然改变或者人们对货币失去了信心，导致货币的大幅度贬值。由于货币价值难以准确预估，所以货币风险无法被消除，最好的办法就是进行对冲操作。

对冲货币风险的一种方法就是多样化投资，即持有一篮子货币。投资者可以投资以美元计价的债券、欧元交易所基金（CTF），还可以投资新加坡币的存款和日元的货币基金。通过这样的多种货币投资，将不容易受到一种货币波动或者崩溃的影响。

另一种可以对冲货币风险的策略就是设计资产和负债的自然匹配。所谓自然匹配就是资产和负债的币种保持完全一致。例如，公司不将出口的获得外汇兑换成本币，而是存入外币账户中，以用于支付从该国的进口。

银行和交易所也提供期货和期权等金融合约来对冲外汇头寸。当然只有投资金额是非常巨大的，使用这些工具，其花费的成本才是有效率的。公司和高净值人士可能使用这种对冲工具，但对一般投资者来说，这些可能不是一种成本效益高的对冲小投资的方法。

四、资产波动风险的控制

资产波动风险是指风险资产固有的价格波动。股票等资产的风险远高于债券或国库券的风险。波动性风险有时被称为“总风险”，它分为两部分：市场风险和资产特有风险。市场风险是资产波动的一部分，它是由诸如汇率变动、利率、通货膨胀和经济增长率等全经济因素的变化所造成的。市场风险是不能被分散的，即使你持有资产的类别十分多。

但是，资产特有风险却可以被分散。之所以出现这种情况，是因为每一种资产都具有与特定行业因素、具体产品或服务因素及具体公司发展因素相联系的特性。一个特定行业因素的例子是利率在银行业务中的作用。银行对利率的变化非常敏感，而大多数其他公司则不那么敏感。像百度、科大讯飞这样的计算机行业公司，新产品的创新是所有在该行业经营的公司的主要风险。而面临未决诉讼的公司就面临着其他公司不存在的独特的风险。

尽管市场风险不能被消除，但投资者面对资产特有风险时依然可以尝试通过分散化投资去最小化风险。通过持有低相关性的资产，可以降低投资组合的整体风险。研究表明，在股票投资中，持有 15 ~ 20 只股票构成的投资组合，就可以最大限度地降低整体风险。不同行业的股票通常能提供高度多样化，因此，多元化的投资组合应该分散在不同的行业。

五、通货膨胀风险的控制

通货膨胀风险是指由于商品和服务价格上涨而导致的货币购买力下降。图 7 – 8 描绘了我国 1990 年以来的通货膨胀情况。

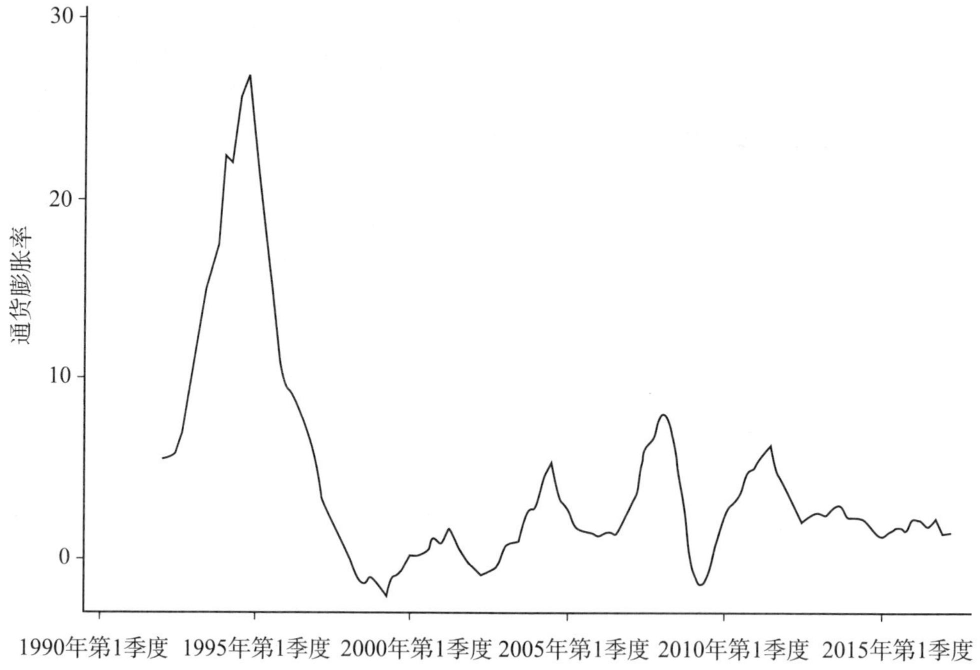

图 7-8　1990～2015 年我国通货膨胀率波动曲线

资料来源：根据 Wind 数据整理。

对于固定收益工具，如存款、货币市场工具和债券，通胀风险造成的损失尤其严重。由于这些投资支付固定利息或息票，通货膨胀降低了这些固定收益的购买力。

通货膨胀风险通过两种方式进行对冲。第一，如果通货膨胀率普遍较高，投资者可以将固定收益的投资降到最低。通过减少投资组合中固定收入工具的比重，从而使通货膨胀的影响变小。但是，这个建议要和资产配置与风险偏好相平衡。固定收入工具是低风险资产，降低其比重，必然会使整个投资组合的风险增加。第二，可以购买通货膨胀指数债券或可变息票债券。这种债券在通货膨胀高的时候支付更高的息票，而当通货膨胀率较低时，息票就会降低。

最常用的对冲通货膨胀风险的方法是投资通货膨胀保值工具。包括一般的股票、房产和商品。在预期到通货膨胀风险后，在货币贬值之前，可以为家庭添置一些价值较高耐用的大件，以减少通货膨胀造成的损失，这不失为一个有效的方法。对公司来说，在高通货膨胀的环境下，可以提高产品的价格，以部分缓解通胀风险。例如，航空公司在高油价期间征收的燃油附加费。因此，企业的现金流可以通过将部分通货膨胀风险转嫁给消费者来缓冲。

六、金融机构违约风险的控制

2008 年的全球金融危机表明，即使像雷曼兄弟这样的大型金融机构也可能违约。换言之，即使是从信誉卓著的供应商购买的金融产品也会违约，给投资者造成巨大损失。大部分人的共同看法是大型金融机构基本上是安全的，不太可能违约。尤其是在中国，体制决定了国有控股银行有政府为其背书，在经营困难时，帮助其渡过难关，银行破产是一件几乎不能想象的事情。事实上，银行是高风险的金融机构，没有一家银行能在挤兑中存活下来。在2016年的陆家嘴论坛上，中国人民银行副行长张涛说：什么是稳定的金融秩序？不是保护金融行业的每一个机构都不失败，都不出任何风险；而是对出现经营风险，或者经营失败的金融机构，要允许它们破产，实现市场的优胜劣汰。这意味着，随着中国金融制度的改革，国内的金融机构也将存在违约风险。一旦有银行破产，储户的存款将由存款保险机构赔偿。中国的具体条例是这样的：存款保险实行限额偿付，最高偿付限额为人民币50万元。同一存款人在同一家银行所有存款账户的本金和利息加起来在50万元以内的，全额赔付；超过50万元的部分，从该存款银行清算财产中受偿。那么我们可以做些什么来规避金融机构的违约风险呢？虽然你不能阻止这样的事情发生，但可以通过不把所有的积蓄存到一个银行去对冲它。在不同的银行间分散资产。另外就是密切关注存款银行的财务情况。利用其公开发布的财务信息对不同的银行进行分析比对。一旦某家银行的财务状况恶化，迅速清算投资，以免造成重大损失。

七、现金流动风险的控制

（一）信用风险的控制

信用风险是指到期未清偿债务的风险。可以是贷款的分期付款支付，也可以是一次性贷款本金或信用卡账单的支付。信贷违约的主要原因是过度杠杆化。如果高估自己的还款能力，大量举债。一旦利率突然升高，或者融资的资产价值急剧下降，将面临严重的财务困难。可以通过适度借贷提供足够的缓冲来消除这种风险。如果你只借入资产价值的60%，只要资产价值下降小于40%，就可以放心地违约。我国规定，购买小户型（96平方米以下）房子最低要首付20%，然后向银行抵押贷款；大户型（143平方米以上）要被加至40%以上。这些规定其实就是在降低杠杆。我们可以做个假设，一套100万元的房子，如果首付5%，剩下的95万元通过银行抵押贷款。如果房价因为各种原因忽然大幅下降了20%。这个时候你的房子价值只有80万元了，已经不足以偿付银行的95万元的贷款。这时银行为了规避违约风险，会让你再支付15万元以补足缺口。若无法补足这个缺口，这时银行可能会强制出售你的房子，以防止损失进一步扩大。这时你将房财两空，并且还要背负房子出售后仍不足的15万元缺口。如今，越来越多的个人使用信用卡付款购买商品。信用卡的吸引力是便利和直到到期日为止的免息优惠。虽然使用信用卡很容易，但是如果每个月都要把未偿还的余额延期的代价是非常大的。信用卡债务的月复利计息，可能会使债务滚雪球般难以控制。许多人从来没有期望在信用卡账单上违约，但实际上他们经常这样做。

信用卡违约风险可以通过有目的的训练来消除，包括不超支和按时偿还债务。通过反复地训练，可以制定一个非常有用的现金预算，然后严格根据预算金额进行消费。而确保及时支付信用卡账单的一个有效方法是建立一个为所有信用卡账单转账的支付方案。这将确保你的信用卡每月到期金额自动从你的银行账户中扣除。如今电子支付的普及，微信支付和支付宝钱包都能很方便的设置信用卡还款计划，来对你的信用卡进行管理。

（二）流动性风险的控制

流动性风险指的是没有足够现金支付日常开支、紧急情况或即将发生的付款的风险。即使你很富裕，也可能发生这种情况。这是因为你可能投资了流动性不足的资产，并在短时间内将它们转换成现金非常困难。非流动资产的一个例子是房子。虽然房子是非常有价值的，但要得到它的全部价值，则需要时间去处理。在强迫出售的情况下，你可能会在将房子转换成现金的过程中蒙受重大损失。虽然大多数人不认为股票和债券是流动性较差的资产，但有时你很难去出售它们。例如，在股市崩溃时，很难找到你的股票或债券的买家，因为二级市场不再正常运作。或者你买的股票暴跌，资金被套牢在股市中，一旦割肉抛售，将遭受重大损失。

消除流动性风险的一个明显策略是将你的一部分财富投资于流动资产，如储蓄和定期存款。同样明智的做法是维持应急基金，以便在需要流动资金时使用。更值得考虑的一般策略是将资产期限与负债相匹配。如果你在一年内有可观的流动负债，应该有足够的流动资产来偿还这些债务。另外，如果你的负债很少，你可以承担更多的风险，并将更多的储蓄投资于流动性较低的资产，如房地产、股票和债券。

（三）利率风险的控制

利率风险是指由于利率变动而导致的资产价值的变化。虽然利率不像汇率那样波动，但它们在时间上波动。图 7－9 描绘了我国 7 天同业拆借利率从 1996～2015 年的趋势。

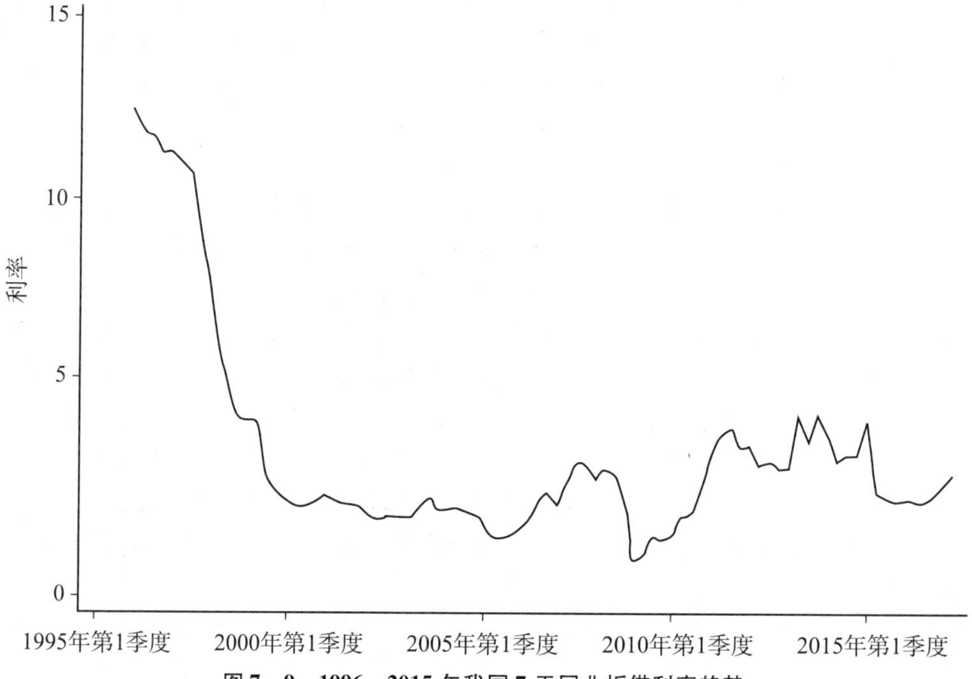

图 7－9　1996～2015 年我国 7 天同业拆借利率趋势

受利率变动影响最大的金融产品包括固定收益投资工具和抵押贷款。当利率上升时，债券价值下降，反之亦然。债券投资者可以通过购买高息票的短期债券来降低利率风险。

这种债券对利率变化不那么敏感。为了充分预防利率的波动，你可以将债券投资期限与负债期限相匹配，包括抵押贷款。

至于可变利率的按揭贷款，利率上升意味着分期额度的增加。当利率飙升时，如果你无力支付更高的分期付款，可能会拖欠贷款。当然，你可以通过固定利率贷款来降低利率风险。如果这无法做到，你可以采取较小额的贷款，以便任何因加息而增加的分期付款额不会导致你违约。

虽然公司和机构可以使用更为复杂的对冲技术，如利率掉期，但这些策略不太容易被个人所接受。

（四）收入风险的控制

收入风险是指由于死亡、永久残疾或重病等不可预见的事件，个人无法获得经常收入的风险。这将对家庭的生存造成重大影响。投资损失只是会造成家庭财产的减少，而一旦发生收入风险，则家庭失去稳定的收入来源，积累的财富被消耗，直至无法维持整个家庭的正常生活。当此类事件发生时，收入损失是永久性的。例如，如果一个男性在 40 岁时去世，他的退休年龄是 65 岁，那么他将失去未来 25 年的收入。这将给他的家庭带来重大的困难。考虑到收入的损失是巨大的，应对这一风险必须得到高度优先考虑。显然，你虽然不能防止死亡、永久残疾或严重疾病，但可以对冲由这些事件造成的经济损失。最恰当的风险管理工具是保险保护。为防止死亡和永久残疾的后果，你必须购买任何一项或终身保单。拥有这些保单后，还可以补充购买一份保险来覆盖严重疾病情况。如果发生这样的灾难，你幸存的家庭成员将得到保险金，这将能支持他们的生活费用、教育和医疗需要。购买保险的金额是根据家庭的需要来设定的。考虑到所有家庭成员未来生活、教育和医疗费用的现值，你可以估算所需保险金额。

由于身体受伤导致残疾，这可能会导致你失去工作，从而造成收入风险。可以通过购买伤残保险来规避这种风险，这种保险支付你在特定期限内最后支取的相当大的百分比。

另一个收入风险来源是裁员。随着全球化的发展，市场上有限的工作面临激烈的竞争。此外，以知识为基础的经济需要不断培训员工，以满足他们不断变化的工作需求。当技能设置过时或公司重组时，裁员是不可避免的。虽然在紧缩发生时收入损失是暂时的，但仍有必要对冲这种风险。显而易见的策略是让你不断升级自己的技能，以及维持一个应急基金来渡过失业期。另一个策略是创造多种被动收入来源，这样你就不会过于依赖就业收入来维持生存。

（五）长寿风险的管理控制

最近的统计数字表明，人类活得更长，但未必更健康。长寿风险是指当生存年龄超过预期年龄后所带来的风险。对个人来讲，长寿意味着可以享受更多的晚年生活，但是年轻时的积蓄往往不足以支付这种更长时间的开支，并且长寿会带来很多医疗费用的开支。换言之，就是人们常说的“人活着，钱没了”如果你 62 岁退休，活到 92 岁，需要 30 年退休后的收入。对冲长寿风险的一个关键策略是制定一个有效的退休计划，在工作期间积累足够的财富来资助退休。另一种策略是购买终身年金，它会在你去世之前支付一笔收入。

本章小结

在你的一生中，总会遇到一些事故，一些突发状况，这些情况都有可能给你和你的家庭带来各种风险。毋庸置疑，学习如何有效地处理和应对风险是个人财务管理的一个重要环节。本章介绍了与投资、现金流和收入相关的三大关键风险。如果不重视和防范这些风险，势必会遭受重大的财产损失。通过学习和掌握风险管理过程的五个步骤，可以在很大程度上帮你实现对冲或者降低这些风险，如图 7－10 所示。

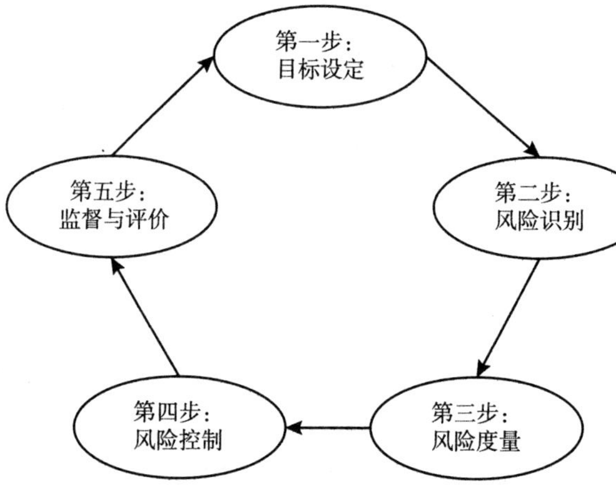

图 7－10　个人风险管理流程

思考题

1. 风险态度是什么？影响风险态度的因素有哪些？

2. 简述信用风险的特点以及其主要管理方法。

3. 试述金融风险管理的主要策略有哪些？

4. 投资者把他的财富的 30% 投资于一项预期收益为 0.15、方差为 0.04 的风险资产，70% 投资于收益为 6% 的国库券，试分别计算资产组合的预期收益和方差。

5. 案例分析

1998 年 6 月 21 日，中国人民银行发表公告，关闭刚刚诞生 2 年 10 个月的海南发展银行。这是新中国金融史上第一次由于支付危机而关闭一家有省政府背景的商业银行。海南发展银行成立于 1995 年 8 月，它是在先后合并原海南省 5 家信托投资公司和 28 家信用社的基础上建立和壮大的，成立时总股本为 16.77 亿元，海南省政府以出资 3.2 亿元成为其最大股东。关闭前有员工 2 800 余人，资产规模达 160 多亿元。

海南发展银行从开业之日起就步履维艰，不良资产比例大，资本金不足，支付困难，信誉差。海南发展银行是在 1994 年 12 月 8 日经中国人民银行批准筹建，并于 1995 年 8 月 18 日正式开业。成立时的股本为 16.77 亿元，但仅在 1995 年 5～9 月间，就已发放贷款 10.60 亿元，其中股东贷款 9.20 亿元，占贷款总额的 86.71%，绝大部分股东贷款都属于无合法担保的贷款。1997 年底按照省政府意图，海南发展银行兼并 28 家有问题的信用社之后，公众逐渐意识到问题的严重性，开始出现挤兑行为。随后几个月的挤兑行为耗尽了海南发展银行的准备金，而其贷款又无法收回。为控制局面，防止风险漫延，国务院和中国人民银行当机立断，宣布 1998 年 6 月 21 日关闭海南发展银行。

（1）在上述案例中，不良资产比例大，资本金不足，支付困难，大量非合法贷款，分别代表了海南发展银行哪些类型的风险?

（2）海南发展银行的关闭给我们什么启示?

第八章 保险规划

保险的意义，只是今天做明日的准备，生时做死时的准备；父母做儿女的准备；如此而已。今日预备明日，这是真稳健；生时预备死时，这是真豁达；父母预备儿女，这是真慈爱。不能做到这一步的，不能算现代人。

——胡适

学习目的和要求

通过本章的学习，识别个人与家庭面临的各种风险；熟悉保险理论的基本知识；了解不同保险险种的主要类型以及基本条款；通过分析个人与家庭的保险需求，选择适当的保险品种，制定相应的保险规划。

本章预习

陈先生是个80后，30岁刚出头的他拥有一份稳定的工作，一个可爱的儿子，由于工作表现突出，刚刚被提拔为部门主管。正当陈先生事业如日中天之时，由于日常应酬过多、饮酒过度，陈先生被确诊为肝癌。当务之急必须通过器官移植进行肝脏移植。不过治疗费用至少需要40万元，而现实情况是：他儿子才两岁，太太月收入4 000多元，供房款每月4 500元，家庭并没有太多积蓄。在亲朋好友倾囊相助下，家人凑够了费用。但当手术中，发现癌细胞已经全腹腔转移，移植手术不得已放弃。尽管竭尽全力，最终陈先生还是撒手人寰。太太由此独自承担起几十万元的负债和抚养年幼的儿子的责任。类似这样的事情每天都在重复的上演。生老病死残对每个人或每个家庭都无法回避，风险发生给家庭带来困难、损失、甚至不幸。如何应对未来的突发事件，如何有效降低风险，对个人和家庭进行有效的保险规划，都将是本章要探讨的主要内容。

第一节 保险规划概述

一、风险与保险

一般而言，风险是指未来结果的不确定性。风险作为人类生存过程中不可避免的现象，无论是从空间上讲，还是从时间上讲，都是不以人们的意志为转移的，是始终存在的。具体体现在是否发生不确定；发生的时间不确定；发生的地点不确定；发生的频率不确定；损失的大小不确定。

（一）个人与家庭面临的风险

1. 人身风险

人身风险是针对导致人伤残、死亡、丧失劳动能力以及增加医疗费用支出的风险。如人会因生、老、病、死等生理规律和自然、政治、军事、社会等原因而早逝、伤残、工作能力丧失或年老无依靠等。一般包括生命风险、健康风险及意外伤害风险。人身风险事故不仅给个人或家庭带来经济收入损失、中断，也可能导致当事人精神上的焦虑、悲伤或者创伤。

（1）生命风险。生命与生死相关，因而，生命风险又包括生存风险与死亡风险。生存风险主要针对长寿风险。随着科学及医疗技术的发展，人均寿命也在不断提升。依据《“健康中国2030”规划纲要》到2030年人均预期寿命将达79岁，人均健康预期寿命显著提高。长寿意味着拉长了老年的生命周期，而退休后低收入水平状态及年轻时的积蓄往往不足以支付长寿带来的养老、医疗、护理等费用的开支，由此，老龄化衍生了一系列生存风险。死亡风险是个人与家庭面临的最大的风险，意外事故、自然灾害、疾病等都是造成死亡的主要原因。尤其是作为家庭主要收入者的早逝将会给家庭带来严重的经济危机。

（2）健康风险。包括疾病风险和残疾风险。疾病风险可以分为狭义疾病风险和广义疾病风险两个层次。狭义的疾病风险针对人身所患疾病而带来的经济、生理、心理等损失的风险；广义的疾病风险还包括生育及意外伤害事故等方面引起的人身风险。残疾风险是指由于疾病、伤害事故等导致人体机体损伤、组织器官缺损或功能障碍等风险。健康风险的发生对个人或家庭的经济影响巨大，主要有三点：第一，医疗费用风险，疾病或者意外伤害可能需要支付高昂的医疗费用，尤其是像恶性肿瘤、重大器官移植、肾病等重大疾病会给个人及其家庭带来灾难性的经济负担；第二，收入损失风险，由于疾病或者残疾导致丧失工作能力或者转换工作带来的收入水平降低的风险；第三，护理费用风险，病人在生病期间、失能者或残疾者由于缺乏自理能力而增加的护理费用风险。

（3）意外伤害风险。意外风险是指来自身体外部，非主观意愿的风险。意外风险无处不在，车祸、飞机失事、被歹徒袭击、溺水、摔伤、触电等，已成为威胁人类生存的头号杀手。依据世界卫生组织的统计，意外伤害是全球第三位主要死因，伤害所造成的疾病负担约占全球负担的12.4%，仅就交通事故，每年就有约125万人死于非命。

2. 财产风险

财产风险是指一切导致实物财产的损毁、灭失或贬值的风险。个人与家庭财产主要包括不动产和动产两方面。不动产主要针对个人房屋面临火灾、地震、爆炸等自然灾害、空中运行物体坠落导致的损失；动产包括室内物品、贵重个人物品、车辆可能遭受自然灾害、火灾、碰撞、盗窃、保管不善等带来损失。损失本身既有直接的，又有间接的。例如，个人汽车在交通事故中受损，车辆相关的维修费用就是直接损失，而由此产生的误工及时间的耗费则属于间接损失。

3. 责任风险

责任风险是指由于个人的疏忽或过失行为，造成他人财产损失或人身伤亡，依照法律、契约或道义应承担的民事法律责任的风险。一般而言，法律责任包括刑事责任、民事责任和行政责任，保险人所承保的责任风险仅限于民事损害赔偿责任。具体涉及侵权责任和违约责任。侵权责任主要是由于疏忽、过失等行为造成他人的损害所承担的民事赔偿责任。其中，伤害包括身体伤害、财产损失、精神伤害、侵犯隐私等多种形式。例如，家养的宠物咬伤邻居，宠物的饲养人或者管理人应承担相应的侵权责任；医生由于疏忽将纱布留在病人腹腔中；个人驾驶汽车不慎撞人，造成对方伤残或死亡，责任方就需要承担相应的法律赔偿责任。违约责任风险主要针对合同当事人一方不履行合同约定的义务所应承担的民事责任风险。随着社会法律制度健全及个人法律意识的增强，损失的不确定性加大致使与个人家庭相关的责任风险在与日俱增。在个人与家庭的责任风险中，较为常见的是涉及房屋责任损失风险、机动车辆损失风险以及个人劳务关系产生的责任风险。

（二）可保风险

风险是保险存在的前提，保险是风险管理中最有效的转移手段。保险的基本职能之一就是分散风险，把大量具有同质风险的标的集中起来，一旦少数人发生风险，就将损失均摊到全体标的上，以此弥补少数人的损失。保险能够持续经营运作也有赖于概率论与数理统计在保险中的运用，其中的“大数法则”也成为现代保险经营和发展的科学基础。其揭示了这样一个规律，在随机事件的大量重复出现中，其结果呈现出一定的规律性或稳定性。通俗地说，在试验不变的条件下，重复试验多次，随机事件的频率近似于它的概率。偶然中包含着某种必然。这就把原先不确定性的风险变成了一种相对的确定性，运用在保险上，就可以将个别危险单位遭遇的不确定的损失，变成多数危险单位可以预知确定的损失，从而测算出较为准确的保险费，以实现财务的收支平衡。

但是我们同样也应该看到，尽管保险作为处置风险的有效手段，但并不是所有破坏物质财富或威胁人身安全的风险，保险人都愿意承保。保险公司可以承保的风险叫作可保风险。一般而言，可保风险仅限于纯粹风险。即只有损失可能而无收益机会的不确定性。应满足以下几个条件：

1. 风险的发生具有偶然性与意外性

必定会发生或者已经发生的风险事故，保险公司就不会予以承保。只有事先无法知道是否会发生、什么时候发生、损失的大小有多少这类具有偶然性的风险保险公司才会承保，像自然损耗、折旧等必然发生的现象，保险人一般不承保。同时，风险事故的发生必须是意外的、非故意行为，对于被保险人的故意行为或不采取合理预防措施所造成的损失，如故意纵火、自伤等，保险人均不予赔偿。之所以强调偶然性与意外性，在于防止被保险人的道德风险发生，也满足大数法则以随机（偶然）事件为前提的条件。

2. 存在大量、独立的同质风险单位

大数法则的运用必须存在大量的、独立或同质的保险标的。“大量”的风险单位，意味着大量标的均有遭受损害的可能性，“大量”本身并无绝对值约定，它随险种的不同而变化。“独立”意味着风险单位之间互不影响，“同质”即各风险单位发生概率和损失的程度大体接近。只有满足大量、独立、同质的保险标的才有利于一旦风险发生，损失集中在一个较小的范围内，离散范围越小，预测的偏差也就越小，相对保险公司的财务稳定性也就越强。

3. 风险损失是可以衡量并确定

可保风险要求风险损失的大小是可以确定的，也就是风险造成的损失必须在时间上和地点上可以被确定，以明确该损失是否为保险公司承保范围内的损失。保险公司依靠经验数据统计损失发生的概率和程度，损失后果必须能够用货币来衡量，保险人以此作为补偿的依据。由于人的身体和生命的无价性，人身保险一般在订立保险合同时就预先明确其给付标准。

4. 风险损失存在适度性

从风险的损失程度看，对于损失程度低的风险一般采取自留的方式予以承担。只有针对损失程度较大的风险，单纯依靠个人力量来弥补，经济负担过重或无力，转而采取保险的手段进行风险转移。而像重大自然灾害、疾病传播、恐怖主义袭击或人为事故而造成巨大损失的风险，由于超过了保险人的承保能力，往往作为除外责任或者通过特约责任予以承保。

小贴士：

不可保风险

与可保风险相对是不可保风险，往往作为保险合同的除外责任。常见的不可保风险有：

人身保险：

（1）投保人对被保险人的故意杀害、故意伤害；

（2）被保险人殴斗、故意自伤、故意犯罪或者抗拒依法采取的刑事强制措施；

（3）被保险人受酒精、毒品的影响；

（4）被保险人酒后驾驶、无合法有效驾驶证驾驶，或驾驶无有效行驶证的机动车；

（5）战争、军事冲突、暴乱或武装叛乱，核爆炸、核辐射或核污染。

财产保险：

（1）投保人、被保险人故意行为；

（2）战争、敌对行动、军事行为、武装冲突、罢工、骚乱、暴动、恐怖活动；

（3）核辐射、核爆炸、核污染及其他放射性污染；

（4）地震、海啸，及其次生灾害；

（5）行政行为或司法行为；

（6）保险标的本身缺陷、变质、霉烂、受潮、虫咬、自然磨损，或保管不善导致的损失；

（7）保险财产遭受承保危险引起的各种间接损失。

值得注意的是，可保风险本身是一个相对的概念。一方面，随着经济的发展、新技术的进步，保险公司的承保能力也正逐步提升；另一方面，风险环境的变化带来风险损失发生的频率增加，损失波及范围及损失幅度的提高，相应的对于高风险、高保额标的的保险需求日益提升，也要求保险公司放宽可保风险的条件，并不断拓展可保风险范围。所以我们在认识可保风险过程中应该以一个发展的眼光来对待。

二、保险原则

（一）最大诚信原则

最大诚信原则是指保险合同当事人在订立和履行保险合同时依法向对方提供足以影响对方做出订约与履约决定的全部实质性重要事实，不允许存在任何虚假、欺骗和隐瞒的行为。《中华人民共和国保险法》（以下简称《保险法》）第五条规定："保险活动当事人行使权利，履行义务应当遵循诚实信用原则。"从其内容看主要包括：告知、保证、弃权与禁止发言。告知要求保险合同当事人应该就与合同有关的重要事实向对方如实陈述，对于保险人与投保人均有告知要求。保证是对某个事项的存在不存在、作为不作为的承诺。弃权与禁止发言意味着一旦保险合同当事人的一方放弃某项权利，日后就不得以此为由向另一方主张该权利。

《保险法》中多处均对最大诚信原则作出相关约定：

第十六条　订立保险合同，保险人就保险标的或者被保险人的有关情况提出询问的，投保人应当如实告知。投保人故意或者因重大过失未履行前款规定的如实告知义务，足以影响保险人决定是否同意承保或者提高保险费率的，保险人有权解除合同。

前款规定的合同解除权，自保险人知道有解除事由之日起，超过三十日不行使而消灭。自合同成立之日起超过二年的，保险人不得解除合同；发生保险事故的，保险人应当承担赔偿或者给付保险金的责任。投保人故意不履行如实告知义务的，保险人对于合同解除前发生的保险事故，不承担赔偿或者给付保险金的责任，并不退还保险费。投保人因重大过失未履行如实告知义务，对保险事故的发生有严重影响的，保险人对于合同解除前发生的保险事故，不承担赔偿或者给付保险金的责任，但应当退还保险费。保险人在合同订立时已经知道投保人未如实告知的情况的，保险人不得解除合同；发生保险事故的，保险人应当承担赔偿或者给付保险金的责任。

第十七条　订立保险合同，采用保险人提供的格式条款的，保险人向投保人提供的投保单应当附格式条款，保险人应当向投保人说明合同的内容。对保险合同中免除保险人责任的条款，保险人在订立合同时应当在投保单、保险单或者其他保险凭证上作出足以引起投保人注意的提示，并该条款的内容以书面或者口头形式向投保人作出明确说明；未做提示或者明确说明的，该条款不产生效力。

第二十七条　未发生保险事故，被保险人或者受益人谎称发生了保险事故，向保险人提出赔偿或者给付保险金请求的，保险人有权解除合同，并不退还保险费。

（二）保险利益原则

保险利益又叫可保利益，是指投保人或者被保险人对保险标的具有的法律上承认的利益。保险利益原则强调在签订并履行保险合同的过程中，投保人或被保险人对保险标的必须具有保险利益，否则保险合同无效。应注意的是，在保险实践中财产保险与人身保险对于保险利益的时效要求有所不同。财产保险的保险利益一般要求投保人或被保险人自始至终对标的应具备保险利益。而人身保险仅要求在订立保险合同时对标的应具备保险利益，事故发生时可以不具备。对此《保险法》第十二条明确约定："人身保险的投保人在保险合同订立时，对被保险人应当具有保险利益。财产保险的被保险人在保险事故发生时，对保险标的应当具有保险利益。"

（三）近因原则

近因原则是保险实务中处理理赔遵循的重要原则。近因是指引起标的损失的最直接、最有效、起决定作用的原因。近因本身并不是时间或者空间的最为接近，而是指对于损失的结果起到最主导作用的原因。运用近因原则是判断风险事故与保险标的的损失直接是否存在直接的因果关系，当保险标的损失近因属于保险责任，保险人应负赔偿（给付）责任，若近因属于责任免除，则保险人不负赔偿（给付）责任。

（四）损失补偿原则

损失补偿是保险的基本职能，损失补偿原则指当被保险人因保险事故而遭受损失时，其从保险人处所能获得的赔偿只能以其实际损失为限，通过保险赔偿，使被保险人恢复到受损前的经济状态。损失补偿原则的运用既能维护投保双方相应权益，又能杜绝被保险人通过保险赔偿获得额外利得，以防止道德风险发生。在运用损失补偿原则时要注意三个限度，即损失补偿以实际损失为限度，损失补偿以保险金额为限，损失补偿以保险利益为限。当三个限度不一致的时候，取最小金额赔偿。损失补偿原则主要适用于财产保险以及其他补偿性保险合同。

三、保险与理财

（一）理财与保险的关系

个人理财的目的在于提高资本要素的配置效率，将个人财务进行不同阶段和不同比例的划分和组合，实现家庭财务收支平衡，达到资金最有效利用。保险是理财的基础，是家庭财务安全的保障。通过购买保险防范和避免因风险带来的财务困难，对资金进行合理安排和规划，也有助于实现资产保值和增值。主要表现在两个方面：

一方面，保障功能。马斯洛需求理论将人类需求像阶梯一样从低到高按层次分为五种，分别是：生理需求、安全需求、社交需求、尊重需求和自我实现需求。从需求层次看，对于较低层次的安全性的满足，很大程度取决于风险的控制，尤其是针对那些可能造成我们重大财产损失、身体健康严重损害、重大疾病、残疾、甚至人身死亡的风险事件。一旦发生意外情况，可能会严重危及人们的正常生活，打乱理财规划，甚至给家庭带来毁灭性的打击。而风险分散、损失补偿正是保险的最基础的功能。保险作为风险管理工具，利用保险产品的保障功能来管理人生不同阶段的各种财务风险，保证理财规划的顺利进行。保险自身的保全资产的功能，是任何其他理财方式都不具备的，用少量的资金购买保险，一旦发生风险，弥补造成的经济损失或给予相应的经济给付，获得保险金远远超过实际缴纳的保费，实现以小御大和风险规避。同时在投保以后，转嫁了风险，心理上感到安慰，从而也消除了精神上的紧张与不安，满足一定的精神层面需求。

另一方面，理财功能。保险介入到理财，是以相对保守的方式介入资产配置中。保险产品中尤其是人寿保险产品，依托专业的投资运作获得相应的回报，在保障基本职能之上拓展了资金的保值增值功能，促进个人和家庭消费的均衡，满足未来经济的支出的需要。依据生命周期，中青年时期收入较高，而到了老年收入水平下降，由于基本生活开支的相对稳定，消费波动较为平稳，但随着老龄阶段养老、医疗费用的支出，提升了消费水平，使原有的财务平衡被打破。而人身保险产品，具备较长的保险期间，投保者根据自身需要选择相应的保障计划。长期缴费积存了大量的保险基金，依托保险期间的投资运营，待到保单约定时间或约定条件时领取，有效弥补了个人与家庭的财务缺口需要。

（二）保险理财产品的优势

1. 税收优势

保险在避税方面的作用主要表现在：一是依据《中华人民共和国个人所得税法》，出险后，保险公司的赔款免纳个人所得税。二是受益人取得身故保险金，身故保险金不属于被保险人遗产，一般不用缴纳遗产税。尽管我国还没有开始征收遗产税，但从其发展趋势看，如果开征遗产税，保险也是避税的好途径。三是部分商业保险享有税收减免的优惠。例如，税收优惠型健康保险与个税递延型养老保险。税收优惠型健康保险是指纳税人在购买商业健康险后，可以在当年（月）计税时予以税前抵扣的部分。根据现有政策规定，个人购买税收优惠型健康险可按照 2 400 元/年的限额标准予以税前扣除。个税递延型养老保险让投保人在税前列支保费，在领取保险金时再缴纳税款。由于保险期间较长，投保人处于不同的生命周期，边际税率就有较大的区别，递延纳税减轻税负的影响就较为明显。

2. 债务优势

《中华人民共和国合同法》第七十三条约定因债务人怠于行使其到期债权，对债权人造成损害的，债权人可以向人民法院请求以自己的名义代位行使债务人的债权，但该债权专属于债务人自身的除外。依据《最高人民法院关于保险金能否作为被保险人遗产的批复》人身保险金能否列入被保险人的遗产，取决于被保险人是否指定了受益人。指定了受益人的，被保险人死亡后，其人身保险金应付给受益人；未指定受益人的，被保险人死亡后，其人身保险金应作为遗产处理，可以用来清偿债务或者赔偿。同时《保险法》第二十三条也规定：任何单位和个人不得非法干预保险人履行赔偿或者给付保险金义务，也不得限制被保险人或者受益人取得保险金的权利。意味着保险具有银行存款、股票、基金等金融工具所不具备的免于债务追偿功能。主要原因在于人寿保险是属于人的生命资产，受益人的权利大于债权，债权人无权要求保单受益人以保险赔偿金来偿还债务，本质上体现了对于生命的尊重。

3. 投资收益优势

个人保险理财的收益通常使用复利累积计算，即上一期的利息计入下一期的本金，俗称的“利滚利”。与银行存款、国债、银行理财这些投资渠道相比，由于保险产品期限均较长，在相同的利率水平下其复利累积的收益要远高于单利产品的累积收益。此外，在保险理财投资上赋予较大的自主选择权。依据运作方法不同可以选择分红险、万能险和投资连结保险；依据风险与收益匹配程度的不同，可以选择保守型、稳健型、激进型的投资方式。相对而言，产品的流动性与安全性成正比，流动性、安全性与盈利性成反比。投资者可以依据自身偏好，选择是否承担一定投资风险、承担多少投资风险，选择多高的预期投资收益率，以对应的相应险种，满足个人投资理财需要。

第二节　保险规划实务

一、人寿保险

（一）普通型人寿保险

1. 定期寿险

定期寿险是指在保险合同约定的期间内，对于被保险人死亡，按照事先约定的保险金额给付保险金。若被保险人在保险期届满仍然生存，合同终止，保险人无须支付保险金，已经缴纳的保险费也不用退还。定期寿险的保险期间短则 1 年，长则 10 年、20 年，或者采取截至某一年龄的方式，如到 65 岁或 70 岁。

（1）定期寿险的特点。

第一，保费较低。相对于其他寿险来说，定期寿险是人寿保险中最简单的险种。在保单的设计上不带有投资储蓄等功能，因而能以较低廉的保费提供较充分的保障。以 30 岁的男性为例，保险期限 10 年，趸交保费 880 元，如果采取年缴每年保费 110 元，10 年内若发生死亡或全残，便可获得 10 万元的保险金，低保费高保障，杠杆效用明显，避免因被保险人的身故造成家庭其他成员经济困难。特别是在同等情况下，女性保费低得多，趸交保费 410 元，年缴保费仅为 50 元，是男性的一半水平（如表 8－1 所示）。

表 8－1　　**某保险公司定期寿险费率表**　　单位：元

保险期限：10 年	一次性缴		5 年缴		10 年缴	
年龄	男	女	男	女	男	女
20	55	25	14	6	7	3
30	88	41	22	10	11	5
40	176	87	44	22	23	11
50	388	233	96	58	51	30

续表

保险期限：20 年	一次性缴		5 年缴		10 年缴		20 年缴	
年龄	男	女	男	女	男	女	男	女
20	118	55	29	14	15	7	9	4
30	215	105	53	26	28	13	16	8
40	453	255	112	63	59	33	34	19
50	1 166	743	289	183	152	96	89	56

注：以 10 000 元保险金额为计算单位。

第二，可续保性。定期寿险尽管约定了保险期限，但保险期满后，被保险人可以延长保险期限，且不需要提供可保证明。例如，某被保险人在 38 岁时购买了一份 10 年期的定期保单并且活到了这个期限，他有权选择续保 10 年而不用再次体检。当然随着他年龄的增加带来的风险的提升，后 10 年的保费要比前 10 年期的保费更高。

第三，可转换性。定期寿险可以选择在保险期限内转换成终身寿险或两全保险以满足更大的风险保障，同时在行使转换权时投保人不必提供被保险人的可保证明。当然为了避免逆向选择，转换权一般要求在约定年龄或者期间内行使。

（2）适用对象。定期寿险适用于经济能力有限，但又需要较高保险保障的人购买。尤其像家庭经济支柱，或者负担较高额度房贷或其他负债的人，他们对死亡保障要求较高，通过购买定期寿险，避免身故后，家庭其他成员的生活质量出现较大影响。对于这部分现阶段收入水平还不足以负担高额的终身寿险的人群，可考虑先购买定期寿险，在收入提高后再转换成终身寿险或其他产品。

2. 终身寿险

终身寿险是终身提供死亡或全残保障的保险。也可以看作是不定期的死亡保险，从合同有效期开始，直至被保险人死亡。由于一般生命表的终极年龄设定为 100 岁或 105 岁，如果被保险人在 100 岁（或 105 岁）之前死亡，保险公司将视同被保险人死亡，给付死亡保险金。

（1）终身寿险的特点。

第一，终身寿险在被保险人整个生存期间提供终生的死亡保障，多采用均衡保费的方式，每年保费固定不变，越早投保相对年缴保费水平越低。

第二，具有储蓄功能。保单具有现金价值。随着缴费年限的增长，保单的现金价值也在逐渐提升。若投保人有资金融通的需要，可以按照保单现金价值的一定比例申请贷款。投保人享有退费的权利，中途退保，可以按照保单的现金价值予以返还。当然，在投保中前期，提前退保，有可能造成较大经济损失，应谨慎选择。

第三，灵活性。一般终身寿险保单条款允许把该保险单转换为减额缴清保险或展期保险。将已经累积的现金价值作为一次性缴清的保费降低原保单的保险金额，或者将原保单变换为定期寿险。以避免由于个人经济条件变化，影响保单持续缴费能力，造成保单失效而丧失相应保障。

第四，被保险人身故后，可以依据被保险人的意愿，由指定受益人领取身故保险金。实现避税避债、遗产传承、理财增值的功能。

（2）适用对象。终身寿险适用于收入相对稳定并有一定资产储蓄的人。在风险保障的同时，利用强制缴费的方式，获得稳定性的理财收益。特别是对于家庭的经济支柱及家庭责任较重的被保险人，借助终身寿险有计划把保险金留给自己的家人，实现资产保全与传承。对于希望通过终身寿险转移资产、合理避税、规避债务的被保险人也是很好的选择。

3. 两全保险

两全保险，又称生死合险，是以被保险人在保险合同约定的期间内死亡或期满生存为给付保险金条件的人寿保险。是将定期死亡保险与生存保险相互结合的人寿保险。

（1）两全保险的特点。

第一，保险金给付是必然的，费率较高。对被保险人而言不是生存就是死亡，保单同时承担约定期限内的死亡责任及期满仍生存责任。保险责任相对简单，主要针对生存与死亡风险，若被保险人在保险期间内死亡，它与相同保险金额和期限的定期寿险给付相同。若被保险人在保险期届满生存，它与相关保险金额和期限的生存保险承诺相同。因此，两全保险的保费等于定期死亡保险与生存保险两者保费之和。

第二，兼顾保障和储蓄功能，且保险期限固定。一般采取均衡保险的方式，由于生死合保，保险费率相对较高。保单所有人享有各种由保单现金价值带来的权益。储蓄保费逐年累积形成责任准备金，一定程度上满足了对于“早逝”风险对受益人的经济损失弥补，也可以实现特定目标下的资金积累。例如，对子女未来教育基金的积累，或是对被保险人养老带来经济压力的补充。

（2）适用对象。

两全保险一般投保年龄都比较宽泛，适用范围广，在提供保障的同时兼具强制储蓄功能。中低收入人群可以通过该方式实现财富累积，中高收入人群通过两全保险实现较为安全稳定的投资回报，抵御通货膨胀，有助于对未来的生活和养老进行合理规划。

4. 年金保险

年金保险是指以被保险人生存为保险金给付条件，保险人按照合同约定的金额、方式，在约定的期限内向被保险人给付保险金的人身保险。年金保险有多种类型：按缴费方式可分为趸缴和年缴；按人数可分个人年金、联合年金、联合及生存者、最后生存者年金；按给付额是否变动，分为定额和变额年金；按给付日期分即期和延期。其中，养老保险是比较有代表性的险种，属于递延年金保险，受领者到达退休年龄开始给付年金，以满足养老保障需求。

（1）年金保险的特点。

第一，强制储蓄。年金保险是长期的理财工具，年轻时定期缴费实现定期“存钱”，零存整取，保证资金不被消耗在其他方面。一般来说，年金保险的投资更加多元化以保持稳定的投资收益率。一旦退保尤其是短期内退保可能面临高额损失，使投保人更应谨慎选择。通过强制储蓄的缴费方式为被保险人获得退休或者收入地有力保障。

第二，定额给付。缴费期结束后可以在约定年龄领取固定保险金，因而被保险人可依据各自的保障需求，确定投保时的额度和期限。同时为避免被保险人早逝，一部分终身年金保险，往往附有保证性给付条款。设定一定的保证领取期（10 年或 20 年）或者保证领取额度，若未到领取年限或额度身故，则可将剩余未领取保险金给付给指定受益人。

(2) 适用对象。

第一，中高收入阶层，把年金保险作为资产配置的方式，实现资产的保值增值。作为未来养老的补充，以保证晚年生活品质。或者针对子女的教育储蓄规划安排。

第二，平时非必要性消费较多，希望通过强制保险储蓄实现资金的积累。

专栏8-1

关于退保理赔的相关问题

◇退保后，原有保障随之丧失

被保险人原本享有的保险权益因此失去，面对随时可能发生的风险，被保险人个人及家庭生活将重新回到不安定状态。

◇退保可能蒙受经济损失

退保很可能会让投保人经济上蒙受非故意的、非预期的、非计划的经济价值的损失。通常分为直接损失和间接损失。按《中华人民共和国保险法》规定，已缴满两年以上保险费的，退保时退还保险单的现金价值；未缴满两年保险费的，退保时扣除手续费后，退还所交剩余保险费。此外，财产保险将已收取的保费扣除责任开始日至退保日应收部分后，退还投保人，起保期越长，退保金越少。

◇退保后再投保，缴费标准往往会提高

一般来说，投保同一种险种，被保险人的年龄越大，缴费标准越高。如果退保后重新投保，尤其是相隔一段时期后再投保，便会因年龄的增长而多缴保险费。因为随着被保险人的年龄增加，投保费率标准就会随之变高；如果重新投保长期人寿保险，其保险条款中约定的疾病身故，疾病致残或者自杀的保险责任免除期将重新计算。

◇重新投保，保险权益可能受到某些限制或被拒

若因退保而重新考虑投保长期性人寿保险，其保险条款中约定的疾病身故、疾病致残或自杀的保险责任免除期将重新计算。若保户在责任免除期发生保险事故，保险公司不予赔偿。

某些人寿保险条款，以被保险人身体健康且不超过规定年龄为条件。保户退保后再投保，可能会因身体状况的变化或超过规定的年龄而被拒保，从而失去获得保险保障的权利。

资料来源：中国银保监会官方微信公众号：保监微课堂。

(二) 创新型人寿保险产品

1. 分红保险

分红保险是指保险公司将其实际经营成果优于定价假设的盈余，按一定比例向保单持有人进行分配的人寿保险产品。在保障的同时兼具分红功能，其红利来源于寿险公司的盈余，主要有死差益、利差益和费差益。

(1) 分红保险的特点。

第一，保单持有人与保险公司共享收益、共担风险。中国保监会规定，保险公司每一会计年度向保单持有人实际分配盈余的比例不低于当年全部可分配盈余的70%。可采取现金红利或者增额红利的方式。现金红利是直接以现金的形式将盈余分配给保单持有人，增

额红利是指整个保险期限内每年以增加保险金额的方式分配红利。目前国内大多数保险公司采取现金红利方式。红利分配的多少取决于保险公司的经营效益，每年分配具有不确定性，多盈多分、少盈少分，实现风险共担。

第二，定价的精算假设较为保守。寿险的长期性对未来的死亡率、利率、费率的变化较难准确预测，因而，在分别设定死差益、利差益和费差益三者的预期死亡率、预期收益率及预订费用率时，精算假设较为保守，以保证尽可能实现“三差益”而非“三差损”。

（2）适用对象。

分红保险适合收入稳定，投资稳健型的人群。尤其针对短期内对资金没有较高的需求，风险承受能力有限，希望在获得长期连续保障的同时又有稳健长期理财需求的个人或者家庭。

专栏 8－2

××保险公司养老年金保险（分红型）（节选）

红利分配

本合同有权参与本公司分红业务的盈余分配。在符合保险监管机关有关规定的前提下，由本公司全权决定每年的红利分配方案。红利是不保证的。

在每一个保险合同周年日，若本合同仍然有效并已缴付所有到期保险费且第二个保单年度的应缴分期保险费也已全部缴付，本公司将向投保人进行红利分配，并向投保人提供一份红利通知书。

投保人可选择以下任意一项红利运用方式，若没有在投保单上作出选择，本公司将以方式三处理所获分配的红利：

一、现金给付；

二、缴付到期保费；

三、留存于本公司享有累积生息。对于留存于本公司的红利，本公司将按每年确定的红利累积利率以年复利方式累积生息，并在红利通知书中公布。留存于本公司的红利及其累积生息将不参与本公司分红业务的盈余分配。投保人可随时申请领取留存于本公司的红利及其累积生息。本合同效力中止或终止时，本公司将向投保人一次性给付留存于本公司的红利及其累积生息。

红利运用方式一经选定，将被一直采用，直至投保人另行书面通知本公司。

资料来源：（××）保险公司尊享人生养老年金保险（分红型）条款。

2. 投资连结保险

投资连结保险也称“变额寿险”，是指包含保险保障功能并至少在一个投资账户拥有一定资产价值的人身保险产品。投保人缴付的保费，一部分用作人身风险的相关保障；另一部分进入投资账户。保障账户与投资账户分离，投资账户通过划分等额单位，以方便计算投资账户价值，单位价值由单位数量及投资账户中资产或资产组合的市场价值决定。

（1）投资连结保险的特点。

第一，投资灵活。投资连结保险均设置不同类型的独立投资账户。保单持有人可以在不同投资账户中自由选择，并拥有获得所有投资利益的权利，当投资表现好时，保单持有人享有所有的回报；反之，则承担相应的风险。保单持有人可自由地在不同投资账户间转换，以获取最大回报。保险公司收到保险费后，按照事先约定，将保费的部分或全部分配进入投资账户，并转换为投资单位。投资连结保险分类标准如表 8－2 所示。

表 8－2　投资连结保险分类标准

一级分类	二级分类	分类标准 权益投资比例	投资股票基金比例
指数型	指数型	采取指数化策略	
激进型	激进型	70% 以上	80% 以上
混合型	混合激进型	40% ～70%	50% ～80%
	混合保守型	40% 以下	20% ～50%
债券型	增强债券型	可投债券型基金	20% 以下
	全债型	仅投资债券和货币市场	80% 债券
货币型	货币型	货币市场投资比例 80% 以上	80% 货币市场
类固定收益型	类固定收益型	投资范围包括债权计划、不动产计划以及固定收益类信托计划等非标准化资产，不包括股票、股票型基金、期货等高风险产品	

第二，保单透明。投连险投资运作透明，至少每半年发布一次信息公告，披露各投资账户简介，包括投资策略、主要投资工具及各类资产比例，各投资账户财务状况的简要说明。至少每周披露一次投资单位价格，每年向保单持有人寄送保单年度报告，涉及报告期间保单项下各投资单位数变动情况及报告期初和期末各投资账户余额，逐笔列示报告期间内发生的期缴或者趸缴保险费、部分领取、账户转换、保单管理费、死亡风险保险费、追加保险费等事项。

（2）适用对象。

投资连结保险则适合于经济收入水平较高，以投资为主，保障为辅，并追求中长期投资收益又具有一定风险承受能力的投保人。同时由于其保额、保费及投资额度可灵活调整，也适用于个人预算不稳定的单身投保人。

3. 万能保险

万能保险又称为“综合人寿保险”，是一种缴费灵活、保额可调、非约束性的寿险。万能寿险主要提供两方面的功能：储蓄投资和保险保障。保单持有人自主选择保险保障额度和储蓄投资额度，并依据不同时期的需求对二者进行调节。

（1）万能寿险的特点。

第一，缴费灵活。万能险保单一般规定支付完首期最低保费后，投保人可以在任何时间支付任何金额的保费，并可以灵活的提高或者降低死亡给付金额，只要保单累积的现金价值足够弥补当期的死亡费用和经营费用，保单就持续有效。

第二，设有最低保障利率。保险公司根据万能险单独账户资产的实际投资状况确定结算利率。结算利率不得低于最低保证利率。由此保证被保险人获得最基本收益，实现“下有保底，上不封顶”。

第三，经营透明度高。万能险提供了透明账户的设计。除每月至少一次公布结算利率和年化结算利率外，保单所提供的风险保障完全按照相应的精算数据逐项列明收取的各项费用、费用扣除比例（或者金额）及扣费时间，使保单持有人对保额、费用、收益、支出一目了然。

（2）适用对象。

万能险适合有稳定收入，具有较强的富余资金且没有其他更有效的投资渠道的个人与家庭，在兼顾投资收益的同时也获得相关人生保障。同时也适合对保费缴纳需求相对灵活的人群购买，由于万能险结算利率的不确定性，被保险人还应具备一定的风险承受能力。

专栏 8-3

保险新规 134 号文：快速返还和万能险类产品均被叫停

2017 年 10 月 1 日即将实施的《关于规范人身保险公司产品开发设计行为的通知》（以下简称《通知》），叫停“快速返还 + 万能险账户”类产品，而这类产品是保险公司冲规模的重要保费来源之一。

《通知》被称作史上最严新规。据了解，近几个月陆续有寿险公司根据新规申报产品试探监管边界，但不断有产品被打回。可见，为了遏制保险公司通过销售“理财化”的保险产品做大规模，监管的意图明确且意志坚决。

《通知》与 2017 年 4 月 1 日正式实施的《中国保监会关于进一步完善人身保险精算制度有关事项的通知》一脉相承，共同点是控制保险公司冲规模的欲望，降低行业经营风险，引导保险产品回归风险保障的本源。随着系列文件的落地实施，保险业面临游戏规则的改变，这一改变对整个行业都会引起巨大反响。

短期来看，保险业实施《通知》文将带来阵痛。其实，2017 年 4 月 1 日以来，随着各寿险公司停售一批旧产品，寿险月度保费增速出现了连续 4 个月下滑，拖累保险行业的保费增速出现下滑势头。10 月 1 日《通知》正式实施之后，寿险板块的增速还可能进一步放缓，令过去多年一直处于快速增长的保险业迎来阵痛。

不过，从中长期来看，新规将有利于保险业健康稳定发展，推动保险业回归本源。不少保险公司已认识到，相对短期的保费规模，保险公司最重要的是保持战略定力，实现平稳增长，管理好风险，平稳穿越不同的经济周期才是生存之根本。业务上的大起大落，并不利于公司长期发展。目前，已有一些保险公司积极拥抱变化，主动转型，舍弃中短期高现价产品，调整营销策略，开始主打长期保障型产品。

就保险业务本身而言，回归“风险保障”是大势所趋，就保险资金运用而言，也要回归本源，险资姓保。由于大部分保险产品要承担赔付和保证给付的刚兑责任，这要求保险公司计提足额准备金和保持偿付能力重组，以确保资本能够吸收损失。这一特征决定了保险资金运用和保险资产负债管理，要以追求绝对收益为前提，保持低风险偏好，成为价值投资的拥趸者。

第五次金融工作会议着重强调金融要服务于实体经济，为发展实体经济提供基础和支持。保险业是金融的重要组成部分，沉淀了大量的资金，保险投资以获取经济增长带来的合理回报为出发点，才是正道。

《通知》等系列文件对于保险业的影响，短期来看来有阵痛，但中长期必将带领保险业回归本源，拥有更强的实力去吸收更多风险业务。

资料来源：《证券时报》，2017 年 9 月 20 日。

二、健康与意外伤害保险

（一）健康保险

1. 健康保险的分类

在现代生活中，来自意外、健康方面的威胁亦无处不在。环境污染、工作压力、食品安全、意外伤害，等等，人人都可能处于“亚健康”或“疾病”状态。健康保险就成为有效的风险规避手段，以被保险人的身体为标的，在遭受意外伤害和疾病侵扰而产生医疗费用、收入损失时，提供经济补偿或给付保险金。按照保障内容不同，健康保险可以划分为医疗保险、疾病保险、失能收入损失保险和长期护理保险。

（1）医疗保险。医疗保险也可称为医疗费用保险，是以保险合同约定的医疗行为的发生为给付保险金条件，为被保险人接受诊疗期间的医疗费用支出提供保障的保险。按照病种分类，医疗保险可以分成普通医疗保险、意外伤害医疗保险、住院医疗保险、手术医疗保险和特种疾病医疗保险。按照医疗保险费用的补偿方式不同，可以分为定额给付型和费用补偿（报销）型，定额给付型是按照约定的保险金进行给付，费用补偿型是依据被保险人实际发生的医疗费用支出按照约定的标准确定保险金额。

（2）疾病保险。疾病保险是以疾病作为保险金给付条件的人身保险。为被保险人患病后提供一定经济保障，以满足因疾病、疾病状态或手术治疗所花费的高额医疗费用支出的需要。作为给付性险种，与被保险人实际发生的医疗费用支出无关。只要被保险人罹患保险条款中列出的某种疾病，无论是否发生医疗费用或发生多少费用，都可获得保险公司的定额给付。疾病保险常见的有重大疾病保险和特种疾病保险两种类型。

第一，重大疾病保险。依据《重大疾病保险的疾病定义使用规范》规定了重大疾病保险产品的保障范围必须包括 25 种重大疾病中发生率和理赔率最高的 6 种疾病，即

▲恶性肿瘤——不包括原位癌及部分早期恶性肿瘤；

▲急性心肌梗塞；

▲脑中风后遗症——永久性的功能障碍；

▲重大器官移植术或造血干细胞移植术——须异体移植手术；

▲冠状动脉搭桥术（或称冠状动脉旁路移植术）——须开胸手术；

▲终末期肾病（或称慢性肾功能衰竭尿毒症期）——须透析治疗或肾脏移植手术。

除此六种疾病外，对于其他疾病种类，保险公司可以选择使用。

第二，特种疾病保险。特种疾病保险是指对特种疾病的医疗费用提供保障的保险。特种疾病包括牙科费用、生育母婴、肿瘤疾病、女性疾病、糖尿病、脑中风、轻症疾病等。

专栏 8-4

××保险公司重大疾病保险条款（节选）

保险责任

在本合同有效期内，本公司将承担下列保险责任：

一、身故保险金

二、重大疾病保险金

1. 首次重大疾病保险金

若被保险人在等待期内因疾病经医院确诊首次出现本合同约定的重大疾病，本公司将按照重大疾病确诊时本合同所有累计已缴保险费给付首次重大疾病保险金，本合同随之终止。若被保险人因意外伤害或在等待期后因疾病经医院确诊首次出现本合同约定的重大疾病，本公司将按照本合同的基本保险金额给付首次重大疾病保险金，且豁免自首次重大疾病确诊之日后的第一个保险费应缴日起本合同的各期应缴保险费，本项保险责任终止。

若本公司已给付首次重大疾病保险金，则本合同的保证现金价值自首次重大疾病确诊之日起降低为零，同时本公司不再承担除重大疾病保险金以外的其他保险责任。

2. 第二次重大疾病保险金

在本公司按本合同的约定已经给付首次重大疾病保险金的情况下，若被保险人自首次重大疾病确诊之日起满一周年后，首次出现本合同约定的除首次重大疾病所属组别以外其他三组中的任何一种重大疾病，本公司将按照本合同的基本保险金额的130%给付第二次重大疾病保险金，本项保险责任终止。

3. 第三次重大疾病保险金

在本公司按本合同的约定已经给付首次重大疾病保险金和第二次重大疾病保险金的情况下，若被保险人自第二次重大疾病确诊之日起满一周年后，首次出现本合同约定的除首次重大疾病和第二次重大疾病所属组别以外其他二组中的任何一种重大疾病，本公司将按照本合同的基本保险金额的150%给付第三次重大疾病保险金，本合同终止。

三、轻症疾病保险金

四、生命末期保险金

资料来源：（××）保险公司长保安康尊享版重大疾病保险条款节选。

（3）失能收入损失保险。又称失能保险，是指以因保险合同约定的疾病或者意外伤害导致工作能力丧失为给付保险金条件，为被保险人在一定时期内收入减少或者中断提供保障的保险，其保障水平通常与被保险人的职业收入水平相关。其主要目的是为被保险人因丧失工作能力导致收入的丧失或减少提供经济上的保障。失能收入损失保险一般分为两种：一种是补偿因伤害而致残疾的收入损失；另一种是补偿因疾病造成残疾而导致的收入损失，但不承担被保险人因疾病或意外伤害所发生的医疗费用。

（4）长期护理保险。长期护理保险，是指以因保险合同约定的日常生活能力障碍引发护理需要为给付保险金条件，为被保险人的护理支出提供保障的保险。主要针对被保险人因为年老、严重或慢性疾病、意外伤残等导致身体上的某些功能全部或部分丧失，生活无法自理，为其在护理院、医院、家庭接受长期照护服务提供经济保障，一般而言长期护理期限较长，可长达几年甚至十几年，以确保老年人的生活自理能力，提升老年人的生活质量和生命质量。

2. 健康保险的常用条款

（1）续保条款。健康保险的保险期限通常为一年。一般的健康保险条款都注明保单在什么条件下失效，在什么条件下可自动续保。常见的方式有以下几种：

可选择续保的保单允许保险人在保单规定的特定日期，如保费到期日，拒绝续保。

有条件续保的保单规定保险人只能依据保单载明的一个或多个非健康相关的特定原因拒绝续保。例如，被保险人达到某个特定年龄或就业状况发生变化，保险人可以不予续保。

有保证续保条款的保单，在上一保险期间届满后，投保人提出续保申请，保险公司必须按照原条款继续承保，而不论被保险人上一期是否新患何种疾病或者有过索赔记录，只要总赔偿额在合同约定的“保证续保权终止额度”以内，直到被保险人达到合同约定的特定年龄。

不可撤销保单保证可以续保至被保险人到达保单规定的限定年龄，保险费率一旦确定，保险人不可以增加保费。残疾收入保障保单通常是不可撤销的。

（2）等待期条款。等待期又称免责期或观察期，是指保单生效后一定期间如 90 天或 180 天内的发生的风险事故保险公司不承担保险责任。设置等待期的目的是为了防止投保人带病投保，降低保险经营风险。

例如，一年期住院健康险等待期为 30 天，重大疾病保险为 90 天。则意味着购买此款保险后因疾病 30 天以内住院，是不受保险保障的，而如果 90 天内患有保单约定的重大疾病，也无法得到保险给付。只有等待期届满，保险责任才正式开始。

（3）比例给付条款。比例给付条款，又称为共保比例条款。保险人对超过免赔额的部分与被保险人按一定比例共同分摊。例如，共保比例为 75%，意味着对被保险人的医疗费用，保险人负担 75%，被保险人要自负 25%。比例给付条款的规定，既有利于保险人对医疗费用的控制，也有利于保障被保险人的经济利益，达到保障的目的。

【案例 8 - 1】 张先生 2016 年投保了一份医疗保险，保单额度 5 万元，年度免赔额 1 000 元，并包含一个 85% 的比例给付条款。假设张先生 2016 年发生保险责任范围内的医疗费用为 a. 800 元，b. 7 000 元，c. 68 000 元，问在三种情况下张先生和保险公司分别承担多少？

a. 医疗费用为 800 元时

保险公司承担医疗费用：0 元。

张先生承担医疗费用 800 元

b. 医疗费用为 7 000 元时

保险公司承担医疗费用：(7 000 - 1 000) × 85% = 5 100 元

张先生承担医疗费用 7 000 - 5 100 = 1 900 元

c. 医疗费用为 68 000 元时

保险公司承担医疗费用：

(68 000 - 1 000) × 85% = 56 950 元　56 950 元 > 50 000 元

保险公司承担50 000元医疗费

张先生承担医疗费用68 000 - 50 000 = 18 000元

（4）既存状况条款。在保单生效的约定期间内（一般2年），保险人对被保险人的既往病症不给付保险金。既往病症是指被保险人在投保之前，身体上已经发生的疾病或是有健康上的异常，并未在投保单中披露。对被保险人因既往病症而发生属于保险责任范围内的损失时，保险人只在保单生效2年以后才给付保险金。值得注意的是投保单中已经告知的病症不适用于既存状况条款。该条款有助于被保险人出现逆向选择，避免那些得过某些疾病但有复发危险或未痊愈的人通过购买健康保险获得保险给付。

【案例8-2】李女士在投保医疗保险的一年前曾接受关节炎治疗，在填报投保单的6个月前，被诊断为糖尿病，并为此进行治疗。在投保单上，李女士如实告知了因糖尿病接受治疗，却忽略了关节炎治疗的事实。保险人签发了保单，没有将糖尿病排除在责任免除之外。那么李女士关节炎可视为既往状况。如果在保单生效的2年内，李女士因关节炎治疗提出医疗费用索赔，保险人可以依据既存状况条款不予给付。而对于糖尿病的事实，由于在投保单中已经说明，就不视为既存状况，因糖尿病治疗发生的医疗费用，保险人将予以赔付。

（5）不可抗辩条款。保单生效的2年后，保险人不能解除保险合同，发生保险事故的，应承担给付保险金的责任。意味着生效2年后的保单的有效状态是无可争议的，保险公司是无法以未履行如实告知等理由解除合同的。

注意比较既存状况条款与不可抗辩条款之间的区别。在健康保险合同中，虽然二者都与投保人对被保险人的健康状况不实告知有关，但不可抗辩条款针对的是属于重大的不如实告知的事实，它保证保险人在保单生效2年内可以以此为由解除合同。而既存状况条款针对的不如实告知事实属于小事，如被保险人有关节痛、皮肤病等。

（6）体检条款。体检条款允许保险人指定医生对提出索赔的被保险人进行体格检查，目的是使保险人对索赔的有效性及具体赔付做出鉴定。体检条款适用于疾病保险、失能收入损失保险。

（7）职业变更条款。在健康保险中，被保险人的职业发生变动将会直接影响发病率、遭受意外伤害的概率，所以通常在职业变更条款中规定，如果被保险人的职业风险发生变化，保险人可以据此调整保费或给付金额。

【案例8-3】王先生由教师行业转入刑警行业，那么保险人将保单所规定的最大保险金额减少到相当于刑警缴付保费所能获得的保险金额。反之，王先生从刑警岗位改行为教师岗位，那保险费将相应降低。

（二）意外伤害保险

意外伤害保险是以意外伤害而致死亡或残疾为给付保险金条件的人身保险。尽管都涉及死亡给付，但意外伤害保险与普通人寿保险的区别在于，意外伤害保险是强调意外事故造成的伤害或因伤害引起的残疾或死亡。与健康保险的区别在于：意外伤害保险强调外因导致的身体伤害，而健康保险侧重在被保险人内在原因而导致的疾病。

1. 意外伤害保险的特点

（1）保险期限短。意外伤害保险多为短期险，通常都是一年期，甚至几天或者几个小时。如各种乘客意外伤害保险，保险期限为上车到下车这个期间。

（2）投保简便。无须被保险人参加体检，只要有付费能力，对被保险人资格一般无限制。保险人可以出具专门的保单，也可以不出具专门保单。例如，索道游客意外伤害保险，往往以索道门票作为保险凭证，不再额外签发保单。

（3）保费低廉。大部分消费型意外险不具备投资储蓄功能，纯保费仅为风险保费，保险期间没有发生风险事故，保险人不退还保险费，因而保障程度相对较高。

2. 适用对象

意外无处不在，因而对被保险人资格均无限制，意外伤害保险具有较广的适用范围。经常驾车外出、出差或者出游这部分人群可以选择一般意外险、交通意外险或旅游意外险，在期限的选择上以一年期的意外险费率较为优惠，偶尔出行的可以选择单次意外险。同时还可以针对特定人群投保，如在校儿童及学生设计的学平险和老人专属的意外险。

三、财产与责任保险

（一）财产损失保险

财产损失保险是以各类有形物质财产为保险标的，以补偿财产损失为目的。主要包括：企业财产保险、家庭财产保险、运输工具保险、货物运输保险、工程保险和农业保险等。与个人及家庭理财相关的主要涉及家庭财产保险、机动车辆保险。以下就这两个险种重点分析。

1. 家庭财产保险

家庭财产保险是面向城乡居民家庭，以其住宅及存放在固定场所的物质财产为保险标的的险种。目前市场上的家庭财产保险可以保障楼宇结构、室内装修、室内财产、水管爆裂、盗抢、家用电器、家政人员责任、宠物责任等保障，可以说非常全面。

（1）家庭财产保险主要类型。

● 普通型家庭财产保险

普通型家庭财产保险是家庭财产保险的主要品种，承保被保险人所有或使用并坐落于保险单载明地址内的财产，包括自有、代管或者与他人共有的财产。普通型的家庭财产保险保险期限多为一年，一般包括家庭财产综合险和家庭财产附加险，如表 8－3 所示。

表 8－3　某保险公司家庭财产保险产品说明

	保险财产项目	保险金额	保障说明
综合险	房屋及附属设施	0.5 万～500 万元	室内附属设备包括暖气、管道煤气、厨房设备等固定装置
	室内装潢	0～40 万元	承保由于火灾、爆炸、雷击、暴雨等原因导致的室内装潢损失
	室内财产	0～20 万元	承保由于火灾、爆炸、雷击、暴雨等原因导致的室内财产损失，室内财产包括家用电器、衣物和床上用品，家具及其他生活用品

续表

		保险财产项目	保险金额	保障说明
附加险	盗抢险	盗抢造成室内财产损失	0～10万元	承保经公安机关确认的因遭受外来人员撬、砸门窗、翻墙掘壁，持械抢劫而造成的直接损失
	家用电器用电安全险	家用电器用电安全损失	0～2万元	承保供电线路因自然灾害或供电部门施工失误等原因导致电压异常而引起的家用电器直接损毁损失
	管道破裂及水渍险	管道破裂及水渍造成损失	0～5万元	承保由于室内自来水管道、下水管道和暖气管道（含暖气片）突然破裂致使水流外溢或邻居家漏水造成的室内财产损失
	第三者责任保险	第三者责任	0～5万元	在保险单载明的住所，被保险人（或其同住的家庭成员及雇员）因过失造成第三者的人身伤亡或财产直接损毁的，保险公司将按合同约定承担经济赔偿责任
	地震责任保险	地震造成财产损失	0～80万元	承保因破坏性地震或由此引起的海啸、火灾、爆炸、滑坡、地陷所造成的房屋及室内附属设备直接财产损失

• 两全型家财险

家庭财产两全保险承保范围和保险责任与普通家庭财产保险相同，但在损失补偿的基础上兼具储蓄功能。投保人缴纳固定的保险储金，利息转作保费，保险期满时，无论期内是否发生损失，是否发生赔款，保险储金均返还投保人。保险期限多样化，既有一年期的，也有三年或五年的选择。有的保单约定只要被保险人不取回保险储金，保险合同就持续有效。

• 投资型家庭财产保险

投资型家庭财产保险兼具保障、储蓄和投资三种功。既能使被保险人获得保险保障，又能使投保人收回本金。保险期满时，无论在保险期内是否发生赔付，投保人都能获得相应投资收益。一般而言投资型家财险能够获得高于银行同期存款利率的投资回报。

（2）投保注意事项。

第一，个人家庭财产保险通常没有购买份数的限制，但家庭财产保险属于补偿性合同，赔偿以实际损失为限，超额和重复投保并无必要，被保险人不能因为赔偿获得额外利得。在投保时依据标的实际价值确定保险金额，同时各分项保额也应与各自的实际价值相吻合。

第二，在赔偿处理中，由于家庭财产保险中的承保财产种类较多而且性质不一，在保险事故发生后，家庭财产保险的赔偿处理一般会根据财产性质采用不同的赔偿方式。对于室内财产一般遵循第一危险赔偿方式，即赔偿金额高度取决于损失金额与保险金额较小的值。对于房屋及室内附属设备、装潢的赔偿主要采取比例赔偿方式。

第三，对于部分价值难以确定的财产，如金银珠宝、古币、古玩字画、艺术品等必须与保险人特别约定后方能承保。而像有价证券、票证、账册、技术资料、日常消耗品、电脑软件及资料等，属于不可保财产。

2. 机动车辆保险

机动车辆保险是以机动车辆本身及机动车辆的第三者责任为保险标的的一种运输工具保险，在国外，一般被称为汽车保险。它不仅是运输保险中最重要的险别，也是财产保险中最重要的业务来源，在整个财险中所占比例达70%以上，具有举足轻重的地位。

2015 年 2 月 3 日，随着中国保监会《关于深化商业车险条款费率管理制度改革的意见》（简称《意见》）公布，新一轮商业车险改革正式启动。同年 3 月 20 日，中国保险行业协会出台了《机动车辆商业保险示范条款（2014 版）》，2015 年 6 月，黑龙江、山东、广西、重庆、陕西、青岛 6 个地区率先启动试点，2016 年 1 月，天津、内蒙古等 12 个地区紧随其后成为第二批试点。2016 年 7 月，鉴于 18 个试点地区的积极成效，商业车险改革向全国范围推广。

（1）机动车辆保险主要类型。机动车辆保险包括交强险和商业车险两个部分。商业车险又分为主险和附加险。依据《机动车辆商业保险示范条款（2014 版）》主险包括机动车损失保险、机动车第三者责任保险、机动车车上人员责任保险、机动车全车盗抢保险共 4 个独立的险种，投保人可以选择投保全部险种，也可以选择投保其中部分险种。附加险包括玻璃单独破碎险、自燃损失险、新增加设备损失险、车身划痕损失险、发动机涉水损失险、修理期间费用补偿险、车上货物责任险、精神损害抚慰金责任险、不计免赔率险、机动车损失保险无法找到第三方特约险和指定修理厂险，共计 11 个附加险（如表 8 – 4 所示）。新版的示范条款减少附加险数量，将一些附加险并进了主险保险责任，使主险保障范围更宽，以更好地维护消费者利益。同时允许符合条件的保险公司开发特色附加险条款，可以丰富保险产品种类，加大投保人的选择余地。

表 8 – 4　　　　机动车辆商业保险 11 项附加险

险种	赔偿内容
玻璃单独破碎险	车辆在停放或使用过程中，其他部分没有损坏，仅风挡玻璃和车窗玻璃单独破碎的赔偿
自燃损失险	保险期间内，在没有外界火源的情况下，由于本车电器、线路、供油系统、供气系统等被保险机动车自身原因或所载货物自身原因起火燃烧造成本车的损失的赔偿
新增加设备损失险	被保险机动车因发生机动车损失保险责任范围内的事故，造成车上新增加设备的直接损毁的赔偿
车身划痕损失险	在被保险人或其允许的驾驶人使用过程中，发生无明显碰撞痕迹的车身划痕损失的赔偿
发动机涉水损失险	被保险机动车在使用过程中，因发动机进水后导致的发动机的直接损毁的赔偿
修理期间费用补偿险	被保险机动车因发生机动车损失保险责任范围内的事故，造成车身损毁，致使被保险机动车停驶，在保险金额内向被保险人补偿修理期间费用，作为代步车费用或弥补停驶损失
车上货物责任险	意外事故致使被保险机动车所载货物遭受直接损毁的赔偿

续表

险种	赔偿内容
精神损害抚慰金责任险	发生投保的主险约定的保险责任内的事故，造成第三者或车上人员的人身伤亡，受害人据此提出精神损害赔偿请求，保险人依据法院判决及保险合同约定，对应由被保险人或被保险机动车驾驶人支付的精神损害抚慰金的赔偿
不计免赔率险	保险事故发生后，按照对应投保的险种约定的免赔率计算的、应当由被保险人自行承担的免赔金额部分的赔偿
机动车损失保险无法找到第三方特约险	被保险机动车损失应当由第三方负责赔偿，但因无法找到第三方而增加的由被保险人自行承担的免赔金额，保险人负责赔偿
指定修理厂险	机动车损失保险事故发生后，被保险人可指定修理厂进行修理

• 机动车辆损失险。保险车辆遭受保险责任范围内的自然灾害或意外事故，造成保险车辆本身损失，保险人按照保险合同的规定给予赔偿的保险。

• 第三者责任险。承保被保险人或者其允许的合格驾驶员在使用被保险车辆过程中，因遭遇意外事故，导致他人的人身伤亡或者财产损失，而保险人依法或依据保险合同应承担的经济赔偿责任的保险。

• 交强险。即机动车交通事故强制保险简称。它是指保险公司对被保险机动车发生道路交通事故造成受害人（不包括本车人员和被保险人）的人身伤亡、财产损失，在责任限额内予以赔偿的强制性责任保险。交强险是我国首个国家法律规定实行的强制保险。

（2）投保注意事项。

第一，“全险”不等于“全赔”。“全险”这个词在保险公司和国家相关法律中并不存在，仅仅是人们的一个习惯用语。一般包括机动车交通事故责任强制保险（简称“交强险”）、商业第三者责任保险（简称“三责险”）、不计免赔率特约条款（简称“不计免赔险”）、机动车辆损失责任险（简称“车损险”）、机动车辆全车盗抢险（简称“盗抢险”）、车上人员险等在内的几个主要险种笼统地称为“全险”。例如，发动机涉水或者玻璃单独破损，如果没有投保相应附加险，就不能获得赔偿。因此，“全险”并不等于全赔。

第二，无赔款优待系数调整。无赔款优待是指保险公司根据被保险人以往年度的赔付记录，对其续期保费给予奖励或者惩罚。要想获得无赔款优待，必须在上一年度保险期间内所有险种均无出险记录。车险费改后，结合自主核保系数及自主渠道系数，车险费率最低折扣率将进一步下调至 0.34，部分地区低至 0.23。驾驶行为良好、以往赔款次数少或零赔款的车主，可以享受到更大幅度的保费折扣优惠，有效激励车主主动控制风险、提高社会安全驾驶水平，如表 8－5 所示。

表 8－5　　无赔款优待系数

出险次数	改革前	改革后
上一年出险 5 次	1.3	2
上一年出险 4 次	1.2	1.75
上一年出险 3 次	1.1	1.5

续表

出险次数	改革前	改革后
上一年出险 2 次	1	1.25
上一年出险 1 次	1	1
一年不出险	0.9	0.85
连续两年不出险	0.8	0.7
连续三年不出险	0.7	0.6

第三，保险保障范围扩大。新车险将冰雹、台风、热带风暴、暴雪、冰凌、沙尘暴等自然灾害，驾驶证失效或审验不合格、未上牌照新车、被保险机动车所载货物、车上人员意外撞击所导致的损失、家庭成员人身伤亡等情形均纳入保险保障范围。

（3）投保方案选择。拥有私家车的个人或者家庭每年都面临车险续保方案的选择，如何选择投保险种，既能有效防范风险的又能节省费用，实现最优化。一般而言，商业车险部分，基本险应尽量上全，特别是针对新车车主，由于新车外形、操控性等方面尚需适应，存在较大风险，因而新车车主应尽量足额投保基本险种，包括车损险、第三者责任险等。附加险部分则可按需选择，结合自己的实际状况进行投保。不计免赔率险价格便宜，可最大限度地避免经济风险。玻璃单独破损险适用于车辆其他部位没有损害、只有玻璃破裂时，近年来发生较多的车内财物盗抢，一般都会伴随着车窗损坏，车辆长期停放在露天或无人看管地点的车主可以选择此险种。涉水险需要根据不同地域的降雨和排水状况进行选择。

方案一：全面型。

投保方案：交强险、第三者责任险（100 万元额度）、车损险、盗抢险、玻璃险 + 划痕险、涉水险、不计免赔险。

适合人群：新手上路或行车经验较少的车主；停车环境较差人群，以获得较为全面的保障。

方案二：大众型。

投保方案：交强险、第三者责任险（50 万元）、车损险、车上人员责任险和不计免赔险。

适合人群：适用于大多数的车主，车辆有固定的停车场所，车主的驾驶经验也比较丰富。如上班族。

方案三：经济型。

投保方案：交强险、第三者责任险（30 万元）、车损险和不计免赔险。

适合人群：开车频次少、距离短的车主以及车辆使用时间较长、驾驶经验丰富、愿意自己承担部分风险的车主。

（二）责任保险

责任保险是以被保险人对第三者依法承担的民事损害赔偿责任为保险标的的保险。按业务内容，可分为公众责任保险、产品责任保险、雇主责任保险、职业责任保险和第三者责任保险五类业务。在个人和家庭保险规划中，应考虑对于第三者责任的风险规划，通过家庭成员责任险，提供对于日常生活、工作、旅游、运动等提供全方位责任风险的规避。从职业特点看，若投保人为公共场所经营者，可考虑公众责任保险，若投保人为产品的生产和销售者，可考虑产品责任保险；若投保人是雇主，可考虑雇主责任保险；若投保人从事特定风险职业，如医生、律师、建筑师等，可考虑投保职业责任保险。

第三节 保险需求分析与保险规划步骤

保险规划是个人理财规划的一部分，通过分析个人和家庭的保险需求，选择合适的保险品种、保险期限、保险金额，减弱和避免风险发生时对个人和家庭生活带来的影响。

一、保险规划原则

（一）按需购买

人生的不同阶段，需要应对的风险不同，保险需求也有所不同。要根据家庭的实际情况选择保险，年轻单身族、新婚家庭、成熟期家庭等都有着不同的保险需求，在不同险种的安排上，依据轻重缓急及不同生命周期的需求特点。通常来说，年轻时候偏重家庭经济责任，如身故和伤残的保障，被保险人一旦发生风险，相关保险可以为父母、配偶等提供部分经济支持；中年时候偏重子女教育储备和养老储备，同时对于健康保障的需求也逐步增加；老年时候偏重养老、健康护理和财产传承等。

（二）量力而行

保险理财过程中涉及财产保险和人身保险，投保的险种选择性很多。财产保险属于补偿性合同，保险金额以标的实际价值为限，投保时候，没有必要购买多份重复投保。人身保险属于给付性质合同，保险金额高低主要取决于个人投保意愿和经济承受能力，保额越高，保险期限越长，所需支付的保险费也就越多。因此，个人或家庭进行保险规划时要根据实际经济情况，保额太低，风险保障程度有限；保额太高，又有可能影响生活品质，一般家庭保费负担在其家庭年税后收入的5%～15%为宜。家庭收入有限，没有能力购买保费较高的终身寿险或其他分红、投资型保险，投保人就可以选择保障型产品，相对较低的保费，用以保证在遭遇损失时，有足够的财务保障，循序渐进、量力而行地选择合适的保险产品。

（三）合理搭配

风险分散与损失补偿是保险的基本职能。不同的保险产品，其风险保障、储蓄或投资功能侧重不同。个人与家庭保险规划的目的首先是“保障”，其次才是“收益”。通常来说，意外伤害保险、健康保险和定期寿险等保障成分相对较高；终身寿险、两全保险和年金保险等，储蓄的成分相对较高，因而在进行保险规划时，应优先考虑保障型保险，意外、健康、定期寿险是保险保障的基础标配。在获得基本保障的前提下，再根据投保人的实际情况来调整，不同的人生阶段、不同的财务状况、不同的职业类别，可以有不同的选择方式。例如，消费型产品与返还型产品的选择、保费缴纳期限长短的选择、保障型产品和投资型产品的选择等。通过合理搭配，使投保资金得到最有效的运用，在保费支出相对确定的情况下获得最大化的保障。

二、保险规划需求分析

保险需求分析主要是以家庭为基础，基于稳健原则，在特定的理财目标下，核算为实际既定理财目标的资金缺口，以该缺口作为保障需求。常见的有三种估算方法：双十法、生命价值法、遗属需求法。

（一）双十法则

双十法。保险额度应为家庭税后年净收入的 10 倍，保费支出恰当比重应为家庭税收净收入 10%。双十法则与理财规划中的 6∶3∶1 法则具有一致性，即家庭可支配收入中，60% 用于生活消费，30% 用于储蓄投资，10% 用作保费预算。

例如，一个年净收入 10 万元的家庭，用 1 万元购买意外险、医疗险、重大疾病险、定期寿险在内的保险组合，可以做到 100 万元以上的家庭保障。年净收入 30 万元的家庭，3 万元左右的保费，可以组合出来 300 万元的保额。

双十法则具有简便的优点，可以较为简便地测算出客户的保险需求以及保费水平。但其本身只是理论上较为合理的资产配置比例，没有区别对待不同家庭支出情况以及家庭成员各自责任，仅作为一种估算方法，并不能适用所有个人或家庭。每个家庭实际情况不同，侧重的保障重点也会不同，要结合具体的情况做相应的适合自己的组合方案。例如，两个家庭都是 20 万元年收入，一个家庭有 100 万元的房贷，有未成年子女要抚养和教育；另一个家庭却没有孩子及房贷的支出。因此第一个家庭所需要的保额相对要高，必须要能够满足房贷额度和子女未来教育费用额度，但由于家庭可支配的现金流较少，保险不能占用太多现金，保费支出水平可能要低于 10%。第二个家庭则可以投入更高额的保费（如年收入的 20% ~30%）来进行保险规划，因为其可支配的现金流较多。

（二）生命价值法

生命价值法。个人未来收入扣除税收及本人生活费后的现值，即为个人的“生命价值”，并根据“生命价值”确定需要的保险保障金额。该方法的原理在于：即使相关风险发生，家庭或个人的理财目标仍然应该在不同程度实现。因此，通过估算家庭成员造成的净收入损失，就是生命价值的损失，作为保险保障的需求基础。一般而言，在其他条件相同的情况下，年轻被保险人的应有保额要比年长被保险人高；高收入的被保险人应有的保额比低收入的高。可依据家庭成员的净收入水平分别测算其保额需求，如图 8 - 1 所示。

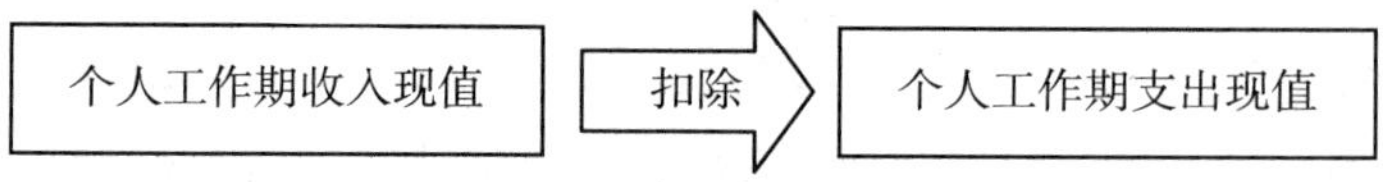

图 8 - 1　生命现值法

此方法较倍数法考虑了更多因素，如年龄、退休时间、本人消费水平及个人收入成长率等，可以反映出不同个体的预期收入差异和支出差异以及不同生命周期的收入与消费特征。但由于测算仅以个人未来收入与支出的预测，并没有考虑整个家庭收入情况，测试结果也容易受到贴现率影响，存在不稳定和不确定性。

【案例8－4】王先生30岁，未婚，目前年收入12万元，支出部分自己3万元，抚养父母3万元，每年储蓄2万元，目前生息资产价值10万元，若客户计划60岁退休，退休后余命25年，父母目前余命20年，若折现率3%，以生命价值法计算的应有保额是多少？

解：每年损失的净收入：$12-3=9$（万元）

不考虑时间价值应有保额：$9\times30=270$（万元）

考虑时间应有保额：$9\times(P/A,3\%,30)=9\times19.6=176.4$（万元）

（三）遗属需求法

遗属需求法。从需求的角度考虑某个家庭成员发生不幸后给家庭带来的资金缺口。其保障需求扣除已有生息资产即为保险需求。遗属需求法可以依据每个家庭的实际情况，在既定财务目标下，明确家庭可支配资源和财务负担，确定遗属需求，遗属需求一般涉及家庭生活支出、债务偿还、子女抚养教育、父母赡养、身后费用等，以此为口径测算，如图8－2所示。

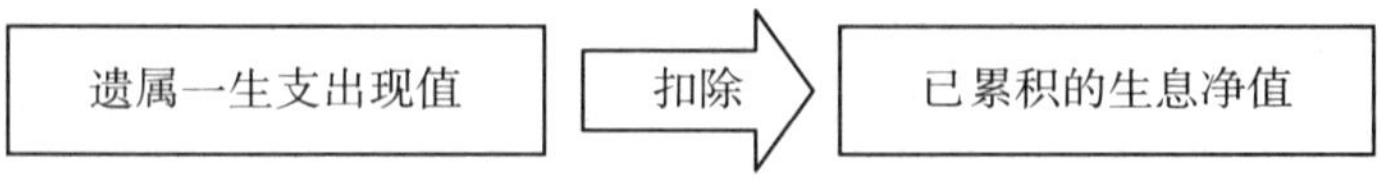

图8－2　遗属需求法

【案例8－5】接上例，以遗属需求法计算的应有保额是多少？

解：父母每年生活费3万元，一般开支从期初开始，因此看作先付年金。

不考虑时间价值应有保额：$3\times20-10=50$（万元）

考虑时间应有保额：

$3\times(P/A,3\%,20)\times(1+3\%)-10=3\times14.877\times1.03-10=35.97$（万元）

以遗属需求法来估算保险金额时，年龄越大，过去相应累积资产越多，对遗属的养生负债也因期限缩短而减少，相应保险需求较低。如果遗属支出占被保险人收入的比重越高，表示家庭负担越重，应有保额也越高。通常先测算出家庭总保额需求，再依据家庭成员收入比例进行分摊。

三、保险规划步骤

在规划保险方案时应满足“点面结合”。“点”即针对某个特殊或迫切的风险，因为不同个人与家庭的经济状况和未来需求、不同个人的工作或生活特点等各不相同，要因人而异、区别对待，在保险产品、保险金额、保费支出等方面，作出相对应的合理配置；“面”是指投保要遵循的普遍规律，通常是指投保顺序的安排，讲究拾遗补缺，不能顾此失彼，在此基础上“点”“面”结合，整个家庭的保障才能有效合理。

（一）确定保险标的

保险标的是指作为保险对象的财产及其有关利益，或者人的寿命和身体。投保人可以以其本人、与本人有密切关系的人、他们所拥有的财产以及他们可能依法承担的民事责任作为保险标的。投保人或者被保险人对标的应当具有法律上承认的经济利益。在个人与家庭保险规划中，把家庭看作一个整体来规划。保险公司一般承保健体的被保险人，也就是身体健康符合投保年龄的被保险人。特别值得注意的是保障的先后顺序。一般而言，“优先考虑孩子的保障”是很多投保人初次购买保险常犯的错误。对孩子而言，父母才是他们最好的保障。如果父母发生风险，收入中断，没有任何收入来源的孩子才是真的失去依靠。因此，首先应确保家庭经济支柱的风险保障。保险的存在并不能保证风险不会发生，而是当家庭或个人发生意外、疾病后，通过保险获得相应的经济支持来维持家庭财务的稳定，所以对于家庭而言最主要的经济收入者应首选作为标的，其次是家庭次要的收入者，最后再考虑对子女的保障。

（二）保险产品选择

1. 保险产品配置顺序

保险规划的顺序以风险保障的风险优先顺序为基础，有助于家庭合理分散风险。首先，应考虑保障性险种。保障型保险（消费性保险）即只提供保障特定保险事故的功能。优先配置意外伤害、定期寿险这类纯保障性的产品，以应对该类风险导致家庭失去主要收入或者完全失去收入，作为防范风险的最基础需求，只需要投入较低的保费就能获得较切实有效的保障，适用于所有人群。其次，考虑个人与家庭的重大疾病险和医疗保险，不健康的饮食习惯、不规律的生活作息、高强度的工作压力皆使疾病尤其重大疾病的发病率逐年上升并呈年轻化趋势。健康保险有助于减轻被保险人患病时大部分经济压力，也能弥补因为生病而耽误的收入损失。在有一定保障基础的前提下，最后考虑储蓄型或理财型保险，如养老保险、分红保险等，保险作为个人资产管理的手段，在获得保障的同时还发挥储蓄增值的功能。

2. 不同生命阶段的保险需求

根据生命周期理论，人的一生被大致划分为少年期、单身期、家庭成长期、家庭成熟期和老年期。每个年龄段都有各自的风险及特点，死亡和健康风险是伴随人从出生直至死亡的。健康风险到中老年发生概率提升；死亡风险随年龄而变化，在家庭成长期死亡风险带来的威胁最大，因为此时正处于上有老下有小的阶段，子女独立后威胁程度逐渐降低。因而对于保险产品的配置，应当以生活需求为出发点，根据各个人生阶段的不同需求侧重点、经济状况和风险偏好等进行个性化的有效安排，如表 8－6 所示。

表 8－6　　不同生命阶段的保险需求

阶段	特征	保险需求
少年期	• 经济不独立，没有收入 • 以教育开支为主 • 自我保护能力较弱，活泼好动	• 意外伤害保险 • 少儿医疗保险

续表

阶段	特征	保险需求
单身期	• 开始有独立经济收入 • 健康状况良好 • 消费需求增加 • 父母年纪增大，责任增加	• 意外伤害保险 • 疾病保险 • 定期寿险
家庭成长期	• 收入进一步增加 • 生活支出、教育支出压力增加	• 意外伤害保险 • 健康保险（疾病保险和医疗保险） • 人寿保险 • 子女教育保险
家庭成熟期	• 收入稳定 • 家庭财产较多，要求保全 • 储蓄增加，有一定投资需求 • 赡养老人、抚养子女压力加大 • 身体出现亚健康状态	• 意外伤害保险 • 健康保险 • 人寿保险 • 养老保险 • 家庭财产保险 • 机动车辆保险
老年期	• 收入明显减少 • 身体疾病增加 • 关注养老保障	• 意外伤害保险 • 人寿保险 • 护理保险 • 医疗保险

（三）保险金额的确定

保险金额是赔偿的最高限额，财产保险一般依据标的的实际价值来确定。像家庭财产保险，房屋价值很大程度取决于地段价值，所以应主要考虑建筑造价这部分价值；人身保险合同，人身的价值无法衡量，保险金额是由合同双方约定的，双十法、生命价值法、遗属需求法都是可参加的估算方式；保障型产品由于可以以相对较低的保费获得较高的保额，通常建议投保人将意外伤害保险金额设定为自身年收入的 10 ~ 20 倍；重大疾病险保险金额设定为 5 ~ 10 倍；长期储蓄型人寿保险的金额则根据到期需要使用金额与已有储备和其他投资渠道获得金额之间的需求缺口确定。

（四）明确保险期限与缴费期限

1. 保险期限

对于财产保险、意外伤害保险等保险品种而言，一般多为中短期保险合同，如半年或者一年，在保险期满之后可以选择续保或者是停止投保。而根据保险标的行动过程来确定的不定期保险，要注意起止时间的确定，例如，旅客意外伤害保险的保险期限应包含实际出行天数。

对于人寿保险而言，保险期限一般较长，有定期和终身两种选择，最主要的差异在于保费水平高低，定期保险相对保费便宜，以较低的保费获得最大的保障。如果预算充足，可增加终身寿险的配置，以实现理财规划和财富传承。如果预算有限，可考虑以配置定期型产品为主。一般来说，在预算不足的情况下，可相应缩短定期寿险的保险年限。

对于健康保险尤其是重大疾病保险，也分成定期型与终身型。定期消费型重大疾病险相比终身重大疾病险和返还型重大疾病险保费要低，对于一些刚刚参加工作，收入、资金预算不是很宽裕或者是处于家庭成长期阶段的个人与家庭，可利用定期消费型重大疾病险低保费、高保障的优势，充分发挥保险杠杆作用，等经济条件宽松后再考虑配置终身重大疾病险。

如果需要同时获得养老、疾病、医疗等多方面的保障，那么在期限上就要结合费率等因素综合考虑。例如，一名30岁的女性投保人，希望通过有限保费满足养老、死亡和重大疾病的保障要求，那么可以选择一份附带重大疾病保障的生死两全险，保障期限设定到60岁。60岁前，保障疾病和死亡；60岁后，领取生存保险金，实现养老需要。

2. 缴费期限

一年期以上的人身保险保费缴纳方式分趸交和期交。选择趸交即一次性缴清，通常缴纳费用较高，如果家庭闲置资金较充裕，暂时无其他使用渠道，或者个人收入是项目性、一次性、短期高收入却不稳定的投保人，可选择趸交或短期缴费。如果家庭属于长期稳定的持续收入，建议选择长期的分期缴费，平稳的支付保费。特别应注意投保人的持续性缴费能力，否则，由于没有及时缴纳保费投保人可能会丧失保险保障并承担退保损失或者丧失部分保险合同利益。另外，不少保险产品会涉及"豁免条款"，即当被保险人出现全残或某些约定的保险事故情况下，投保人可以免缴余下的各期保费，合同继续有效，此时选择较长的缴费期更为合适。

（五）确定保险公司

基于投保对象同一范围，在既定的政策口径下，各保险公司传统类保险的价格在一定程度上并没有太大的差异。选择保险公司，主要注意以下几个方面：

第一，考察保险公司的偿付能力和财务状况。依据保险监管部门或权威评级机构对保险公司的评定结果来了解保险公司的偿付能力。"偿二代"背景下，实施动态监管，每个季度末、年度末都要进行压力测试，并定期披露保险公司风险综合评级。截至2017年三季度末，参评的167家保险公司平均综合偿付能力充足率为253%，平均核心偿付能力充足率为241%，均显著高于100%和50%的偿付能力达标线。其中，财产险公司、人身险公司、再保险公司的平均综合偿付能力充足率分别为277%、247%和331%。对参评的167家保险公司的风险综合评价结果显示，抗险能力强弱依次为，A类公司112家、B类公司52家、C类公司1家、D类公司2家。另外，可以通过保险公司原保费收入水平衡量保险公司的规模及市场认可度。中国人保、平安、太平洋等保险公司占据将近40%的市场份额，品牌效应十分明显。2017年保险公司保费收入排名如表8-7所示。

表8-7　2017年全年保险公司原保险保费收入排名　　单位：元

排名	财产保险		排名	人身保险	
	财产保险公司	原保险保费收入		人寿保险公司	原保险保费收入
1	人保股份	34 929 008.16	1	国寿股份	51 226 788.92
2	大地财产	3 712 319.15	2	太保寿	17 398 195.14

续表

排名	财产保险		排名	人身保险	
	财产保险公司	原保险保费收入		人寿保险公司	原保险保费收入
3	出口信用	1 848 869.11	3	平安寿	36 893 425.32
4	中华联合	3 882 857.35	4	新华	10 929 352.08
5	太保财	10 399 414.94	5	泰康	11 537 757.39
6	平安财	21 598 387.43	6	太平人寿	11 392 476.40
7	华泰	796 389.62	7	建信人寿	2 954 397.97
8	天安	117 195.74	8	天安人寿	4 810 995.27
9	华安	1 127 181.70	9	光大永明	708 131.96
10	永安	844 558.20	10	民生人寿	1 110 204.59

资料来源：中国保监会网站。

第二，服务质量。保险服务包含售前、售中和售后。售前涉及购买咨询服务、风险规划与管理服务；售中包括核保、及时办理手续、送达保单等。售后涉及出险后赔付是否及时，是否耐心听取、真心解决顾客的投诉，是否注意与顾客的沟通。一些保险公司还会提供额外的附加服务，例如，紧急救助、定期回访、消费优惠、风险管理等内容。当然公司规模、品牌效应与服务质量的好坏并无绝对正比关系。保监会会定期披露各家公司的投诉情况，如表 8－8 所示。

表 8－8　　2017 年产保险公司投诉处理考评表

财产保险公司			人身保险公司		
公司名称	总分	排名	公司名称	总分	排名
爱和谊	100.00	1	珠江人寿	96.90	1
劳合社	100.00	1	君康人寿	95.35	2
乐爱金	100.00	1	新光海航	95.00	3
日本兴亚	100.00	1	弘康人寿	94.37	4
瑞再企商	98.00	5	吉祥人寿	92.45	5
三井住友	96.32	6	中融人寿	92.01	6
信利保险	96.00	7	中荷人寿	90.57	7
中原农险	88.43	8	中邮人寿	89.30	8
东京海上	87.67	9	中华人寿	89.28	9
中铁自保	86.29	10	华汇人寿	87.16	10
中国信保	85.63	11	前海人寿	85.91	11
合众财险	83.67	12	东吴人寿	85.84	12
中银保险	83.03	13	平安养老	85.71	13

续表

财产保险公司			人身保险公司		
公司名称	总分	排名	公司名称	总分	排名
美亚财险	81.17	14	上海人寿	85.39	14
安达保险	80.67	15	英大人寿	84.60	15
太平洋财险	70.32	26	平安人寿	59.51	56
平安财险	58.10	54	太平洋人寿	52.51	61
人保财险	52.29	65	中国人寿	27.16	71

资料来源：中国保监会网站。

第三，投保渠道选择。保险公司销售保险产品有很多渠道，互联网销售、电话销售、银行保险、保险经纪、代理人等。由于每个渠道销售成本及营销定位的差异，甚至同一家保险公司不同渠道下销售的同种产品价格都存在一定差异。不同的营销渠道具有各自的特色和优势，也有其自身的缺点和不足。投保人应结合自身情况、需求，选择比较。例如，对于保险相关知识不太了解的客户，要注意了解产品的保障内容、除外责任等。如果没有把握，建议还是通过传统面对面方式，答疑解惑。而像一些短期意外险等简单的保险，则完全可以通过网上直销等创新渠道自主投保。不同购买渠道的优劣比较如表 8 -9 所示。

表 8 -9　　不同保险购买渠道优劣比较

销售渠道	优势	劣势
代理人	较熟悉本公司险种，当面细致的讲解，并提供签约、保全、理赔等一系列迅捷而专业的服务	只为一家保险机构服务； 从业门槛很低，竞争激烈，所以队伍良莠不齐
银行保险	具有庞大的网络关系； 银保产品设计简单、投保简便、费率较低	保险产品种类较少，保障功能有限。 由于沟通有限，容易产生误导； 售后服务相对较弱
保险经纪	专业性强。保险产品选择面广，选择余地多	主要开展非车险的财产险与团体险业务，市场认知度不高
电话销售	方便快捷的触达客户，投保便捷，节约成本	产品单一，非面对面沟通，容易产生不信任感；认知度有限
互联网保险	全面的保险产品信息，可设计多险种组合方案	条款解释、理赔服务等需要自己完成，险种有限； 保险产品性复杂，仍需要专业人士来帮忙设计、搭配和对条款进行专业解读

第四节　保险综合规划案例

【案例 8－6】

中高收入成长型家庭保险规划

张先生 43 岁，公司销售经理，月薪 3 万元，妻子李女士 38 岁，公务员，月收入 7 000 元，家庭年开支 8 万元，儿子 9 岁，小学 3 年级。家庭资产：房产，贷款余额 100 万元，月供 6 000 元；私家车一辆，存款 30 万元。夫妻双方均有社会保险，没有购买商业保险，希望为家庭规划一个合理的保险方案。

1. 保险需求分析

（1）分析财产险需求。财产保险以有形物质为标的。从家庭财产看主要针对房屋和汽车。可以配置适当的家庭财产保险与机动车辆保险。

（2）分析人身需求。张先生作为家庭绝对主要收入来源，现有保险保障只有基本社会保险，按照双十原则，可以配置 10 倍收入的保额，10% 可支配收入的保费支出，保额在 300 万元可以保证在严重的意外或者疾病时不会出现家庭财务危机。妻子李女士非家庭主要收入来源，相对风险较低，保额在 60 万元左右。儿子的风险主要以意外伤害保险为主。

2. 保险规划方案（如表 8－10 所示）

表 8－10　　张先生家庭保险规划方案

投保人	投保险种	保险金额（元）	保费（元/年）	缴费期
张先生	意外伤害保险	1 000 000	600	每年
	重大疾病保险（保障期限至 70 岁）	500 000	8 000	20 年
	终身年金保险	10 000	30 000	10 年
	医疗保险	2 000 000	1 500	每年
李女士	意外伤害保险	500 000	300	每年
	重大疾病保险	300 000	4 000	20 年
	定期寿险（保险期限 20 年）	500 000	1 000	20 年
儿子	意外伤害保险	300 000	100	每年
	医疗保险	1 000 000	300	每年

【案例 8－7】

普通收入成长型家庭保险规划

林先生，35 岁，科研单位的主任，妻子王女士 32 岁，软件公司职员。二人均有社保。有一套价值 180 万元的住房，月供 4 000 元。前不久喜添贵子。家庭月收入 12 000 元，年终奖金 10 000 元，月家庭生活支出 4 600 元左右，现有银行存款 100 000 元，希望有一定积蓄保障儿子教育培养支出。

1. 保险需求分析

夫妻有一套价值180万元的固定资产，年收入154 000元，年固定支出103 200元，年结余50 800元，收支比例67%。理财目标是在保障家庭财务安全的前提下解决孩子的教育经费问题。将每年结余的508 000元中，不超过15 000元可用于买入一些高保障低支出的意外伤害保险、定期寿险和健康保险，转移健康和意外等风险；剩余资金用于家庭储蓄投资满足子女教育和个人养老需要。

2. 保险规划方案（如表8－11所示）

表8－11　林先生家庭保险规划方案

投保人	投保险种	保险金额（元）	保费（元/年）	缴费期
林先生	意外伤害保险	200 000	180	每年
	重大疾病保险（保险期限至70岁）	300 000	3 500	20年
	定期寿险（保险期限20年）	500 000	1 000	20年
王女士	意外伤害保险	200 000	180	每年
	重大疾病保险（保险期限至70岁）	300 000	2 400	20年
孩子	医疗保险	300 000	700	每年

【案例8－8】

艾先生今年30周岁，妻子艾太太27周岁，均为企业白领。为增强小家庭的疾病保障能力，艾太太为艾先生投保了“长保安康至尊版保险产品计划”，如表8－12所示。

表8－12　艾先生家庭保险产品计划

被保险人	产品名称	基本保险金额（元）	保险期间	缴费期间（年）	年缴保费（元）
艾先生	××长保安康至尊版重大疾病保险	50万	终身	20	18 290
	××附加恶性肿瘤疾病保险	50万	终身	20	2 115
艾太太	××附加精选保险费豁免重大疾病保险	—	同主险	19	767
合计					21 172

1. 艾先生可享受的保障利益如表8－13所示。

表8－13　艾先生享受的保障利益

1. 重大疾病保险金（100种疾病）保障至终身	第一次重大疾病保险：50万元 第二次重大疾病保险：65万元 第三次重大疾病保险：75万元
2. 恶性肿瘤保险金（保障至终身）	首次患有恶性肿瘤之日起5年及以后，若仍患有恶性肿瘤，额外赔付恶性肿瘤疾病保险金50万元

续表

3. 轻症疾病保险金（保障至70岁）	10万元
4. 轻症/重大疾病豁免保险费	发生合同约定的轻症或首次重大疾病后，即可豁免后续应缴主险保费
5. 生命末期保险金（保障至终身）	50万元
6. 身故保险金（保障至终身）	最高50万元

2. 艾太太可享受的保障利益如下：

若艾太太发生“附加精选保险费豁免重大疾病保险”合同约定的轻症、重症、全残或身故，即可豁免艾先生作为被保险人的主附险后续应缴保费。

备注：

（1）若艾先生所患疾病同时符合本合同约定的重大疾病定义和生命末期阶段定义的，本公司仅承担给付重大疾病保险金的保险责任。

（2）若艾先生所患疾病同时符合本合同约定的重大疾病定义和轻症疾病定义的，本公司仅承担给付重大疾病保险金的保险责任。

情形1

◆艾先生32周岁

电话医生服务

艾先生平时工作繁忙，饮食、作息不规律，在一次胃痛非常厉害的情况下拨打了中宏提供的电话医生服务热线。健康专家认真了解了艾先生的状况后立即给出了针对性的建议和缓解胃部不适的方法，并建议艾先生及时就医，避免了后续风险。

◆艾先生35周岁

艾先生不幸因意外导致单耳失聪

10万元轻症疾病保险金，并同时豁免主险后续保险274 350元，轻症疾病保险金责任终止，保险合同继续有效。

◆艾先生40周岁

艾先生不幸患胃癌

50万元首次重大疾病保险金，保险合同继续有效。

MDT 重症多学科专家会诊服务

●艾先生首次确诊罹患胃癌后，外科的医生建议实行开腹手术，内镜科医生建议内镜手术治疗。内科医生建议首先进行化疗，面对不知如何诊治的困惑，艾先生申请了 MDT 重症多学科专家会诊服务；

●自申请之日起 10 个工作日内，组织了相关医院外科、肿瘤内科、影像科、内镜中心的专科专家，组成了专家团队，为艾先生提供面对面的专家会诊服务。艾先生及家人全程参与会诊及决策，得到了量身定做的精准诊疗方案。

◆艾先生 46 周岁

艾先生的胃癌状态持续

50 万元恶性肿瘤保险金，中宏附加恶性肿瘤疾病保险合同终止，主保险合同继续有效。

◆艾先生 50 周岁

艾先生不幸患上急性心肌梗塞

65 万元第二次重大疾病保险金，主保险合同继续有效。

◆艾先生 70 周岁

艾先生不幸患有脑中风后遗症

75 万元第三次重大疾病保险金，保险合同终止。

上述案例中艾先生共计获得赔付保险金 250 万元 + 健康管理服务。

情形 2

艾先生 33 周岁时，若艾太太不幸患有乳腺原位癌，公司豁免艾先生后续主附险应缴保费，艾先生主附险合同继续有效。

本章小结

1. 风险可以被定义为发生损失的不确定性。对于个人与家庭而言，主要包括人身风险、财产风险与责任风险。风险一旦发生，给个人与家庭带来不同程度经济损失，利用保险可以进行有效的风险转移。

2. 个人理财的目的在于提高资本要素的配置效率，将个人财务进行不同阶段和不同比例的划分和组合，实现家庭财务收支平衡。保险理财在获得保障的同时还可以获得相应的理财收益。相较于其他理财方式具有债务优势、税收优势及投资收益的优势。

3. 人身保险是以人的身体和生命为标的的保险。主要类型有人寿保险、健康保险和意外伤害保险。财产保险主要承保有形财产物质或无形利益因自然灾害或意外事故造成的损失承担赔偿责任的保险。在个人与家庭规划中主要涉及家庭财产保险、机动车辆保险与责任保险。

4. 保险规划通过权衡家庭财务资源，来确定保险金额，分析个人和家庭的保险需求，由此选择合适的保险产品、保险期限以及保险公司，实现对个人与家庭保险配置。规划过程中应注意按需购买、量力而行、合理搭配，先风险保险后投资储蓄，先大人后小孩，依据家庭的实际情况投保。

思 考 题

1. 个人与家庭面临的风险有哪些?
2. 人身保险和财产保险有哪些常见的种类，各自的主要特点。
3. 依据生命周期分析不同阶段个人与家庭的保险需求。
4. 论述生命价值法和遗属需要法的主要原理。
5. 简述保险规划的基本步骤。

第九章　退休养老规划

不为明天做准备的人永远不会有未来。

——卡耐基

学习目的和要求

通过本章学习，应当了解人口老龄化的定义及其带来的问题，理解退休养老规划的内涵，明确退休养老规划应遵循的原则，掌握退休养老规划的五个步骤；了解退休养老规划的实施内容，熟悉并掌握企业年金、职业年金的概念、缴费构成及其成立条件等；了解遗产规划的目的和原则，理解并掌握遗嘱信托的内涵及其优点。

本章预习：长寿是福还是祸？

随着经济的发展，人们的生活水平逐步提高，人均寿命也逐年增长。然而，问题来了：长寿有可能给个人自身带来危机。由于老年人各项生理机能逐年退化，需要支付的医疗护理等费用会随之上涨。而退休后老年人收入有限，一旦出了较严重的健康问题，则可能无力应付各项支出，届时，他们会因此抱怨自己活得太久。人们不禁要问：长寿到底是福还是祸？

第一节　退休养老规划概述

《礼记·中庸》："凡事豫则立，不豫则废"。意思是：凡事先做谋划则会成功，否则就会失败。由于目前人均寿命不断增长，养老费用也会相应地增加。退休后老年劳动力者将完全退出劳动力市场，收入必然减少，无法保证足够的支出。与此同时，人口老龄化问题是21世纪大多数国家（包括中国）无法回避也是无法逆转的社会问题，它将对一国的经济和民生福利等方面产生非常不利的影响。因此，事先制订和实施退休养老规划对个人和社会而言都十分必要。

一、人口老龄化

"人口老龄化"一词源于英文中的"ageing of population"。有学者将其翻译为"人口老化”，但大多数学者认为用“人口老龄化”更能够贴切地表达其本义。因为，“人口老龄化”有突出“增龄”的含义，“人口老化”则容易让人误解为有“衰老”的含义，而人口老龄化不等于人口衰老。在我国也大都翻译成“人口老龄化”，相应的“老龄问题”“老龄工作”和“老龄事业”等词也得到广泛使用。

联合国国际人口学会编著的《人口学词典》中对“人口老龄化”定义：“当老年人在人口中的比例增大时，我们称之为人口老龄化。”也就是说，人口老龄化是指老年人口在总人口中的比例增加的过程。相反，老年人口在总人口中的比重不断下降的过程称为人口的年轻化。人口老龄化是一个动态变化的过程，其结果是形成老年型人口占比较高的状态。另外，人们对人口老龄化或老龄化的理解常常同时隐含了老年人口规模增大、增长速度加快、老年人口在全部人口中比例增加等意思。因为在人口发展过程中，这三个现象往往同时出现，相悖的情况极其少见。

根据联合国教科文组织制定的标准，在一个国家或地区的总人口中，当年龄在 60 岁及以上的老年人口的比重达到或超过 10%，或者年龄在 65 岁及以上的老年人口的比重达到或超过 7%，则被认定为进入人口老龄化社会。近年来，许多国家和地区陆续进入低生育率时期，加上人口的平均寿命又在不断延长，老年人口的比重持续上升，人口老龄化成为人类社会的必然趋势。20 世纪 50 年代以前，人们普遍认为人口老龄化仅与人的寿命延长有关，只有英、美、法等发达国家的学者意识到人口老龄化可能会引发影响全局的问题。20 世纪 50 年代后，发达国家对人口转变和生育率变化展开了深入研究，人们越来越清楚地认识到人口老龄化不可避免，发展中国家也会出现人口老龄化，并且认为人口老龄化将会催生许多不良的社会现象。①

二、人口老龄化带来的问题

在过去相当长的一个时期内，人们只关注如何满足老年群体的生存需求、保障他们的生活质量等方面的问题。事实上，随着老年人口规模持续扩张，特别是高龄老年人的快速增加，人口老龄化会带来一系列社会问题。

（一）社会养老保障的负担加重

人口老龄化的直接影响就是导致劳动年龄人口与老年人口的比值下降。这意味着在不降低养老保障待遇标准的条件下，劳动年龄人口的人均养老保障负担将不断加重。通过查阅历年的人力资源和社会保障统计公报发现，自 2002 ~ 2016 年 15 年间，我国各级财政对养老金补助已达 3.2 万亿元，预计这个数据还将不断增长。显然，政府、企业、社会承担养老保障方面的压力非常大。

（二）老年人的医疗费用增加

通常，人在进入 60 岁之后，由于人体机能老化，免疫功能不断下降，老年人的身体健康程度直线下降，对其自身健康的关注和需求自然增加。在老龄化程度的提高下，老年

① 张晓林：《国外应对人口老龄化的做法和启示》，载于《中国民政》2015 年第 8 期。

人口所需各项医疗卫生费用迅速增长。据测算，老年人消费的医疗卫生资源一般是其他人群的3～5倍。① 中国老龄科学研究中心2011年的一项调查显示，中国60岁以上老年人的余寿中有2/3的时间处于带病生存状态，其中有相当一部分老年人呈现部分失能和完全失能状态，他们能否承担相应的费用以获得及时治疗和妥善护理，是老年人乃至全社会最普遍关心的问题。

（三）社会养老护理服务需求庞大且多元化

按我国的传统习惯，绝大多数老年人希望在自己家中养老。但当前现代化生活节奏不断加快，大多数老年人的成年子女是在职的，其时间、精力和财力均有限，在家照顾老人往往显得力不从心，一些老年人可能因此遭受冷遇和歧视，甚至面临受虐待和被遗弃的风险。显然传统的家庭养老方式已不再适宜，多元化的养老服务成为当前社会的迫切需要。换言之，老年人的生活状态不再是以前的以延长寿命为主的“生命养老”，而是以提高生活质量为主的“品质养老”。这就需要在全社会范围内建设更多的养老服务设施和机构，培养更多的相关专业护理人员，以满足人们的养老护理需求。而为了满足这一需求，则需要较多的社会资金作保障。

三、退休及退休养老规划

（一）退休制度的建立

退休这一概念是与劳动密切联系的，它是指老年劳动力完全退出劳动力市场的行为。退休制度有两个要素，即退休年龄和退休待遇。在退休制度建立以前，人们只要身体状况允许，就会一直继续劳动。19世纪70年代，德国首相俾斯麦为了安抚在劳工运动后遭到镇压的劳动者，首先创立了退休制度。按当时德国的法律规定，劳动者达70岁，就可以领取退休金，而事实上，当时能活到70岁及以上的人仅是少数。1916年，德国的退休制度将退休年龄降低至65岁，领取养老金的人数于是急剧增加。从此，退休制度逐渐在全世界范围内推广开来。退休制度的建立，一方面解决了老年人的贫困问题；另一方面也在一定程度上缓解了年轻人的失业问题，对社会的稳定起到了积极的作用。尽管建立退休制度的初衷是为了缓和社会矛盾，然而退休制度作为一种社会制度最终在大多数国家普遍建立起来了，它是历史的必然趋势。②

（二）退休养老规划

退休养老规划是指为保证个人的退休生活，而制订和实施理财方案的行为。它是个人理财规划的重要组成部分。根据美国经济学家美迪利安尼提出的“生命周期理论”，人一生的消费大体是均匀的，选择收入多时储蓄可以不降低收入少时的消费水平。也就是说，养老规划的目的在于协调好退休前与退休后的收支平衡关系。假设22～60岁是收入积累

---

① 陈元钢、唐春花、陈芳、罗小茶：《我国老年人城镇社区医疗卫生服务体系构建探析》，载于《重庆工商大学学报》（社会科学版）2013年第3期。

② 徐勤：《退休制度与退休年龄问题的探讨》，载于《人口与经济》1992年第2期，第54～57页。

期，60 岁以后收入急剧下滑，支出远远大于收入，此时就需要前期收入来弥补。因此，为自己未来拥有一个“有尊严、有品质”的退休生活，个人应该在开始工作直到退休前的时期内积极实施退休规划方案。

（三）影响退休养老规划的因素

在制订退休养老规划时，应预先考虑到一些相关影响因素。

1. 预期寿命的延长

由于目前我国人民生活水平快速提高，医疗卫生保障体系也在逐步完善，国民整体健康水平有了较大幅度提升。第六次全国人口普查（2010 年）数据显示，我国人口平均预期寿命达 74.83 岁，比第五次人口普查（2000 年）的 71.40 岁提高 3.43 岁。而这个数字还将不断地扩大。寿命的延长说明人民生活水平的提高和社会文明的进步，但同时也意味着人们需要在退休之前有更多的储蓄和更好的投资理财规划。

2. 提前退休

有些人可能会因为某种原因提前退休。如工作过于繁重，健康不佳，为了提前享受生活等。此外，在经济不景气或企业经营不善的状况下，雇主可能出于降低成本的需要而提出让员工提前退休等。提前退休会延长退休生活年数，个人应及时更改投资计划，增加投资金额和高收益类的投资工具。

3. 社会保障和养老金资金紧张

从表面上看，新的劳动者为社会保障和养老金计划提供着源源不断的资金，然而事实上社会保障与养老金项目也有可能出现资金紧张的情况。如我国目前就存在的养老金缺口问题。《中国养老金发展报告 2017》中指出，我国社保基金累计结余规模在不断增大，但是总收入同比增长的速度明显慢于总支出的增长比例。如果不采取措施加以改善，预计将来这个缺口还会存在。

4. 存在“养儿防老”的陈旧观念

“养儿防老”是中国人几千年来的传统观念，大多数老年人上了年纪后会选择投奔儿女解决养老问题，而不是选择事先做好养老理财规划。由于历史原因，我国现阶段逐渐形成“四二一家庭”人口结构[①]，如果不事先做好养老理财规划，新一代独生子女将要承担赡养多位老人的重担。另外，有数据表明，空巢老年家庭也在迅速蔓延。靠子女养老的时代将一去不复返，不事先做好规划，将有可能“老无所养、老无所依”。人们应转变“养儿防老”的陈旧观念，增强事先投资理财意识。

5. 其他不确定因素

还有许多因素对退休生活带来影响，如通货膨胀、市场利率变动、个人和家庭成员的健康状况、医疗保险制度的变化等，有可能增加退休后的消费支出，降低人们退休后的生活水平。

（四）退休养老规划应遵循的原则

1. 及早规划原则

退休养老规划越早越好。无论退休养老金以何种方式进行储备，起步越早，每期投入

---

① 四二一家庭，指由祖父、祖母、外祖父、外祖母四人，父亲、母亲二人和一个独生子女所构成的金字塔形的家庭。

的资金相对越少。而且，如果退休养老规划准备得早，则可以在一个较长的时期内进行高风险的投资运作，获得高收益的成功率相对就较大。

2. 谨慎性原则

退休养老规划应视个人的需求及其实际能力而定，高估退休之后的收入，或者低估退休之后的开支，都会给退休生活带来风险。个人在确定自己的养老目标时，应本着谨慎性原则，充分考虑各种可能出现的情况，多估计些支出，少估计些收入，以确保退休生活有更多的财务资源。

另外还需注意，遵循谨慎性原则并不意味着要放弃高风险投资，而是根据预计投资年限和退休资金使用情况，构建高、低风险收益合理搭配的投资组合。通常，不建议即将退休的投资者投资风险较高的金融产品。因为即将退休的投资者对资金需求有紧迫性，而高风险的理财产品需要较长时间才能获得较高的收益，并且高风险理财产品往往伴随着较高的风险。

3. 动态化原则

退休养老计划制订好后，仍需要根据环境的变动而不断地修订与更新。由于退休养老规划覆盖的时间比较长，最初制订的退休养老规划假设发生变化的可能性比较大。如通货膨胀率提高，个人所需养老金数额、个人收入水平、不同投资工具投资回报率等多种因素的改变，将直接影响退休养老规划的合理设置。因此，在退休养老金的积累过程中，必须不断地调整、动态地管理投资组合方案。

第二节　退休养老规划的步骤

总体而言，退休养老规划的步骤应该是：首先确定退休生活目标，然后测算出退休后需要多少资金；其次结合个人工作时的收入水平等指标推算出可领取多少退休金；接着计算出退休后需要花费的资金与可领取的退休金之间的差额（即自筹的退休金或养老金缺口）；最后根据养老金缺口的大小制订和设计理财方案加以弥补。

【案例9－1】假设张先生现年30岁，工作到60周岁，我们先来做一个简单的养老规划。

首先，做出养老预算。按现在的生活水平，一对夫妇一年的基本生活消费大约在1.5万元，再舒服一些大概要3万元。按每年递增5%计算，30年后，这两个数字大约分别是6万元和15万元。如果张先生夫妇都参加了社会养老保险，那么他们要准备的只是使自己过得更舒服的那一部分，即15－6＝9（万元）。

其次，筹备养老计划。如果每年投资10 000元，那30年后至少可以拥有50万元。当张先生退休时就已经有了一笔不小的存款，而且这一大笔资金每年还可以有不少的收入。按照这样的理财计划，富足的晚年生活是完全有保障的。

最后，选择投资手段。一般来说，夫妇双方工作每年储蓄投资10 000元是完全可以在不影响日前生活的前提下做到的。关键是能否达到预期的投资回报率，这就需要个人理财师的帮助了。

一、确定养老目标

退休养老的生活目标，是指人们所追求的退休之后的一种生活状况。对退休后的生活，不同的人会有不同的设想。不同类型的退休生活期望，每年所需要的费用也不尽相同。为保证退休养老规划的准确性和有效性，个人在制订养老规划时，必须考虑与财务目标有关的事项。一般来说，需要考察以下两个方面：

（一）退休时间

退休时间包括退休年龄和退休生活年数两个内容。退休年龄直接影响退休计划的其他内容，通常退休时间越早，需要积累的退休储备金就越多，也就意味着需要每年为退休预留更多的资金，或者在投资中冒更高的风险来达到退休目标。近几十年来，许多国家普遍有延迟退休的趋势，某些行业的员工可能要工作到70岁甚至更久。此外，经济状况、不同人群及其自身的健康状况等，也会对退休年龄产生影响。例如，一些个体从业人员对退休时间的选择有更大的自主权。在我国，大多数人的实际退休年龄在55～65岁。而退休生活年数一般根据当地人均寿命适当增加5～10年。

（二）退休后的生活质量水平

虽然退休规划的目标是实现甚至提高个人退休后的生活质量，但个人期望的生活质量不能脱离现实，应当结合自身的职业特点和生活方式，合理规划收入和支出。通常应考虑两个方面的开支：经常性开支和非经常性开支。经常性开支包括基本生活用品开支、医疗护理费用开支等；非常性开支有较大的不确定性，需要根据自身情况进行评估，例如，是否有旅游的计划；是否有住养老院的计划；是否给孩子留一份遗产，等等。

以上两个方面并非相互独立，而是相互关联，甚至呈此消彼长的关系。例如，在其他条件不变的前提下，为获得较高的退休生活水平，个人必须申请推迟退休或另找单位返聘，以延长资金积累时间；反之，为更早享受退休生活，不得不降低退休生活水平。

二、预估退休养老总支出

由于受许多不确定因素影响，在预估退休支出时不可能测算得非常准确，只能进行大概地估算。一般的预算思路是以当前的支出水平和支出结构为依据，同时考虑通货膨胀等各种因素，分析退休后支出水平和支出结构变化，进行差额调整，然后得出退休后的总资金需求。因此，退休支出的预测方法有两种：即以收入为标准的方法和以支出为标准的方法，这两种方法的计算结果理论上是一致的，差别在于计算方法和所考虑角度的不同。

（一）以收入为标准的计算方法

以收入为标准的计算方法是基于退休前收入的某一百分数进行计算的。这里介绍一种简单的方法——养老金替代率（养老金/在职收入）计算法。养老金替代率是指劳动者退休时的养老金领取水平与退休前工资收入水平之间的比率。它是衡量劳动者退休前后生活保障水平差异的基本指标之一。该方法是基于生活费用在退休后将有一定程度降低的假设，包括职业服装费用、差旅费、交际费用的降低，房屋抵押贷款还款额的降低，以及孩子抚养费用的降低等。按照国际经验，如果退休后的养老金替代率大于70%，即可维持退休前现有的生活水平；如果达到60% ~70%，即可基本维持退休前生活水平；如果低于50%，则生活水平较退休前会有大幅下降。①

【案例9－2】 假定张先生现在的收入是每个月6 000元，理想的替代率为85%，即退休后张先生每个月收入应达5 100元才能保证退休后生活质量不下降，假定张先生现在距离退休还有20年，在不考虑通货膨胀的情况下，张先生退休后的总收入需要达到5 100×12×20＝1 124 000元，这也就是张先生的养老理财目标。除此之外，张先生也可以将养老理财目标分解为吃住行、医疗保健、娱乐旅游以及其他应急等几方面，分析每一方面在未来需要多少费用，由此可以得出最终养老理财目标。

（二）以开支为标准的计算方法

以开支为标准的计算方法是基于当事人退休前支出的某一百分数进行计算的，利用个人在当前或退休后的消费与开支替换率（标准范围在70% ~80%）来评估退休后的消费支出。具体步骤如下：

（1）计算当前每月日常支出（年度支出分摊到每个月）为A。

（2）随着年纪的增长，退休后人们日常活动会减少，支出也会相应降低。用A乘以开支替换率（设为70%），计算当前退休时所需要的每月支出数B，即A×70%＝B。

（3）考虑通货膨胀的影响，计算出退休时需要每月支出数C，即C＝B×通货膨胀系数。

（4）由于通货膨胀因素存在，实际上每年的生活费用都是要递增的，但为了计算简单些，我们假设退休后的投资回报率能够基本抵销每年通货膨胀对费用增长的影响，则退休金总费用D为：D＝C×12×退休年限。

三、预估可利用的养老资源

对于多数人来说，退休后仍有一定的收入来源，具体有以下几个方面：第一，稳定的经常性收入：社会基本养老金、企业年金（职业年金）、人寿保险等。第二，投资收入，有储蓄、债券、基金、股票等，能带来固定的现金流，但如果投资波动较大的资产，需要考虑当事人的投资偏好、风险承受能力和市场回报率状况等因素来进行预测；第三，房产租金收入。如果有多余的房产进行出租，在没有出售预期的前提下，可以根据市场的租金状况、租金的未来走势和房屋折旧等因素来评估未来的租金收入水平。第四，劳务收入，如返聘、自营等收入。第五，其他收入，如子女、亲属的赡养费收入等。总之，收入不是一成不变的，应根据实际情况不断地给予调整和完善。

① 《我国企业养老金替代率已跌破国际警戒线　退休差距有扩大之势》，人民网，2013年11月1日。

四、确定养老需求缺口

对比预估的退休收入和支出差额，就可以知道退休资金缺口，即个人需要弥补的部分。当收支差额为正，意味着收入足以满足退休目标，但是要注意维护资金的安全；当收支差额为负，则要制订相应的理财方案来赚取收入以弥补缺口。在计算养老资金缺口的同时，还需要考虑利率的变动和通货膨胀的影响。

五、制订投资储蓄计划

确定养老需求缺口后，应制订一个合理的理财计划，选择报酬率和风险合适的投资工具，以弥补资金缺口。由于基本社会养老保险和企业养老年金部分是属于被动的养老规划，当事人无法自主进行调节，因此制订退休养老规划的重点放在提高储蓄比例、延长工作年限推迟退休、减少退休后的花销、进行收益率高的投资等上面。

一般地，退休生活可以根据个人的生活需求和身体健康状况不同，划分为以下三个阶段。其中每个阶段对养老费用的支出各有所不同，在制订养老投资储蓄计划时应分别加以考虑，并做出相应的方案。

（1）退休前期（一般为65岁以前）。这一阶段身体健康，尚有工作能力，为进一步发挥“余热”或想获得一些额外收入以弥补退休生活，可视工作意愿选择兼职工作（返聘或自营），以兼职收入维持基本开销，同时保证有充分的时间享受退休生活。

（2）退休中期（65～75岁）。本阶段具备积极的生活能力，是退休生活支出的高峰期，如经常外出旅游等。这一阶段应至少保证留有1/3的退休金总额供退休后期使用。

（3）退休后期（75岁以上）。这一阶段接近人生终点，个人身体健康不容乐观，活动性降低，以居家为主，日常生活需要他人照顾，医疗和护理费用增加。这个阶段的花费有可能比前两个阶段要多，需要有一定的退休金作为保障。

另外，值得注意的是，即使是同一种投资工具，其收益率不同，意味着可供个人花销的养老资金的数量和分期的时间长短也不同。个人在制订投资方案时，要尽可能地选择适合收益率的投资工具。

【案例9－3】假设张先生在银行有30万元的本金，并且年利率保持在4%。那么，一年下来张先生可以拿到1.2万元利息，每个月的利息收入是1 000元（1.2万除以12得到）。如果张先生每个月都从银行取出1 000元，那么张先生的30万本金始终不会变多也不会变少。如果张先生每个月不是只取1 000元，而是1 250元（一年下来就是1.5万元），会出现什么情况呢？张先生账户上每年能获得的利息还是1.2万元，但是由于张先生一年取出了1.5万元，不够的3 000元必须从他的30万元本金中取出来。这是否意味着辛苦赚来的钱会越来越少了？让我们再仔细分析一下：1.5万元相当于30万元的5%。张先生可以在表9－1中左侧竖栏中找到5%，在上方的横栏中找到4%（也就是利率），横竖栏交叉处的数字就是以目前的取钱速度，张先生账户所能支撑的年数。显而易见，每年取本金5%，张先生可以取41年，也就是说，如果张先生从60岁退休起就每月取1 250元，他可以一直取到101岁。从表9－1中可以看出，当年利率一定的情况下，年提现率越高，张先生的钱可供花的时间越短；年提现率一定，年利率越高，张先生的本金可支配的时间越长。如果30万元有8%的年回报率，那么张先生每年取2.7万元（年提现率9%）就可以持续取28年。如果张先生的存款拥有这么高的回报率，他就可以相应地提高每月的消费金额，还可以延长使用这笔钱的时间，选择不同的投资产品工具养老，就意味着不同的收益回报率，也意味着退休后不同的养老生活水平。

表9-1　张先生的本金能花多少年

年提现率（%）	年利率（%）							
	4	5	6	7	8	9	10	11
5	41							
6	28	36						
7	21	25	33					
8	17	20	23	30				
9	15	16	18	22	28			
10	13	14	15	17	20	26		
11	11	12	13	15	16	19	24	
12	10	11	12	13	14	16	18	23

资料来源：朱莉·斯塔夫：《理财连连看——根据个性来理财》南海出版公司2011年版。

养老是人生的大问题，其特点是持续时间长、所需资金数额大，刚性需求特征明显。退休养老规划确定以后，应密切监督、定期评价每个步骤的实施效果，并且要根据实际情况的改变对养老方案及时作出相应调整，做到有效降低风险，尽可能地提高养老金的投资收益。

【案例9-4】张先生，30岁，目前财务状况不错，现金流充沛，但工作压力大，想50岁退休。

按照目前中国人平均寿命预计，活到80岁是比较乐观的，他至少需要准备30年的退休金，留给张先生的准备时间是20年。假设通货膨胀率用居民消费物价指数（CPI）考虑，按4%计算。可以给张先生算笔账。

（1）假设张先生目前每月支出A=8 000（元）。

（2）退休每月支出B=A×70%=5 600（元）。

（3）20年后退休每月支出C=B×通货膨胀率（经过20年的复利终值系数）=5 600×2.19=12 264（元）。

（4）需要准备的退休金总额D=C×12×30年=4 415 040元，约等于442万元。

（5）为简化计算，假设张先生没有其他资金储蓄，则养老金缺口E=D=442万元。

（6）每个月投资F=E/[（投资回报率为5%，经过20年的年金终值系数）×12]

=442万元/(33.07×12)=11 138（元）。

即张先生只要坚持每月投资11 138元，在其他条件不变的情况下，就可以在50岁的时候过上目前生活水准的退休生活了。

第三节　退休养老规划的实施

在我国，社会养老保险体系有三个支柱：第一支柱是社会基本养老保险，约占职工退休前收入的40% ~50%，主要包括城镇职工基本养老保险、城镇居民社会养老保险和农村社会养老保险（新农保）；第二支柱是补充养老，占20% ~30%，主要指企业年金或职业年金；第三支柱则是各类商业养老保险和个人为退休准备的养老金，包括金融工具投资等。个人在实施退休养老规划时应包含上述内容。

一、社会基本养老保险与社会保障制度

作为“第一支柱”的社会基本养老保险，它从属于社会保障制度中的社会保险，是该制度中最重要的部分。它们之间的关系如下所述。

（一）社会保障制度

社会保障制度是指国家依据法律，通过国民收入的再分配，对公民在暂时或永久丧失劳动能力以及由于各种原因而导致生活困难时给予物质帮助，以保障其基本生活的制度。社会保障制度是国家保障体系中的最后一道安全网，其目的是为了满足公民基本生活水平的需要。

目前我国社会保障制度基本包括两大部分（如图9－1所示）：一是完全由国家财政支撑的项目，包括对社会弱势群体的救助、对军人及其军烈属的优抚安置、对无依无靠的孤老幼残人员以及社会大众举办的社会福利和有关的社区服务，即社会救助、社会优抚和社会福利，它们完全属于国民收入再分配范畴，充分体现社会公平；二是由用人单位和职工个人缴费、国家给予适当补助的三方共同筹资的项目，即社会保险（图9－1中标★），它包括养老保险、医疗保险、失业保险、工伤保险和生育保险等，其中，养老保险和医疗保险（图9－1中标☆）实行个人账户与统筹相结合，其他三项保险属于完全统筹的项目。

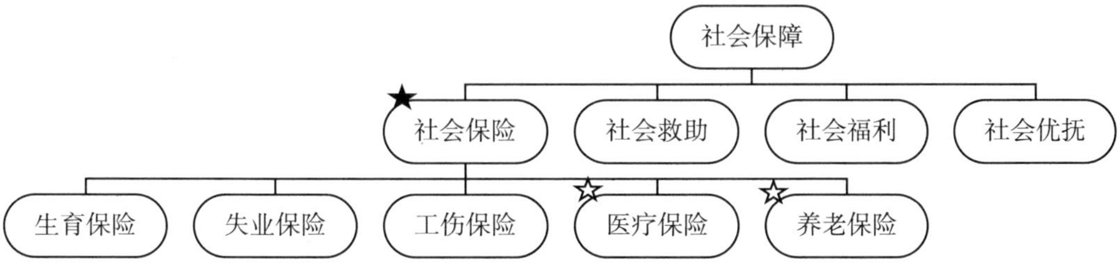

图9－1　我国社会保障关系

（二）社会保险

个人在实施退休养老规划时，应首选加入社会保险中的养老保险和医疗保险。养老保

险，即社会基本养老保险，是社会养老保险体系中的“第一个支柱”。它是国家和社会根据一定的法律和法规，为解决劳动者在达到国家规定的解除劳动义务的劳动年龄界限，或因年老丧失劳动能力退出劳动岗位后的基本生活而建立的一种社会保险制度。医疗保险一般指基本医疗保险，是为了补偿劳动者因疾病风险造成的经济损失而建立的一项社会保险制度。它能够减少日常和重大疾病发生时的医疗费用，减轻家庭经济负担，也是养老规划中一个不可或缺的部分。养老保险和医疗保险的具体内容，将在本教材第十一章中做详细介绍。余下的失业保险、工伤保险和生育保险不属于本章范畴，就不在这里加以阐述。

二、企业年金

企业年金是指企业及其职工在依法参加基本养老保险的基础上，依据国家政策和本企业经济状况，经过必要的民主决策程序自愿建立的，并且享受国家税收优惠支持的补充养老保险。企业年金是一种辅助性的养老保险，不能代替职工的基本养老保险，更不是企业年底给职工发的奖金。作为企业为职工购买的一项福利保障，它补充了社会基本养老保险的不足，从属于我国正在完善的城镇职工养老保险体系的“第二支柱”。

专栏 9-1

我国企业年金的发展历程

在我国，企业年金最初的称谓是“企业补充养老保险”，发展至今，大致经历了以下几个阶段。

1. 1991 年，《国务院关于企业职工养老保险制度改革的决定》首次提出，“国家提倡、鼓励企业实行补充养老保险和职工参加个人储蓄性养老保险，并在政策上给予指导”。这标志着作为我国养老保障体系中的“第二支柱”的企业年金制度正式启动。

2. 1995 年，《国务院关于深化企业职工养老保险制度改革的通知》提出，“企业按规定缴纳基本养老保险费后，可以在国家政策指导下，根据单位经济效益情况，为职工建立补充养老保险”“企业补充养老保险和个人储蓄性养老保险，由企业和个人自主选择经办机构”。据此，原劳动和社会保障部关于印发《关于建立企业补充养老保险制度的意见》的通知，对企业补充养老保险的实施条件、决策程序、资金来源、计发办法以及经办机构等具体政策进行了规范，并明确提出我国补充养老保险采用缴费模式。

3. 1997 年，《国务院关于建立统一的企业职工基本养老保险制度的决定》明确要求，在国家政策指导下，大力发展企业补充养老保险。据此，部分省、自治区、直辖市相继制定企业补充养老保险政策，进行了积极有效的探索。

4. 2000 年，国务院决定在辽宁省进行完善城镇社会保障体系试点工作，下发了《关于印发完善城镇社会保障体系试点方案的通知》，确定了四项新政策：一是将补充养老保险名称规范为企业年金；二是确定采取个人账户管理方式；三是明确税收优惠政策，规定企业缴费在职工工资总额 4% 以内部分可以纳入成本，允许在税前列支；四是实行市场化管理和运营。此次下发的文件非常重要，具有阶段性和标志性意义，在总结过去 10 年补充养老保险改革和发展经验的基础上，确定了企业年金发展的基本模式和战略方向，为进一步推动企业年金发展创造了条件。

5. 2004年1月，原劳动和社会保障部发布了《企业年金试行办法》（劳动和社会保障部令第20号，以下简称《试行办法》），原劳动和社会保障部与中国银监会、中国证监会、中国保监会四部门又联合发布了《企业年金基金管理试行办法》，对企业年金基金的受托管理、账户管理、托管以及投资管理进行了规范，并且确定人力资源和社会保障部、中国证监会和中国银监会为企业年金的行政主管部门。由此，形成了一整套规范性法规，标志着我国开始进入了依法建立、依法推进、依法管理企业年金的新阶段。

6. 2017年12月18日，人力资源和社会保障部、财政部印发了《企业年金办法》（人力资源社会保障部令第36号，以下简称《办法》），该《办法》已于2018年2月1日起施行。与《试行办法》相比，本次发布的新规定出现了多处改变，不仅适用于城镇各类企业，参加企业职工基本养老保险的其他用人单位及其职工，都可以建立企业年金。《办法》弱化了企业年金的自愿性质，明确提出，国家鼓励引导符合条件的企业建立企业年金，推动企业年金进一步发展。

资料来源：摘自中国社会保障杂志官方网站。

（一）我国发展企业年金的基本原则

1. 自愿与自主参与原则

自2000年起，我国就一直强调建立企业年金应遵循自愿性原则。由于相对于养老保险，我国企业年金普及率还不高。新《办法》中明确提出，政府鼓励符合条件的企业自主建立企业年金，并由企业和职工共同协商决定。企业年金所需费用由企业和职工个人按照双方约定的比例共同缴纳。根据企业年金性质，年金缴费坚持企业缴费为主，职工个人缴费可由企业从职工个人工资中代扣。这可以进一步实现职工参与企业的效益分配与管理，将企业与职工的利益更加紧密地联系在一起，提高企业的凝聚力和竞争力。

2. 个人账户原则

我国企业年金计划统一实行个人账户管理方式。采用个人账户式管理，企业年金的所有权相对明确，一方面，企业年金个人账户基金积累属于个人产权，任何单位和个人不得以任何理由侵占、挪用职工企业年金个人账户资产；另一方面，企业年金个人账户基金在退休前依法"锁定"，职工未达到国家规定退休年龄的，不得从个人账户中提前提取资金。同时，我国企业年金缴费积累具有私人产权性和继承性，便于职工流动时转移。

3. 市场化管理原则

市场化管理是指由政府制定企业年金法律法规和操作规范，采用信托形式，依照信托法的有关规定，对企业年金基金进行监督和管理。企业和职工作为委托人委托受托人（企业年金理事会或法人受托机构）管理企业年金基金，具体职能包括基金筹集、投资、给付和账户管理等。如果受托人缺乏基本条件和管理能力，也可将部分或全部职能委托管理服务机构（专业投资机构、专业账户管理机构等）承担，但是基金托管人（商业银行）的职能必须对外委托。管理服务机构按照受托人要求和合同约定的内容提供基金托管、投资管理和账户管理服务。政府监管机构只负责企业年金计划的监管工作，不干预企业年金基金的经营过程。实行市场化管理，可以充分发挥市场在竞争性领域的积极作用，提高企业年金基金运营效率。

4. 效率优先、兼顾公平原则

企业年金与企业经济效益和个人劳动贡献挂钩，能够促进职工关心企业生产经营，提高劳动积极性。具体而言，对于贡献较大的或者特殊岗位的职工，企业可以提高其缴费标准；同时，不同职工或企业的企业年金待遇也因投资收益的不同而有所区别。

（二）我国企业建立企业年金必须具备的条件

根据《企业年金办法》第三条规定，符合以下条件的企业可以建立企业年金。

1. 依法参加基本养老保险并履行缴费义务

参加基本养老保险，并依法向基本养老保险基金缴纳费用，是企业及其职工依法应尽的义务。没有履行参加基本养老保险的义务，就不能行使建立企业年金的权利。该项规定主要是为了防止企业以建立企业年金来逃避基本养老保险的责任。

2. 具有相应的经济负担能力

企业主营业务明确，发展战略清晰，具有持续的盈利能力，能够盈利并完成国家有关部门核定的年度经营业绩考核指标，实现国有资本保值增值；并且人工成本承受能力较强，不会因实行企业年金制而造成人工成本大幅增加，从而影响企业的竞争力。该项规定主要是为了防止国有企业借建立企业年金之名，私分国有资产，造成国有资产流失。

3. 已建立集体协商机制

集体协商机制是指集体合同谈判制度。集体协商是指企业工会或职工代表与相应的企业代表，为签订集体合同进行商谈的行为。集体协商是市场经济国家协调劳动关系的主要方式。集体协商涉及许多事项，其中工资协商是最重要的一项。专项集体合同是就集体协商的某一项内容通过集体协商达成一致意见而签订的集体合同。企业年金合同属于专项集体合同。按照《企业年金办法》规定，建立企业年金，应当由企业与工会或职工代表通过集体协商确定，并制订企业年金方案。

（三）企业年金的类型

根据不同的划分方法，企业年金有不同的类型。

1. 根据法律规范的程度划分

根据法律规范的程度分，企业年金可分为自愿性和强制性两类。

（1）自愿性企业年金。国家通过立法，制定基本规则和基本政策，企业自愿参加；具体实施方案、待遇水平、基金模式由企业制订或选择；企业一旦决定实行企业年金，必须按照既定的规则运作；雇员可以缴费，也可以不缴费。代表国家有美国、日本、中国等。

（2）强制性企业年金。国家通过立法，强制实施，所有雇主都必须为其雇员投保；筹资方案、待遇水平、基金模式等完全由国家规定。代表国家有澳大利亚、法国等。

2. 根据待遇计发办法划分

根据待遇计发办法来划分，企业年金可分为缴费确定和待遇确定两种类型。

（1）缴费确定型企业年金。通过建立个人账户的方式，由企业和职工定期按一定比例缴纳补充保险费（其中职工个人少缴或不缴费），职工退休时的企业年金水平取决于资金积累规模及其投资收益。目前我国企业年金的类型为缴费确定型。基本特征：第一，简便易行，透明度较高；第二，缴费水平可以根据企业经济状况做适当调整；第三，企业与职工缴纳的保险费免予征税，其投资收入予以减免税优惠；第四，职工个人承担有关投资风险，企业原则上不负担超过定期缴费以外的保险金给付义务。

（2）待遇确定型企业年金。企业事先不缴费，或企业缴费到投资机构，但并不计在职工个人账户上，待职工退休后由企业提供事先许诺的企业年金待遇。基本特征：第一，通过确定一定的收入替代率，保障职工获得稳定的企业年金；第二，基金的积累规模和水平随工资增长幅度进行调整；第三，企业承担因无法预测的社会经济变化引起的企业年金收入波动风险。

（四）制订企业年金方案

企业年金方案是指建立企业年金的企业依据国家有关法律法规和政策，通过合法程序制订的本单位企业年金实施计划和运行程序，具有法律效力。企业建立企业年金制度，最核心、最专业、最重要的工作就是设计企业年金方案。企业年金方案设计不仅影响企业年金管理的效率和效益，影响企业年金的管理成本，最终还影响企业和职工的福利。

1. 企业年金方案的结构和内容

企业年金方案一般应包括总则、主体条款和附则三部分。

第一部分，企业年金方案总则，应包括以下内容：

（1）建立企业年金的目的。主要内容有：保障和提高本企业职工退休后的生活水平；建立本企业的人才长效机制，调动员工积极性，增强企业的凝聚力和创造力等。

（2）建立企业年金应当遵循的原则。主要有：坚持有利于企业发展的原则；坚持效率优先、兼顾公平的原则；坚持自愿平等协商的原则；坚持高度安全、适度收益的原则；坚持适时调整的原则。

（3）建立企业年金的法律法规依据。一般应包括：《中华人民共和国劳动法》《中华人民共和国信托法》《企业年金办法》《企业年金基金管理试行办法》和《集体合同规定》。

第二部分，企业年金方案主体条款，主要内容有：

（1）方案参加人。一般包括：企业职工总数和参加企业年金方案的职工人数；企业职工加入的条件；参加人的权利和义务；参加人退出企业年金方案的条件和程序。

（2）资金筹集方式和缴费方法。一般包括：企业所有制性质；企业年金的资金来源；企业缴费的方式、时间、提取比例，对不同参加人的分配比例等；个人缴费的方式、时间和缴费比例等；明确企业年金缴费上限要求。

（3）个人账户管理方式。一般包括：①个人账户的开立。明确由账户管理机构开立个人账户和企业账户。②个人账户的维护和变更。③个人账户的转移。主要包括需要转移账户的情况、转移方式、无法转移的情况以及处理办法等。④个人账户的注销。列明账户注销的条件。⑤企业账户的处理。明确未归属权益产生的资金重新分配的原则。

（4）基金管理方式。一般包括：①企业年金基金的组成。明确由企业缴费、职工个人缴费、企业年金基金投资运营收益组成。②基金管理。明确企业年金基金实行完全积累，采用个人账户方式进行管理，按国家规定投资运营的收益收入企业年金基金；企业年金基金与企业、受托人、托管人、账户管理人、投资管理人的自有资产或其他资产分开管理，不得挪作其他用途。③基金分配。明确将企业缴费按照企业年金方案规定比例计算的数额计入职工企业年金基金个人账户，以及特殊情况的限制条件；职工个人缴费额计入本人企业年金基金个人账户；企业年金基金投资运营收益，按净收益计入企业年金基金个人账户；同时也应兼顾公平、控制差距，企业当期缴费计入职工企业年金个人账户的最高额不得超过平均额的5倍。

（5）待遇计发和支付方式。一般包括：①支付条件。一般包括达到国家规定的退休年龄并办理了退休手续；因病（残）丧失劳动能力的或者提前退休的；出国定居；在退休前死亡。②支付方式。职工在达到国家规定的退休年龄或者完全丧失劳动能力时，可以从本人企业年金个人账户中按月、分次或者一次性领取企业年金，也可以将本人企业年金个人账户资金全部或者部分购买商业养老保险产品，依据保险合同领取待遇并享受相应的继承权。③待遇计发办法。一般企业应根据职工岗位、责任和贡献等不同，明确相应的待遇计发办法。④受益人的指定和修改指定。一般应确定企业年金待遇的受益人及参加人死亡后享受待遇的受益人。

（6）中止缴费的条件。一般包括：①企业中止缴费的条件。主要包括企业经营亏损、兼并、解散、破产等；本企业半数以上职工反对继续实施企业年金方案。②职工个人中止缴费的条件。职工与企业终止、解除劳动合同。③中止缴费后企业年金缴费的处理。应明确各种中止企业年金缴费后的处理办法。

（7）组织管理和监督方式。一般包括：①企业年金方案设立的程序。一般由企业协商代表与职工协商代表通过集体协商形成企业年金方案草案；经企业职工代表大会或职工大会以及其他民主方式审议通过后，报人力资源社会保障行政部门备案，形成合格的企业年金方案。②管理监督。企业通过集体协商选择法人受托机构或成立企业年金理事会作为受托人，并通过集体协商确定由企业作为委托人或企业及其职工作为委托人，与受托人签订受托管理合同；集体协商双方监督受托管理合同的履行情况。③管理费用支付。一般应明确企业年金基金管理运营的费用及列支渠道，按照基金管理合同规定确定。④争议的处理。应明确因订立或者履行企业年金方案发生争议的，由企业与职工协商；协商不成的，由劳动争议仲裁机构进行仲裁。

第三部分，企业年金方案附则，主要包括以下内容：

（1）修改企业年金方案的条件。一般包括：企业根据盈利情况，适时调整企业缴费比例，但不得突破企业和职工缴费的上限规定；本企业半数以上职工提议进行企业年金方案的修改。

（2）修改企业年金方案的程序。一般包括：企业协商代表与职工协商代表集体协商修改企业年金方案；将草案提交职工代表大会或职工大会讨论通过；重新报人力资源社会保障行政部门备案；书面通知有关部门。

（3）企业年金方案中止的条件。一般与企业中止缴费的条件相同。出现与企业中止缴费相同的条件，由双方集体协商确定。

（4）企业年金方案中止的程序。应明确须报人力资源社会保障行政部门备案，并以书面形式通知参加人和受托人。

（5）企业年金方案实施的时间。

2. 制订企业年金方案应考虑的问题

企业在制订企业年金方案时，应重点考虑和处理以下问题：

（1）根据企业的发展战略，科学设计企业年金计划。企业年金计划作为一个吸引人才和留住人才的重要手段，是企业与职工共同协商建立的制度，它将职工待遇与企业经营状况紧密地联系在一起。根据企业的发展战略，统筹考虑建立企业年金与调整薪酬福利结构的关系，完善企业薪酬福利体系，将职工眼前利益和长远利益相统一，能最大限度地调动职工的积极性、创造性，吸引高素质、高品位的人才，最终实现企业的长期发展战略。

（2）合理划定企业年金参加人员范围。强化企业年金的保障功能、本着普惠原则，企业应把已参加企业基本养老保险的人员均纳入参加企业年金范围。但同时还须遵循兼顾公平和效率原则，在确定企业年金参加人员范围时，应考虑企业员工的特殊性，采用不同的标准和办法加以区别。

（3）规范企业年金计提标准及列支渠道。企业年金所需费用由企业和职工个人共同缴纳，企业缴费根据国家有关规定，在不超过本企业上年度职工工资总额（参加企业年金的职工上一会计年度实际发放的工资总额）8% 的范围内列入企业管理费用开支，除此之外不得在其他任何项目中列支。职工个人缴费部分可由企业从职工工资中抵扣，企业和职工缴费合计不超过年度本企业职工工资总额的 12% 。企业年金可以享受国家税收优惠政策。符合国家规定的缴费部分，企业缴费可以在税前扣除，个人缴费可以从当期的应纳税所得额中扣除。

【案例 9－5】 以一个人的缴费工资 6 000 元为例，如果其所在企业建立了企业年金，单位每月缴费 8% ，也就是 480 元，职工个人每月缴 4% ，也就是 240 元，合计起来就是 720 元；如果缴费工资是 10 000 元，合计的缴费就是 1 200 元。这些缴费可以从企业和个人的应税所得中扣除，也就是说都是免税的。

（4）强化年金激励与约束功能。企业缴费划入个人账户比例应根据职工对企业经营业绩贡献的大小，结合职工的岗位责任、工作年限等因素综合确定，适当向关键岗位和优秀人才倾斜。对已划入个人账户的部分，应根据职工工作年限（也可自企业年金计划启动后起计）决定归属个人比例，并随着工作年限的增加相应增加归属比例。为建立企业经营者任期考核结果，适当提高企业缴费部分划入企业经营者个人账户部分的比例，但不应高于职工平均年金费用的 3 倍。

（五）我国关于企业年金的主要政策法规

为规范企业年金工作，我国出台了一系列政策法规，这些规章构成了企业年金计划设计与管理的直接依据。

1. 《企业年金办法》
2. 《企业年金基金管理办法》
3. 《企业年金基金管理运作流程》
4. 《企业年金基金账户管理信息系统规范》
5. 《企业年金基金管理机构资格认定专家评审规则》
6. 《企业年金基金管理机构资格认定暂行办法》
7. 《中国证券登记结算有限责任公司特殊法人机构证券账户开立业务实施细则》
8. 《劳动和社会保障部、中国证券监督管理委员会关于企业年金基金证券投资有关问题的通知》
9. 《人力资源和社会保障部、银监会、证监会、保监会关于扩大企业年金基金投资范围的通知》

10.《关于企业年金养老金产品有关问题的通知》

11.《国务院国有资产监督管理委员会关于中央企业试行企业年金制度的指导意见》。

12.《国务院关于完善企业职工基本养老保险制度的决定》

13.《劳动和社会保障部关于企业年金方案和基金管理合同备案有关问题的通知》

14.《企业会计准则第10号——企业年金基金》

15.《人力资源和社会保障部办公厅关于进一步做好企业年金方案备案工作的意见》

16.《财政部、人力资源和社会保障部、国家税务总局关于企业年金职业年金个人所得税有关问题的通知》

17.《人力资源和社会保障部、民政部关于鼓励社会团体、基金会和民办非企业单位建立企业年金有关问题的通知》

三、职业年金

职业年金是指机关事业单位及其工作人员在参加机关事业单位基本养老保险的基础上，建立的补充养老保险制度。职业年金也属于我国的养老保障体系中的第二支柱。建立职业年金，有利于构建多层次养老保险体系，优化机关事业单位退休人员养老待遇结构，实现新老制度待遇的平稳衔接。建立职业年金，还可以保障机关事业单位人员退休待遇不降低，有利于事业单位养老保险改革的实施。

（一）职业年金基金的构成

职业年金基金是由单位缴费、个人缴费、职业年金基金投资运营收益和国家规定的其他收入四个项目组成的。按照《机关事业单位职业年金办法》的规定，职业年金所需费用由单位和工作人员个人共同承担。单位缴纳职业年金费用的比例为本单位工资总额的8%，个人缴费比例为本人缴费工资的4%，由单位代扣，此两笔缴费资金均计入职工本人职业年金个人账户。单位和个人缴费基数与机关事业单位工作人员基本养老保险缴费基数一致。当经济社会发展状况发生变化，国家将适时调整单位和个人职业年金缴费的比例。

（二）职业年金基金的管理

职业年金基金采用个人账户方式管理。个人缴费实行实账积累。对财政全额供款的单位，单位缴费根据单位提供的信息采取记账方式，每年按照国家统一公布的记账利率计算利息，工作人员退休前，本人职业年金账户的累计储存额由同级财政拨付资金记实；对非财政全额供款的单位，单位缴费实行实账积累。实账积累形成的职业年金基金，实行市场化投资运营，按实际收益计息。

按照《机关事业单位职业年金办法》的规定，工作人员变动工作单位时，职业年金个人账户资金可以随同转移。工作人员升学、参军、失业期间或新就业单位没有实行职业年金或企业年金制度的，其职业年金个人账户由原管理机构继续管理运营。新就业单位已建立职业年金或企业年金制度的，原职业年金个人账户资金随同转移。

按照《机关事业单位职业年金办法》的规定，职业年金基金应当委托具有资格的投资运营机构作为投资管理人，负责职业年金基金的投资运营；应当选择具有资格的商业银行作为托管人，负责托管职业年金基金。委托关系确定后，应当签订书面合同。职业年金基金必须与投资管理人、托管人的自有资产或其他资产分开管理，保证职业年金财产独立性，不得挪作其他用途。

按照《机关事业单位职业年金办法》的规定，职业年金的经办管理工作，由各级社会保险经办机构负责。职业年金有关税收政策，按照国家有关法律法规和政策的相关规定执行。

（三）职业年金基金投资应遵循的原则

职业年金基金投资管理应当遵循谨慎、分散风险的原则，保证职业年金基金的安全性、收益性和流动性。职业年金基金的具体投资管理办法由人力资源和社会保障部、财政部会同有关部门另行制定。

（四）职业年金的领取条件

按照《机关事业单位职业年金办法》的规定，符合下列条件之一的可以领取职业年金：

一是工作人员在达到国家规定的退休条件并依法办理退休手续后，由本人选择按月领取职业年金待遇的方式

可一次性用于购买商业养老保险产品，依据保险契约领取待遇并享受相应的继承权；可选择按照本人退休时对应的计发月数计发职业年金月待遇标准，发完为止，同时职业年金个人账户余额享有继承权。职业年金领取方式一旦确定后，将不再更改。

二是出国（境）定居人员的职业年金个人账户资金，可根据本人要求一次性支付给本人

三是工作人员在职期间死亡的，其职业年金个人账户余额可以继承

未达到上述职业年金领取条件之一的，不得从个人账户中提前提取资金。

四、商业养老保险

商业养老保险是我国养老保险体系的“第三支柱”，是以获得养老金为主要目的的长期人身险，它是年金保险的一种特殊形式，又称为退休金保险，也是社会基本养老保险的补充。商业养老保险的被保险人，在缴纳了一定的保险费以后，就可以从一定的年龄开始领取养老金。这样，尽管被保险人在退休之后收入下降，但由于有养老金的帮助，他仍然能保持退休前的生活水平。

与基本养老保险不同，商业养老保险是一种市场行为，投保人可以根据自己的经济情况以及想要的养老保障设计养老保险。其最主要的特点是具有较高的保障性，并且个人可以根据自身的能力和需求灵活地选择保障程度，是实现退休规划的主要投资方式。

商业养老保险通常有定额、定时或一次性趸领三种方式。趸领是在约定领取时间，把所有的养老金一次性全部提走的方式。定额领取的方式和社保养老金相同，即在单位时间确定领取额度，直至将保险金全部领取完毕。社保养老金是以月为单位时间，而商业养老保险多以年为单位，如平安人寿的“长青终身养老年金”保险等，都采取按年给付的方

式。定时，自然就是约定一个领取时间，根据养老保险金的总量确定领取的额度，例如，确定要在15年内将养老金领取完毕，那么保险公司会根据养老金总额，确定每年可以领取的具体额度。有些养老年金保险合同中有约定的时间，有些可以在领取期内自由选择领取，领取期在合同生效后根据投保人需要亦可以更改。

关于保险公司的选择和相应的条款，在本教材第八章保险规划中已经讲述，这里则不再重复。总之，由于退休养老的特殊性，在选择商业养老保险时应坚持以稳健为主的原则，以降低风险、实现保值增值为目的。

五、其他类

1. 金融投资

金融投资也是目前大多数人比较熟悉的获得养老收益的重要途径之一，并且可供选择的工具很多，主要有个人储蓄理财产品、国债、证券投资基金、股票等。本教材第六章投资管理中有关于金融投资工具的详细介绍。

2. 房产投资

房产投资养老是利用住房与住户生命周期的差异，借助住房价值自然增值的特性，通过一定的金融保险机制的安排，将住房的所有权或使用权的价值出让并实现空间转移，以筹措养老费用的一种养老思路。房产投资目前正成为大多数“有房一族”的选择，主要有以下几种养老方式：

（1）出租房屋养老。这种方式又可以分成两类：一是出租房屋后，拿租金收入到养老院或异地养老。此类模式既可以让老年人享受到在养老院的专业护理服务，或是选择到养老环境好、生活成本相对低廉的地域养老，使老人有限的养老金发挥更大效用，提高养老质量，又可以将住房在老人往生后完好无缺地留给其子孙，比较符合中国的国情和传统观念，容易受老年人的青睐。二是招租房客用房租养老。这种模式适用于有较大房子且独居的老人，招租合适的房客共同生活居住，既可增添家庭氛围，也可达到陪伴老年人的效果，对医治老年人的孤独症、抑郁症等有较好的作用。

（2）出售房屋给银行或某个特设机构，用售房款养老。此类方式主要有反向抵押贷款和售房入住养老院等模式。反向抵押贷款（倒按揭贷款）的借款人主要是有房的老年人，以其自有住房为抵押向银行贷款，银行在规定时期内向借款人分期放贷、一次偿还，通常贷款本金随着分期放贷而上升，负债相应增加，自有资产则逐步减少。反向抵押贷款的好处在于，借款老人既能在有生之年将住房转换成现金用于养老，又能保证其自身可以继续在原有住房中居住，不用再另找住处而造成种种生活上的不便。售房入住养老院模式可大幅降低老年人的养老成本，因为居住老年公寓的费用比居住在家的生活成本要便宜，且老年人在养老院可得到较专业的照顾，但这种养老模式不太符合中国的传统习惯，目前处于尝试阶段。

（3）以房产为中心，采取不同的投资方式，获取额外收益来养老。此类方式主要有房产置换模式、住宅出典模式、合资购房模式等。房产置换模式是指出售大房换购小房、或将新房换成旧房，从中获取差价用来养老，降低养老成本。这种模式旨在合理优化配置房产资源，消除房产资源拥有过当而货币资源不足的资产结构失衡，有利于降低养老生活的耗费和成本。住宅出典模式是将老人住房出典，取得整笔款项用于投资，取得投资收益后再将房屋重新赎回，所获投资收益用作养老。住房出典模式的好处在于：一是不但可以获得一笔收益，还可保留对该住房的所有权，只返还原典价，就可收回原住房；二是在较长的出典期间，由典权人承担对房屋的保管和维修义务。合资购房模式通常是与子女合资购房，买到的房子由老人先住，一直住到寿终正寝，再将该住宅的产权和使用权完全交付与其他合资者。由于老年人的余命有限，所购买的住房即使是二手房，可以使用的年限也往往超出老人的余命。这种养老模式可以避免老人身故后遗留房产价值的浪费，节省的钱就可以用来改善老年人的晚年生活质量。

房产投资需要丰厚的资金支持，且房产的变现能力相对其他投资方式也较弱。在目前房价不稳定的情况下，选择以房养老的方式还需要注意入场时机，防止高位接盘，影响养老金的储备。

3. 护理保险

个人在进行退休养老规划时，还应考虑购买护理保险。护理保险，是健康保险的一种，具体指以因保险合同约定的日常生活能力障碍引发护理需要为给付保险金条件，为被保险人的护理支出提供保障的保险。它产生于20世纪70年代的美国，是当时社会老龄化发展下的时代产物。随后，德国、英国、爱尔兰、南非等国家也相继出现了护理保险。在亚洲，日本更是将护理保险作为公共服务产品引入国家社会保障体系，要求40岁以上的人都要参加。

护理保险在我国才开始不久。最早的产品是由国泰人寿于2005年在上海率先推出的“康宁长期护理健康保险”，该险种主要针对18～55周岁的客户。随后保险公司又陆续推出了部分护理保险产品，如“太平盛世附加护理健康保险”“安安长期护理健康保险”“中意附加老年重大疾病长期护理健康保险”等。经统计了解，我国保险市场上的护理保险产品主要针对老年人的护理问题，并且是作为其他人身险的附加险出现，其运作方式与养老类保险大同小异，和真正意义上的护理保险还有较大的差距。从目前的发展现状看，国内护理保险市场存在巨大的需求空间，大多数保险公司都在积极开发与之相匹配的护理保险产品。

第四节 遗产规划

按照中国的传统观念，大多数老年人会选择将遗产留给后人。事实上，因遗产分配处置不当引起的家庭继承纠纷时有发生。

【案例9－6】2007年6月，著名相声表演艺术家侯耀文突发心肌梗塞去世后，因其生前未订立遗嘱或遗赠抚养协议，其遗产分配一直未有定论，侯耀文女儿和侯耀文的兄弟侯耀华之间一直处于官司纠纷状态，直至四年后才达成和解，侯耀文终得入土为安。

【案例9－7】国学大师季羡林先生去世后，财产纷争也是一波未平一波又起，愈演愈烈：独子季承、“关门弟子”钱文忠与季老前秘书李玉洁、李氏干女儿王如为其财产去向互相攻击。

资料来源：《遗产早规划　纷争遗憾免留下》（上）中国法律网，2012年4月19日。

近年来，由于我国经济不断地发展，普通居民的财富也在增加，民间遗产纠纷案例日渐增多，究其原因在于人们对遗产规划的认知普遍缺失。受传统观念影响，人们忌讳谈及这方面的话题，除非年纪老迈，很少有人会在自己身强力壮时主动咨询遗产规划等事宜。事实证明，遗产也需要提前规划，这样可以在资产转移及遗产继承时避免诸多纠纷。

一、遗产规划的目的和原则

遗产规划简单地讲就是在生前为自己的财产进行规划，以便身后对其合理分配。具体而言是指一个人提前制订计划以管理和分配其去世后的资产，在这过程中首先应考虑资产的分配要与其自身的期望和亲人的需求相匹配，然后尽可能合理地避免或减少纳税，同时预先制订在无法清晰表达自身意愿的情况下的个人事务管理计划和关于医疗护理的个人意愿声明等。也就是说，遗产规划的主要目的是能够让人们在去世后顺利地按照自己的意愿将财产留给继承人或受益人，并且要遵循合理合法地避税和减税原则，使继承人或受益人的遗产数量尽可能多。

专栏 9－2

世界各国遗产税概况

目前世界上开征遗产税的国家和地区约有114个。大多数的经济发达国家和地区以及新兴工业化国家都征收遗产税和赠与税。世界上的遗产税制度可以分为总遗产税制（对遗产总数征税）、分遗产税制（在遗产分割时按继承人继承财产分别征税）和混合遗产税制（在遗产分割前征税并对分割后继承财产征收继承税），以前两者居多。

美国采取总遗产税制，遗产税和赠与税合并采用统一的累进税率，最低税率为18%，达2 500万美元以上最高税率为50%，针对遗产额在60万美元以上者开征遗产税。包括其个人在世界各地的所有资产。遗产额在60万美元以下者免征遗产税。非居民只需将在美国本土内的资产支付遗产税，最低税率为6%，最高税率为30%。

日本采取分遗产税制。对居民而言，不论其继承的遗产是在境内还是在境外，都要对其遗产征税；对非居民，仅就其在日本继承的遗产承担纳税义务。日本继承税税率共分13个档次，从10%～70%。

意大利是实行混合遗产税制的国家，其征税方法是先按遗产总额征收遗产税，然后再按不同亲属关系征收比例不一的继承税。纳税人分为两类：一类是遗嘱执行人和遗产管理人；另一类是继承人或受赠人。对第一类纳税人统一采用第一种累进税率；对第二类纳税人则根据其与死者的亲疏关系采用不同累进税率。

英国居民在全世界各地的所有资产需要支付遗产税，而非英国籍人士只有在英国国内拥有的资产才需要支付遗产税。目前的遗产税率是40%。

德国采用分级遗产税制，实行7级超额累进税率，其税率从7%～50%不等。

中国尚未开始实施遗产税，目前仅颁布了《中华人民共和国遗产税暂行条例（草案）》，但该草案尚未进入立法程序，未发生法律效力。

资料来源：《全球各国遗产税一览》，搜狐网，2016年10月31日。

二、订立遗嘱

由于我国目前还没有征收遗产税，所以普通人遗产规划的主要形式是设立遗嘱。实际上，遗嘱是遗产规划中最重要的工具，却常常被人们忽视。许多人由于没有制定或及时更新遗嘱而出现法律纠纷或无法实现其生前意愿。

【案例9-8】

独生女无法继承父亲房产因父母生前没有立遗嘱

小丽是独生女。小丽父亲在杭州买了127平方米的房子，产权登记在父亲名下。现在小丽父母先后过世了，小丽想将此房过户到自己名下。可办过户时，房管局说，仅凭房产证和父母的死亡证明没法办过户手续。在房管局碰壁后，小丽又去了公证处，同样也遭到拒绝。公证处的意思是，要小丽把她父亲这边的所有亲戚带到公证处，才可以办公证。

有律师分析并推算后，认为"小丽理论上最终获得的房产继承份额是7/8"。律师还呼吁"父母生前应立个遗嘱，可给子女省事"。

资料来源：《独生子女未必能继承父母全部财产　律师建议立生前遗嘱》，浙商网，2016年11月7日。

一般来说，一份有效的遗嘱需要指明遗产的范围与各项遗产的受益人。人们在遗嘱中详细地说明了遗产怎么分配，便于遗产受益人能够按照立嘱人的意愿得到应有的财产。如果没有留下遗嘱，则通常按照法定继承中的优先顺位继承原则分配遗产，这个法律裁决过程可能比较漫长，并且还需要支付法律费用。有了遗嘱，不仅可以保证遗产按照立嘱人的意愿进行分配，而且也可以免去或缩短法律裁决的过程，同时可节省相关的法律费用和管理费用。

根据《中华人民共和国继承法》，遗嘱的内容和形式都有其严格的要求，不按要求立遗嘱有可能是无效的。我国的遗嘱有五种法定形式，分别是公证遗嘱、自书遗嘱、代书遗嘱、录音遗嘱和口头遗嘱，每一类遗嘱形式都有法定的要件、格式要求。上述五种形式的遗嘱，以公证遗嘱的效力最高。倘若立有数份遗嘱，内容相抵触的，以最后时间所立的公证遗嘱为准。不管遗嘱以什么形式成立，都应具备下列五项内容：遗产的名称和数量；遗嘱人或受遗赠人的称谓；遗产的分配方法和具体份额；明确某项遗产的用途和使用目的；明确遗嘱执行人。

三、设立遗产信托

信托，概括地说是："受人之托，代人理财"，是指委托人（或托管人）基于对受托人（一般是信托投资公司）的信任，将其合法拥有的财产委托给受托人，由受托人按委托人的意愿以自己的名义，为受益人的利益或者特定的目的，进行管理或者处罚的行为。遗产信托可以是生前信托（在委托人生前提供基金）或遗嘱信托（订立遗嘱并在遗产分配过程中设立基金）；可以是可撤销的，也可以是不可撤销的。在可撤销的信托中，委托人可以收回财产、修改信托条款；在不可撤销的信托中，在信托生效期间委托人不能收回置于信托中的资产。信托业务最常见的动机是获得收益、规避遗产税，并在较长一段时期内管理和保护遗产。信托也是遗产规划的另一个重要工具，在国外已被广泛应用。但是，由于种种原因，在我国对有关信托业务的研究虽然开展得较早，真正实践却很晚。生前信托目前在中国大陆尚未开展，遗嘱信托近几年才在我国大陆出现。因此，接下来主要介绍遗嘱信托的相关内容。

遗嘱信托是指通过遗嘱这种法律行为而设立的信托，也叫死后信托，当委托人以立遗嘱的方式，把财产交付给信托，就是所谓的遗嘱信托。具体而言，委托人预先以立遗嘱方式，将财产的规划内容，包括交付信托后遗产的管理、分配、运用及给付等，详订于遗嘱中。等到遗嘱生效时，再将信托财产转移给受托人，由受托人依据信托的内容（委托人遗嘱所交办的事项），管理处分信托财产。与金钱、不动产或有价证券等个人信托业务比较，遗嘱信托相较其他信托最大的不同点在于，遗嘱信托是在委托人死亡后契约才生效的。与传统的遗嘱继承相比，遗嘱信托有以下四个显著不同的优点：

1. 可以传承几代继承人甚至一直传承，保障家族财产不受损失

通过遗嘱信托，可以将财产顺利地传给后代，同时，遗嘱信托是把遗产交由受托人进行管理、投资和分配的，即由受托人帮助继承人理财，继承人继承的是信托利益，委托人不用担心继承人无理财能力而产生财产亏损的后果。传统的遗嘱继承是由继承人直接继承和管理遗产的，极易因继承人没有相关理财的专业知识和经验，而使财产消失殆尽。

【案例 9－9】

“肥肥”沈殿霞的遗嘱信托

沈殿霞，绰号“肥肥”，在香港演艺圈打拼 40 年，2008 年因肝癌病逝，生前积累了不少资产，有香港媒体保守估计其资产净值达 1 亿港币。沈殿霞第一次被查出身体有问题时，最不放心的是她的独生女儿，因为当时其女儿年仅 20 岁，没有经验处理多种类型的资产项目。“肥肥”担心女儿被人欺骗，同时更希望将来女儿的生活得到保障。于是，“肥肥”预先将其身后要留下的数千万港元资产成立信托，受益人是她的女儿郑欣宜，信托规定待郑欣宜结婚时可以领取部分资金，并规定当其面对资产运用等重大事项时，最终决定都由受托人负责审批、协助。同时“肥肥”还指定前夫郑少秋和她信赖的朋友共同组成“信托监察人”，监督受托人在管理与运用信托财产时有无违反信托合同。这样一来可以避免郑欣宜因年纪太小、涉世未深而挥霍遗产，二来可以防止有心人士觊觎庞大财产，三来杜绝受托人“监守自盗”。“肥肥”通过遗产信托，有效保障了女儿的未来生活。

资料来源：《家族信托经典案例：“肥肥”沈殿霞的遗嘱信托》，南方财富网，2015 年 11 月 3 日。

2. 可以减少因遗产而起的纷争，并且更能体现和遵循被继承人的真实意愿

遗嘱信托具有法律约束力，特别是中立的遗嘱继承人介入，使遗产的清算和分配完全遵照委托人生前的意愿，而传统的遗嘱继承是按照亲属间的亲疏关系来处置的，很有可能违背被继承人的真实意愿。

3. 可以合理规避巨额的遗产税

在开征遗产税的国家，一旦发生遗产继承，就会产生巨额的遗产税，但是如果采用遗嘱信托，由于信托财产的独立性，就可以合法规避该税款。

4. 防止意外风险，实现遗产保值增值

由于世界局势复杂多变，经济风险总是无处不在，大笔财富有可能遭遇严重价值缩水，因此遗产的保值增值也非常重要，而遗嘱信托不仅是一种法律行为，也是一种特殊的财产管理制度，可以在一定程度上使遗产保值和增值。

【案例 9－10】 戴安娜 1997 年猝然离世后，留下了 2 100 多万英镑遗产，在缴纳 850 万英镑的遗产税后，还有 1 296.6 万英镑的剩余。2007 年，威廉王子年满 25 岁，这笔财产经过遗产受托人多年运作，信托基金收益估计已达 1 000 万英镑。根据已故戴安娜王妃的遗嘱，威廉王子年满 25 岁便拥有资格安全支配他所继承的遗产信托基金带来的投资收益，即每年达 25 万～30 万英镑的收入。

资料来源：《威廉王子兄弟追忆戴安娜王妃私人信托资产十年翻番》，搜狐网，2017 年 7 月 24 日。

显然，遗嘱信托是一种能够有效解决遗产继承问题的金融衍生工具。近年来，我国国民个人私有财产的逐步增加为开展遗嘱信托创造了条件，加上遗产税和赠与税的开征为期不远，未来中国遗嘱信托将会有广阔的发展前景。

本章小结

大多数人认为，社会养老保险是主要的退休收入来源，但随着中国人口老龄化加剧，社会保险只能维持最基本的退休生活。为确保能“有尊严、有质量”的退休生活，个人必须提前做好退休养老规划。

退休养老规划应有五个步骤：(1) 确定目标。为保证养老规划的准确性和有效性，这一步必须考虑退休年龄、退休生活年数和退休后的生活质量水平等因素。(2) 预估退休养老总支出。主要有以收入为标准和以支出为标准两种方法，这两种方法的计算结果理论上是一致的，差别在于计算方法和所考虑对象的不同。在预估时，应同时考虑通货膨胀等各种因素。(3) 预估可利用的养老资源。通常有：稳定的经常性收入（包括社会基本养老金，企业年金、人寿保险等）、投资收入（如储蓄、债券、基金、股票等）、房产租金收入、劳务收入（如返聘、自营等收入）、其他收入（如子女、亲属的赡养费收入等）。需要注意的是：由于收入不是一成不变的，所以预估可利用资产总额时应不断地根据实际情况给予调整和完善。(4) 确定养老需求缺口。即对比预估的退休收入和支出差额，计算退休资金需要弥补的部分。(5) 制订投资储蓄计划。确定好养老需求缺口后，应制订一个合理的理财计划，选择报酬率和风险合适的投资工具，主动弥补资金缺口。

在我国，社会养老保障体系有三个支柱：第一支柱是社会基本养老保险，是由国家立法强制实行，企业单位和个人都必须参加，为保障广大离退休人员基本生活需要的一种养老保险制度。第二支柱是企业补充养老，主要指企业年金或职业年金。企业年金是指企业及其职工在依法参加基本养老保险的基础上，依据国家政策和本企业经济状况，经过必要的民主决策程序自愿建立的，并且享受国家税收优惠支持的补充养老保险。职业年金是指机关事业单位及其工作人员在参加机关事业单位基本养老保险的基础上，建立的补充养老保险制度。企业年金和职业年金在一定程度上补充了社会基本养老保险的不足。第三支柱则是各类商业养老保险和其他个人为退休准备的养老金，包括金融工具投资和房产投资等。个人在实施退休养老规划时应包括上述内容。

随着我国经济的不断发展，普通居民的财富也在不断增加，因为遗产继承而产生矛盾、纠纷的事情已不再是富人或名人的“专利”。事实证明，对普通个人而言，遗产也需提前规划。

遗产规划的主要目的是能够让人们在去世后顺利地将财产留给继承人或受益人。遗产规划的原则是通过合理合法地避税和减税，使继承人或受益人的遗产数量尽可能多。

目前，我国还没有征收遗产税，普通人遗产规划的主要形式是设立遗嘱。根据《中华人民共和国继承法》，遗嘱的内容和形式都有其严格的要求，否则有可能无效。

遗嘱信托近几年才在中国大陆出现，生前信托目前在中国大陆尚未开展。遗嘱信托也叫死后信托，是指通过遗嘱这种法律行为而设立的信托。遗嘱信托相较其他信托最大的不同点在于，遗嘱信托是在委托人死亡后契约才生效。等到遗嘱生效时，再将信托财产转移给受托人，由受托人依据信托的内容，管理处分信托财产。

遗嘱信托有四个优点：(1) 可以传承几代继承人甚至一直传承，防止家族财产受到损失；(2) 可以减少因遗产而起的纷争，并且更能体现和遵循被继承人的真实意愿；(3) 可以合理规避巨额的遗产税；(4) 防止意外风险，实现遗产保值增值。

思考题

1. 什么是人口老龄化？人口老龄化会给社会带来什么影响？
2. 退休养老规划的内涵是什么？退休养老规划应遵循什么原则？
3. 制订退休养老规划有哪些步骤？制订过程中应考虑哪些不利因素？
4. 退休养老规划应包含哪些内容？
5. 什么是企业年金和职业年金？请分别说明它们的缴费构成以及成立条件。
6. 遗产规划的目的和原则是什么？遗嘱信托的内涵是什么？遗嘱信托的优点是什么？

附录　《中华人民共和国继承法》节选

第一章　总　则

第一条　根据《中华人民共和国宪法》规定，为保护公民的私有财产的继承权，制定本法。

第二条　继承从被继承人死亡时开始。

第三条　遗产是公民死亡时遗留的个人合法财产，包括：

1. 公民的收入；
2. 公民的房屋、储蓄和生活用品；
3. 公民的林木、牲畜和家禽；
4. 公民的文物、图书资料；
5. 法律允许公民所有的生产资料；

6. 公民的著作权、专利权中的财产权利；

7. 公民的其他合法财产。

第四条　个人承包应得的个人收益，依照本法规定继承。个人承包，依照法律允许由继承人继续承包的，按照承包合同办理。

第五条　继承开始后，按照法定继承办理；有遗嘱的，按照遗嘱继承或者遗赠办理；有遗赠扶养协议的，按照协议办理。

第六条　无行为能力人的继承权、受遗赠权，由他的法定代理人代为行使。

限制行为能力人的继承权、受遗赠权，由他的法定代理人代为行使，或者征得法定代理人同意后行使。

第七条　继承人有下列行为之一的，丧失继承权：

1. 故意杀害被继承人的；

2. 为争夺遗产而杀害其他继承人的；

3. 遗弃被继承人的，或者虐待被继承人情节严重的；

4. 伪造、篡改或者销毁遗嘱，情节严重的。

第八条　继承权纠纷提起诉讼的期限为二年，自继承人知道或者应当知道其权利被侵犯之日起计算。但是，自继承开始之日起超过二十年的，不得再提起诉讼。

第二章　法定继承

第九条　继承权男女平等。

第十条　遗产按照下列顺序继承：

第一顺序：配偶、子女、父母。

第二顺序：兄弟姐妹、祖父母、外祖父母。

继承开始后，由第一顺序继承人继承，第二顺序继承人不继承。没有第一顺序继承人继承的，由第二顺序继承人继承。

本法所说的子女，包括婚生子女、非婚生子女、养子女和有扶养关系的继子女。

本法所说的父母，包括生父母、养父母和有扶养关系的继父母。

本法所说的兄弟姐妹，包括同父母的兄弟姐妹、同父异母或者同母异父的兄弟姐妹、养兄弟姐妹、有扶养关系的继兄弟姐妹。

第十一条　被继承人的子女先于被继承人死亡的，由被继承人的子女的晚辈直系血亲代位继承。代位继承人一般只能继承他的父亲或者母亲有权继承的遗产份额。

第十二条　丧偶儿媳对公、婆，丧偶女婿对岳父、岳母，尽了主要赡养义务的，作为第一顺序继承人。

第十三条　同一顺序继承人继承遗产的份额，一般应当均等。

对生活有特殊困难的缺乏劳动能力的继承人，分配遗产时，应当予以照顾。

对被继承人尽了主要扶养义务或者与被继承人共同生活的继承人，分配遗产时，可以多分。

有扶养能力和有扶养条件的继承人，不尽扶养义务的，分配遗产时，应当不分或者少分。

继承人协商同意的，也可以不均等。

第十四条　对继承人以外的依靠被继承人扶养的缺乏劳动能力又没有生活来源的人，或者继承人以外的对被继承人扶养较多的人，可以分给他们适当的遗产。

第十五条　继承人应当本着互谅互让、和睦团结的精神，协商处理继承问题。遗产分割的时间、办法和份额，由继承人协商确定。协商不成的，可以由人民调解委员会调解或者向人民法院提起诉讼。

第三章　遗嘱继承和遗赠

第十六条　公民可以依照本法规定立遗嘱处分个人财产，并可以指定遗嘱执行人。

公民可以立遗嘱将个人财产指定由法定继承人的一人或者数人继承。

公民可以立遗嘱将个人财产赠给国家、集体或者法定继承人以外的人。

第十七条　公证遗嘱由遗嘱人经公证机关办理。

自书遗嘱由遗嘱人亲笔书写，签名，注明年、月、日。

代书遗嘱应当有两个以上见证人在场见证，由其中一人代书，注明年、月、日，并由代书人、其他见证人和遗嘱人签名。

以录音形式立的遗嘱，应当有两个以上见证人在场见证。

遗嘱人在危急情况下，可以立口头遗嘱。口头遗嘱应当有两个以上见证人在场见证。危急情况解除后，遗嘱人能够用书面或者录音形式立遗嘱的，所立的口头遗嘱无效。

第十八条　下列人员不能作为遗嘱见证人：

1. 无行为能力人、限制行为能力人；

2. 继承人、受遗赠人；

3. 与继承人、受遗赠人有利害关系的人。

第十九条　遗嘱应当对缺乏劳动能力又没有生活来源的继承人保留必要的遗产份额。

第二十条　遗嘱人可以撤销、变更自己所立的遗嘱。

立有数份遗嘱，内容相抵触的，以最后的遗嘱为准。

自书、代书、录音、口头遗嘱，不得撤销、变更公证遗嘱。

第二十一条　遗嘱继承或者遗赠附有义务的，继承人或者受遗赠人应当履行义务。没有正当理由不履行义务的，经有关单位或者个人请求，人民法院可以取消他接受遗产的权利。

第二十二条　无行为能力人或者限制行为能力人所立的遗嘱无效。

遗嘱必须表示遗嘱人的真实意思，受胁迫、欺骗所立的遗嘱无效。伪造的遗嘱无效。

遗嘱被篡改的，篡改的内容无效。

第十章　个人税收筹划

“人的一生有两件事是不可避免的，纳税和死亡。”

——富兰克林

学习目的和要求

通过本章教学应使学生了解税收筹划对于个人理财的重要性，掌握税收筹划的基本方式，结合我国个人所得税的特点，熟练运用各种方法对各类纳税人的不同类型收入进行合理的税收筹划。

本章预习：买保险能避税？

“深圳即将在全国率先试点开征遗产税”，近年来，类似的遗产税消息层出不穷，随后就被有关部门辟谣，然而不久后，新的消息又出现了……可见有关遗产税的舆论话题一直有着旺盛的生命力，经久不衰。这种旺盛生命力也同样蔓延到了保险行业。

保险公司的业务员在推销保险时经常会提到“人寿保险避税”“躲避遗产税”“财富安全传承”等字眼，简单来说就是“买保险的钱是可以免税的（主要指遗产税）”，尤其是保费动辄上百万甚至上千万的大额保单，客户的主要投保动机就是“避税”。

那么，人寿保险真的能避税吗？

保险业务员讲“保险避税”主要是指“遗产税”，即“投保人购买人寿保险的钱是可以免于征收遗产税的，个人财富就可以100%安全传给下一代”。

我们且先不去深究这一论断的出处及可信度怎样，首先需要提醒大家的是目前我国是没有“遗产税”这一税种的！既然没有又何来的“避税”之说呢？尽管社会舆论对于“是否要征遗产税”的讨论从未停息过，但政府层面从未正式表态支持征收这一税种。

据不完全统计，全球约有80多个国家或地区征收过遗产税或变相的遗产税，其中加拿大、新加坡、澳大利亚、意大利、新西兰、瑞典、印度、马来西亚等国已相继取消遗产税，我国的香港地区也已于2006年2月11日宣布废除遗产税。新任美国总统特朗普上台后主导的被称为“史上最大减税方案”中也明确提出要废除遗产税。在这种纷纷取消遗产税的大背景下，中国推出遗产税的可能性还会有多大呢？

我国现行法律中明确规定购买保险可以免税的，只有《中华人民共和国个人所得税法》中第四条规定：保险赔款可以免征个人所得税。

最后总结一下：

人寿保险真的能避税吗?

能！但目前仅限对保险赔偿金免征个人所得税而已。

第一节 个人纳税与税收筹划

个人理财的基本目标是个人财务行为收益最大化。显而易见，这种收益是指税后可支配收益，因此，税收筹划是个人理财行为中一种不可或缺的手段。个人在理财过程中使用税收筹划这一手段，首先需要了解我国的税法，明确个人的收入会被如何征税，其次应该懂得什么是税收筹划，通过明确税收筹划的基本性质，进而划清税收筹划与偷税、避税的边界，赋予税收筹划的正当合法性，使个人能够在理财过程中主动与正确地进行税收筹划。因此个人要掌握与个人理财有直接关系的个人所得税筹划的基本方法，从而有效地实现税后收益最大化的目的。

一、个人税收的基本知识

（一）关于纳税

美国著名文学家、政治家富兰克林有一句名言：“人的一生有两件事是不可避免的，纳税和死亡。”在西方家喻户晓的这句名言你是否听说过呢？或许你不信，怎么就不可避免呢？死亡不可避免不用说了，至今尚未发现有长生不老的人。纳税也是如此吗？我们好多人好像都没纳过税啊？

果真如此吗？我们来看看纳税是如何不可避免的。如果你投资工商业，办工厂、开商店，显然逃不了各种商品税，也避免不了所得税；如果你是一名普通的员工，你的月工资超过了5 000元，就要缴纳个人所得税；如果你的月工资低于5 000元，是否就不需要纳税了呢？不一定。如果你有其他的收入，例如，你业余写作获得了一笔稿费；你为他人提供咨询、讲学或者其他劳务获得了一笔劳务费；你购买彩票获奖了；你转让了一笔知识产权；你把房子或者其他设备出租取得了租金，这些只要达到一定标准，都需要纳税；甚至，你买房，要纳税；你买车，要纳税；你……

或许你在银行没有一分钱存款，也没有任何能够达到征税标准的所得，这样是否就逃离了纳税的命运？从某种意义上可以说，你逃离了直接纳税的命运，但是从广义纳税的角度来说，你还是逃不了间接纳税的命运。因为你要吃饭，要穿衣，要购物，要住房，等等，而这些商品都是已经缴纳过各种税的，并且这些税已经包含在商品的价格中了。当你购买、消费这些商品的时候，实际上相当于你已经纳税了。

由此可见，纳税确实是不可避免的。在中国，与个人相关的税种非常多，直接税有个人所得税、房产税、契税、车船税、车辆购置税等，间接税有增值税、消费税、关税等。其中与个人财务规划联系最密切影响最大的就是个人所得税。

（二）关于个人所得税

个人所得税是对个人取得的各项应税所得征收的一种税。其中的个人，既指自然人，也包括自然人性质的企业，如个人独资企业和合伙企业。个人所得税起源于英国，目前已成为世界各国广泛征收的一个税种，在西方许多发达国家，已成为财政收入的主要来源。在我国，随着国民收入的逐步增长，个人所得税也呈现了大幅增长的趋势，目前，已成为我国的主要税种之一。

我国个人所得税采取分类征税制，将个人所得分为 11 种类型，每一类所得的费用扣除标准和税率都各有不同。

1. 工资、薪金所得

工资、薪金所得，是指个人因任职或者受雇而取得的工资、薪金、奖金、年终加薪、劳动分红、津贴、补贴以及与任职或者受雇有关的其他所得。

工资、薪金所得，以每月收入额减除费用 5 000 元后的余额，为应纳税所得额，其税率采用七级超额累进税率，如表 10 - 1 所示。

表 10 - 1　　工资、薪金所得项目税率表

级数	全月应纳税所得额	税率（%）	速算扣除数
1	不超过 3 000 元的	3	0
2	超过 3 000 元至 12 000 元的部分	10	210
3	超过 12 000 元至 25 000 元的部分	20	1 410
4	超过 25 000 元至 35 000 元的部分	25	2 660
5	超过 35 000 元至 55 000 元的部分	30	4 410
6	超过 55 000 元至 80 000 元的部分	35	7 160
7	超过 80 000 元的部分	45	15 160

2. 个体工商户的生产经营所得

个体工商户的生产、经营所得，是指个体工商户从事工业、手工业、建筑业、交通运输业、商业、饮食业、服务业、修理业以及其他行业生产、经营取得的所得，和个人经政府有关部门批准，取得执照，从事办学、医疗、咨询以及其他有偿服务活动取得的所得等。

个体工商户的生产、经营所得，以每一纳税年度的收入总额，减除成本、费用以及损失后的余额，为应纳税所得额。其税率采用五级超额累进税率，如表 10 - 2 所示。

表 10 - 2　　个体工商户的生产、经营所得和对企事业单位的承包经营、承租经营所得项目税率表

级数	全年应纳税所得额	税率（%）	速算扣除数
1	不超过 30 000 元的	5	0
2	超过 30 000 元至 90 000 元的部分	10	1 500
3	超过 90 000 元至 300 000 元的部分	20	10 500
4	超过 300 000 元至 500 000 元的部分	30	40 500
5	超过 500 000 元的部分	35	65 500

3. 对企事业单位的承包经营、承租经营所得

对企事业单位的承包经营、承租经营所得，是指个人承包经营、承租经营以及转包、转租取得的所得，包括个人按月或者按次取得的工资、薪金性质的所得。

对企事业单位的承包经营、承租经营所得，以每一纳税年度的收入总额，减除必要费用后的余额，为应纳税所得额。其中，每一纳税年度的收入总额，是指纳税义务人按照承包经营、承租经营合同规定分得的经营利润和工资、薪金性质的所得；所说的减除必要费用，是指按月减除 5 000 元，即每年减除 60 000 元。其税率同样采用五级超额累进税率，如表 10 – 2 所示。

4. 劳务报酬所得

劳务报酬所得，是指个人从事设计、装潢、安装、制图、化验、测试、医疗、法律、会计、咨询、讲学、新闻、广播、翻译、审稿、书画、雕刻、影视、录音、录像、演出、表演、广告、展览、技术服务、介绍服务、经纪服务、代办服务以及其他劳务取得的所得。劳务报酬所得和工资薪金所得的最大区别是，前者是个人独立劳动所得，后者则是个人因任职、受雇而取得的非独立的个人劳动所得。

劳务报酬所得，属于一次性收入的，以取得该项收入为一次；属于同一项目连续性收入的，以一个月内取得的收入为一次。每次收入不超过 4 000 元的，减除费用 800 元；4 000 元以上的，减除 20% 的费用，其余额为应纳税所得额。劳务报酬所得，适用比例税率，税率为 20% 。对劳务报酬所得一次收入畸高的，实行加成征收。劳务报酬所得一次收入畸高，是指个人一次取得劳务报酬，其应纳税所得额超过 2 万元。每次劳务报酬的应纳税所得额超过 2 万元 ~5 万元的部分，依照税法规定计算应纳税额后再按照应纳税额加征五成；超过 5 万元的部分，加征十成。

5. 稿酬所得

稿酬所得，是指个人因其作品以图书、报刊形式出版、发表而取得的所得。这里所说的作品，包括文学作品、摄影、乐谱等能以图书、报刊方式出版、发表的作品。对不以图书、报刊形式出版、发表的翻译、审稿、书画等所得，不属于稿酬所得，而是按劳务报酬所得纳税。

稿酬所得，以每次出版、发表取得的收入为一次。每次收入不超过 4 000 元的，减除费用 800 元；4 000 元以上的，减除 20% 的费用，其余额为应纳税所得额。稿酬所得，适用比例税率，税率为 20% ，再按应纳税额减征 30% ，即实际税率为 14% 。

6. 特许权使用费所得

特许权使用费所得，是指个人提供专利权、商标权、著作权、非专利技术以及其他特许权的使用权取得的所得；提供著作权的使用权取得的所得，不包括稿酬所得。作者将自己的文字作品手稿原件或复印件公开拍卖（竞价）取得的所得，应按特许权使用费所得项目征收个人所得税。

特许权使用费所得，以一项特许权的一次许可使用所取得的收入为一次。每次收入不超过 4 000 元的，减除费用 800 元；4 000 元以上的，减除 20% 的费用，其余额为应纳税所得额。特许权使用费所得，适用比例税率，税率为 20% 。

7. 利息、股息、红利所得

利息、股息、红利所得，是指个人拥有债权、股权而取得的利息、股息、红利所得。

其中，储蓄存款在2008年10月9日后（含10月9日）孳生的利息所得，暂免征收个人所得税。个人购买国债和国家发行的金融债券的利息所得免税。

利息、股息、红利所得，以支付利息、股息、红利时取得的收入为一次，以每次收入额为应纳税所得额。利息、股息、红利所得，适用比例税率，税率为20%。

8. 财产租赁所得

财产租赁所得，是指个人出租建筑物、土地使用权、机器设备、车船以及其他财产取得的所得。个人取得的财产转租收入，属于财产租赁所得的征税范围。

财产租赁所得，以一个月内取得的收入为一次。每次收入不超过4 000元的，减除费用800元；4 000元以上的，减除20%的费用，其余额为应纳税所得额。财产租赁所得，适用比例税率，税率为20%。个人按市场价格出租的居民住房取得的所得，减按10%征税。

9. 财产转让所得

财产转让所得，是指个人转让有价证券、股权、建筑物、土地使用权、机器设备、车船以及其他财产取得的所得。由于我国证券市场还不成熟，目前我国对股票转让所得暂不征收个人所得税。但对自然人（个人）股东股权转让所得应按"财产转让所得"征收个人所得税。

财产转让所得，以转让财产的收入额减除财产原值和合理费用后的余额，为应纳税所得额。财产转让所得，适用比例税率，税率为20%。

10. 偶然所得

偶然所得，是指个人得奖、中奖、中彩以及其他偶然性质的所得。

偶然所得，以每次取得该项收入为一次，以每次收入额为应纳税所得额。偶然所得，适用比例税率，税率为20%。

11. 其他所得

除上述的10项所得外，其他确定有必要征税的个人所得，由国务院财政部门确定。个人取得的所得，难以界定应纳税所得项目的，由主管税务机关确定。除税法规定可以免税的房屋无偿赠与行为以外，房屋产权所有人将房屋产权无偿赠与他人的，受赠人因无偿受赠房屋取得的受赠所得，应按其他所得缴纳个人所得税。

其他所得，以每次收入额为应纳税所得额。其他所得，适用比例税率，税率为20%。

二、税收筹划

税收筹划是指在纳税行为发生之前，在不违反法律、法规的前提下，通过对纳税主体的经营活动或投资行为等涉税事项做出事先安排，以达到少缴税和递延缴纳目标的一系列谋划活动。

（一）税收筹划与逃税、避税之间的区别

税收筹划是在合法合规的前提下所作的财务、税务以及经济业务方面的调整及筹划，有利于经济运营更加合理、高效和赢取利益。

逃税，是指纳税人故意或无意采用非法手段减轻税负的行为，包括隐匿收入、虚开或

不开相关发票、虚增可扣除的成本费用等方式，或者经税务机关通知申报而不申报，或者进行虚假的纳税申报以逃避纳税的目的。

避税是指纳税人利用税法上的漏洞或税法允许的办法，作适当的财务安排或税收策划，在不违反税法规定的前提下，达到减轻或减除税负的目的。避税表面上虽然没有直接违反税法条文，但是违背了税收的立法精神，从而损害了国家和社会的利益。而税收筹划不仅不违反法律规定，而且也不违背立法精神，因而属于一种正当的行为。也有人把避税分成合理避税和不合理避税，认为税收筹划就是合理避税。

专栏 10 - 1

别扭曲了“合理避税”的本意

从英文来看，税务筹划“tax planning”与避税“tax avoidance”基本上是一个概念，二者都是指纳税人通过一定的合法行为减少或避免纳税义务。

然而，对“税务筹划”的理解却容易走入两个误区：一是不懂得避税与逃税的区别，把一些实为逃税的手段误认为是避税；二是明知故犯，打着税务筹划的幌子行逃税之实。

客观地说，避税与逃税虽然在概念上很容易加以区分，但在实践当中，二者的区别有时确实难以掌握。有时，纳税人避税的力度过大，就成了不正当避税，而不正当避税在法律上就可认定为是逃税。

举个例子：目前，我国税法对福利企业实行一定的税收优惠。按照企业所得税法规定：福利企业凡安置“四残”人员占生产人员总数 35% 以上的，暂免征收企业所得税；凡安置“四残”人员占生产人员总数的比例超过 10% 未达 35% 的，减半征收企业所得税。有些企业为了享受这条税收优惠，在社会上广招残疾人员，使本企业的“四残”人员达到税法规定的比例。但这些残疾人员被企业招募为职工后又被放假回家，每月只领取少量的生活费。

企业的这一做法，有人说是属于税务筹划，但实际上，这显然是在钻法律的漏洞，属于逃税行为。

“合理避税”的兴起是社会进步的表现。但对这一新的事物，除要求政府反避税工作积极强化外，更要尽快构建社会信用体系并规范财务中介及代理机构行为，从而尽量使违规避税者变得无机可乘，让国家税款不因“合理避税”的恶意操作而流失。“税务筹划”的本意是通过税务代理机构的筹划，更加规范纳税人的行为，合理缴纳税收，最终让所有单位和个人都能养成良好的纳税习惯。

（二）税收筹划的基本性质

税收筹划作为纳税人在遵守法律条文和不违背立法精神的前提下，通过对自身经营行为的调整，寻求最佳纳税方案的一种行为，具有以下基本性质：

1. 税收筹划是纳税人行使自身权利的一种行为

在现代社会中，纳税人参与税收活动不仅是履行义务，而且也是行使自己的权利。公民纳税本质上是借助国家的力量，解决公民个人难以解决的各种公共问题，如安全的社会环境、安定的社会秩序、公平的分配、平衡的生态环境等，进而实现公民的自身发展。承认公民即纳税人参与税收活动不仅是履行义务，而且也是行使自己的权利，那么就应该承认税收筹划是纳税人一种正当的行为。在法治社会中不能强迫公民去做法律没有规定的事情，同时也不能禁止他们去做法律没有禁止的事情。纳税人无论是个人还是法人，作为一个具有独立经济利益的主体，当面对多种纳税方案时，就有权利为了追求自身的经济利益，经过权衡抉择而确定一种最优的纳税方案以实现税负最小化。

2. 税收筹划是纳税人提升经营能力与理财能力的一种行为

税收筹划不仅是纳税人行使自己合法权利的正当行为，而且还是纳税人提高自身经营能力与理财能力的一种行为。在法治社会中，纳税人无风险地减轻税收负担只能在遵守法律规定与立法精神的前提下，通过调整自身生产经营方式与理财方式来寻求最佳纳税方案。在这个过程中纳税人不仅会减轻税收负担，而且也会提高自身的经营能力与理财能力水平。有效的税收筹划可以节减纳税人的税收支出，使其收益最大化。在顺应立法意图的前提下，纳税人制订合理的税收筹划方案，进行比较、选择，可以减少纳税人的资金流出或本期资金的流出，使纳税人节约成本，减轻税收负担，有利于纳税人的长远发展。

3. 税收筹划是政府进行税收调控的一种重要手段

所谓税收调控政策是指政府按照社会经济发展的客观要求，通过改变纳税人负担，进而引导纳税人所从事的社会经济活动，使之按预定的方向与规模发展。税收调控政策的运行机制实际上是借助于各种税收手段，如征税与不征税、多征税与少征税来引导纳税人行为。税收筹划虽然并非是利用税制的漏洞而减轻自己的税收负担，但也是纳税人对税收制度和政策的一种反馈。政府也可以通过税收筹划行为来检验税法是否完善和税收政策是否正确，利用这种反馈的信息，来完善税收制度和调整有关税收的政策，从而使税法建设不断发展。税收筹划与政府调控政策密不可分，可以说，没有税收调控政策，就没有税收筹划，没有税收筹划，政府的政策也无法实施。

4. 税收筹划是纳税人提高自我纳税意识的一种行为

纳税人进行税收筹划实际是在实施政府的税收调控政策。制订合理的个人理财方案，需要正确理解税收筹划、避税、节税等概念。为制订良好的税收筹划方案，纳税人会有意识地钻研财政、税法等相关法律和法规，及时了解国家最新的法律政策，掌握一定的筹划技巧，这会使纳税人提高理论水平、增强纳税意识，自觉抑制偷逃税款的行为。

（三）税收筹划的原则

税收筹划是纳税人在充分了解掌握税收政策法规基础上，当存在多种纳税方案可供选择时，纳税人以税收负担最低的方式来处理财务、经营、组织及交易事项的复杂筹划活动。要做好税收筹划活动，必须遵循以下基本原则。

1. 合法性原则

税收筹划最基本的原则是守法，这是其与逃、欠、抗、骗税的本质区别。税收筹划应该以国家现行税法为依据，利用税制构成要素中的税负弹性和不同税收环境，制订并选择合理的纳税方案。在进行税收筹划时，要把握时机，在经营、投资、理财活动的纳税义务发生之前，通过周密精细的筹划来达到节税目的。

2. 整体性原则

整体性原则是指纳税人在进行税务筹划时，还要考虑与其相关的其他税种的税负效应，进行整体筹划，综合衡量。纳税人进行税务筹划不能仅以税负轻重作为选择纳税的唯一标准，应该着眼于实现纳税人的综合利益目标，不能出现税负少了其他支出却增加了的情况。如果有多种税收政策选择，那么应该考虑的不是某个税种纳税最少，而应该是税后整体收益的最大化。

3. 前瞻性原则

任何一项具体的税收筹划方案的策划、选择、确定，都必须在该方案所涉及的纳税事项已成为既定事实之前。如果该涉税事项已成既定事实，再事后进行“筹划”，就是掩盖事实真相，伪造、变造、隐匿相关资料，纳税人将承担逃避缴纳税款的法律责任。

（四）税收筹划的基本方法

税收筹划是通过各种方法，将个人的税负合法地减到最低。影响个人所得税应纳税额的因素主要有两个，应纳税所得额和税率。显然，应纳税所得额越少，税率越低，应纳税额就越小。因此税收筹划无非是从这两个因素入手，找到合理、合法的办法来降低应纳税额。另外，在进行筹划时应注意充分考虑个人的风险偏好，优化其财务状况。以下简单介绍几种在个人所得税中常用的税收筹划方法。

1. 转换纳税人身份

我国个人所得税根据国际通行做法，选择了地域管辖权和居民管辖权相结合的双重管辖权标准，将纳税人分为居民纳税人和非居民纳税人，前者承担无限的纳税义务，应就境内境外的全部所得纳税；后者只承担有限的纳税义务，仅就境内所得纳税。因此纳税人可以在合法的前提下转换纳税人身份，进行税收筹划。

2. 充分利用税前扣除

各国税法中都有一些允许纳税人税前扣除的条款，纳税人应当充分利用这些规定，多扣除一些费用，缩小税基，减轻税负。尤其是当纳税人的所得适用超额累进税率时，如果纳税人可以多扣除一些费用，缩小了税基，其所得适用的最高边际税率和实际税负就会下降。

3. 适当利用税负抵减

为鼓励纳税人参与公益活动或其他特殊行为，大多数国家一般都规定了具体的税负抵减项目，允许纳税人在税前抵减这些支出。如我国的个人所得税对个人进行公益性捐赠或资助无关联的科研机构进行技术创新都规定了相应的扣除标准。税负抵减可帮助纳税人减少应纳税所得额，税收筹划中应充分利用这些项目。

4. 尽量分次申报纳税

我国个人所得税的征税项目中，除了工资薪金所得、个体工商户的生产经营所得和对企事业单位的承包承租经营所得，其他所得项目都是采用按次计税的方法。每次计税时都允许将收入扣除一定的费用标准。因此，个人在涉及这些征税所得时，应尽量增加申报纳税的次数，从而每一次都能进行费用的扣除，以降低应纳税额。

5. 避免适用较高税率

税率是决定纳税人税负高低的主要因素之一。所得税在大部分国家都采用超额累进税率，这意味着如能将收入和其他所得以较低的边际税率征税，就可减少税负支出，获得显著的税收利益。我国的个人所得税采用分类征税制，不同类型的所得适用的税率存在一定的差异。纳税人应根据自己的实际情况，尽量将可以分开的各项所得分开计算，以使各部分收入适用较低税率，从而达到总体税负最轻的目的。

6. 合理利用税收优惠

税收优惠是政府为了扶持某些特定地区、行业、企业的发展，或者对某些具有实际困难的纳税人给予照顾，通过一些制度上的安排，给予某些特定纳税人以特殊的税收政策。如免除其应缴纳的全部或者部分税款，或者按照其缴纳税款的一定比例给予返还，等等。例如，个人在进行投资时，可以选择购买国债或国家发行的金融债券，其利息所得就是免税的。或者纳税人可以选择适合自己的股票或者基金进行买卖，我国目前对证券交易转让所得也暂不征收个人所得税，纳税人可以通过低买高卖获得差价收入，间接实现合理避税。

第二节　个人所得税纳税人的税收筹划

个人所得税是对个人（自然人）取得的各项应税所得所征收的一种税。它具有征收面广，能够调节社会收入级差等特点，是我国的主体税种之一。纳税人在进行个人所得税的税收筹划时，往往只重视纳税筹划方法的选择和应用，而忽视了纳税身份的筹划。实际上，纳税人身份的选择和经营时的组织方式的选择将会对个人税负带来极大的影响，因此要引起重视。

一、个人所得税纳税人身份选择的筹划

（一）纳税人身份的法律规定

个人所得税通常将纳税人分为居民纳税人与非居民纳税人两种不同身份，不同身份纳税人纳税义务范围是不同的。从各国的法律来看，身份判定的标准主要有三个：住所标准、居所标准、居住时间标准。我国同样采用地域管辖权和居民管辖权相结合的双重管辖权标准，根据住所和时间两项标准，将个人所得税的纳税义务人划分为居民纳税义务人和非居民纳税义务人。

1. 居民纳税人

个人所得税的居民纳税人承担无限纳税义务。居民纳税人是指在中国境内有住所，或者无住所而在境内居住满一年的个人。

在中国境内有住所的个人，是指因户籍、家庭、经济利益关系而在中国境内习惯性居住的个人。所谓习惯性居住，是判定纳税义务人是居民或非居民的一个法律意义上的标准，不是指实际居住或在某一个特定时期内的居住地。如因学习、工作、探亲、旅游等而在中国境外居住的，在其原因消除之后，必须回到中国境内居住的个人，则中国即为该纳税人习惯性居住地。

在境内居住满 1 年，是指在一个纳税年度中在中国境内居住满 365 日。临时离境的，不扣减日数。所谓临时离境，是指在一个纳税年度中一次不超过 30 日或者多次累计不超过 90 日的离境。

居民纳税义务人从中国境内和境外取得的所得，都应在中国缴纳个人所得税。其中，从中国境内取得的所得，是指来源于中国境内的所得；所说的从中国境外取得的所得，是指来源于中国境外的所得。上述所说的中国境内，是指中国大陆地区，不包括中国香港、澳门、台湾地区。

2. 非居民纳税义务人

个人所得税的非居民纳税义务人承担有限纳税义务。非居民纳税义务人，是指在中国境内无住所又不居住或者无住所而在境内居住不满一年的个人。在中国境内无住所又不居住的个人，是指习惯性居住地不在中国境内的个人，也即外籍人员、华侨和香港、澳门、台湾同胞。因此，非居民纳税人实际上是指在一个纳税年度内在中国境内没有居住，或者居住未满一年的外籍人员、华侨和香港、澳门、台湾同胞。

非居民纳税义务人仅就其从中国境内取得的所得在中国缴纳个人所得税。

（二）居民与非居民纳税人身份选择的筹划方法

1. 改变居住时间

在中国境内无住所的纳税人，如在一个纳税年度内在中国居住满365天，那么就是中国的居民纳税人，应就全球所得在中国纳税。不满365天则是非居民纳税人，只就中国境内的所得纳税。

【案例10－1】A先生是英国公民，计划到中国旅游居住一年半，原定于2016年1月1日来中国，于2017年6月30日回国。这样，A先生在2016年度就构成了中国的个人所得税的居民纳税人。为了避免这种情况，他的税务顾问建议他2016年2月5日来中国，2017年8月5日回国。这样，虽然A先生仍然在中国居住了一年半的时间，但由于其跨越两个纳税年度，而且均没有居住满一年，因此不构成中国的居民纳税人，其境外所得不需要在中国纳税。

在居住时间的判定上，临时离境是不扣除天数的。因此通过增加临时离境天数，尽量满足成为非居民纳税人的条件，是避免成为居民纳税人税收筹划的重点。

【案例10－2】甲、乙、丙三人均为法国公民，都任职于法国某公司总部。因工作需要，甲和乙于2016年12月15日被法国总公司派往中国的北京分公司工作。紧接着，2017年2月3日丙也被派往中国的上海分公司。2017年，因工作需要，三人均须回国述职一段时间。甲于2017年4月1日回法国，5月10日返回中国，乙于2017年8月回法国25天，丙于2017年10月回法国19天。其余时间，三人均在中国境内工作居住。2017年12月31日，发放年终工资、薪金。甲取得中国分公司支付的工资、薪金18万元，法国总公司支付的工资、薪金2.5万欧元。乙和丙均取得中国分公司支付的工资、薪金20万元，法国总公司支付的工资、薪金2.5万欧元。

在上述情况中，甲2017年度的一次性出境时间为40天，已超过临时离境的标准，所以甲为非居民纳税人。乙的离境时间为25天，视为临时离境不扣除天数，所以乙在2017年为中国的居民纳税人。丙的离境时间为19天，但是其在2017年的2月3日才来中国，在一个纳税年度内居住未满一年，所以丙也是非居民纳税人。

因此，在2017年，甲和丙仅就中国分公司支付的工资薪金所得纳税，而乙来源于中法两国的20万元人民币和2.5万欧元都需要在中国纳税。

此例中，乙如果能在境外多停留5天以上，即达到单次离境时间超过30天，则成为中国的非居民纳税人，可以仅就其来源于中国分公司的所得缴纳个人所得税。

2. 改变居住地

住所标准是判定自然人纳税人居民身份的标准之一，一个中国的居民纳税人可以通过实际的移居，使自己成为一个低税率国居民（相对于中国而言），从而减轻税负。

（1）转移住所。由于大多数国家规定对于在本国拥有住所和居住达一定天数的人的境内外收入均拥有征税权，所以纳税人可以从高税国移居到一个合适的低税国，通过迁移住所的方法来减轻纳税义务。高税国通常是指征收较高所得税、遗产税、赠与税的国家，但最主要的还是指所得税负高的国家。这种出于避税目的迁移常被看作“纯粹”的居民。通常包括两类人：第一类是已离退休的纳税人，这些人从原来高税国居住地搬到低税国居住地以便减少退休金税和财产、遗产税的支付；第二类是在某一国居住，而在另一国工作的纳税人。他们以此来逃避高税负的压迫。一般来说，以迁移居住地的方式规避所得税，不会涉及过多的法律问题，只要纳税居民具有一定准迁手续即可成为事实上的低税国或者无税国的居民，从而仅就其世界范围内的所得承担低税或无税国的纳税义务，可达到减轻税负的目的。

各国政府为了反避税，对旨在避税的虚假移民作了种种限制。所谓虚假移民是指纳税人为获得某些税收好处而进行的短期移民（通常是一年以内）。许多国家都明文规定，凡个人放弃本国住所而移居国外，但在一年内未在国外设置住所而又回本国的居民，在此期间发生的收入所得一律按本国税法纳税。这一规定使跨国避税的可能性大大减少。

（2）税收流亡。跨国纳税人为避免纳税，可设法使其不成为任何一个国家的居民。一个跨国自然人可以虚假地从一国迁往另一国，而实际上却不停地从这个国家流动到那个国家，并把在这些国家停留的时间缩短到征税起点时间以内，他们采取不购置住宅、出境、流动性居留或压缩居住时间等方法来避免成为任何一国的居民，逃避税收。有的甚至长期住在轮船上，四处漂泊，成为“无国籍人”。他们既能从这些国家取得收入，又可避免承担其中任何一个国家的居民或非居民纳税义务。对这种为了躲避纳税而不断从一个国家迁移到另一个国家的现象，国际上常用“税收流亡”来形容。

3. 转移财产

跨国纳税人也可以通过财产由高税国向低税国的移动，来达到避税的目的。他们通常从法律上看没有迁出高税国，只是在其他低税国建立信托财产或其他信托关系，造成法律形式上所得或财产与原所有人的分离，消除人与物之间的某种联系因素，但分离出去的这部分所得或财产仍受法律保护，从而使委托人不再需就这部分财产及其产生的所得缴纳财产税和所得税，就可以有效地规避其在居住国的纳税义务。因为纳税义务已由委托人转给了受托人，受托人承担的税负最终仍会转给委托人，但如果委托人选择一个处于低税国的受托人，则其总体税负必然会降低。

4. 利用税收协定或各国优惠政策

在国家间所签订的税收协定或条约中，通常都有对于缔约国双方居民所享有的优惠条款的规定，并且在所有的国际税收协定中都规定只有缔约国双方的居民才有资格享受协定中规定的优惠待遇。因此，一些希望享受优惠待遇的跨国纳税人就通过巧妙的手段，设法成为协议缔约国一方的居民，享受税收优惠待遇，从而减轻纳税义务。

二、个人经营活动中组织形式身份选择的筹划

（一）个人经营的组织形式

1. 个体工商户

个体工商户是指生产资料属于私人所有，主要以个人劳动为基础，劳动所得归个体劳动者自己支配的一种经济形式。有经营能力并依照《个体工商户条例》的规定经工商行政管理部门登记，从事工商业经营的公民即为个体工商户。个体工商户应按照税务部门的规定正确建立账簿，准确进行核算。对账证健全、核算准确的个体工商户，税务部门对其实行查账征收，适用5% ~35%的五级超额累进税率；对生产经营规模小又确无建账能力的个体工商户，税务部门对其实行定期定额征收。

2. 个人独资企业或合伙企业

个人独资企业，是指依照《中华人民共和国个人独资企业法》在中国境内设立，由一个自然人投资，财产为投资人个人所有，投资人以其个人财产对企业债务承担无限责任的经营实体。合伙企业，是指依照《中华人民共和国合伙企业法》在中国境内设立的由各合伙人订立合伙协议，共同出资、合伙经营、共享收益、共担风险，并对合伙企业债务承担无限连带责任的营利性组织。

根据国务院的规定，从2000年1月1日起，个人独资企业和合伙企业不再缴纳企业所得税，只对投资者个人取得的生产经营所得征收个人所得税。凡实行查账征税办法的，其税率比照“个体工商户的生产经营所得”应税项目，适用5% ~35%的五级超额累进税率，计算征收个人所得税；实行核定应税所得率征收方式的，先按照应税所得率计算其应纳税所得额，再按其应纳税所得额的大小，适用5% ~35%的五级超额累进税率计算征收个人所得税。

3. 个人承租、承包企事业单位经营

对企事业单位的承包、承租经营所得是指个人承包经营、承租经营以及转包、转租取得的所得，还包括个人按月或者按次取得的工资、薪金性质的所得。针对较多样地对企事业单位的承包、承租经营方式和分配方式，具体规定如下：

（1）个人对企事业单位承包、承租经营后，工商登记改变为个体工商业户的，应按个体工商业户的生产经营所得项目征收个人所得税，不再征收企业所得税，适用5% ~35%的五级超额累进税率。

（2）个人对企事业单位承包、承租经营后，工商登记仍为企业的，不论其分配方式如何，均应先按照企业所得税的有关规定缴纳企业所得税，然后承包、承租人依据承包、承租人合同（协议）取得的所得，按个人所得税法的有关规定缴纳个人所得税。又具体分为：

第一，承包、承租人对企业的经营成果不拥有所有权，仅按合同（协议）规定取得一定所得的，应按工资、薪金所得项目征收个人所得税，适用3% ~45%的七级超额累进税率。

第二，承包、承租人按合同（协议）规定向发包方、出租方交纳一定的费用后，企业

的经营成果归承包、承租人所有的，其取得的所得按对企事业单位的承包、承租经营所得项目征收个人所得税，适用5%～35%的五级超额累进税率。

4. 有限责任公司

有限责任公司，又称“有限公司”。指由五十个以下股东共同出资，每个股东以其所任缴的出资额对公司承担有限责任，公司以其全部资产对其债务承担责任的企业法人。当公司的出资人只有一人时，即为一人有限责任公司，其与个人独资企业的最大区别是，一人有限责任公司属于法定的民事主体，具有法人资格，缴纳企业所得税；而个人独资企业属于非法人组织，不具有法人资格，缴纳个人所得税。

（二）个人经营活动中身份选择的筹划方法

1. 个人独资企业与有限责任公司的选择

【案例10－3】小王准备成立一个企业，预计年度应纳税所得额为35万元，税后利润全部分配给投资者个人（暂不考虑企业计提公益金和应纳税所得额调整）。小王应当选择成立个人独资企业还是有限公司呢？

（1）如果成立“个人独资企业”，需要缴纳的所得税为：应纳个人所得税：350 000×30%－40 500＝60 000（元）

（2）如果成立“有限责任公司”，则需缴纳所得税：

应纳企业所得税：350 000×25%＝87 500（元）

应纳个人所得税：（350 000－87 500）×20%＝52 500（元）（按利息股息红利所得征税）

合计应纳所得税：87 500＋52 500＝140 000（元）

从计算结果可以看出，有限责任公司比个人独资企业多缴纳所得税80 000元。

从案例10－3中，我们发现个人独资企业与有限责任公司所得税税负的这种差异主要取决于两个因素：第一，个人所得税税率与企业所得税税率的差异。由于个人独资企业适用5%～35%的五级超额累进税率，而有限责任公司适用25%的比例税率，这就意味着存在税率变化临界点，我们就可以利用税率临界点进行税务筹划。第二，个人独资企业只需缴纳一道个人所得税；而有限责任公司需缴企业所得税和个人所得税两道所得税（当然，同是缴纳个人所得税，个人独资企业是按五级超额累进税率计缴，而有限责任公司投资者是按20%的税率计缴）。

但同时我们也要注意，在案例10－3中，我们只是进行了一个简单的对比，在现实生活中，选择个人独资企业还是有限公司还需要考虑更多的因素，如企业的发展性、企业的风险、企业筹资的方式，等等。

2. 个体工商户和合伙企业的选择

【案例10－4】某个体工商户小张年营业收入50万元，营业成本、费用、税金等30万元，个人生活费用6万元（5 000×12）。则其应纳个人所得税＝（500 000－300 000－60 000）×20%－10 500＝17 500（元）

如果小张把投资方式改变，邀请家人共同投资，改为4人合伙，纳税情况则大大改变，每人纳税额＝［（500 000－300 000）/4－5 000×12］＜0，不用纳税。

合伙企业最大的特点是在合伙企业中，合伙损益由合伙人依照合伙协议约定的比例分配和分担。与个体工商户或个人独资企业相比较，合伙企业可以从众多的合伙人处筹集资本，合伙人共同偿还债务，减少了银行贷款的风险，使企业的筹资能力有所提高。

3. 个体工商户和承包承租企事业单位的选择

【案例10－5】某集体企业因经营不善濒临破产，因此将企业对外租赁经营。小林通过竞标取得经营权，租期从2018年1月1日至2019年12月31日。合约规定，租赁期内该企业主管部门不再为该企业提供管理方面的服务，其经营成果全部归小林个人所有，小林每年应缴纳承租费5万元。2019年，小林在未扣除上缴的租赁费情况下，取得利润15万元，本年应计提折旧6 000元。我们来看看小林是否变更营业执照会带来怎样的影响。

方案一：小林仍使用原企业营业执照。在这种情况下，企业的固定资产提取折旧可以在税前扣除，但缴纳的租赁费不得在企业所得税前扣除（对承包和承租经营方式下企业缴纳的承包费能否在税前扣除的问题，各地做法不一，有的省市规定可以按照权责发生制据实扣除。为方便，这里采用不扣除的方法）。

应纳税所得额＝15 000－6 000＝144 000（元）

应纳企业所得税税额＝144 000×10%＝14 400（元）（小微企业2019年实际优惠税率10%）

小林实际取得承包承租收入额＝150 000－6 000－50 000－14 400＝79 600（元）

应纳个人所得税税额＝（79 600－5 000×12）×5%＝980（元）

小林实际收入＝79 600－980＝78 600（元）

方案二：小林将原企业工商登记改变为个体工商户。按照规定，个体工商户在生产经营过程中以经营租赁方式租入固定资产的租赁费，可以据实扣除，但不得提取折旧。若小林所在省规定的业主费用扣除标准为每月5 000元。

年应纳个人所得税额＝(150 000－50 000－5 000×12)×10%－1 500＝2 500（元）

小林实际收入＝150 000－50 000－6 000－2 500＝91 500（元）

案例10－4中，变更营业执照使小林实际收入增加12 880元（91 500－78 620＝12 880）。小林若想减轻税负，必须变更营业执照，将原企业营业执照变更为个体营业执照，这样就能免去一道企业所得税，只征一道个人所得税，从而使实际收入增加。但应注意，在实际操作中税务部门判断承包和承租人对企业经营成果是否拥有所有权，一般是按照对经营成果的分配方式进行的。如果是定额上缴，成果归承包（租）人，则属于承包和承租所得；如果对经营成果按比例分配，或者承包和承租人按定额取得成果，其余成果上缴，则属于工资薪金所得。因此，纳税人可以根据预期的经营成果测算个人所得税税负，然后再确定具体的承包分配方式，以达到降低税负的目的。

4. 经营方式中其他的筹划方法

（1）分设公司以降低税率。

【案例10－6】小胡和妻子开设了一家健身俱乐部，开展健身业务的同时也销售健身器材。2019年，他们的健身业务获利10万元，健身器材的销售利润为7万元，公司总利润为17万元，应纳税额为（170 000－60 000）×20%－10 500＝11 500（元）。

若小胡夫妻分开经营，再成立一个个人独资企业，分别负责不同的业务，那么，健身业务的利润10万元，应纳税额为（100 000－60 000）×10%－1 500＝2 500（元）；健身器材销售利润7万元，应纳税额为（70 000－60 000）×5%＝500（元）。总应纳税额为3 000

元（2 500 + 500）。

税法规定，个人独资企业的生产经营所得在计征个人所得税时，投资者本人的费用扣除标准为每年60 000元。因此【案例10-6】中，将一家公司拆为两家，既可增加纳税人的税前费用扣除，又降低了适用税率，从而为小胡夫妻节税8 500元（11 500 - 3 000）。

（2）征收方法。

对个人独资企业和合伙企业经营所得，其个人所得税应纳税额可以采取查账征收和核定征收两种不同的征收方法。

【案例10-7】 A公司为个人独资企业，2019年度取得销售收入50万元，其应税所得额为12万元。试分析查账征收与核定征收两种情况下，该个人独资企业的税收负担水平（假定税务机关核定的该行业的应税所得率为10%）。

方案一：采用查账征收的方法。

应纳个人所得税额 = 120 000 × 20% - 10 500 = 11 500（元）

方案二：采用核定征收的方法。

应纳税所得额 = 500 000 × 10% = = 50 000（元）

应纳个人所得税额 = 50 000 × 10% - 1 500 = 3 500（元）

【案例10-7】中，A公司如果采取核定征收比查账征收少纳税8 000元（11 500 - 3 500），采取查账征收和核定征收两种不同的征收方法，税收负担相差很大。当然，如果纳税人当年亏损或其实际利润率小于税务机关核定的利润率时，情况相反。

第三节　个人取得收入过程中的税收筹划

当前个人所得税采用的分类征税制，使得个人的不同收入类型所面临的应纳税所得额和税率各不相同。因此正确的区分不同类型的个人所得，找到每个税目的筹划空间，有针对性的安排经济活动，对于节约税款，提高个人收益具有重要意义。本节主要介绍其中比较重要的常见的收入形式应该如何展开税收筹划活动。

一、工资、薪金所得的税收筹划

在新个人所得税政策下，工资薪金的税收筹划也有相应方法，按照国家新政策的政策导向和个人的利益趋向，通过合理筹划和安排企业员工的工资薪金，可达到节税的目的。

（一）提高福利水平，减少名义工资

支付薪金的企业应为员工确定适当的而不是较高的名义工资，然后以各种补贴的方式保证员工的实际工资水平和生活水平，而且不直接将各种补贴款发放给纳税人，而是由企业支付、纳税人享受各种福利。员工的福利包括很多方面，例如，免费为职工提供宿舍；提供交通补贴；提供职工免费午餐；社会保险；外出学习机会等，如果企业通过非货币性支付的方法为职工提供这些福利，将发放补贴、津贴的方式改为凭票报销的方式，那么相当于个人的部分应税收入可转化为企业的费用，同时使得员工在实际收入不减少的情况下

减轻个人所得税税负。

【案例10－8】小张在扣除五险一金后的工资是8 800元，公司不提供交通补贴，小张每个月的上下班交通费约800元。则小张的应纳个人所得税额为：(8 800－5 000)×10%－210＝170元。如果公司每个月提供800元交通费，并相应减少800元工资，则小张的工资为8 000元，应纳个人所得税额为：(8 000－5 000)×3%＝90元。即小张的收入不变，但个人所得税额减少了80元，且公司并未增加支出。

（二）综合考虑，合理安排年终奖的发放方式

当前企业给职工发放工资时，通常还会发放一定名目的奖金。按照税法规定，奖金也被列入工资范畴，和每个月的工资所得合并纳税。另外，对一次性取得的数月奖金或年终加薪、劳动分红，可单独作为一个月的工资、薪金所得计税，并按以下计税办法，由扣缴义务人发放时代扣代缴：

1. 先将雇员当月内取得的全年一次性奖金，除以12个月，按其商数确定适用税率和速算扣除数

如果在发放年终一次性奖金的当月，雇员当月工资薪金所得低于税法规定的费用扣除额，应将全年一次性奖金减除“雇员当月工资薪金所得与费用扣除额的差额”后的余额，按上述办法确定全年一次性奖金的适用税率和速算扣除数。

2. 将雇员个人当月内取得的全年一次性奖金，按第（1）条确定的适用税率和速算扣除数计算征税

计算公式如下：

（1）如果雇员当月工资薪金所得高于（或等于）税法规定的费用扣除额的，适用公式为：应纳税额＝雇员当月取得全年一次性奖金×适用税率－速算扣除数

（2）如果雇员当月工资薪金所得低于税法规定的费用扣除额的，适用公式为：应纳税额＝(雇员当月取得全年一次性奖金－雇员当月工资薪金所得与费用扣除额的差额)×适用税率－速算扣除数

那么，在实际生活中，奖金是分月发放还是一次性发放更能降低税负呢？

【案例10－9】小王在扣除“五险一金”后的工资是6 000元，每个月的奖金为3 000元。如果按月实际发放工资奖金计算，则小王全年应缴纳的个人所得税额为[(6 000＋3 000－5 000)×10%－210]×12＝2 280(元)；如果把奖金作为年终奖总计36 000元在12月一次性发放，则应纳税额为(6 000－5 000)×3%×12＋36 000×3%＝1 440(元)。两种方案对比，在总收入不变的情况下，小王节税420元。

假设另一种情况，小王在扣除“五险一金”后的工资是6 000元，每个月的奖金为4 000元。如果按月实际发放工资奖金计算，则小王全年应缴纳的个人所得税额为[(6 000＋4 000－5 000)×10%－210]×12＝3 480(元)；如果把奖金作为年终奖总计48 000元在12月一次性发放，则应纳税额为(6 000－5 000)×3%×12＋48 000×10%－210＝4 950(元)。这种情况下，奖金在每个月发放更为节税。那么，有没有更优的避税方案呢？

如果公司把小王的奖金总计48 000元进行调整，其中30 000元仍然作为年终奖一次性发放，剩下的18 000元分别在每个月按照1 500元与工资一起发，那么小王的应纳税额为(6 000＋1 500－5 000)×3%×12＋30 000×3%＝11 800(元)。与前两种方案的3 480

元和 4 950 元的应纳税额对比，这个方案显然起到了非常良好的避税效果。

所以，个人工资薪金所得的纳税，当涉及奖金问题时，一定要充分利用全年一次性奖金的特殊纳税方法，尤其注意一次性奖金的临界点如 36 000 元、144 000 元等，在这些临界点附近奖金的税额会有非常明显的差距。只有合理安排了，才能起到避税效应。

（三）均衡发放各月工资

工资薪金所得适用七级超额累进税率，如果纳税人的月收入不均衡，某些月份的收入非常高，就要适用较高的税率，而其他月份的收入低，适用的税率也就相对较低，甚至低于免征额的话则不用纳税。因此税法规定，为了照顾采掘业、远洋运输业、远洋捕捞业因季节、产量等因素的影响，职工的工资薪金收入呈现较大幅度波动的实际情况，对这三个特定行业的职工取得的工资薪金所得，按月预交，年度终了后 30 日内，合计其全年的工薪所得，再按 12 个月平均并计算其实际应纳的税款。这些行业的纳税人可以利用这项政策使其税负合理化。

但在实际生活中，并不仅仅是这些行业的工资起伏较大，其他行业如遇到每月工资变化幅度较大的情况，也可借鉴该项政策的做法，根据职工以往年度的业绩，估算其年平均工资，确定每月支付标准，到年底再根据实际情况结算实际工资，可以使该纳税人节约一定的税款。

【案例 10－10】 某医药设备公司实行效益工资制，每月的工资额按照基本工资加提成的方式发放。公司在每月发工资时为员工代扣个人所得税。某销售人员小许在 1～12 月工资（含基本工资和提成）情况，以及公司为其代扣个人所得税情况如表 10－3 所示。

表 10－3　　小许 1～12 月工资及公司为其代扣代缴的个人所得税

月份	工资收入（元）	公司代扣税（元）
1	9 000	(9 000－5 000)×10%－210＝190
2	4 000	0
3	9 000	(9 000－5 000)×10%－210＝190
4	9 000	(9 000－5 000)×10%－210＝190
5	4 000	0
6	6 000	(6 000－5 000)×3%＝30
7	4 000	0
8	6 000	(6 000－5 000)×3%＝30
9	10 000	(10 000－5 000)×10%－210＝290
10	10 000	(10 000－5 000)×10%－210＝290
11	18 000	(18 000－5 000)×20%－1 410＝1 190
12	18 000	(18 000－5 000)×20%－1 410＝1 190
合计	107 000	3 590

从表 10－3 可知，小许全年工资合计 10 700 元，累计缴纳个人所得税 3 590 元。

如果该公司可大致根据小许的往年业绩，估算他的年工资，然后每个月均匀发放，如每个月发放工资 6 000 元，到年终时根据实际情况结算剩余工资 35 000 元作为年终奖，那么小许的应纳税额为每个月为工资每个月缴纳 30 元［(16 000 − 5 000) × 3% = 30］，12 个月合计 360 元，年终奖 35 000 元按照前述的一次性奖金计税方法应纳税额为 1 050 元（35 000 × 3% = 1 050），其全年工资所得的总应纳税额为 1 410 元（360 + 1 050），全年节省税额 2 180 元（3 590 − 1 410）。

二、劳务报酬所得的税收筹划

劳务报酬所得是个人独立从事各种技艺、提供各项劳务取得的报酬。税法规定，劳务报酬所得分次计税，只有一次性收入的，以取得该项收入为一次；属于同一事项连续取得收入的，以一个月内取得的收入为一次。

（一）分次申报劳务报酬

当纳税人连续提供劳务时，应通过劳务合同的签订，合理安排劳务报酬的支付次数、每次支付额和支付时间，尽量将劳务报酬分解，降低每次收入额，以使劳务报酬缴税时多扣除一定的费用（每次收入额低于 4 000 元时扣除的费用比例高于收入额的 20%）或者适用较低的税率，而且分次后每次的收入也相应降低，避免出现一次收入畸高加成征收的情况。

【案例 10 − 11】 某公司邀请李教授每年寒暑假到该公司为员工进行外语培训，这 3 个月公司每月支付 12 000 元劳务报酬。那么李教授应纳税额的计算如下：

月应纳税额 = 12 000 × (1 − 20%) × 20% = 1 920（元）

总共应纳税额 = 1 920 × 3 = 5 760（元）

如果李教授和该公司商定，除了寒暑假外每个月还上一节课，相应课时从寒暑假中减去，劳务报酬在全年 12 个月平均发放，即每个月培训机构支付 3 000 元。则：

月应纳税额 = (3 000 − 800) × 20% = 440（元）

总共应纳税额 = 440 × 12 = 5 280（元）

则经过筹划，李教授可以少缴税款 480 元。

（二）分项申报劳务报酬

在计算劳务报酬应纳个人所得税时，28 个项目是分别计算的。纳税人如果同时取得不同项目的劳务报酬所得，应当分别减除费用，分别计算缴纳个人所得税，否则会增加纳税人的负担。

【案例 10 − 12】 假设案例 10 − 11 中的李教授 2017 年 3 月受另一公司所托，为该公司员工进行了数场培训，其内容包括授课、翻译和咨询等，共计取得劳务报酬 30 000 元。如果没有进行分项，则李教授应纳税额为 30 000 × (1 − 20%) × 30% − 2 000 = 5 200 元。

如果李教授与公司商议，将报酬按照讲学、翻译、咨询三项分别支付 6 000 元、12 000元、12 000 元，那么其应纳税款为：

讲学劳务的所得应缴纳的个人所得税 = 6 000 × (1 − 20%) × 20% = 960（元）

翻译劳务的所得应缴纳的个人所得税 = 12 000 × (1 − 20%) × 20% = 1 920（元）

咨询劳务的所得应缴纳的个人所得税 = 12 000 × (1 − 20%) × 20% = 1 920（元）

李教授2017年3月总共需要缴纳个人所得税为4 800元。经过筹划，李教授可以少缴税款400元。

（三）分地区申报劳务报酬

出于税收征管的需要，国家税务总局对个人取得劳务报酬的收入做了划分，统一规定以县（含县级市、区）为一地，其管辖内的一个月内的劳务服务为一次；当月跨县地域的，则分别计算，分别按照定额或定率的规定减除费用。这个规定也为个人节税提供了操作空间，纳税人提供的同一服务，利用被服务对象的住所所在区域的不同，可以分解应税收入。

【案例10－13】假设案例10－12中某公司总部位于北京，另在其他八个城市设有分支机构，其委托李教授进行培训，李教授需赴各分支机构讲学。该公司与李教授签订合同，为这次系列讲学支付100 000元的劳务报酬。那么不同的支付方案李教授所缴纳的税款将会有所不同。

方案一：这笔报酬全由北京总部一次性支付。

应纳税所得额 = 100 000 × (1 − 20%) = 80 000（元）

应纳税额 = 80 000 × 40% − 7 000 = 25 000（元）

方案二：这笔报酬由北京总部支付20 000元，各地分支机构支付10 000元。

总部处获得应纳税所得额 = 20 000 × (1 − 20%) = 16 000（元）

应纳税额 = 16 000 × 20% = 3 200（元）

分部处获得报酬的应纳税所得额 = [10 000 × (1 − 20%) × 20%] × 8 = 12 800（元）

应纳税额合计 = 3 200 + 12 800 = 16 000（元）

两方案相比较，方案二中李教授可以少缴纳税款9 000元。

（四）收入费用化

为他人提供劳务以取得报酬的个人，可以考虑由对方提供一定的福利，将本应由自己承担的费用改由对方提供，以达到规避个人所得税的目的。

【案例10－14】还是案例10－13中的李教授，由于他需要去外地分支机构培训讲学，关于讲课的劳务报酬，经商议由北京总部一次性支付。另外，李教授还面临着关于费用的选择。一是公司给教授支付讲课费100 000元人民币，李教授自己承担相关交通食宿费用；另一是公司支付讲课费80 000元，交通食宿费用由公司承担。试问：李教授应如何选择？

方案一：教授自付交通费、住宿费及伙食费。

应纳个人所得税 = 100 000 × (1 − 20%) × 40% − 7 000 = 25 000（元）

个人所得税应由企业代扣代缴。

教授实际收到讲课费 = 100 000 − 25 000 = 75 000（元）

但讲课期间该教授的开销为：往返飞机票8 000元、住宿费8 000元、伙食费4 000元。因此该教授实际的净收入为55 000元。

方案二：公司支付交通费、住宿费及伙食费

应纳个人所得税额 = 80 000 × (1 − 20%) × 40% − 7 000 = 18 600（元）

教授实际净收入 = 80 000 − 18 600 = 61 400（元）

两种方案相比，第二种方案给教授带来的收入更高。

（五）避免面临加成征收

劳务报酬若一次性收入畸高，应适当筹划避免适用较高税率。税法规定，两个或两个以上的个人共同取得同一项目收入的，应当对每个人取得的收入分别按照税法规定减除费用后计算纳税。

【案例 10－15】 假设案例 10－14 中的李教授所完成的培训讲课工作，他的学生小张作为助手负责收集资料、准备讲稿、制作课件等。李教授与学生小张约定，获得劳务报酬 100 000 元后将其中 15 000 元作为付给张某的报酬。

李教授获得劳务报酬时，公司代扣代缴个人所得税 100 000 × (1 − 20%) × 40% − 7 000 = 25 000（元），李教授税后收入 75 000 元，再付给学生小张 15 000 元后，他的实际收入为 60 000 元。

若李教授与公司签订劳务合同时，在合同中注明学生小张的劳务报酬 15 000 元，然后由公司以支付劳务报酬的方式直接支付给小张。这样，李教授取得的劳务报酬只有 85 000 元，公司代扣代缴个人所得税 85 000 × (1 − 20%) × 40% − 7 000 = 20 200（元），实际税后收益为 64 800 元。另外公司为小张代扣代缴个人所得税 15 000 × (1 − 20%) × 20% = 2 400（元）。两人所得税合计为 22 600 元，比原方案少缴税 2 400 元。

（六）劳务报酬与工资、薪金的转换

工资、薪金所得与劳务报酬所得的主要区别在于，前者存在雇佣与被雇佣关系，后者则不存在这种关系。由于相同数额的工资、薪金所得与劳务报酬所得所使用的税率不同，因此利用税率的差异进行税收筹划是节税的一个重要思路。

【案例 10－16】 案例 10－15 中的李教授，在任职大学教授的同时，如长期为校外公司提供培训讲学工作，那么就应考虑取得收入的形式是否应当进行转变。通常情况下税收筹划的方法是：如两处收入都较少，可考虑都使其为工资薪金所得。但当收入较高时则要具体分析。

假设李教授每月从大学和公司两处取得收入，分别为 10 000 元和 20 000 元。

方案一：若两处收入都为工资薪金，则应当合并一起，应纳税额为（10 000 + 20 000 − 5 000）× 20% − 1 410 = 3 590（元）；

方案二：若两处收入都为劳务报酬，应纳税额为 10 000 × (1 − 20%) × 20% + 20 000 × (1 − 20%) × 20% = 4 800（元）；

方案三：若 10 000 元为工资薪金，20 000 元为劳务报酬，则工资薪金部分应纳税额为（10 000 − 5 000）× 10% − 210 = 290（元），劳务报酬部分应纳税额为 20 000 × (1 − 20%) × 20% = 3 200 元，合计 3 490 元；

方案四：若 20 000 元为工资薪金，10 000 元为劳务报酬，则工资薪金部分应纳税额为（20 000 − 5 000）× 20% − 1 410 = 1 590（元），劳务报酬部分应纳税额为 10 000 × (1 −

20%）×20% =1 600（元），合计 3 190 元。

上述方案对比后发现，李教授应选择第四种方案，即学校取得的 10 000 元作为劳务报酬，公司取得的 20 000 元作为工资薪金，则使他的应纳税额最低。

但是，【案例 10－16】中方案的选择与收入的具体金额有极大关系，应具体情况具体分析。同时应注意，收入性质究竟是工资薪金所得还是劳务报酬所得，并非纳税人自己说了算。《中华人民共和国个人所得税法》对工资薪金所得与劳务报酬所得的范围做了严格规定，因此，税收筹划的关键问题是，应根据具体情况决定是否签订劳动用工合同，构成雇佣与被雇佣关系。在纳税人工资、薪金较高，适用边际税率高的情况下，将工资薪金所得转化为劳务报酬所得更有利于节省税收。

【案例 10－17】小何系高级软件工程师，2018 年 10 月取得某公司支付的研究开发类收入 70 000 元。如果小何和该公司存在稳定的雇佣关系，则应按工资、薪金所得缴纳个人所得税。其应纳税额为：(70 000－5 000)×35% －7 160 =15 590（元）

如果小何和该公司不存在稳定的雇佣关系，则该项所得应按劳务报酬计算缴纳个人所得税，其应纳税额为：70 000 ×(1－20%）×4% －7 000 =15 400（元）

因此小何不应受雇于该公司，而应以劳务报酬的形式取得这笔收入，这样可节约税款 190 元。

三、稿酬所得的税收筹划

税法规定，稿酬所得，以每次出版、发表取得的收入为一次。

（一）利用费用扣除额，分解收入

税法规定，两个或两个以上的个人共同取得同一项目收入的，应当对每个人取得的收入分别按照税法规定减除费用后计算纳税。稿酬所得同样可以据此操作，即先分、后扣、再税。

【案例 10－18】某高校李教授和其他五位老师共同编写出版一本教材，取得稿酬总收入 6 万元。对比以下两种方案的纳税情况。

方案一：李教授和出版社约定，稿酬六位老师均分，每人分得稿酬 10 000 元。出版社代扣代缴个人所得税。

每人应纳税额 =10 000 ×(1－20%）×20% ×(1－30%）=1 120（元）

共计应纳税额 =1 120 ×6 =6 720（元）

每人税后收益 =10 000－1 120 =8 880（元）

方案二：李教授和出版社约定，作为主要撰稿者，他个人获得稿酬 56 000 元，其余五位老师每人获得 800 元。出版社代扣代缴个人所得税。

李教授应纳税额 =56 000 ×(1－20%）×20% ×(1－30%）=6 272（元）

其余每位老师扣除 800 元费用后不用纳税。

扣税后，如果六位老师均分税后收益，则每人收益 =(60 000－6 272）÷6 =8 954.7（元）

每位老师税后收益增加了 74.7 元。

在方案二中，6万元稿酬因调整了拆分比例而改变了应缴纳的个人所得税总额，使每位作者的税后收益增加了。在实际生活中，拆分比例要根据实际收入情况进行判断。

（二）将单本书改为系列丛书，增加纳税次数

如果一本书可以分成几个部分，以一系列丛书的形式出现，则该系列丛书可以被认定为几个单独的作品，分别扣除费用后计算纳税，从而降低税额。

【案例10－19】张教授要出版一本关于公司财务管理的著作，预计出版后将取得稿酬所得10 000元。如果该书以单本方式出版，则张教授的应纳税额＝10 000×（1－20%）×20%×（1－30%）＝1 120（元）。

如果将该著作分解成四本系列著作的形式出版，则教授应纳税总额＝[（10 000÷4）－800] 元×20%×（1－30%）×4＝952（元）。经比较可以看出，经过税收筹划后，教授可少缴纳个人所得税税款168元。

（三）稿酬所得与工资薪金所得、劳务报酬所得的转换

税法规定，个人每次以图书、报刊方式出版、发表同一作品（文字作品、书画作品、摄影作品以及其他作品），不论出版单位是预付还是分笔支付稿酬，或者加印该作品后再付稿酬，均应合并其稿酬所得按一次计征个人所得税。在两处或两处以上出版、发表或再版同一作品而取得稿酬所得，则可分别各处取得的所得或再版所得按分次所得计征个人所得税。个人的同一作品在报刊上连载，应合并其因连载而取得的所有稿酬所得为一次，按税法规定计征个人所得税。在其连载之后又出书取得稿酬所得，或先出书后连载取得稿酬所得，应视同再版稿酬分次计征个人所得税。

【案例10－20】某知名文化人小罗的文章广受好评，他每隔三天给该报发一篇文章，稿酬每篇1 000元。一个月发稿10篇，每月稿酬所得合计10 000元。三个月之后，该报社的负责人找他商量，邀请他加盟，作为该报社的正式记者，或者聘其为特约撰稿人，作为该报的专栏作家，将他的作品作为一个整体系列连载发表，每个月仍然支付给他10 000元报酬。虽然三种情况下小罗的收入都为10 000元，但由于所得性质不同，其应缴纳的税款也有很大区别。

方案一：自由投稿，收入10 000元为稿酬所得。

如果小罗维持原来的自由撰稿人身份，与报社之间没有签订雇佣合同，其向报社投稿后每月取得的收入10 000元则界定为稿酬所得。

小罗每三天发表的文章如果都是独立作品，则每个月取得的十笔稿酬应分次计税。

每个月的应纳税额＝（1 000－800）×20%×（1－30%）×10＝280（元）

如果小罗发表的文章为系列内容，每个月的十篇文章是一个整体连载的形式，那么应将十篇稿件的稿酬合并为一次计征个人所得税。

每个月的应纳税额＝10 000×（1－20%）×20%×（1－30%）＝1 120（元）

方案二：成为正式记者，收入10 000元为工资、薪金所得。

如果小罗受聘为该报社的正式记者，则他与报社之间存在雇佣和被雇佣关系。税法对报纸、杂志、出版等单位的职员在本单位的刊物上发表作品、出版图书取得所得的征税问题作出了具体规定：（1）任职、受雇于报纸、杂志等单位的记者、编辑等专业人员，因在

本单位的报纸、杂志上发表作品取得的所得，属于因任职、受雇而取得的所得，应与其当月工资收入合并，按“工资、薪金所得”项目征收个人所得税。除上述专业人员以外，其他人员在本单位的报纸、杂志上发表作品取得的所得，应按“稿酬所得”项目征收个人所得税。(2) 出版社的专业作者撰写、编写或翻译的作品，由本社以图书形式出版而取得的稿费收入，应按“稿酬所得”项目计算缴纳个人所得税。

因此，如果小罗正式受聘，每个月的 10 000 元则作为工资、薪金所得。

每个月的应纳税额 =(10 000 -5 000) ×10% -210 =290 (元)

方案三：成为特约撰稿人，收入 10 000 元为劳务报酬所得。

如果小罗受邀成为特约撰稿人，与报社签署写作合同，每月定期按报社的要求提供 10 篇稿件，报社以每月 10 000 元作为报酬，则该活动有劳务服务的性质，其取得的收入应该按劳务报酬项目计算缴纳个人所得税。

税法规定，劳务报酬所得，属于一次性收入的，以取得该项收入为一次；属于同一项目连续性收入的，以一个月内取得的收入为一次。因此罗先生取得的 10 000 元可作为一次劳务报酬所得计税。

每个月的应纳税额 =10 000 ×(1 -20%) ×20% =1 600 (元)

综合对比三种方案的应纳税额，我们得出的结论是，从税收筹划的角度看，如果小罗的每篇文章都是独立作品，他应维持其自由撰稿人的身份向报社投稿以取得稿酬所得 10 000 元。如果每个月的文章为系列连载文章，则小罗可与报社签约成为正式员工，按工资薪金所得纳税以降低应纳税额。

四、个人经营收入的税收筹划

个体工商户的生产经营所得和对企事业单位的承包、承租所得实行按年计征，税率为五级超额累进税率，个人独资企业和合伙企业也参照该法纳税，因此分散收入对他们而言显得十分重要。因为在这种情况下，所得税款的纳税随所得的集中而增长，税率档次爬升现象会使得其税负急剧增加。因此，注意每一级的临界点以降低边际税率为筹划的关键。

(一) 收入实现时机的选择

当纳税人有一笔收入可以放在前一年实现也可以放在后一年确认时，就存在收入实现的时机选择问题。

【案例 10 -21】 某个体工商户小钟第一年应纳税所得额为 15 万元，第二年应纳税所得额为 5 万元，第三年应纳税所得额为 9 万元。如果小钟就此纳税，则：

第一年应纳税额 =150 000 ×20% -10 500 =19 500 (元)

第二年应纳税额 =50 000 ×10% -1 500 =3 500 (元)

第三年应纳税额 =80 000 ×10% -1 500 =6 500 (元)

三年应纳税额合计 =19 500 +3 500 +6 500 =29 500 (元)

如果小钟进行合理筹划，在第一年底时将部分收入延迟至第二年获得，再相应把第二年的部分收入延迟至第三年获得，调整后三年的收入分别为 10 万元、10 万元、9 万元，则：

第一年应纳税额 = 100 000 × 20% - 10 500 = 9 500 （元）

第二年应纳税额 = 100 000 × 20% - 10 500 = 9 500 （元）

第三年应纳税额 = 90 000 × 10% - 1 500 = 7 500 （元）

三年应纳税额合计 = 9 500 + 9 500 + 7 500 = 26 500 （元）

即小钟通过该项税收筹划可以少缴纳税款 3 000 元。

（二）收入分散安排

除了收入时机的选择，纳税人还应当尽量利用税法规定的投资人生计费用扣除标准及员工工资成本扣除规定来充分利用费用扣除标准，或将收入通过分设机构分散所得（详见【案例 10 - 6】），或通过信托的方法将集中的所得分散到信托公司的名下。

五、其他收入或形式的税收筹划

（一）财产租赁所得的税收筹划

财产租赁所得，是指个人出租建筑物、土地使用权、机器设备、车船以及其他财产取得的所得。

税法规定，纳税义务人在出租财产过程中缴纳的税金和国家能源交通重点建设基金、国家预算调节基金、教育费附加，可持完税（缴款）凭证，从其财产租赁收入中扣除。

纳税义务人出租财产取得财产租赁收入，在计算征税时，除可依法减除规定费用和有关税、费外，还准予扣除能够提供有效、准确凭证，证明由纳税义务人负担的该出租财产实际开支的修缮费用。允许扣除的修缮费用，以每次 800 元为限，一次扣除不完的，准予在下一次继续扣除，直至扣完为止。

对个人出租住房取得的所得减按 10% 的税率征收个人所得税。

【案例 10 - 22】 2017 年，小蔡将其自有的一套住房出租，在签订租赁合同前，承租人发现房屋水管有破漏，墙面有损坏，要求小蔡进行修缮方同意租入房子。假设房屋租金为每月 3 000 元，水管和墙面的修缮费用需要 2 000 元。

方案一：如果小蔡在出租前就进行了修缮，而后签订合约，那么修缮费用就不能在税前扣除。则全年房租所得的应纳税额 = (3 000 - 800) × 10% × 12 = 2 640 （元）

方案二：如果小蔡与承租人商量，先行签订合约，再进行修缮，如相关凭证完整，那么修缮费用可以在税前扣除，每月以 800 元为限。小蔡的应纳税额为：

1 月的应纳税额 = (3 000 - 800 - 800) × 10% = 140 （元）

2 月的应纳税额 = (3 000 - 800 - 800) × 10% = 140 （元）

3 月的应纳税额 = (3 000 - 800 - 400) × 10% = 180 （元）

4 ~ 12 月每月的应纳税额 = (3 000 - 800) × 10% = 220 （元）

全年合计应纳税额 = 140 + 140 + 180 + 220 × 9 = 2 440 （元）

显然第二种方案给小蔡带来了节税效应。案例 10 - 22 中，由于小蔡的房屋出租所得没有达到增值税的起征点要求，因此免纳增值税及相应的城建税和教育费附加。另外因为两种方案下所涉及的房产税、印花税、城镇土地使用税的情况也相同，所以计算时暂不考虑。

（二）财产转让所得的税收筹划

根据规定，所谓财产转让所得，是指个人转让有价证券、股权、建筑物、土地使用权、机器设备、车船以及其他自有财产给他人或单位而取得的所得，包括转让动产和不动产而取得的所得。个人转让有价证券所得，包括个人转让股票而取得的所得。但考虑到我国股市的实际情况和股票转让收益的特殊性，国家决定在近年内对股票转让所得暂不征收个人所得税。除此之外，转让其他财产的所得，应当依法缴纳个人所得税。

财产转让所得，以转让财产的收入额减除财产原值和合理费用后的余额，为应纳税所得额。财产原值主要包括以下内容：（1）有价证券的原值为买入以及买入时按照规定交纳的有关费用；（2）建筑物的原值为建造费或者购进价格以及其他有关费用；（3）土地使用权的原值为取得土地使用权所支付的金额、开发土地的费用及其他有关费用；（4）机器设备、车船的原值为购进价格、运输费、安装费以及其他有关费用；（5）其他财产的原值，参照以上四种办法确定。所谓合理费用，是指纳税人在卖出财产过程中按有关规定所支付的费用，如支付中介机构的服务费、资产评估费等。不在转让过程中发生的费用不得扣除。

在个人转让财产的所得中，我们重点介绍其中转让房产所得的税收筹划。在转让自有房产时，纳税人应特别注意以下规定：

（1）纳税人在转让房屋时，凡能够提供原购房发票的，不能再采取核定征收方式。对个人转让住房按规定应征收的个人所得税，主管税务机关通过税收征管、房屋登记等信息系统能核实房屋原值的，应依法严格按转让所得的20%计征。

（2）对出售自有住房并拟在现住房出售1年内按市场价重新购房的纳税人，其出售现住房所缴纳的个人所得税，先以纳税保证金形式缴纳，再视其重新购房的金额与原住房销售额的关系，全部或部分退还纳税保证金。按照上述规定，只有“先卖后买”的，才能全部或部分退还纳税保证金或税款；“先买后卖”的，后卖房时房价中相当于年度内买房价格的部分，不予免税。

（3）根据住房制度改革政策的有关规定，国家机关、企事业单位及其他组织在住房制度改革期间，按照所在地县级以上人民政府规定的房改成本价格向职工出售公有住房，职工因支付的房改成本价格低于房屋建造成本价格或市场价格而取得的差价收益，免征个人所得税。

（4）受赠人转让受赠房屋的，以其转让受赠房屋的收入减除原捐赠人取得该房屋的实际购置成本以及赠与和转让过程中受赠人支付的相关税费后的余额，为受赠人的应纳税所得额，依法计征个人所得税。

（三）利息、股息、红利所得的税收筹划

1. 将资金投向免征利息税的投资领域

免征利息税的项目包括：（1）国债和国家发行的金融债券利息；（2）教育储蓄存款利息以及国务院财政部门确定的其他专项储蓄存款或者储蓄性专项基金存款的利息；（3）目前投资人民币理财产品，不仅风险低，而且具有不纳税优势；投资基金也是一条途

径，我国对投资者从基金取得的股票的股息、红利收入，债券的利息收入、储蓄存款利息收入，由上市公司、发行债券的企业和银行在向基金支付上述收入时代扣代缴20%的个人所得税；对投资者从基金分配中取得的收入，暂不征收个人所得税。此外，信托产品和近年来各家保险公司不断推出的分红类保险目前也暂不纳税，并且参加保险所获得的各类赔偿是免税的。

2. 股息所得再投资

公司可通过积累利润使股价上涨帮助股东避税，或者将更高的股息推迟递延纳税；公司可将准备发放的现金股利转变为用现金回购股票；公司可发放股票股利。

3. 股息所得与工资、薪金所得的转换

股息所得适用20%的比例税率，而工资、薪金所得适用3% ~45%的七级超额累进税率，在某些情况下，当股息转化为工资、薪金所得时会减轻税负。

【案例10－23】 某有限责任公司由甲、乙、丙三个自然人投资组建，投资比例各占1/3。甲、乙、丙各月的工资均为2 000元，年底每人应分股利24 000元。三人的纳税情况为：

三人各月的工资所得为2 000元，未超过免征额，不用计算缴纳个人所得税；

每人年股息所得应纳税额为：24 000×20% =4 800（元）

三人合计年应纳税额为：4 800×3 =14 400（元）

如果将三人每月的工资改为3 500元，年底股利6 000元，则三人的年收入不变，纳税情况为：

三人各月的工资所得为3 500元，未超过免征额，仍然不用计算缴纳个人所得税；

每人年股息所得应纳税额为：6 000×20% =1 200（元）

三人合计年应纳税额为：1 200×3 =3 600（元）

通过以上计算可知，将三人的股息收入转换为工资、薪金所得时税负减轻10 800元(14 400－3 600)。

当然，是否应该进行转换要看具体的收入情况，如果每个月的工资、薪金所得特别高，而年底股利相对少，也可能需要将工资转换为股息以达到减少税负的目的。

（四）利用捐赠抵减的税收筹划

为了鼓励高收入者对公益、教育事业做贡献，我国个人所得税法规定，个人将其所得通过中国境内的社会团体、国家机关向教育和其他社会公益事业以及遭受严重自然灾害地区、贫困地区的捐赠，金额未超过纳税人申报的应纳税所得额30%的部分，可以从其应纳税所得额中扣除。个人的所得（不含偶然所得和其他所得）用于资助非关联的科研机构和高等学校研究开发新产品、新技术、新工艺所发生的研究开发经费，经主管税务机关确定，可以全额在下月、下次或当年计征个人所得税时，从纳税所得中扣除，不足抵扣的，不得结转扣除。

因此对于个人来说，可以通过公益、救济性捐赠或资助科技开发将一部分收入从应纳税所得额中扣除，从而达到抵免一部分税收的目的。

1. 分次捐赠

对于不能全额扣除的捐赠，在捐赠额一定的情况下，分次捐赠可以扩大扣除额，减少应纳税额。

【案例 10 - 24】 小谢每月工资 10 000 元。应纳税额为 (10 000 - 5 000) × 10% - 210 = 290 (元)

2018 年 10 月他通过红十字基金会捐赠 3 000 元。10 月的工资收入 10 000 元的应纳税所得额是 5 000 元 (10 000 - 5 000), 那么允许扣除的捐赠是 1 500 元 (5 000 × 30%), 则 10 月他的应纳税额 = (10 000 - 5 000 - 1 500) × 10% - 210 = 140 元。全年应纳税额 = 290 × 11 + 140 = 3 330 (元)

如果小谢分别在 10、11 两个月各捐赠 1 500 元, 那么由于 1 500 元刚好等于应纳税所得额的 30%, 可以在 10、11 两月的应纳税所得额中分别扣除。即 10、11 月的应纳税额 = (10 000 - 5 000 - 1 500) × 10% - 210 = 140 (元), 全年应纳税额 = 290 × 10 + 140 × 2 = 3 180 (元)

对比发现, 捐赠金额不变, 将捐赠分别在两个月进行, 可以为小谢节税 150 元。

2. 分项捐赠

我国个人所得税实行分类所得制, 在计算捐赠扣除时, 从哪项所得捐赠的就从哪项应税所得中扣除, 然后再按适应税率计算缴纳个人所得税。如果纳税人本期取得的收入中有不同的应税项目, 纳税人就应当对捐赠额进行适当划分, 即将捐赠额分散在各个应税所得项目中, 以最大限度地享受税前扣除的优惠。

【案例 10 - 25】 设计师小王 2018 年 11 月份取得工资薪金收入 8 000 元, 接受外单位委托提供装潢设计取得劳务报酬 8 000 元, 该月投稿取得稿酬收入 2 500 元。该月对外捐赠 3 500 元。

方案一: 不分项捐赠, 小王只以工资捐赠, 工资的应纳税所得额为 3 000 元 (8 000 - 5 000), 扣除限额为 900 元 (3 000 × 30%)。当月小王的应纳税额为:

工资薪金所得应纳税额 = (8 000 - 5 000 - 900) × 3% - 105 = 63 (元)

劳务报酬所得应纳税额 = 8 000 × (1 - 20%) × 20% = 1 280 (元)

稿酬所得应纳税额 = (2 500 - 800) × 20% × (1 - 30%) = 238 (元)

全月应纳税额合计 = 63 + 1 280 + 238 = 1 581 (元)

方案二: 小王在捐赠时明确, 从工资中捐赠 1 070 元, 从劳务报酬中捐赠 1 920 元, 从稿酬中捐赠 510 元, 总捐赠金额为 3 500 元不变。工资的应纳税所得额为 3 000 元 (8 000 - 5 000), 扣除限额为 900 元 (3 000 × 30%); 劳务报酬所得应纳税所得额为 6 400 元 [8 000 × (1 - 20%)], 扣除限额为 1 920 元 (6 400 × 30%); 稿酬所得应纳税所得额为 1 700 元 (2 500 - 800), 扣除限额为 510 元 (1 700 × 30%)。那么当月小王的应纳税额为:

工资薪金所得应纳税额 = (8 000 - 5 000 - 900) × 3% = 63 (元)

劳务报酬所得应纳税额 = [8 000 × (1 - 20%) - 1 920] × 20% = 896 (元)

稿酬所得应纳税额 = (2 500 - 800 - 510) × 20% × (1 - 30%) = 166.6 (元)

全月应纳税额合计 = 63 + 896 + 166.6 = 1 125.6 (元)

对比发现, 合理分项捐赠为小王节税 455.4 元。

另外要注意, 税法规定允许扣除的公益性捐赠必须是通过国家机关或公益性团体进行, 如果直接进行捐赠则不能扣除。

（五）兼有境内、境外所得的税收筹划

根据税法规定，纳税人在境内和境外同时取得工资、薪金所得的，应根据《个人所得税法实施条例》第五条规定的原则，判定其境内、境外取得的所得是否为来源于一国的所得。纳税义务人能够提供在境内、境外同时任职或者受雇及其工资、薪金标准的有效证明文件，可判定其所得是来源于境内和境外所得，应按税法和条例的规定分别减除费用并计算纳税；不能提供上述证明文件的，应视为来源于一国的所得，如其任职或者受雇单位在中国境内，应为来源于中国境内的所得，如其任职或受雇单位在中国境外，应为来源于中国境外的所得。

【案例 10－26】小孟是有中国国籍的居民纳税人，在某知名企业的中国子公司工作，每月取得工资收入 8 000 元，2019 年 1～4 月，他被派往英国总公司进行技术交流，每月另外取得总公司支付的工资收入折合人民币 10 000 元。

如果小孟能够提供证明文件，证明其在境内和境外任职或受雇及工资、薪金标准，那么其来源于国内和国外的收入可以分别减除费用并计算纳税，其每月应纳个人所得税为：

境内工资应纳税额＝(8 000－5 000)×3%＝90（元）

境外工资应纳税额＝(10 000－5 000)×10%－210＝290（元）

应纳税额合计＝90＋290＝380（元）

但如果小孟不能提供有效证明文件，则其来源于境内、境外的工资类所得应合并征税，其计算过程如下：

应纳税额＝(8 000＋10 000－5 000)×20%－1 410＝1 190（元）

可见，当居民纳税人同时取得境内、境外所得时，应设法取得证明文件以区分境内、境外所得。

在对纳税人的境外所得征税时，往往会遇到该境外所得已经按照所得来源国税法的规定缴纳了税款的情况，为避免国与国之间的双重征税，各国一般都规定一定的减免或扣除。根据我国税法，纳税人从中国境内取得的所得，准予其在应纳税额中扣除已在境外缴纳的个人所得税税额。但扣除不能超过一定的限额，即不能超过该项所得依照我国税法规定计算的应纳税额。【案例 10－26】中的小孟，其境外所得如已在英国纳税，可以在不超过抵免限额的情况下进行抵扣，两种方案下抵扣额一致。

（六）充分利用税收优惠政策

税收优惠是税收制度的基本要素之一，国家为了实现税收调节功能，在税种设计时，一般都有税收优惠条款，纳税人充分利用这些条款，可以达到减轻税负的目的。为适应经济形势的发展和需要，体现对纳税人的支持、鼓励和照顾，国家对纳税人因特定行为取得的所得和特定纳税人取得的所得给予了一系列税收优惠，个人在进行税收筹划时应充分了解并利用以下政策。

1. 免征个人所得税的项目

《中华人民共和国个人所得税法》第四条及《中华人民共和国个人所得税法实施条例》规定，下列各项个人所得，免征个人所得税：

（1）省级人民政府、国务院部委和中国人民解放军军以上单位，以及外国组织、国际

组织颁发的科学、教育、技术、文化、卫生、体育、环境保护等方面的奖金。

（2）国债和国家发行的金融债券利息。其中，国债利息，是指个人持有的中华人民共和国财政部发行的债券而取得的利息；国家发行的金融债券利息，是指个人持有经国务院批准发行的金融债券而取得的利息所得。

（3）按照国家统一规定发给的补贴、津贴。这是指按照国务院规定发给的政府特殊津贴、院士津贴、资深院士津贴，以及国务院规定免征个人所得税的其他补贴、津贴。

（4）福利费、抚恤金、救济金。其中，福利费是指根据国家有关规定，从企业、事业单位、国家机关、社会团体提留的福利费或者从工会经费中支付给个人的生活补助费；救济金是指国家民政部门支付个人的生活困难补助费。

（5）保险赔款。

（6）军人的转业安置费、复员费。

（7）按照国家统一规定发给干部、职工的安家费、退职费、退休工资、离休工资、离休生活补助费。其中，退职费是指符合《国务院关于工人退休、退职的暂行办法》规定的退职条件，并按该办法规定的退职费标准所领取的退职费。

（8）依照我国有关法律规定应予免税的各国驻华使馆、领事馆的外交代表、领事官员和其他人员的所得。这是指依照《中华人民共和国外交特权与豁免条例》和《中华人民共和国领事特权与豁免条例》规定免税的所得。

（9）中国政府参加的国际公约、签订的协议中规定免税的所得。

（10）单位和个人按照国家或者地方政府规定的比例提取并向指定的金融机构缴付的住房公积金、基本医疗保险费、基本养老保险费和失业保险费，免征个人所得税；超过规定比例缴付的部分，应当并入个人当期的工资、薪金所得计税。个人实际领（支）取原提存的基本养老保险金、基本医疗保险金、失业保险金和住房公积金时，免征个人所得税。

（11）经国务院财政部门批准免税的所得。

2. 暂时免征个人所得税的项目

根据《财政部、国家税务总局关于个人所得税若干政策问题的通知》（财税字［1994］020号）及有关文件的规定，对下列所得暂免征收个人所得税：

（1）外籍个人以非现金形式或实报实销形式取得的住房补贴、伙食补贴、搬迁费、洗衣费。

（2）外籍个人按合理标准取得的境内、境外出差补贴。

（3）外籍个人取得的探亲费、语言训练费、子女教育费等，经当地税务机关审核批准为合理的部分。

（4）外籍个人从外商投资企业取得的股息、红利所得。

（5）凡符合下列条件之一的外籍专家取得的工资、薪金所得，可免征个人所得税：①根据世界银行专项贷款协议由世界银行直接派往我国工作的外国专家；②联合国组织直接派往我国工作的专家；③为联合国援助项目来华工作的专家；④援助国派往我国专为该国援助项目工作的专家；⑤根据两国政府签订的文化交流项目来华工作两年以内的文教专家，其工资、薪金所得由该国负担的；⑥根据我国大专院校国际交流项目来华工作两年以内的文教专家，其工资、薪金所得由该国负担的；⑦通过民间科研协定来华工作的专家，其工资、薪金所得由该国政府机构负担的。

（6）个人举报、协查各种违法、犯罪行为而获得的奖金。

（7）个人办理代扣代缴税款手续，按规定取得的扣缴手续费。

（8）个人转让自用达五年以上、并且是唯一的家庭生活用房取得的所得。

（9）对个人购买福利彩票、体育彩票，一次中奖收入在1万元以下的（含1万元）暂免征收个人所得税，超过1万元的全额征收个人所得税。

（10）达到离休、退休年龄，但确因工作需要，适当延长离休、退休年龄的高级专家（指享受国家发放的政府特殊津贴的专家、学者），其在延长离休、退休期间的工资、薪金所得，视同离休、退休工资免征个人所得税。

（11）对企业职工，因企业依照《中华人民共和国企业破产法（试行）》宣告破产，从破产企业取得的一次性安置费收入，免予征收个人所得税。

（12）企业职工与企业解除劳动合同取得的一次性补偿收入，在当地上年企业职工年平均工资的三倍数额内，可免征个人所得税。具体免征标准由各省、自治区、直辖市和计划单列市地方税务局规定。超过该标准的一次性补偿收入的部分，应按照《关于个人与用人单位解除劳动关系取得一次性补偿收入征免个人所得税问题的通知》的有关规定，计算征收个人所得税。

（13）下岗职工从事社区居民服务业，对其取得的经营所得和劳务报酬所得，从事个体经营的自其领取税务登记证之日起、从事独立劳务服务的自其持下岗证明在当地主管税务机关备案之日起，三年内免征个人所得税；但第一年免税期满后由县以上主管税务机关就免税主体及范围按规定逐年审核，符合条件的，可继续免征一至两年。社会居民服务业的界定及免税范围：①家庭清洁卫生服务；②初级卫生保健服务；③婴幼儿看护和教育服务；④残疾儿童教育训练和寄托服务；⑤养老服务；⑥病人看护和幼儿、学生接送服务（不包括出租车接送）；⑦避孕节育咨询；⑧优生、优育、优教咨询。

（14）个人领取原提存的住房公积金、医疗保险金、基本养老保险金及具备有关条件的失业人员领取的失业保险金免税。

（15）个人取得的储蓄存款利息免税。

3. 减征个人所得税的项目

《中华人民共和国个人所得税法》规定，有下列情形之一的，经批准可以减征个人所得税：

（1）残疾、孤老人员和烈属的所得（仅限于劳动所得，即工资、薪金所得；个体工商户的生产、经营所得；对企业、事业单位的承包经营、承租经营所得；劳务报酬所得；稿酬所得和特许权使用费所得）。

（2）因严重自然灾害造成重大损失的。

（3）其他经国务院财政部门批准减税的。

上述减税项目的减征幅度和期限，由省、自治区、直辖市人民政府规定。

本章小结

税收筹划是指纳税人对纳税事务进行策划，以期达到减少税收支出、降低税收成本和依法纳税的目的。我国现行的个人所得税采用分类征税制，将个人的11项所得作为课税对象，这些项目分别规定了不同的费用扣除标准、使用不同的税率和不同的计税方法。这就为纳税人进行税收筹划提供了潜在的空间。

随着我国经济的发展，个人所得税对我们生活的影响会越来越大，其地位也必将越来越重要。在进行税收筹划时，每个纳税人都必须在法律法规允许的范围内合理预期应纳税所得，这是基本的前提。在此基础上通过税收筹划保障纳税人利益最大化，对于个人所得税的完善和普及，具有显著的实践意义。

思考题

1. 避税是不是税收筹划？

2. 我国个人所得税有哪些特点？这些特点对税收筹划有何影响？

3. 中国公民张某为某外资企业的技术顾问，2018 年 10 月收入情况如下：

（1）取得外商投资企业支付的工资 10 000 元；

（2）取得派遣单位支付的工资 5 000 元；

（3）提供一项技术咨询取得报酬 30 000 元。

（4）一本著作出版得稿费 3 000 元；

（5）张某计划从当月收入中拿出 12 000 元捐赠给希望工程。

要求：根据以上资料分析张某应如何进行捐赠能起到最大的节税效应，计算捐赠后他当月的应纳税额。

第十一章　社会保险与住房公积金

故人不独亲具亲，不独子其子，使老有所终，壮有所用，幼有所长，矜、寡、孤、独、废疾者，皆有所养。

——《礼记·礼运》

学习目的和要求

通过本章学习，了解社会保险的概念、特点与种类；熟悉并掌握社会保险的主要内容，包括适用范围、待遇水平及转移接续办法等；熟悉住房公积金制度缴存、提取和使用的主要规定，能运用相关知识应对、解决个人实务的问题，维护自身权益。

本章预习

小张为某贸易公司职员，2014 年 9 月他与企业订立劳动合同时，公司老板与之商议每月多给他支付 400 元工资，不办理社会保险。小张考虑后同意，并在劳动合同中约定："乙方自愿放弃缴纳社会保险，由甲方按每月 400 元标准向其支付社保补贴。"此后，贸易公司未给小张缴纳社会保险，但按月支付社保补贴。2017 年 10 月底，小张因个人原因提出辞职。他听别人说起缴纳社会保险的好处，自觉吃亏，便要求贸易公司再额外支付社保补贴。贸易公司拒绝。小张遂提起劳动争议仲裁。

案例启示：

裁决贸易公司按照当地社会保险经办机构核定的标准为小张补缴 2014 年 9 月至 2017 年 10 月的社会保险费，其中个人应缴部分由张先生负担。社会保险制度是国家立法强制实施的制度。《中华人民共和国劳动法》《中华人民共和国社会保险法》均明确约定用人单位和劳动者必须依法参加社会保险，缴纳社会保险费。一些用人单位和劳动者私下约定将应当用于缴纳社会保险的钱直接支付给劳动者，劳动者自认为比缴纳社会保险更划算，即使在自愿的原则下签订不购买社保的承诺书，也违反了法律的强制性规定，该协议无效。用人单位和个人应限期缴纳或是补足。

第一节　社会保险与住房公积金概述

一、社会保险的概念与特征

社会保险是由国家通过立法形式，为依靠劳动收入生活的工作人员及其家庭成员保持基本生活条件、促进社会安定而举办的保险，其主要内容包括养老、医疗（疾病和生育）、失业和工伤保险。社会保险作为社会保障体系的重要组成部分，通过强制性的特殊保险方式，使所有人老有所养、病有所医，体现了社会再次分配的公平性，作为社会“安全网”和“减震器”，以促进社会的和谐安定。社会保险在其性质、方式、保障方面具有明显的特点，具体表现在：

（一）保障性

实施社会保险的根本目的，在于保障公民在年老、疾病、工伤、失业、生育等情况下的基本生活。保障程度以基本生活水平为标准，如果保障程度过低，不能达到社会保险的目的，反之保障程度过高，同样也会造成社会保险资源的浪费。

（二）强制性

通过立法，确立在全社会实施社会保险制度，使用人单位和个人依法参加，缴纳社会保险费，个人依法享受社会保险相应待遇。强制性是实施社会保险的有力保证，只有这样才能确保社会保险基金的可靠来源。

（三）共济性

社会保险按照社会共担风险原则进行组织，社会保险费由国家、用人单位和个人三方负担，通过建立社会保险基金，发挥社会保险基金统筹调剂作用，实行收入再分配，实现多数成员对少数成员遭遇风险的收入补偿。

（四）福利性

社会保险是一种非营利性保险，以实施社会政策为目的。虽然在其运作上也需要借助精算的计量手段，但不能以经济效益的高低来决定社会保险项目的取舍和保障水平高低。

（五）储蓄性

社会保险机构依法收取企业和个人的社会保险费，同时，也吸取来自国民收入的分配与再分配资金，并按法定规定进行累积，然后根据社会保险政策进行分配。

二、社会保险的功能

（一）防范个人风险

天有不测风云，人有旦夕祸福。当劳动者在年老、患病、负伤、生育、残疾、死亡，暂时或永久丧失劳动能力时，或者处于下岗、失业等状态下，无法依靠劳动报酬以维持劳动者及其家庭的生活时，通过社会保险实现保险基金的积累，及时得到基本的生活保障。其途径就是将个人风险转化为社会风险，让社会为个人风险买单，避免个人因独木难支而陷入困境，使其在风险来临时仍能维护家庭及个人的生存尊严，从而保障基本生活，免除后顾之忧。

（二）维护社会稳定

社会稳定是一个国家发展的前提。社会保险是社会稳定的“调节器”。一方面，能使社会成员产生安全感，对未来生活有良好的心理预期；另一方面，也有助于缓解社会矛盾，构建和谐的社会环境来实现整个社会的稳定。

（三）促进经济发展

社会保险制度作为政府宏观调控的经济工具，可以调节社会总需求，平抑经济波动，调节消费结构。经济繁荣期，随着就业人数增加、收入提升，社会保障支出相应缩减，有利于抑制经济过热；在经济萧条期，随着失业率上升、收入下降，社会保险支出增加，又有利于刺激经济，加速经济复苏和发展。

（四）实现社会公平

社会保险作为一种分配形式具有明显的公平特征。在一定程度上消除社会发展过程中因意外灾害、失业、疾病等因素导致的机会不均等。通过在全体社会成员之间的风险共担，实现国民收入的再分配，缓解贫富差距过大带来的社会矛盾和冲突。

三、社会保险与商业保险

（一）社会保险与商业保险之间的共性

从保险的范畴，包括商业保险与社会保险，由于两者都属于广义的保险学，因此具有保险学的一般共性。即保障被保险人生活的安定，作为规避风险、转移风险的有效手段，在他们遭遇风险事故后给予相应的保障。

首先，都是以风险的发生为前提条件，主要风险都集中在年老、疾病、死亡、残疾等人身风险上，相应提供养老保险、人寿保险、疾病保险、医疗保险、生育保险及意外伤害保险等险种的保障。

其次，从运作机理看，都是基于数理统计与大数定律来确定保险费率，通过投保人事先缴纳保费，实现保险基金的累积，以共担互助的方式实现事后的经济补偿。

最后，从支付方式看，都以给予经济补偿或保险金等方式为被保险人提供保障。当事故发生时，商业保险的保险人按照保险合同约定在保险责任范围内承担保险金的赔偿或给付责任。社会保险主要以现金给付的形式对成员在因年老、失业、患病、工伤、生育而减少劳动收入时给予经济补偿，满足社会成员基本生活水平的需要。

（二）社会保险与商业保险之间的差异

1. 经营主体不同

商业保险的经营主体一般是具有法人资格的经济单位或社会团体。而社会保险由政府或其设立的专门机构办理，对于特定领域也可以委托相关金融经营机构代管。

2. 实施目的不同

商业保险是保险公司通过商业化运作，以实现经营利润为目标。社会保险因其与政府的社会经济目标相联系，以贯彻国家的社会政策和劳动政策为宗旨，强调的是“社会公平”原则，为社会成员提供必要时的基本保障，属于非营利保险。

3. 实施方式不同

商业保险合同以保险双方当事人自愿订立的原则，除了机动车交通事故责任强制保险（交强险）是强制投保以外，其他险种都要遵循“契约自由”。而社会保险具有强制实施特点，凡是属于社会保险范围的保险对象，无论是否愿意都必须强制纳保。

4. 保障功能不同

商业保险的保障目标是保险人依据保险责任对被保险人发生的保险事故所致损害进行保险金的给付，保障的程度很大程度上取决于保险金额的高低，投保人可以依据自身需求及经济承受能力确定合适的保额。而社会保险的保障目标是保障社会成员的基本生活需要，保障水平既要考虑劳动者原有的生活、消费水平以及财政负担能力，同时还会随着平均工资及物价指数的变化而相应调整，整体保障水平和保障范围相对较低。

5. 保费负担不同

商业保险的保险费完全由投保人负担，根据被保险人的性别、年龄等风险条件进行核准，投保人缴纳的保费与保险公司提供的风险保障程度相匹配，强调权益与义务的对等性。社会保险的保险费采取个人、企业和国家三方共负的方式，不同险种各方负担比例不同，并不特别完全强调权利与义务的对等。

6. 法律依据不同

商业保险调整的法律依据主要是《中华人民共和国保险法》《中华人民共和国合同法》及商业保险法律法规；而社会保险调整的法律依据是《中华人民共和国社会保险法》《中华人民共和国劳动法》及有关社会保险的法律法规。

第二节　五险一金规划实务

一、基本养老保险

基本养老保险是由国家通过立法强制实施的，保证劳动者在年老退休后给予基本生活保障的保险制度。我国养老保险体系分成三个层次，分别是基本养老保险、企业年金、个人储蓄性养老保险。基本养老保险处于第一层次的核心主导地位。

（一）基本养老保险主要类型

1. 城镇职工基本养老保险

城镇职工基本养老保险主要针对就业群体，参保对象主要包括：（1）城镇和农村的所有企业、民办非企业单位及其与之形成劳动关系的所有人员。（2）个体工商户及其雇工。（3）灵活就业人员（自由职业者）。（4）国家机关、事业单位、社会团体编制外聘用的人员。（5）各类企业就业的港澳台人员和外国人（国家另有规定者除外）。以上对象均纳入城镇职工基本养老保险的覆盖范围。企业和民办非企业单位的各种形式用工，不论用工期限长短，不论城镇农村户口，均要按规定签订劳动合同，参加基本养老保险。缴费方式采取用人单位和个人共同缴纳，由于投保人具有稳定的收入来源，一般承担能力较强缴费水平也较高。按照现行政策，企业缴纳的基本养老保险的缴费比例，一般不超过企业工资总额的20%。考虑到灵活就业人群收入差异不同，灵活就业人群可以自愿选择参加职工基本养老保险，缴费基数为当地上年度在岗职工平均工资，缴费比例为20%，其中8%计入个人账户，退休后按企业职工基本养老金计发办法计发基本养老金。如果选择不参加，就不能享受基本养老保险待遇。

2. 城乡居民基本养老保险

城乡居民基本养老保险的前身是新型农村社会养老保险（简称“新农保”）和城镇居民社会养老保险（简称“城居保”）。2014 年 2 月 7 日，国务院常务会议决定将其合并，在全国范围内建立统一的城乡居民基本养老保险制度。参保范围主要针对年满 16 周岁（不含在校学生），非国家机关和事业单位工作人员及不属于职工基本养老保险制度覆盖范围的城乡居民，可以在户籍地自愿参加城乡居民养老保险。城乡居民养老保险基金由个人缴费、集体补助、政府补贴构成。

3. 机关事业单位养老保险

2015 年 1 月，国务院公布《关于机关事业单位工作人员养老保险制度改革的决定》，从 2014 年 10 月 1 日起改革机关事业单位养老保险制度，建立社会统筹与个人账户相结合的基本养老保险制度，实现与企业职工基本养老保险的制度“并轨”。参保对象适用于按照公务员法管理的单位、参照公务员法管理的机关（单位）、事业单位及其编制内的工作人员。基本养老保险费由单位和个人共同负担。

（二）基本养老金构成

基本养老保险实行社会统筹和个人账户相结合的模式，其基本理念是把社会救济与自我保障相结合，实现公平与效率的兼顾。

基本养老保险金根据个人累计缴费年限、缴费工资、当地职工平均工资、个人账户金额、城镇人口平均预期寿命等因素确定，如表 11 - 1 所示。

表 11－1　　基本养老金构成

	企业缴费（集体补贴）	个人缴费	政府补贴
城镇职工基本养老保险	不超过本单位工资总额的 20%	缴费工资的 8%	国有企业参加基本养老保险前，视同缴费年限期间应当缴纳的基本养老保险费由政府承担。 基本养老保险基金出现支付不足时，政府给予补贴
机关事业单位养老保险	本单位工资总额的20%	缴费工资的 8%	事业单位职工参加基本养老保险前，视同缴费年限期间应当缴纳的基本养老保险费由政府承担。 基本养老保险基金出现支付不足时，政府给予补贴
城乡居民基本养老保险	有条件的村集体经济组织应当对参保人缴费给予补助，补助标准由村民委员会召开村民会议民主确定，鼓励有条件的社区将集体补助纳入社区公益事业资金筹集范围。	每年 100 元、200 元、300 元、400 元、500 元、600 元、700 元、800 元、900 元、1 000 元、1 500 元、2 000 元 12 个档次，省（区、市）人民政府可以根据实际情况增设缴费档次	地方人民政府应当对参保人缴费给予补贴，对选择最低档次标准缴费的，补贴标准不低于每人每年 30 元；对选择较高档次标准缴费的，适当增加补贴金额；对选择 500 元及以上档次标准缴费的，补贴标准不低于每人每年 60 元，具体标准和办法由省（区、市）人民政府确定

统筹养老金主要来自企业缴费和政府财政补贴，用于支付职工退休时社会统筹部分养老金。“社会统筹”方式符合“大数法则”，能够实现社会互济功能，又能均衡和减轻企业的基本养老保险费用负担。

个人账户是基本养老金的重要组成部分，是个人为自己养老储蓄的基金，体现了养老保险中的个人责任，多缴多得。个人账户的主要作用是：（1）记录参保人缴纳的基本养老保险费的情况。（2）参保人退休时计发养老金的依据。（3）继承和转移养老保险关系的依据。（4）用于支付参保人退休后的个人账户养老金待遇。目前个人账户全部由个人缴费工资的 8% 形成，由个人支配使用，采取完全积累方式。

【案例 11－1】 刚退休 1 个月就去世了，养老金怎么办？

王先生 60 岁，已经缴纳养老保险 20 年，刚退休后 1 个月就因意外去世了，那么剩下的养老金能由家人继续领吗？

案情分析：

退休后去世，剩下的养老金不能由家人继续代领，虽然养老金不能代领，但这并不意味着剩下的养老金都会充公，按照《中华人民共和国社会保险法》第十四条规定：“个人死亡的，个人账户余额可以继承”。十七条规定：“参加基本养老保险的个人，因病或者非因工死亡的，其遗属可以领取丧葬补助金和抚恤金。”个人账户养老金是个人工作期间为退休后养老积蓄的资金，属于个人所有，个人死亡后（包括退休前和退休后），个人账户的养老金余额可以继承。由于王先生已经退休，其继承额 = 离退休人员死亡时个人账户余额 × 离退休时个人账户中个人缴费本息占个人账户全部储存额的比例。继承额一次性支付给亡者生前指定的受益人或者法定继承人。单位缴费部分不能继承，并入社会统筹基金，用于支付其他长寿退休人员的养老金，这就体现了社会保险的“风险共担和社会互助共济”的原则。

（三）养老金享受待遇

参加基本养老保险的个人，达到法定退休年龄时累计缴费满十五年的，按月领取基本养老金。参加基本养老保险的个人，达到法定退休年龄时累计缴费不足十五年的，可以缴费至满十五年，按月领取基本养老金；也可以转入城乡居民社会养老保险，按照国务院规定享受相应的养老保险待遇。根据养老金计算办法，养老金由基础养老金和个人账户养老金两部分组成。

基础养老金 =（当地上年度在岗职工月平均工资 + 本人指数化月平均缴费工资）÷ 2 × 缴费年限（含视同缴费年限）× 1% = 当地上年度在岗职工月平均工资 ×（1 + 本人平均缴费指数）÷ 2 × 缴费年限 × 1%

其中本人平均缴费工资指数 = $(a_1/A_1 + a_2/A_2 + \cdots + a_n/A_n) \div N$

公式中，a_1，a_2，…，a_n 为参保人员退休前 1 年、2 年，…，n 年本人缴费工资额；A_1，A_2，…，A_n 为参保人员退休前 1 年、2 年，…，n 年当地职工平均工资；N 为企业和职工实际缴纳基本养老保险费的年限。

个人账户养老金 = 个人账户储存额 ÷ 计发月数

个人账户养老金计发月数如表 11 - 2 所示。

表 11 - 2　　个人账户养老金计发月数

退休年龄	40	41	42	43	44	45	46	47	48	49
计发月数	233	230	226	223	220	216	212	208	204	199
退休年龄	50	51	52	53	54	55	56	57	58	59
计发月数	195	190	185	180	175	170	164	158	152	145
退休年龄	60	61	62	63	64	65	66	67	68	69
计发月数	139	132	125	117	109	101	93	84	75	65
退休年龄	70	—	—	—	—	—	—	—	—	—
计发月数	56	—	—	—	—	—	—	—	—	—

从基础养老金公式中可以看到，在缴费年限相同的情况下，基础养老金的高低取决于个人的平均缴费指数，个人的平均缴费指数就是自己实际的缴费基数与社会平均工资之比的历年平均值，下限 0.6，上限为 3。对于个人账户养老金，同样年龄退休的，计发月数相同，所以缴费越多，待遇水平越高。因此，在养老金的两项计算中，无论何种情况，缴费基数越高，缴费的年限越长，养老金就会越高。由于养老金的领取是没有到期日的，只要领取人生存，就可以享受按月领取养老金的待遇，即使基本养老保险个人账户的存储额已经领取完毕时，仍然会继续按照原标准计发基础养老金，由社会统筹基金继续支付，直至其死亡。

【案例 11-2】 2017 年李先生 60 岁退休，天津市上年度在岗职工月平均工资为 7 192 元。其累计缴费年限为 25 年，目前个人账户中累计有 12 万元。

（1）本人平均缴费指数为 2 时，退休时可以领取的基本养老金是多少？

基础养老金 = 7 192 ×（1 + 2）÷ 2 × 25 × 1% = 2 697（元）

个人账户养老金 = 120 000 ÷ 139 = 863.3（元）

月基本养老金 = 2 697 + 863.3 = 3 560.3（元）

（2）本人平均缴费指数为 1 时，退休时可以领取的基本养老金是多少？

基础养老金 = 7 192 ×（1 + 1）÷ 2 × 25 × 1% = 1 798（元）

个人账户养老金 = 120 000 ÷ 139 = 863.3（元）

月基本养老金 = 1 798 + 863.3 = 2 661.3（元）

【案例 11-3】

中断缴费的职工退休后能否按月领取养老金？

王女士 2005 年大学毕业后到一家中外合资企业工作，企业为她缴纳了基本养老保险。2010 年，她辞职后去了一家民营企业，企业没有为她及时办理养老保险关系。2011 年，她又应聘到了一家外资企业，企业为他办理了接续基本养老保险待遇关系。2013 年，她为了照顾小孩，辞职在家做全职太太。2016 年，王女士又应聘到一家国有企业工作。人到中年，王女士开始考虑养老问题，她担心的问题是由于自己的工作岗位频繁变动，基本养老保险缴费多次中断，将来是否能够按月享受养老金给付待遇。

案例分析：

参保人员领取基本养老金必须同时具备两个条件，一是年龄达到国家法定的退休年龄，二是缴费累计年限满 15 年。这里的缴费年限采用累计办法，而不是连续缴费。因此，王女士今后只要继续缴费，达到法定退休年龄时累积缴费满 15 年，就可以按月领取养老金。即使因为某种原因导致她达到退休年龄时累计缴费不足 15 年，她也可以通过补缴的方式使缴费年限达到 15 年，就可以按月领取养老金。当然由于王女士多次中断缴费，领取的养老金比同等条件下连续缴费者少。①

（四）基本养老保险的转移与接续

1. 基本养老保险转续的条件

跨省流动就业人员符合以下条件之一的，可申请办理基本养老保险关系转移接续手续：

（1）男性不满 50 周岁、女性不满 40 周岁的；

（2）返回户籍所在地就业参保的；

（3）经县级以上党委组织部门、人力资源社会保障行政部门批准调动，且与调入单位建立劳动关系并缴纳基本养老保险费的；

（4）达到待遇领取条件时，基本养老保险关系不在户籍所在地，且在基本养老保险关系所在地累计缴费年限不满 10 年，按规定将基本养老保险关系转回上一个缴费年限满 10

① 本案例改编自：丘宗福：《五险一金——制度、案例、答疑》，中国法制出版社 2008 年版。

年的原参保地，或因没有满 10 年的参保地而转移至户籍所在地的。

2. 领取地确定

跨省流动就业的参保人员达到待遇领取条件时，按下列规定确定其待遇领取地：

（1）基本养老保险关系在户籍所在地的，由户籍所在地负责办理待遇领取手续，享受基本养老保险待遇。

（2）基本养老保险关系不在户籍所在地，而在其基本养老保险关系所在地累计缴费年限满 10 年的，在该地办理待遇领取手续，享受当地基本养老保险待遇。

（3）基本养老保险关系不在户籍所在地，且在其基本养老保险关系所在地累计缴费年限不满 10 年的，将其基本养老保险关系转回上一个缴费年限满 10 年的原参保地办理待遇领取手续，享受基本养老保险待遇。

（4）基本养老保险关系不在户籍所在地，且在每个参保地的累计缴费年限均不满 10 年的，将其基本养老保险关系及相应资金归集到户籍所在地，由户籍所在地按规定办理待遇领取手续，享受基本养老保险待遇。

总结而言，最后参保地在户籍地的，享受户籍地养老待遇，最后参保地不在户籍地的，享受累计参保满 10 年地区的养老待遇，若有两个以上满 10 年地区，以最后参保地为准，若没有参保满 10 年的地区，则转回户籍地，享受当地养老待遇。

特别是目前我国养老保险并没有实现全国统筹，各地区的经济水平差异造成目前的筹资水平和待遇水平相差较大，由于养老金计算的口径与当地在岗职工平均工资水平有很大的关系，也导致不同养老金水平地区之间存在养老金差异部分的转移接续问题。2016 年北京市的平均工资水平就是河南省的 2.4 倍，按照领取地确认办法，对于养老关系不在户籍所在地，且在参保地的累计缴费年限不满 10 年的，其基本养老保险关系及相应资金归集到户籍所在地，致使很大一部分跨地区流动的就业人员养老金最终领取地是户籍地。意味着参保人，缴纳了参保地高标准的养老保险费，却领取了户籍地低标准的养老保险金，导致缴费标准与待遇标准不对称。因而，在社会保险法中约定：“个人跨统筹地区就业的，其基本养老保险关系随本人转移，缴费年限累计计算。个人达到法定退休年龄时，基本养老金分段计算、统一支付。”即应依据取得地对应的各年度在岗职工平均工资分段计算其基本养老保险金。

专栏 11 - 1

养老保险有了国资后盾

为全面贯彻落实党的十九大精神，深入贯彻习近平新时代中国特色社会主义思想，加强社会保障体系建设，国务院日前印发《划转部分国有资本充实社保基金实施方案》（以下简称《方案》），决定按照 10% 的比例划转部分国有资本充实社保基金，以充分体现基本养老保险代际公平和国有企业发展成果全民共享。

根据《方案》，从 2017 年开始，国家将中央和地方国有及国有控股大中型企业、金融机构的国有股权划转充实社保基金，划转比例统一为企业国有股权的 10%，公益类企业、文化企业、政策性和开发性金融机构以及国务院另有规定的除外。考虑到划转工作涉及面广，《方案》提出，按照试点先行、分级组织、稳步推进的原则完成划转工作。第一步，2017 年选择部分中央企业和部分省份开展试点。中央企业包括国务院国有资产监督管理委员会监管的中央管理企业3～5家、中央金融机构两家。试点省份的划转工作由有关省（区、市）人民政府具体组织实施。第二步，在总结试点经验的基础上，2018年及以后，分批划转、尽快完成划转工作。

根据《方案》，对划入的国有股权，社保基金会等承接主体要履行3年以上的禁售期义务，并应承继原持股主体的其他限售义务。在禁售期内，如划转涉及的相关企业上市，还应承继原持股主体的禁售期义务。

资料来源：《人民日报》，2017年11月19日。

二、基本医疗保险

社会基本医疗保险是国家通过立法等强制方式筹集基金，对法定范围内的劳动者及其他社会成员遭受疾病风险时提供必要的医疗服务和经济补偿的社会保险制度。实施社会医疗保险不以营利为目的，主要在于帮助社会成员防范和抵御疾病风险，以维护和促进经济发展和社会稳定。

（一）基本医疗保险类型

1. 职工基本医疗保险

城镇所有用人单位，包括企业（国有企业、集体企业、外商投资企业、私营企业等）、机关、事业单位、社会团体、民办非企业单位及其职工，都要参加的基本医疗保险。基本医疗保险费由用人单位和职工共同缴纳。用人单位缴费率应控制在职工工资总额的6%左右，职工缴费率一般为本人工资收入的2%。基本医疗保险基金由统筹基金和个人账户构成。职工个人缴纳的基本医疗保险费，全部计入个人账户。用人单位缴纳的基本医疗保险费分为两部分，一部分用于建立统筹基金，一部分划入个人账户。划入个人账户的比例一般为用人单位缴费的30%左右，具体比例由统筹地区根据个人账户支付范围和职工年龄等因素确定。

无雇工的个体工商户、未在用人单位参加职工基本医疗保险的非全日制从业人员以及其他灵活就业人员可以参加职工基本医疗保险，由个人按照国家规定缴纳基本医疗保险费。

2. 城乡居民基本医疗保险

城乡居民基本医疗保险是整合城镇居民基本医疗保险（以下简称“城镇居民医保”）和新型农村合作医疗（以下简称“新农合”）两项制度。2003年与2007年，我国针对农村人口、城镇非就业人口分别建立了新农合和城镇居民医保制度。制度建立以来，覆盖范围不断扩大，保障水平稳步提高，制度运行持续平稳，对于健全全民基本医保体系、满足群众基本医疗保障需求、提高人民群众健康水平发挥了重要作用。但随着经济快速发展，两项制度城乡分割的负面作用开始显现，存在着重复参保、重复投入、待遇不够等问题。在总结城镇居民医保和新农合运行情况以及地方探索实践经验的基础上，国务院于2016年1月发布《关于整合城乡居民基本医疗保险制度的意见》明确提出整合城镇居民医保和新农合两项制度，建立统一的城乡居民基本医疗保险制度。

城乡居民基本医疗保险是以大病统筹为主，针对非从业居民的一项基本医疗保险制度。覆盖范围包括现有城镇居民医保和新农合所有应参保（合）人员，即覆盖除职工基本医疗保险应参保人员以外的其他所有城乡居民。凡是不属于城镇职工基本医疗保险制度覆盖范围的中小学阶段的学生（包括职业高中、中专、技校学生）、少年儿童和其他非从业城乡居民都可自愿参加城乡居民基本医疗保险。城乡居民基本医疗保险实行个人缴费和政府补贴相结合。享受最低生活保障的人、丧失劳动能力的残疾人、低收入家庭60周岁以上的老年人和未成年人等所需个人缴费部分，由政府给予补贴。农民工和灵活就业人员依法参加职工基本医疗保险，有困难的可按照当地规定参加城乡居民医保。目前我国并未对城乡居民医疗保险缴费标准进行统一规定，由各省市根据实际情况自行制定。以福建省为例，2018年在缴费标准上，将以往城乡不同的缴费标准进行统一，即将城镇居民医保成年人全年缴纳180元/人、未成年人全年缴纳150元/人、新农合全年缴纳150元/人，统一为全年180元/人。

（二）基本医疗保险待遇水平

基本医疗保险遵循损失补偿原则，通过对实际发生的医疗费用的补偿，为参保人提供相依的医疗服务达到恢复健康的目的。职工基本医疗保险、城乡居民基本医疗保险的待遇标准关系到公民在医疗保障方面的权利及水平的高低。其待遇标准按照国家相关规定执行。

1. 职工基本医疗保险待遇水平

基本医疗保险基金由统筹基金和个人账户构成。统筹基金和个人账户划定各自的支付范围，分别核算，不得互相挤占。个人账户主要用于门诊（小病）医疗费用支出，统筹基金主要用于住院（大病）医疗费用支出。统筹基金起付标准原则上控制在当地职工年平均工资的10%左右，最高支付限额原则上控制在当地职工年平均工资的4倍左右。统筹基金起付标准以下的医疗费用，从个人账户中支付或由个人自付。起付标准以上、最高支付限额以下的医疗费用，主要从统筹基金中支付，个人也要负担一定比例，其支付比例目前全国平均为80%左右。统筹基金的具体起付标准、最高支付限额以及在起付标准以上和最高支付限额以下医疗费用的个人负担比例，由统筹地区根据以收定支、收支平衡的原则确定。以福建省医保为例，普通门诊1 500元为起付线，首次住院起付线1 200元，以后逐次递减360元，直至0元，按照医院等级差别，由基本医疗保险统筹基金和个人按相应比例分担，如表11－3所示。

（1）基本医疗保险的待遇支付范围。

①基本医疗保险目录的医疗费用支出，包括基本医疗保险药品目录、基本医疗保险诊疗项目目录及基本医疗保险医疗服务设施范围。

②特殊门诊医疗费用支付。涉及恶性肿瘤放、化疗、重症尿毒症透析治疗、结核病规范治疗、器官移植抗排斥反应治疗、精神分裂症治疗、危重病抢救、高血压病、糖尿病、再生障碍性贫血、慢性心功能衰竭、系统性红斑狼疮。

③定点药店购药。参保人员持社会保障卡或异地就医卡可在医保定点零售药店在一定额度内以个人账户余额购买基本医疗保险目录内药品，其费用不进入普通门（急）诊费用累计。

表 11－3　福建省本级城镇职工基本医疗保险报销比例（含门急诊、特殊门诊、住院）及基金起付标准和累计最高支付限额标准

福建省级医保参保人员医疗待遇标准

	普通门诊				门诊特殊病种				住院								商业补充医疗保险			超商保费用（年终补助）	药店购药
	起付线	封顶线	一般医疗机构	社区医疗服务机构	起付线	封顶线	一般医疗机构	社区医疗服务机构	起付线	三级甲等医疗机构	三级乙等医疗机构	二级甲等医疗机构	起付线	二级乙等医疗机构	一级医疗机构	社区医疗服务机构	起付线	封顶线	个人分担比例		
在职	500 元	10 000 元	30.0%	24.0%	1 200 元	高血压及糖尿病封顶线各为 6 000 元。其他特殊病种封顶线 130 000 元（与住院费用合并）	15.0%	12.0%	首次 1 200 元，年内多次住院的逐次递减 360 元，直至为零	15.0%	14.0%	13.0%	首次 950 元，年内多次住院的逐次递减 280 元，直至为零	12.0%	10.0%	8.%	13 万元	28 万元	10%	由企业补充医疗保险酌情支付	每半个月购买医保目录内药品 150 元
退休			22.0%	18.0%			10.0%	8.0%		10.0%	9.0%	8.0%		7.0%	6.0%	5.0%					
在职公务员	1 200 元	12 000 元	16.0%	13.0%			12.0%	9.0%	首次 600 元，年内多次住院的逐次递减 180 元，直至为零	6.0%	5.6%	5.2%	首次 475 元，年内多次住院的逐次递减 140 元，直至为零	4.8%	4.0%	3.2%	13 万元	28 万元	7%	公务员补助 95%，个人支付 5%	
退休公务员			11.0%	9.0%			7.0%	5.0%		4.0%	3.6%	3.2%		2.8%	2.4%	2.0%					

1. 门诊特殊病种高血压病和糖尿病由统筹基金支付的最高限额各为 6 000 元

2. 新参保未满一年的参保人员统筹基金支付最高封顶线 6.5 万元。中断参保人员在 3 个月内补缴的，正常享受待遇；中断参保超过 3 个月的，中断缴费期间不再享受医保待遇，如有补缴，补缴后一年内封顶线 6.5 万元，如不补缴重新参保的，两年内封顶线 6.5 万元

3. 公务员个人账户按工资基数每月划拨标准：40 周岁以下 4%，41 岁至退休 5%，退休人员 6%；非公务员个人账户按工资基数划拨标准：40 周岁以下 3%，41 岁到退休 4%，退休人员 5%

4. 封顶线 13 万元内，门诊特殊病种（不含高血压、糖尿病）符合医保目录个人支付（含个人账户和现金）累计超过 2 500 元部分，由统筹基金补助 80%

5. 公务员困难补助：在一个医疗结算年度内，公务员符合基本医疗保险目录范围内的医疗费用个人支付部分，累计超过 3 000 元以上部分（含现金及个人账户支付），由公务员医疗补助经费给予 80% 的补助

资料来源：福建省人力资源和社会保障厅网站。

【案例 11－4】

提前退休，医疗保险怎么办？

李某于2009年10月进入欣欣公司工作，双方签订了劳动合同。2016年4月，李某提出其符合提前退休条件向公司申请提前退休，并办理相关手续。那么退休后李某是否还享有医疗保险，其待遇水平如何保障？

案例分析：

参加职工基本医疗保险的个人，达到法定退休年龄时累计缴费达到国家规定年限的，退休后不再缴纳基本医疗保险费，按照国家规定享受基本医疗保险待遇；未达到国家规定年限的，可以缴费至国家规定年限。目前对于最低缴费年限没有全国统一的规定，一般男性30年，女性25年。也有一些经济水平比较好的地区相应降低门槛，例如，北京市对累计缴纳基本医疗保险费的最低年限要求男满25年、女满20年；上海市要求最低缴费年限达15年，可以享受退休人员的基本医疗保险待遇。本案例中，若李某医疗保险的缴费年限没有达到当地最低标准，则需要补足规定年限的基本医疗保险费，包括用人单位和个人缴纳的全部医疗保险费，方可在退休后享受基本医疗保险待遇。

（2）不纳入基本医疗保险基金支付范围。

①应当从工伤保险基金中支付的；

②应当由第三人负担的；

③应当由公共卫生负担的；

④在境外就医的。

2. 城乡居民基本医疗保险待遇水平

城乡居民基本医疗保险基金主要用于支付参保人员发生的住院和门诊医药费用、生育医疗费用。在支付政策上，只建立统筹基金，不建立个人账户。基金支付比例原则上低于职工基本医疗保险。不同地区依据当地实际支付范围和支付比例各有具体规定。

依据国务院印发的《关于整合城乡居民基本医疗保险制度的意见》，截至2017年6月，已经有31个省份对整合工作作出总体部署。整合后的城乡居民基本医疗保险待遇水平按照“待遇就高不就低、目录就宽不就窄”的原则统一政策。一直以来，新农合的诊疗、药品目录要窄于城镇医保。城乡医保并轨后，各地医保定点的医疗机构、医保药品的目录，都将明显扩大。例如，天津市两保合一后，农村居民医保药品的数量从原来的2 000多种增加至7 300多种，增加了两倍。此外，农村居民就医定点医院的数量也由原来的30家左右，扩大至目前的1 400余家。内蒙古自治区的新农合药品目录由原来的1 988种增加至2 600多种，增幅达三成以上，新农合实际报销比例将逐步向城镇居民靠拢。在报销比例上，则按照“待遇就高不就低”的原则，政策范围内住院费用支付比例保持在75%左右，逐步统一城乡保障范围和支付标准。有条件的地区进一步完善门诊统筹，逐步提高门诊保障水平。例如，上海市对于在社区卫生服务中心（或者一级医疗机构）门诊急诊的医疗费用，城乡居民医保基金支付比例为支付70%；在二级医疗机构门诊急诊的，支付60%；在三级医疗机构门诊急诊的，支付50%。

整体而言，职工基本医疗保险、城乡居民基本医疗保险的待遇水平主要取决于两个因素。第一，各项医疗保险制度的覆盖范围。依据保险的“大数定律”，医疗保险覆盖范围越广，相同缴费水平下医疗保险基金所提供的待遇标准就越高。第二，各地区医疗保险制度的筹资水平。精算上依据“以收定支、收支平衡、略有结余”的原则进行确定。

（三）基本医疗保险的异地结算与转移接续

1. 异地就医结算

异地就医是指参加基本医疗保险的人员在自己所在的统筹地区以外的地区就医的情况。一直以来，异地就医难特别是医疗费用报销结算难，影响了参保人员正常享受基本医疗保险待遇。对此，《中华人民共和国社会保险法》明确约定，社会保险行政部门和卫生行政部门应当建立异地就医医疗费用结算制度，方便参保人员享受基本医疗保险待遇。

基本医疗保险异地就医结算主要涉及以下四种情况：（1）异地安置退休人员，指退休后在异地定居并且户籍迁入定居地的人员。（2）异地长期居住人员，指在异地居住生活且符合参保地规定的人员。（3）常驻异地工作人员，指用人单位派驻异地工作且符合参保地规定的人员。（4）异地转诊人员，指符合参保地转诊规定的人员。

2016 年 12 月，中华人民共和国人力资源和社会保障部、财政部联合印发《关于做好基本医疗保险跨省异地就医住院医疗费用直接结算工作的通知》，12 月 15 日国家基本医疗保险异地就医结算系统正式上线试运行。据人力资源和社会保障部统计，截至 2017 年 7 月，全国 31 个省份和新疆生产建设兵团均接入国家异地就医结算系统，开通 390 个地区，占 97.5%。

开通地区的参保人员可按参保地相关规定进行跨省异地就医登记备案及就医，并从公布的名单中选择定点医疗机构，以便实现跨省异地就医住院医疗费用直接结算。跨省异地就医直接结算实行“就医地目录、参保地政策、就医地管理”。“就医地目录”是指参保人员跨省就医时原则上执行就医地的支付范围，包括基本医疗保险的药品目录，诊疗项目和服务设施标准。“参保地政策”是指参保人员跨省异地就医原则上执行参保地的支付政策，包括医保基金的起付线、支付比例和最高支付限额等。“就医地管理”是指就医地经办机构要为异地就医人员提供和本地参保人员相同的服务和管理，包括咨询服务、医疗信息的记录、医疗行为的监控、医疗费用的审核等。

2. 基本医疗保险的转移接续

个人跨统筹地区就业的，其基本医疗保险关系随本人转移，缴费年限累计计算，有助于维护跨统筹地区就业人员的医疗保险权益，也有助于扩大医疗保险覆盖面，促进人才和劳动力的合理流通。

（1）转移流程。

①参保人员在跨统筹区就业前，参保单位或人员携带居民身份证等相关材料到转出地办理终止医保参保手续；

②转出地出具异地参保凭证，并办理转出手续；

③参保人员在新就业单位参加医保后，携带规定资料前往转入地社保机构申请医疗保险转入；

④转入地经办机构受理申请后，对符合当地转移接续条件的，应在受理之日起 15 个工作日内与转出地经办机构联系，生成并发出《基本医疗保险关系转移接续联系函》；

⑤转出地经办机构在收到《基本医疗保险关系转移接续联系函》之日起的 15 个工作

日内完成终止参保人参保手续，以及完成个人账户金额划转；

⑥转入地经办机构在收到《参保职工医疗保险变更信息表》和个人账户余额后的15个工作日内办结转入手续。

（2）注意事项。

①有接收单位的，由单位办理医保手续。没有接收单位的，个人应在终止原基本医疗保险关系后的三个月内参保缴费。从补缴费用的次月起正常享受医保待遇，中断缴费期间发生的医疗费用不予支付。

②办理医保关系转移时，所有的医保关系可以自由转换。包括城镇职工基本医保、城乡居民医疗保险（含城镇居民基本医保和新型农村合作医疗）。

③参加职工基本医疗保险的个人，在规定期限内没有补缴医疗保险费的，再次缴费参保时，规定有3~6个月不等的待遇享受等待期，待遇享受等待期内，参保人需按规定缴纳基本医疗保险费，但发生的医疗费用不予支付。

三、生育保险

生育保险是指依据国家法律规定，由国家或单位通过向生育女职工提供生育津贴、产假以及医疗服务等方面的待遇，保障女职工因生育而暂时丧失劳动能力时的基本经济收入和医疗保健，帮助她们恢复劳动能力，重返工作岗位，并使婴儿得到必要的照顾和哺育的一项特殊社会保障制度。生育保险与医疗保险相比，具有不同的功能和保障政策：一是生育保险具有维护女性平等就业权益和女职工劳动保护的独特功能；二是体现雇主责任，用人单位依据参加生育保险和职工基本医疗保险的缴费比例之和确定新的用人单位职工基本医疗保险费率，个人不缴纳生育保险费；三是待遇上符合规定的医疗费实报实销，同时还有生育津贴（占基金支出的60%以上，主要是平衡用人单位负担）。

生育保险待遇包括生育医疗费用和生育津贴。生育医疗费用包括生育的医疗费用、计划生育的医疗费用和法律、法规规定的其他项目费用。女职工因怀孕、分娩发生的检查费、接生费、手术费、住院费、药费和计划生育手术费等都是生育保险待遇的重要组成部分。生育津贴是在女职工生育享受产假、享受计划生育手术休假或者法律、法规规定的其他情形时，获得的工资性补偿。生育津贴按照职工所在用人单位上年度职工月平均工资计发。支付期限一般与产假期限相一致，不少于90天。全面二孩政策实施后，各省（区、市）修订地方人口与计划生育条例。在《女职工劳动保护特别规定》的98天产假基础上，各地修订后的条例均增加了生育奖励假或延长产假，普遍为138~158天，并有男方陪护假或叫护理假，一般为15~30天。

应注意，依据《人力资源和社会保障事业发展“十三五”规划纲要》，生育保险和基本医疗保险将合并实施。生育保险和基本医疗保险合并后，生育保险基金并入职工基本医疗保险基金，采取统一参保登记、统一基金征缴和管理、统一医疗服务管理、统一经办和信息服务的模式，将有利于提高征缴效率、整合医疗服务管理资源和经办服务力量、提升经办服务能力，为职工提供更加方便快捷的服务。各类人群只要参加了医保，就自然而然地获得了生育保障的相关权利。女性员工在生产期间该享受的待遇不会减少，仅就医疗费用报销手段可能会有所改变。

四、工伤保险

工伤保险是依据职业风险原则建立，针对劳动者在工作中或在规定的特殊情况下，因遭受意外伤害或职业病，暂时或永久丧失劳动能力以及死亡时，劳动者或其遗属从国家和社会获得物质帮助的一种社会保险制度。作为世界上最早的社会保险项目，工伤保险具有强制性、社会性、互济性、补偿性等特点。凡是与用人单位存在劳动关系的劳动者均应当参加工伤保险，由用人单位负责缴纳工伤保险费，费率标准依据行业类型确定，职工无须缴纳。

（一）工伤认定标准与程序

1. 工伤认定标准

职工因工作原因受到事故伤害或者患职业病，且经工伤认定的，享受工伤保险待遇；其中，经劳动能力鉴定丧失劳动能力的，享受伤残待遇。主要包括以下情形：

（1）在工作时间和工作场所内，因工作原因受到事故伤害的；

（2）工作时间前后在工作场所内，从事与工作有关的预备性或者收尾性工作受到事故伤害的；

（3）在工作时间和工作场所内，因履行工作职责受到暴力等意外伤害的；

（4）患职业病的；

（5）因工外出期间，由于工作原因受到伤害或者发生事故下落不明的；

（6）在上下班途中，受到非本人主要责任的交通事故或者城市轨道交通、客运轮渡、火车事故伤害的；

（7）法律、行政法规规定应当认定为工伤的其他情形。

（8）职工有下列情形之一的，视同工伤：

①在工作时间和工作岗位，突发疾病死亡或者在48小时之内经抢救无效死亡的；

②在抢险救灾等维护国家利益、公共利益活动中受到伤害的；

③职工原在军队服役，因战、因公负伤致残，已取得革命伤残军人证，到用人单位后旧伤复发的。

对于职工自身的故意或者犯罪行为，不认定为工伤，主要包括：故意犯罪、醉酒或者吸毒、自残或者自杀、法律、行政法规规定的其他情形。

【案例11－5】叶某是一家物业公司的职工。某晚，叶某在单位值班，期间因制止装修工人半夜装修扰民而与之发生争吵。叶某在争吵中突然倒地，被送往医院抢救，医院诊断其为脑梗塞。是否可以认定工伤，享受相应的工伤保险待遇？

案例分析：依据《工伤保险条例》规定：职工在工作时间和工作场所内，因履行工作职责受到暴力等意外伤害的，方可认定为工伤。叶某虽然是在工作时间和工作场所内、因履行工作职责与他人发生的争吵，并在争吵时突发疾病，但公安部门的出警记录和医院的抢救病历均显示其未受到肢体伤害或暴力伤害。因此，叶某不符合《工伤保险条例》规定的认定为工伤的情形。

2. 工伤认定程序

职工发生事故伤害或者按照职业病防治法规定被诊断、鉴定为职业病，所在单位应当自事故伤害发生之日或者被诊断、鉴定为职业病之日起 30 日内，向统筹地区社会保险行政部门提出工伤认定申请。遇有特殊情况，经报社会保险行政部门同意，申请时限可以适当延长。

用人单位未按前款规定提出工伤认定申请的，工伤职工或者其近亲属、工会组织在事故伤害发生之日或者被诊断、鉴定为职业病之日起 1 年内，可以直接向用人单位所在地统筹地区社会保险行政部门提出工伤认定申请。

（二）工伤保险的待遇水平

1. 由工伤保险基金负担

（1）医疗费用和康复费用。主要包括治疗工伤所需的符合工伤保险诊疗项目目录、工伤保险药品目录、工伤保险住院服务标准的医疗费用和康复费用；职工住院治疗工伤的伙食补助费；经医疗机构出具证明，报经办机构同意，工伤职工到统筹地区以外就医所需的交通、食宿费用；生活不能自理的，经劳动能力鉴定委员会确认的生活护理费等。

（2）辅助器具配置。因日常生活或者就业需要，经劳动能力鉴定委员会确认，可以安装假肢、矫形器、假眼、假牙和配置轮椅等辅助器具，所需费用按照国家规定的标准从工伤保险基金支付。

（3）伤残待遇。

①按伤残等级支付一次性伤残补助金。

②伤残津贴。一至四级伤残职工从工伤保险基金按月支付伤残津贴。

③一至四级的工伤职工达到退休年龄并办理退休手续后，停发伤残津贴，按照国家有关规定享受基本养老保险待遇。基本养老保险待遇低于伤残津贴的，由工伤保险基金补足差额。

④五至十级伤残职工劳动、聘用合同期满终止，或者职工本人提出解除劳动、聘用合同的，由工伤保险基金支付一次性工伤医疗补助金。

（4）死亡待遇。职工因工死亡，其近亲属按照下列规定从工伤保险基金领取丧葬补助金、供养亲属抚恤金和一次性工亡补助金：

①丧葬补助金为 6 个月的统筹地区上年度职工月平均工资；

②供养亲属抚恤金按照职工本人工资的一定比例发给由因工死亡职工生前提供主要生活来源、无劳动能力的亲属。标准为：配偶每月 40%，其他亲属每人每月 30%，孤寡老人或者孤儿每人每月在上述标准的基础上增加 10%。核定的各供养亲属的抚恤金之和不应高于因工死亡职工生前的工资。供养亲属的具体范围由国务院社会保险行政部门规定；

③一次性工亡补助金标准为上一年度全国城镇居民人均可支配收入的 20 倍。

2. 由用人单位支付

（1）治疗工伤期间的工资福利。停工留薪期一般不超过 12 个月。伤情严重或者情况特殊，经设区的市级劳动能力鉴定委员会确认，可以适当延长，但延长不得超过 12 个月。工伤职工评定伤残等级后，停发原待遇，按照《工伤保险条例》的有关规定享受伤残待遇。工伤职工在停工留薪期满后仍需治疗的，继续享受工伤医疗待遇。生活不能自理的工伤职工在停工留薪期需要护理的，由所在单位负责。

（2）五级、六级伤残职工按月领取的伤残津贴；五至六级的伤残职工保留与用人单位的劳动关系，由用人单位安排适当工作，难以安排工作的，由用人单位按月发给伤残津贴。标准为：五级伤残为本人工资的70%，六级伤残为本人工资的60%，并由用人单位按照规定为其缴纳应缴纳的各项社会保险费。伤残津贴实际金额低于当地最低工资标准的，由用人单位补足差额。

（3）终止或者解除劳动合同时，应当享受的一次性伤残就业补助金。五至六级伤残职工经本人提出，该职工可以与用人单位解除或者终止劳动关系，由用人单位支付一次性伤残就业补助金。七至十级伤残职工劳动、聘用合同期满终止，或者职工本人提出解除劳动、聘用合同的，由用人单位支付一次性伤残就业补助金。一次性伤残就业补助金的具体标准由省、自治区、直辖市人民政府规定。

【案例11－6】

受工伤的职员在获得民事赔偿后是否可以再享受工伤待遇？

黄某系某商贸公司员工，自2010年8月与商贸公司签订劳动合同，约定合同期限5年，该商贸公司为全体职员缴纳了工伤保险费。2014年3月，黄某在上班途中被李某驾驶的小轿车撞伤，共支付医疗费32 300元，后经过当地人社局认定为七级工伤。事后黄某与肇事车主李某、保险公司达成协议，由保险公司赔偿黄某医疗费、护理费共计48 000元。黄某是否还可以获得工伤保险的赔偿？

案例分析：

本案主要涉及因第三者侵权行为受伤的职工在获得民事损害赔偿之后是否可以享受工伤保险待遇的“双重赔偿”。根据最高人民法院有关司法解释的规定：“劳动者因工伤事故受到人身损害，有权向用人单位主张工伤保险赔偿，如果所受人身损害系因用人单位以外的第三人侵权所致，劳动者同时还有权向第三人主张人身损害赔偿。”劳动者因工伤事故享有工伤保险赔偿请求权，因第三人侵权享有人身损害赔偿请求权。二者虽然基于同一损害事实，但存在于不同的法律关系之中，互不排斥。同时《中华人民共和国社会保险法》也规定：“对第三人的原因造成工伤，第三人不支付工伤医疗费用或者无法确定第三人的，由工伤保险基金先行支付。工伤保险基金先行支付后，有权向第三人追偿。”因而在本案中虽然对于劳动者因工伤所遭受的实际损失是不能重复计算的，即因工伤产生的医药费、护理费。但除医疗、护理费用外，黄某有权同时获得第三人侵权损害赔偿和工伤保险待遇。

五、失业保险

失业保险是指国家通过立法强制实行，由社会集中建立基金，对在法定范围内靠工资度日的劳动者因失业暂时中断收入而提供物质帮助和职业介绍服务相结合的制度。失业保险既保障失业劳动者基本生活，又是建立统一、自由流动的劳动力市场和形成市场化机制的有力保障。

（一）失业保险实施范围

对于失业保险的实施范围，大部分国家都把工商企业雇员纳入失业保险范围。部分国家还涉及对于学生、农民及临时工的失业保险的规定。我国依据《失业保险条例》规定，企业、事业单位、社会团体、民办非企业单位、基金会、律师事务所、会计师事务所等组织及其职工都应参加失业保险。我国对于失业人员有严格限定，仅针对就业转失业人员。对于已经达到就业年龄但没有就业的人员如大学生，由于不存在用人单位，自身不具备参保条件，并不在保障范围。

失业保险基金由用人单位缴纳、职工缴纳和财政补贴构成，形成了国家、企业、个人三方共负的筹资机制。近年来，为进一步减轻企业负担，增强企业活力，促进就业稳定，多次下调了失业保险费率，自 2017 年 1 月 1 日起，失业保险总费率为 1.5% 的省（区、市），可以将总费率降至 1%，在省（区、市）行政区域内，单位及个人的费率应当统一，个人费率不得超过单位费率。

（二）失业保险领取条件

1. 失业前用人单位和本人已经缴纳失业保险费满一年

如果失业人员前用人单位及本人未缴纳失业保险费，或者虽然缴纳了失业保险费但期限不满一年，则不能享受失业保险待遇，不能领取失业保险金。规定领取失业保险金的资格期限条件，不仅是失业保险基金正常运行的精算要求，也有利于规避道德风险，促进参保者不要轻易中止就业。

2. 非因本人意愿中断就业

一般而言，失业分成自愿失业和非自愿失业。自愿失业是指由于本人不接受现行的工资或比现行工资稍低的工资而出现的失业现象。对于这部分人群由于是个人意愿致使的失业，所以不享受失业保险待遇。而对于非自愿性失业人员主要由于市场的有效需求不足导致，主要针对终止劳动合同的、被用人单位解除劳动合同的、被用人单位开除、除名和辞退的等相关情况。

3. 已经进行失业登记，并有求职要求

失业人员失业后，应持用人单位出具的终止或解除劳动关系的证明，到指定社保经办机构办理失业登记。办理失业登记是失业人员领取失业保险金的必备程序，目的是为了掌握失业人员的基本情况，确认其失业资格。失业人员进行失业登记后，在失业期间还必须有求职的要求，以此督促激励失业人员再就业。

需要注意的是，对于已经领取失业保险的人员，在领取期间有以下有五种情形之一：（1）重新就业的；（2）应征服兵役的；（3）移居境外的；（4）享受基本养老保险待遇的；（5）无正当理由，拒不接受当地人民政府指定的部门或者机构介绍的适当工作或者提供的培训的。均将停止领取失业保险金，并同时停止享受其他失业保险待遇。

（三）失业保险的给付待遇标准

1. 待遇标准

失业保险金可以分成两个部分，即基本生活津贴和促进就业有关的费用，包括就业培训、提供信息、职业介绍等所需费用。具体涉及失业保险金、代缴基本养老保险费、代缴基本医疗保险费、死亡丧葬补助金和抚恤金、职业培训补贴、职业技能鉴定补贴、创业补贴等。失业人员在领取失业保险金期间，参加基本养老保险和基本医疗保险，享受基本医疗保险待遇，相关费用从失业保险基金中支付，个人不缴纳基本养老保险费和基本医疗保险费，以保障失业人员领取失业保险金期间不中断医疗、养老保险关系，更好地实现老有所养、病有所医。若失业人员在领取失业保险金期间死亡的，参照当地对在职职工的规定，向其遗属发放一次性丧葬补助金和抚恤金。对于具备支付能力的统筹地区，失业人员还可以享受职业技能提升补贴、职业技能鉴定补贴、创业补贴，以促进其再就业。

失业保险金待遇标准，要统筹考虑失业人员及其家庭基本生活需要和失业保险基金运行安全。目前我国失业保险金的标准，按照低于当地最低工资标准、高于城市居民最低生活保障标准的水平，由省、自治区、直辖市人民政府确定。失业保险保障的是失业人员基本生活需要，因而失业保险金标准不宜过高，过高的待遇水平不符合我国失业保险“保基本”的原则。同时失业保险金水平还要兼顾促就业的作用，失业保险金标准过高，可能会影响部分失业人员的就业积极性。

2. 给付期限

失业保险金的给付期限即可以申请领取失业保险金的时间，影响给付期限的主要因素涉及参保期限、就业政策、失业保险基金财务状况等。我国采取的是差别期限制，即把失业人员领取失业保险金的期限与缴费期限挂钩。参保时间长、缴费多，相应给付期限就相应延长（如表 11 -4 所示），重新就业后，再次失业的，缴费时间重新计算，领取失业保险金的期限与前次失业应当领取而尚未领取的失业保险金的期限合并计算，最长不超过 24 个月。限定最长期限不超过 24 个月，体现了权利义务统一，也有助于鼓励失业人员积极寻找工作，实现再就业。

表 11 -4　　累计缴费期限与失业保险金给付期限对应情况

累计缴费期限	领取失业保险金的最长期限
1 ~5 年	12 个月
5 ~10 年	18 个月
10 年以上	24 个月

【例 11 -7】 李先生在北京一外企工作，工作 3 年半后被单位解雇，过了 5 个月又再次就业。单位及李先生均按规定缴纳了失业保险费（北京市失业保险规定如表 11 -5 所示）。

（1）就业 6 个月后再次失业，李先生可以领取几个月的失业保险金？

（2）就业 15 个月后再次失业，李先生可以领取几个月的失业保险金？

表 11 -5　　北京市失业保险支付期限

累计缴费时间	可领取期限
满 1 年不满 2 年	3 个月
满 2 年不满 3 年	6 个月
满 3 年不满 4 年	9 个月
满 4 年不满 5 年	12 个月

（1）失业人员在领取失业保险金期间重新就业后不满一年再次失业的，可以继续申领其前次失业应领取而尚未领取的失业保险金。对于第一次失业按照北京市失业保险待遇标准李先生可以领取9个月失业保险，领取5个月后重新就业，停发失业保险金。第二次失业虽然缴费年限不足一年，但仍可以领取第一次剩余的4个月失业保险金。

（2）重新就业后，再次失业的，缴费时间重新计算，领取失业保险金的期限与前次失业应当领取而尚未领取的失业保险金的期限合并计算，最长不超过24个月。第一次领取失业保险期限的剩余年限是4个月，第二次领取失业保险金的期限为3个月，所以李先生一共可以领取7个月的失业保险金。

六、住房公积金

住房公积金是指国家机关、国有企业、城镇集体企业、外商投资企业、城镇私营企业及其他城镇企业、事业单位、民办非企业单位、社会团体及其在职职工缴存的长期住房储金。住房公积金制度作为社会住房保障体系的重要组成部分，主要目的就是提高职工购买住房能力，改善职工的生活条件。其特点主要表现在：

第一，强制性。单位和职工个人必须依法履行缴存住房公积金的义务。单位不办理住房公积金缴存登记或不为本单位职工办理住房公积金账户设立，逾期不缴或少缴住房公积金的，由有关部门责令改正，进行处罚，并可申请人民法院强制执行。

第二，福利性。除职工个人缴存一定金额外，职工所在单位也要按比例缴存，职工个人缴存的住房公积金及单位为其缴存的住房公积金，实行专户存储，归个人所有。职工住房公积金贷款利率低于银行商业贷款利率水平，按照当前商业贷款利率，5年以上为4.9%，而5年以上公积金贷款利率仅为3.25%，相较而言，有效减轻职工的还贷压力。对于职工缴存的住房公积金，在国家规定限额内还享有个税减免的优惠。

第三，专用性。职工住房公积金应当用于个人购买、建造、翻修、大修自住住房，任何单位和个人不得挪作他用。

（一）住房公积金缴存

（1）新设立的单位应当自设立之日起30日内到住房公积金管理中心办理住房公积金缴存登记，并自登记之日起20日内持住房公积金管理中心的审核文件，到受委托银行为本单位职工办理住房公积金账户设立手续。

（2）单位录用职工的，应当自录用之日起30日内到住房公积金管理中心办理缴存登记，并持住房公积金管理中心的审核文件，到受委托银行办理职工住房公积金账户的设立或者转移手续。住房公积金免征个人所得税；企业为职工缴纳的住房公积金，可在税前扣除。

（3）职工住房公积金的月缴存额为职工本人上一年度月平均工资乘以职工住房公积金缴存比例。单位为职工缴存的住房公积金的月缴存额为职工本人上一年度月平均工资乘以单位住房公积金缴存比例。

（4）新参加工作的职工从参加工作的第二个月开始缴存住房公积金，月缴存额为职工本人当月工资乘以职工住房公积金缴存比例。单位新调入的职工从调入单位发放工资之日起缴存住房公积金，月缴存额为职工本人当月工资乘以职工住房公积金缴存比例。

（5）职工和单位住房公积金的缴存比例均不得低于职工上一年度月平均工资的 5%；有条件的城市，可以适当提高缴存比例，原则上不高于 12%。缴存住房公积金的月工资基数，原则上不应超过职工工作地所在设区城市统计部门公布的上一年度职工月平均工资的 2 倍或 3 倍。具体缴存比例由住房公积金管理委员会拟订，经本级人民政府审核后，报省、自治区、直辖市人民政府批准。

（6）住房公积金自存入职工住房公积金账户之日起按照国家规定的利率计息。

（二）住房公积金的提取和使用

依据《住房公积金管理条例》规定职工有下列情形之一的，可以提取职工住房公积金账户内的存储余额：

（1）购买、建造、翻建、大修自住住房的；

（2）离休、退休的；

（3）完全丧失劳动能力，并与单位终止劳动关系的；

（4）出境定居的；

（5）偿还购房贷款本息的；

（6）房租超出家庭工资收入的规定比例的。

依照前款第（2）、（3）、（4）项规定，提取职工住房公积金的，应当同时注销职工住房公积金账户。

职工死亡或者被宣告死亡的，职工的继承人、受遗赠人可以提取职工住房公积金账户内的存储余额；无继承人也无受遗赠人的，职工住房公积金账户内的存储余额纳入住房公积金的增值收益。

缴存住房公积金的职工，在购买、建造、翻建、大修自住住房时，可以向住房公积金管理中心申请住房公积金贷款。住房公积金管理中心应当自受理申请之日起 15 日内作出准予贷款或者不准贷款的决定，并通知申请人；准予贷款的，由受委托银行办理贷款手续。申请人申请住房公积金贷款的，应当提供担保。住房公积金贷款的风险，由住房公积金管理中心承担。

（三）住房公积金的转续和异地互认

1. 住房公积金转续

职工因工作变动或者单位撤并、重组、解散或破产，需转移其在原单位缴存的住房公积金。单位应当自劳动关系终止之日起 30 日内到住房公积金管理中心办理变更登记，并持住房公积金管理中心的审核文件，到受委托银行办理职工住房公积金账户转移或者封存手续。职工离开工作单位，仅中断工资关系仍保留劳动关系的，在中断期间住房公积金的缴存随之中断，但职工住房公积金封存期间，凡符合提取规定的，可由单位代为办理支取手续。

为适应住房公积金缴存职工异地流动，跨城市转移接续住房公积金的业务需求，推进“互联网＋政务服务”，中华人民共和国住房和城乡建设部组织开发了全国住房公积金异地转移接续平台，全国住房公积金管理中心全部接入平台。跨区域就业的住房公积金缴存职工在手续齐全、符合转出地相关规定的情况下，向转入地住房公积金管理中心提出申请，即可通过平台办理转移接续业务。

2. 住房公积金异地互认

住房公积金异地互认指的是住房公积金可以在互认的城市实现异地公积金贷款。当前，职工跨地区流动日益增强，在就业地缴存、回原籍购房需求增多。为适应职工流动性需要，部分地区已经实现住房公积金异地互认。职工在就业地缴存住房公积金，允许在户籍所在地购买自住住房申请公积金贷款。只需要持就业地住房公积金管理中心出具的缴存证明，并满足职工连续足额缴存住房公积金 6 个月（含）以上，则可向户籍所在地住房公积金管理中心申请住房公积金贷款。对曾经在异地缴存住房公积金、在现缴存地缴存不满 6 个月的，缴存时间可根据原缴存地住房公积金管理中心出具的缴存证明合并计算。

（四）注意事项

（1）公积金不能直接用作购房首付，如果是新购房，首付款只能用自有资金或者其他途径来解决，并在缴付首付款购房后，才能按规定提取不超过首付金额的公积金。

（2）对于已用商业贷款而没有使用公积金贷款的购房者，可持购房合同、贷款合同等凭证，按规定时间前往住房公积金管理中心一次性提取公积金，并且贷款期间可每年提取一次公积金，提取的金额不能超过当期实际已偿还的贷款本息。对于提取的公积金若无更优惠的投资渠道，在还款周期的中前期可考虑用于提前还贷，以降低本金及利息支出。若已接近还款周期的中末期，由于已支付大部分的利息支出，则不建议提前还贷。

（3）公积金账户利息较低，应该尽量发挥其应有的作用。目前各地住房公积金管理部门都对住房公积金的管理和使用做出了诸多人性化的规定。例如，部分地区允许公积金可用于房租、物业费支出；患重大疾病或重大手术住院治疗的，也可以提取公积金；未使用住房贷款购买自有住房，可提取父母公积金；因遇到某些突发事件如火灾、意外伤害等，导致家庭生活特别困难的，或职工被纳入最低生活保障范围的，可申请提取本人住房公积金账户存储余额等。具体使用范围以各地区规定为准。

（4）国家对住房公积金管理较严，在用途、贷款、提取等方面都做出了严格的规定，对于不具备公积金提取条件，可将其作为资产配置组合中的稳健或者保守配置。由于其采取年复利计息，到退休亦可积累一笔可观的资金，用于子女教育或者养老等支出。

本章小结

1. 社会保险是由国家通过立法形式，为依靠劳动收入生活的工作人员及其家庭成员保持基本生活条件、促进社会安定而举办的保险。社会保险与商业保险相比既有共性又有差异，两者在发展过程中互相作用、互相影响。

2. “五险一金”主要包括：养老保险、医疗和生育保险、失业保险、工伤保险和住房公积金。由国家法律规定强制缴纳，以保险基金的方式使劳动者在年老、患病、工伤、失业、生育等情况下获得帮助和补偿。其中养老保险、医疗保险、失业保险和住房公积金是由企业和个人共同缴纳的保费，工伤保险和生育保险完全是由企业承担的，个人不需要缴纳。个人跨地区流动，社会保险关系随本人转移，缴费年限可累计计算。目前，在省级统筹的口径下，各地区依据自身情况确定各社会保险具体项目的缴费比例及待遇水平。

思　考　题

1. 社会保险与商业保险的主要联系与区别？
2. 简述养老金待遇水平确定的基本原理。
3. 什么是基本医疗保险的异地就医结算？
4. 工伤认定标准是什么？什么是视同工伤？
5. 简述失业保险的给付条件和给付方式。
6. 住房公积金提取适用情况有哪些？